沖縄文教部／琉球政府文教局 発行　[復刻版]

文教時報 第15巻

第102号〜第107号／号外12、13
（1966年8月〜1967年9月）

編・解説者　藤澤健一・近藤健一郎

不二出版

『文教時報』第15巻（第102号〜第107号／号外12、13）復刻にあたって

一、本復刻版では琉球政府文教局によって1952年6月30日に創刊され1972年4月20日刊行の127号まで継続的に刊行された『文教時報』を「通常版」として仮に総称します。復刻版各巻、および別冊収載の総目次などでは、「通常版」の表記を省略しています。
一、第15巻の復刻にあたっては下記の機関に原本提供のご協力をいただきました。記して感謝申し上げます。
　　沖縄県公文書館
一、原本サイズは、第102号から第107号までA5判です。号外12はB5判、号外13はB6変型判です。
一、復刻版本文には、表紙類を含めてすべて墨一色刷り・本文共紙で掲載し、各号に号数インデックスを付しました。なお、表紙の一部をカラー口絵として巻頭に収録しました。また、白頁は適宜割愛しました。
一、史料の中に、人権の視点からみて、不適切な語句、表現、論、あるいは現在からみて明らかな学問上の誤りがある場合でも、歴史的史料の復刻という性質上そのままとしました。

（不二出版）

◎全巻収録内容

復刻版巻数	原本号数	原本発行年月
第1巻	通牒版1〜8	1946年2月〜1950年2月
第2巻	1〜9	1952年6月〜1954年6月
第3巻	10〜17	1954年9月〜1955年9月
第4巻	18〜26	1955年10月〜1956年9月
第5巻	27〜35	1956年12月〜1957年10月
第6巻	36〜42	1957年11月〜1958年6月
第7巻	43〜51	1958年7月〜1959年2月
第8巻	52〜55	1959年3月〜1959年6月
第9巻	56〜65	1959年6月〜1960年3月
第10巻	66〜73／号外2	1960年4月〜1961年2月
第11巻	74〜79／号外4	1961年3月〜1962年6月
第12巻	80〜87／号外5〜8	1962年9月〜1964年6月
第13巻	88〜95／号外10	1964年6月〜1965年6月
第14巻	96〜101／号外11	1965年9月〜1966年7月
第15巻	102〜107／号外12、13	1966年8月〜1967年9月
第16巻	108〜115／号外14〜16	1967年10月〜1969年3月
第17巻	116〜120／号外17、18	1969年10月〜1970年11月
第18巻	121〜127／号外19	1971年2月〜1972年4月
付録	『琉球の教育』1957（推定）、1959／別冊＝『沖縄教育の概観』1〜8	1957年（推定）〜1972年
別冊	解説・総目次・索引	

〈第15巻収録内容〉

『文教時報』琉球政府文教局 発行

号数	表紙記載誌名(奥付誌名)	発行年月日
第102号	文教時報(文教時報)	1966年 8 月30日
第103号	文教時報(文教時報)	1966年10月31日
第104号	文教時報(文教時報)	1966年12月25日
第105号	文教時報(文教時報)	1967年 3 月 1 日
第106号	文教時報(文教時報)	1967年 4 月 1 日
第107号	文教時報(文教時報)	1967年 6 月25日
号外第12号		1967年 8 月15日
号外第13号		1967年 9 月20日

(注)

一、次の箇所には一部の原本にスタンプによる訂正があるが、そのまま復刻した(ただし、編集上の訂正か、旧所蔵者によるものかは判別できない)。
　　第104号30頁2段8行目
一、号外第12号は原本サイズB5判を82％縮小して収録した。

(不二出版)

『文教時報』復刻刊行の辞

　わたしたちは、沖縄現代史のあゆみをどこまで知っているだろうか。この問いを掲げつつ、第二次大戦後、米軍によって占領されていた時期（1945－1972年）、沖縄・宮古・八重山（一時期、奄美をふくむ）において、文教担当部局が刊行した『文教時報』を復刻する。

　同誌は沖縄文教部、つづいて琉球政府文教局が刊行した。前者では示達事項を中心とした指導書であり、後者では教育行政にかかわる情報、教育についての調査・統計、教室での実践記録や公民館を中心とした社会教育関連記事など、盛り込まれた内容は幅広い。総じて教育広報誌といえる同誌は、発行期間の長さと継続性から、沖縄現代史を分析するうえで、もっとも基礎的な史料のひとつと目される。しかし、これまで同誌は全体像についての理解を欠いたまま、断片的に活用されるにとどまってきた。

　その背景にはなにがあるのか。まず、発行が群島ごとに分割統治されていた時期から琉球政府期にいたるまで四半世紀におよび、雑誌としての性格が変容していることがある。くわえて多くの機関に分蔵されるとともに、附録類、号外や別冊など書誌的な体系が複雑に入り組みつかみにくい。このために本格的な調査が進まなかった。今回、わたしたちは所蔵関係にかかわる基礎調査をふまえ、添付書類までもふくめた全体像の把握に体系的に取り組んだ。その成果をこうして全18巻、付録1に集約して復刻刊行する。解説のほか、総目次や執筆者索引などから構成される別冊をあわせて刊行する。今回の復刻により、教育行政側からみた沖縄現代史について、それを総覧できる史料的な環境がようやく整備されることになる。

　統治者として君臨した、米国側との関係、また、沖縄教職員会をはじめとした教員団体との関係、さらに「復帰」に向けた日本政府や文部省との関係、さらに離島や村落の教育環境など、同誌は変動する沖縄現代史のダイナミズムを体現するかのような史料群となっている。

　沖縄の「復帰」からすでに45年にいたるいま、沖縄研究者はもとより、教育史、占領史、政治史、行政史など複数の領域において、本復刻の成果が活用され、沖縄現代史にかかわる確かな理解が深まることを念じている。物事を判断するためには、うわついた言説に依るのではなく事実経過が知られなければならない。あらためて問いたい。沖縄現代史のあゆみははたしてどこまで知られているか。

（編集委員代表　藤澤健一）

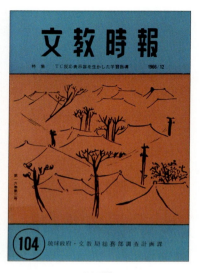

104号

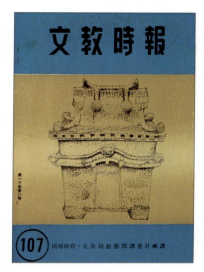

107号

号外13

文教時報

特集　1967年度教育予算解説　　　1966/8

102

102　琉球政府・文教局総務部調査計画課

巻頭言

特集 1967年度教育関係予算解説

第1章	1967年度教育予算の全容………	1
第2章	文教施設（校舎等）及び設備備品の充実……	7
第3章	学級規模の改善と教職員の資質向上並びに教職員の福祉向上……	12
第4章	地方教育区の財政化と指導援助の充実……	18
第5章	教育の機会均等の推進………	21
第6章	高等学校生徒の急増対策及び後期中等教育の拡充……	24
第7章	理科教育及び産業教育の振興……	26
第8章	学力向上と生徒指導の強化………	28
第9章	育英事業の拡充………	32
第10章	保健体育の振興………	33
第11章	社会教育の振興………	36
第12章	文化財保護事業の振興………	42
第13章	県史編さん………	43
第14章	琉球大学の充実………	44
第15章	教育補助金の円滑な執行について	47

◁参考資料▷

1.	1967年度文教局才出予算の款項別一覧表……	50
2.	1967年度文教局予算中の地方教育区への各種補助金，その他……	52
3.	地方の教育予算………	61
4.	市町村交付税法の一部を改正する立法	68
5.	教育費にかかる単位費用の積算基礎…	69
6.	教育関係日米援助………	78

◁表紙▷ 農連市場風景……前島小　大見謝　文

文教時報

NO. 102　66/8

巻頭言

1967年度は沖縄教育の将来への飛躍の第一歩たらしめたい

　この文教時報特集号は，1967年度の概要について解説を試みたのでありまして，文教予算の編成にあたつては中央教育委員会によつて樹立された10大方針があり，これを毎年充実発展させるべく努力しているのであります。その中から1967年度の持筆すべきものをあげますと，

1. 日米援助の飛躍的増大に伴う文教予算総額の拡充
2. 学校建設費の倍増
3. 義務教育諸学校の学級編制と教職員定数に関する立法に伴つて，学級編制の基準と教職員の定数を3年で本土並みに引きあげるべく措置したこと
4. 公務員退職年金法，医療保険法の実施により教職員の福祉の増進をはかつたこと
5. 高校急増対策として，高校を3校新設し進学率を高めるべく措置したこと
6. 教育税の市町村税への一本化と交付税の導入によつて，地方教育財政の一般財源の規模はおよそ50％伸張するとともに従来の教育税の不均衡を是正したこと

　以上の点は67年度文教予算の特徴と言えると思いますが，沖縄における教育諸条件の整備のためにはなお長期にわたつて日米援助の拡大と教育予算の拡充に努力を続ける必要があり67年度はその第一歩を踏み出したにすぎないのであります。

　教育関係各位には，この資料をご検討くだされ，沖縄における教育行財政について一層のご理解とご協力を賜りたいと思います。

　　　　　　1966年8月　　総務部長　小嶺憲達

第1章　1967年度教育予算の全容

　1967年度琉球政府予算は，前年度同様に1カ月の暫定予算で発足したが，本予算は7月26日の立法院本会議で可決され，7月30日に主席の署名公布により成立した。

1　教育予算の総額

　1967年度琉球政府一般会計歳入歳出予算総額は**88,276,500**ドルで，このうち教育関係予算額は30,402,308ドルで政府総予算に占める比率は**34.4%**となっている。

　今年度の教育予算を前年度と比較すると，当初予算額22,537,997ドルに対して7,864,311ドルの増，比率で34.9%と大幅に増加している。この増加率は政府総予算の増加率34.0%よりも上回っている。また，前年度の補正後の最終予算額23,695,450ドルに対しては6,706,858ドルの増，比率で28.3%の増（政府総予算額の前年度最終予算に対する増加率は31.9%）となっている。

　教育予算を事項別に分けて，その構成比を示すと次のとおりとなる。

事　　項	予　算　額	構成比
	ドル	%
総　　　額	30,402,308	100.0
文　教　局	27,992,903	92.1
文化財保護委員会	59,483	0.2
琉　球　大　学	2,349,922	7.7

　琉球大学費及び文化財保護委員会関係予算を除いた文教局歳出予算額27,992,903ドルを支出項目別に前年度と比較して示すと次のとおりである。

支　出　項　目　別　内　訳　　　　　（単位　ドル）

事　　　項	1967年度予算額	1966年度予算額		比　較　増　△　減	
		当　初	最　終	当　初	最　終
総　　　　　額	27,992,903	20,895,874	22,023,375	7,097,029	5,969,528
A　消費的支出	21,337,843	17,080,529	18,163,030	4,257,314	3,174,813
1　教職員の給与	17,682,978	14,597,733	15,599,379	3,085,245	2,083,599
2　そ　の　他	3,654,865	2,482,796	2,563,651	1,172,069	1,091,214
B　資本的支出	6,655,060	3,815,345	3,860,345	2,839,715	2,794,715
1　学校建設費	4,626,834	2,052,566	2,097,566	2,574,268	2,529,268
2　そ　の　他	2,028,226	1,762,779	1,762,779	265,447	265,447

　上の表について，特に注目すべき点は，**学校建設費**が前年度の当初予算額の約2.3倍にも伸長していることである。これは日米両政府の教育援助の**大**

幅増大に伴って、教育施設の充実という教育部門の最重点施策が予算面で反映していることを示している。

なお、これら支出項目別内訳の構成比を図示すれば下図のとおりである。この図にみるとおり、文化財、琉球大学関係を除く総予算額の63％は学校教職員の給与費で学校建設費の17％を加えた80％がいわゆる義務経費に支出されている。

教育分野別予算額と構成比

分野別	予算額	構成比
総額	27,992,903 ドル	100.0 ％
学校教育費	26,527,490	94.8
幼稚園	88,440	0.3
小学校	11,482,157	41.0
中学校	8,045,614	28.7
特殊学校	470,110	1.7
高等学校	6,148,310	22.0
各種学校	292,859	1.1
社会教育費	195,629	0.7
教育行政費	1,003,279	3.6
育英事業費	266,505	0.9

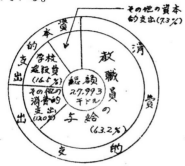

つぎに、文化財・琉球大学経費を除く教育予算額を、教育分野別にその構成比を示せば右の表のとおりである。

本年度教育予算の特色は、義務教育諸学校教職員給与費をはじめとする日米両政府の教育援助の拡大に伴う、予算規模の大幅伸長があげられるが、教育関係予算中の日米援助の状況を前年度と比較してみると次の表のとおりとなる。

教育関係予算中の日米両政府援助の状況

資金区分		1967年度		1966年度（当初）		比較増△減
		金額	構成比	金額	構成比	金額
		ドル	％	ドル	％	ドル
琉政		14,413,646 (1,849,920)	47.4	18,696,683 (861,825)	82.9	△ 4,283,037
援助	日政	7,578,662	24.9	1,051,314 (20,000)	4.7	6,527,348
	米政	8,410,000 (5,000,000)	27.7	2,790,000 (325,000)	12.7	5,620,000
合計		30,402,308 (2,349,922)	100.0	22,537,997 (1,206,825)	100.0	7,864,311

※（注）金額欄の（ ）内の数は琉球大学予算額で内数である。

日米両政府の教育援助の事業内容についてはそれぞれの章において詳説されることになるが、琉球政府予算に繰り入れられない事項を含めた日米教育援助額の一覧表については参考資料〔六〕にまとめて掲示してある。

いままでに述べた教育関係予算は、他の部局に繰入れられてあるものは除かれている。ご承知のように教育委員会法等の関連立法の一部改正により、

地方教育財政立て直しのために，市町村交付税算定の際の市町村基準財政需要額の中に，1967年度より教育費需要額が新たに算入されるようになった。新年度の市町村交付税特別会計への繰入れ額（総務局所管）は7,645,600ドルで，その一部は市町村予算の「教育費負担金」を通じて間接的に教育財源として政府より教育区へ支出されることになる。これ等の額を割り出すことは交付税の本質から妥当な考え方ではないが，単純なる比率計算でおよその額を全琉計として算出すると約220万ドルと推計される。

このほか，総務局予算に組まれている政府立学校土地購入費314,700ドル，琉球大学土地購入費220,000ドル，文教局関係の印刷費などの用度費の約63,000ドルを加えると，琉球政府一般会計歳出予算に含まれている教育関係予算は実質的には約3,320万ドルに上り，政府総予算額の37.6％を占めていることになる。

2　文教局予算編成の方針とその経過

1967年度文教局予算編成に当っては教育条件の本土との格差縮少のための日米政府への教育費援助額の大幅増額を期待するとともに，義務教育諸学校の学級編制・教職員定数基準の改善をはじめとするいくたの重点施策を中核として，教育条件の飛躍的向上を目ざして予算編成がすすめられた。すなわち，11月25日に中央教育委員会で協議された「1967年度文教局予算編成方針」を基とし，施策実現への予算措置がじゅうぶんに講ぜられるよう，各主管課でけんめいな努力がつづけられた。

中央教育委員会で定められた予算編成方針は下表のとおりである。

1967年度　文教局予算編成方針

重点方針	具体的方針
1　文教施設（校舎等）及び設備備品の充実	○　普通教室の充足 ○　特別教室の充足 ○　老朽校舎の解消 ○　管理関係諸室の充足 ○　屋内体育室及びプールの建設 ○　特殊教育施設の充実 ○　総合教育センターの建設 ○　文教施設用地の確保 ○　設備、備品の充実
2　学級規模の改善と教職員の資質並びに福祉の向上	○　教職員定数の確保 ○　教職員の資質の向上 ○　各種研究団体の助成 ○　教職員の福祉の向上
3　地方教育区の財政強化と指導援助の拡充	○　交付税（教育費分）の財源確保と単位費用の拡充 ○　地方教育区行政職員等の資質向上
4　教育の機会均等	○　義務教育教科書無償の全面実施 ○　へき地教育の振興 ○　特殊教育の振興 ○　就学奨励の拡充 ○　学校統合の促進 ○　幼稚園教育の育成強化
5　高等学校生徒の急増対策	○　教員養成の拡充 ○　高校の増設及び拡充

重点方針	具体的方針
6 理科教育及び産業教育の振興	○ 理科教育の振興 ○ 産業教育の振興 ○ 農業教育の近代化の促進
7 学力向上と生活指導の強化	○ 教育指導者の養成と指導力の強化 ○ 学力向上対策 ○ 生活指導の強化 ○ 教育測定調査の拡充 ○ 視聴覚教育の拡充
8 育英事業の拡充	○ 国費,自費制度並びに特別奨学制度の拡充
9 保健体育の振興	○ 学校体育指導及び学校保健の強化 ○ 学校給食の拡充 ○ 社会体育の振興 ○ 指導者の資質向上と体育団体の育成 ○ 総合競技場の拡充と運営の強化 ○ 地方体育施設の拡充
10 社会教育の振興と青少年の健全育成	○ 青少年の健全育成と家庭教育の振興 ○ 青年学級及び家庭教育学級の振興 ○ 社会教育主事の増員 ○ 社会教育における職業技術教育の振興 ○ 社会教育指導者の養成 ○ 図書館,博物館,青年の家,その他社会教育施設の運営強化

この予算編成方針に基づき,教育財政需要の算定が行なわれ,予算担当局と数回にわたる折衝ののち,政府案としての予算参考案が立法院に送付されたのであるが,予算編成方針の一端を紹介するため,政府参考案の予算説明書に述べられている教育財政需要についての説明をここに転記しよう。

「教育財政の需要

　教育財政需要額を決定する主なものは,教育費のうち最も主要な部分を占める学校教育費であり,従ってその需要額の規模は児童生徒数と妥当な水準の学校教育を行なうために必要な児童生徒1人当りの教育費によって算定されます。

　児童生徒数の過去・現状及び将来の推計ならびに過去における生徒1人当り公教育費推移の本土比較を示しますと次の表及び図のとおりであります。

　小学校の児童数は68学年度まで漸減し,69学年度以降は増加に転ずることが推計されます。中学校生徒数も前学年度を境として,その後減少の傾向をたどります。このように小・中学校では,既に児童生徒数のピークを越しておりますが高等学校では当分の間,生徒数の増加がつづきます。

　従って,小・中・高校全体としてみた場合,児童生徒数の変動は今後においても大きな変動はないものと予想されます。

児童生徒数の推移 （政府立・公立のみ） （単位・千人）

学年度		1962	63	64	65	66	67	68	69	70	71
小中学校	小学校	163.9	159.8	155.1	151.7	149.2	146.9	145.9	146.1	148.3	149.6
	中学校	73.9	78.3	82.2	83.4	81.4	79.7	77.4	75.3	72.2	71.3
	計	237.8	238.1	237.3	235.1	230.6	226.6	223.3	221.4	220.5	220.9
高等学校	全日制	18.9	22.6	26.9	32.0	34.3	38.0	40.9	42.6	43.4	43.8
	定時制	2.8	3.4	3.9	4.4	4.9	5.1	5.2	5.3	5.4	5.4
	計	21.7	26.0	30.8	36.4	39.2	43.1	46.1	47.9	48.8	49.2

児童生徒1人当り公教育費の年次別推移 （日琉比較）

a 実額 （単位ドル）

校種別	小学校							中学校							高等学校（全日）						
年度	1958	'59	'60	'61	'62	'63	'64	1958	'59	'60	'61	'62	'63	'64	1958	'59	'60	'61	'62	'63	'64
本土	39.08	41.20	44.26	52.27	63.25	79.33	96.63	50.21	57.04	63.49	71.77	78.67	83.25	39.20	82.04	86.58	89.36	103.47	132.52	169.63	160.69
沖縄	26.66	23.09	27.14	27.12	32.94	38.57	44.03	37.60	36.46	44.03	48.44	54.04	50.45	65.97	68.77	67.11	76.66	76.79	95.27	102.66	130.67

b グラフ　　沖縄 ——　本土 ------

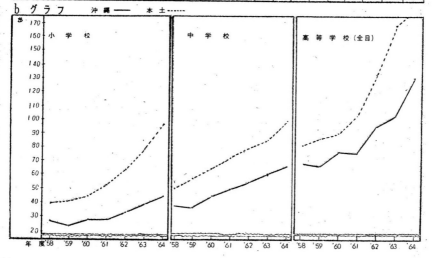

しかしながら，一方，生徒1人当り教育費は科学・文化の急速な進展に伴う教育水準の飛躍的向上への要請に応え，年を追うて上昇の傾向にあります。しかも前図の生徒1人当り公教育費日琉比較に見られるように，琉球における生徒1人当り公教育費の本土との格差は，そのまゝ教育条件の格差を反映しているものとして，このような教育における格差是正が近年強く叫ばれて来ております。

　幸いにして，日米両政府の教育費援助の大幅増加を機会に，教育に対するこのような住民の切なる要望と時代の強い期待に応えるべく教育予算の編成に当つては政府財政の許す限りで，これを実現すべく努力したのであります。

　すなわち，本土の教育水準を目標とし，琉球における教育費の他の行政分野との均衡における適正額の算定につとめ，教育委員会法第5章の手続きを経て文教関係予算案を送付したのであります。」

　政府参考案による文教局予算額は28,016,109ドル，琉球大学予算額は2,348,440ドル,合計30,364,549ドルであつたが，立法院で審議の結果、修正増102,946ドル、修正減65,187ドル差引き37,759ドルの増額となり，前記の30,402,308ドルに修正可決され，主席の署名公布により正式に成立した。

第2章 文教施設（校舎等）及び設備備品の充実

「教育水準の本土並引上げ」これは戦後久しく唱えつづけてきた教育界の合言葉である。

教育の向上は種々の条件の整備によつて達成できる。施設・設備・備品の拡充・充実がこれまで最も大きな悩みの一つとして、その大幅な改革が訴え続けられてきた。さいわい、日米援助の拡大強化により、これまでの状態から大きく前進することができた。このことは教育界のみならず沖縄の全住民が渇望してきたことであつて、今年度はその端緒をひらいたものであるといえよう。

以下、その内容について述べたい。

1 校舎建築等の推進

戦乱の犠牲となつて戦前の校舎はことごとく烏有に帰してしまい、戦後は青空教室から出発し、次いで茅ぶきの馬小屋教室、テント教室、それからコンセット、トタンぶき校舎、瓦ぶき木造校舎と幾変遷を経て、鉄筋コンクリート・ブロック造りの近代建築になつたわけだが、1954年から1966年度まで過去13か年間に校舎建築に注ぎ込まれた資金が1,972万ドル、これによる達成率は小学校67％，中学校62％，高等学校61％で目標には遙かに及ばず、道は遠く且つけわしい感を抱かせるものがあるが、たとえ、道がけわしかろうとも一歩一歩切り開かなければならない。遠くけわしいその道は、ではどんな方法で打開されるであろうか。

67年度の校舎建築について

昨年来、沖縄に対する援助ムードはとみに高まり、総理大臣や衆参両院議長、あるいは関係諸大臣の踵を接しての来島はいよいよこれに拍車をかける結果を招き、日本政府からの財政援助の大幅増額実現となり、そのため校舎建築にも明るい希望がもてるようになつた。すなわち、次の表によると、67年度の学校建設費は、前年度の218万4,512ドルに対して、246万5,674ドル増の、実に465万ドルという飛躍的増加となつており、前年度の2.13倍に達している。

		1967年度予算	1966年度予算	増△減
	学校建設費	$ 4,650,186	$ 2,184,512	増 $ 2,465,674
内訳	施 設 費	1,764,502	1,183,518	580,984
	施設補助金	2,862,332	914,048	1,948,284
	運 営 費	12,312	9,485	2,827
	修繕補助金	10,440	71,200	△ 60,760
	測量設計費	600	300	300
	非常勤給与	0	5,584	△ 5,584

注※ 施設費とは、政府立学校の校舎その他の施設の建築に要する経費であり、
※ 施設補助金とは、公立学校の校舎その他の施設の建築に要する経費である。

これを資金別にみると、次の3つに分けられる。

　日政援助資金(GOJ) 1,231,006ドル
　米政援助資金(RIA) 1,800,000ドル
　琉球政府資金(GRI) 1,619,180ドル

では、これらの資金（予算465万ドル）はどのように教育現場に流れ、そして現場の需要をどのようにみたし得るか。

（Ⅰ）政府立諸学校の場合（施設費）

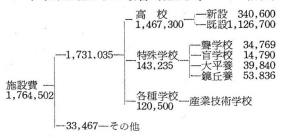

イ　高校の146万7,300ドルのうち、34万余ドルで、那覇・本部・八重山に新設する高校（前二者は普通高校、後者は実業高校）の校舎を造り、

ロ　残り112万6700ドルで既設30高校の普通教室85、特別教室55、家庭科教室6、産業教育関係諸室18、図書舘2、給食室6、便所20、寄宿舎10、職員住宅5、体育舘1等を建築する予定。

新年度は、高校の普通教室は147も不足しているが、これらの工事がすめば、実際の不足は35教室となり充足率は普通高校96％、実業高校93％となる。

特別教室は、68教室（新設高校を含む）をつくるので、完工後の使用頻度（1週間の授業のうち、その教室を何回使用するかという率）は80％となる。これは将来35ないし75％の範囲に引き下げなければならない。

ハ　特殊学校では、△聾学校の屋内運動場、△盲学校の図書舘と点字印刷室、△大平養護学校の普通教室や寄宿舎、△鏡が丘養護学校の教室、機能訓練室、寄宿舎などができる。

ニ　開校2年目に入る産業技術学校では、△左官ブロック、△塗装印刷室、△ホテルメイドサビース等の各実習場ができ、その分のコースの新設をみるようになる。

（Ⅱ）公立学校の場合（施設補助金）

施設補助金 2,862,332
　─小学校 ドル 1,365,800 (47.72％)
　　─617,100（普通教室121）
　　─297,000（特別教室56）
　　─451,700（その他）
　─中学校 1,054,300 (36.83％)
　　─510,000（普通教室100）
　　─198,000（特別教室36）
　　─346.300（その他）
　─その他 442,232

286万2,332ドルの資金では、全琉の

公立小中学校を対象にして、次のような施設の充足をはかることになる。

種類	小校	中校	計
普通教室	121	100	221教室
特別教室	54	36	90 〃
管理室	17	13	30 〃
図書室	8	6	14 〃
保健室	3	3	6 〃
給食準備室	30	10	40 棟
屋内運動場	1	1	2 〃
便所	6	6	12 〃
改築	17	12	29教室
改装	6	6	12 〃
技術教室		5	5 〃

　その他44万2232ドルでは、嘉手納3校の防音工事や、水利に悩む学校の給水施設（30校）ができるほか、へき地の学校に1棟20坪、6,000ドルの経費でデラックスな教員住宅が16棟もできる予定である。

　66年4月現在における不足教室数は小学校が162教室、中学校103教室、計265教室だが、67年3月までには小学校に178教室（普通・特別・保健各室）、中学校に139教室（前と同じ）、合せて317教室建てるので、不足教室をじゅうぶんカバーできるが、67年4月には学級増があり、このため165教室の不足となる。これらの不足教室の解消は68年度に持ちこされる。

　なお、特別教室、保健室および管理室は、教室不足の学校に優先割当されるので、これらの教室本来の機能をじゅうぶんに発揮できるようになるのは普通教室が100％充足してからあとのことである。その年は1969年度以降とみられている。

　今年度から新しいものとして屋内運動場があるが、これは日政援助80％、琉政予算20％補助であり、小中校に各1棟ずつつくる予定である。水泳プールは、高校に1基となつている。

　給食準備室は前年度に引き続き米国援助によって40棟（800坪）つくるが、給食センターを計画している教育区を考慮して建設される。

2　文教施設用地の確保

　日政援助が軌道にのり、米国援助も加わつて、年々多額の援助資金が学校建設に投入される見通しがあるので、各現場においてはこれの受入れについて万全を期さなければならない。すなわち、学校においては将来の在籍増減（学校の分離・統合、校区変更等も）を考慮して、学校の規模に伴う基準教室数や諸施設の基準坪数等を算定して、これらの施設の配置計画をたて、校地狭隘とあれば、早急に用地を確保する必要がある。

　政府立学校関係の敷地購入費は、67年度予算に31万4,700ドル計上されているが、これは新設高校の用地購入費のほか、校地拡張を必要とする既設の高校の分などを含むものである。

3 設備，備品の充実

(1) 一般教科備品

理科，視聴覚，職業を除く一般教科備品の充足率は，年々前進しているが，特に昨年度から日本政府援助によって大幅に伸びている。

今年度は，昨年の小学校の音楽体育に引き続き，中学校の音楽，体育備品に対する援助費が計上されている。

体育備品については，中学校用とび箱，踏切板，マット，低鉄棒，バスケットボール・スタンド，ハードル等の充足に向けられる。

その結果，これらの備品については，基準のおよそ80パーセント達成することになる。

音楽備品については中学校用のピアノを主として補助する予定であるが，ピアノの配布のない学校に対しては，ピアノ以外の音楽備品を配布する予定である。これによってピアノについては，小規模の併置校を1校とすると100パーセント達成されることになる。

英語教育普及備品費については英語学習の近代化，効果的指導法教師の資質向上をはかるためテープコーダー，タイプライターなど器材器具を購入することになっている。

科　目	予算額	内訳 負担区分	金額	説　明
学校備品充実費	918,161 ドル	米　政	655,000ドル	小中学校机、腰掛　500,000ドル 高等学校備品費　155,000
		日　政	174,641	中学校 　音楽（ピアノ等）　60,600 　体育（とび箱等）121,250 　視聴覚　　　　　　40,700
		琉　政	47,909	
		琉　政	40,611	音楽、体育、理科、視聴覚、職業の教科を除く他の教科備品
英語教育普及備品費	25,000ドル	米　政	25,000ドル	テープコーダー（小中39台　高校29台）タイプライター（小中52台　高校30台）電蓄（高校2台）

(2) 視聴覚備品の充実

本年度は，日政援助の資金 $32,560および琉球政府予算 $8,140の計 $40,700で，小学校用としてテレビ受像機を，中学校用としてテープ式磁気録音機を充実整備する。

テレビ受像機は，小学校低・高学年向けの学校放送の他に，9月から実施される中学年向け放送が効果的に利用されるために，1学級1台を目標に設備されるものである。

テープ式磁気録音機は，学校規

模に応じ，12学級以下は2台，24学級までは3台，36学級以上とは6台というようなめやすをおいてその充実をはかろうとするものである。

シート式磁気録音機は，学習の効果を高めるために，学習内容を組織化し，体系化していき，あらゆる児童生徒の能力に応じて個別的に学習をすゝめるために，最も有効的な器材として，脚光をあびて登場している。

今年度は，特に中学校における個別指導の研究を推進していくために，若干の学校を指定研究させ，それに必要な器材を支給する計画である。

4 学校備品（机，腰掛等）

中小学校の机，腰掛の充足については，1963年度，65年度，66年度の3か年にわたり，77,090脚が米国援助により配布されており，これは児童生徒数のおよそ34.3%に当る。

1967年度の配布予定数は，71,429脚でこの数を加えると，総数は148,519脚でおよそ66%の充足率となる。更に1968年度においては100%になるよう計画をすすめている。

高等学校については，生徒用机腰掛5,000脚，32,500ドルのほかに特別教室用机腰掛，図書館用設備等 155,500ドルの一般備品（米国援助）を充足する予定である。

5 学校図書館図書

学校図書充実のため，今年度は特に特殊学校図書費が新たに加えられた。今年度の予算によると学校種別の図書充実予定は、次の通りとなる。

校　　種	金　額	充足冊数	充足率	目標達成率
	ドル	冊	%	%
小 学 校	47,226	39,355	5.4	36.5
中 学 校	28,534	23,778	5.4	36.8
高等学校	5,000	3,333	1.9	65.8
特殊学校	1,400	700	0.5	10.4
合　　計	82,160	67,166	5.0	41.4

なお，図書1冊の平均単価は，小学校及び中学校は1ドル20セント，高等学校は1ドル50セント，特殊学校は2ドルに引きあげてある。

第3章　学級規模の改善と教職員の資質並びに福祉の向上

　戦後多年の懸案であつた学級編制及び教職員定数の本土並み引き上げ問題が，去る4月に「義務教育諸学校の学級編制及び教職員定数の基準に関する立法」として公布され，1966学年度から実施されるはこびになつたことは教育の一大進展として大きく評価されてよい。

　それと同時に教職員が社会の進歩に対応できるよう資質の向上を図らなければ，教育の進展は望めないし，また，教職員が教育に邁進できるよう福祉の向上も併せて考慮されるべき問題であるが，このような諸条件を改善し，教育の効果をより一層高めるために政府としては，次のような計画をしている。

1　義務教育諸学校の教職員定数の確保と給与の改善

　1学級の適正規模は，児童生徒の数が，30～40人といわれる。本土においては，学級規模の適正化を図るため，1959年から1968年までの10年計画で年々改善している。

　沖縄においても数年前から児童生徒数の減少とかみ合せて徐々に改善して来たのであるが，さいわい今年度から

第1表　公立小中学校教職員定数計画

区分	学年度	1965学年	1966学年	前年度比較	1967学年	前年度比較	1968学年	前年度比較
小学校	児童数	151,697	148,800 △	2,897	145,394 △	3,406	141,880 △	3,514
	学級数	3,651	3,703	52	3,809	106	3,940	131
	教員数	4,146	4,361	215	4,569	208	4,897	328
	補充教員数	104	134	30	148	14	169	21
	事務職員数	68	88	20	94	6	120	16
	教職員数計	4,318	4,583	265	4,811	228	5,186	375
中学校	生徒数	82,765	80,780 △	1,985	79,175 △	1,605	76,943 △	2,232
	学級数	1,807	1,808	1	1,879	71	1,944	65
	教員数	2,858	2,987	129	3,213	226	3,377	164
	補充教員数	87	121	34	129	8	141	12
	事務職員数	60	72	12	83	11	93	10
	教職員数計	3,005	3,180	175	3,425	245	3,611	186
合計	児童生徒数	234,462	229,580 △	4,882	224,569 △	5,011	218,823 △	5,746
	学級数	5,458	5,511	53	5,688	177	5,884	196
	教員数	7,004	7,348	344	7,782	434	8,274	492
	補充教員数	191	255	64	277	22	310	33
	事務職員数	128	160	32	177	17	213	36
	教職員数計	7,323	7,763	440	8,236	473	8,797	561

教職員の給与費に対する本土政府援助が確定したことと、本土県並み水準の引き上げを目標に政策が掲げられていること等各種の好条件に恵まれて、1968学年までに本土基準と同水準まで引き上げるよう立法でもつて決定した。

1966学年度から1968学年度までの3か年で本土基準まで引き上げることは大幅な進歩であり、それによつて教員の負担が軽減され、その軽減分が教員の研究に振り向けられ、児童生徒の学力に直接影響を及ぼすことを期待するものである。

3か年計画は第1表のとおりである。

給与については、給与法の改正に伴うベースアップ及び期末手当の支給率の引き上等は当然のことであるが、特に本土の¾援助に伴なつて特筆されるべきことは、宿日直手当の政府補助及び旅費の単価引き上げ（前年度は1人当り平均5.8ドルが今年度は9.9ドルになり、更に交付税の中でも1人当り10ドルが積算されている。）及びへき地手当を本土並み支給率に改善したこと等があげられる。

教職員の給与等に要する経費は第2表のとおりである。

2 教職員の資質の向上

教育の目標達成のための諸条件のなかで教職員の資質こそ、最も重要な役割をはたしているものはない。

施設、環境の整備も、教師のはたし得る教育的役割を一層効果的に推進するための周辺的な条件にしかすぎない。

教育の管理上の諸制度、諸法規の整備も、教職員のよい資質を前提としてこそその教育効果を期待することができる。

第2表　公立小中学校教職員給与費

科　目	予算額	内訳 日政	内訳 米琉政	備考
給料補助金	$10,391,952	3,824,856	6,567,096	339 100
期末手当 〃	2,935,726	1,185,705	1,750,021	
単位給 〃	1,200	0	1,200	2学年複式2ドル、3学年複式3ドル
複式手当 〃	4,164	2,360	1,804	4学年複式4ドル単級6ドル
宿日直手当 〃	116,973	48,739	68,234	祝祭日日直、宿直80セント土曜日直
退職給与 〃	275,139	95,621	179,518	40セント
公務災害補償 〃	5,284	1,147	4,137	
旅費 〃	77,020	30,129	46,891	1級地8%　2級地13%
へき地手当 〃	125,889	43,071	82,818	3級地16%　4級地20%
計	13,933,347	5,231,628	8,701,719	5級地25%

（注）　教職員の給与費援助として米政の 5,000,000ドルが投入されているが、これは公立学校のみでなく、すべての教員の給与となつているので、米琉政として示した。

教育があくまでも，人間対人間の人格的に接触する場においてなされるものであることから，教職員の資質の向上をはかることは，文教行政の重要な施策である。特に，終戦後の短期教員養成の教職員が2.5割を占めていることや，教職員の経験年数が一般に若いこと，また，本土との地域的な研修の機会が得難い点等の不利な上に，新教育がはじまって以来，幾度か教育課程が改訂されたこと等を総括して，教職員の資質向上に期待するものが大きい。

　本年度は，本土政府の大幅な援助も加って例年よりも飛躍的に教職員の資質向上のため経費が増額した。

　まず，本土における教育研修については従前通り，研究教員(35名の2回)校長実務研修（8名の2回），指導主事研修（5名の2回)教員大学留学（10名の1回）が日政援助で実施され、その滞在費の対応費として1日1ドル旅費補助17,160ドルが予算化されており，そのほか文部省等の主催する各種研修会へ多数の教職員が参加できるよう旅費補助に対する予算措置が講ぜられている。さらに，文教局および関係機関の主催する管内の研修会が年間30余計画さ＼され，各教育区に対する補助額12,360ドルの他に事業費として総額42,650ドルがくまれている。その各事業の内容は別表1（管外)別表2（管内)のとおりである。

教職員の資質向上のための研修会一覧表（管外）

研修会（講座大会）名	時期	会期	範囲	参加者	人員	会場	備考
校長・指導主事等研修講座	5.6.7 9.10月	各12日	全沖縄	校長、教頭指導主事	延10人	東京	人員は予定人員である。
初等教育指導者講座	5月	3日	全	全	2人	関西	
道徳教育指導者講習会	7月	3日	全	教諭、指導主事	2人	〃	
へき地教育指導者講座	9月	3日	全	校長、教諭指導主事	4人	宮崎	
幼稚園教育課程研究協議会	9月	3日	全	〃	4人	広島	
幼稚園設置基準説明会	9月	1日	全	全	1人	広島	
全国へき地教育大会	10月	4日	全	校長、教諭指導主事	4人	宮崎	
小学校教育課程研究発表大会	11月	3日	全	全	12人	東京	
学校図書館研究協議会	12月	2日	全	全	2人	東京	
中学校・高等学校社会科（地理）講座	10月	6日	全	地理担当教諭指導主事	2人	愛知	
中学校・高等学校数学講座	8月	4日	全	数学担当	2人	東京	
中学校教育課程研究発表大会	11月	3日	全	校長、教諭指導主事	14人	東京	
公立学校事務職員研修会	10月	3日	全	学校事務職員	2人	東京	

研修会（講座大会）名	時期	会期	範囲	参加者	人員	会場	備考
特殊教育講座	8月	8日	全沖縄	特殊学級教諭 校長	5人	長崎 大分	
学校保健講習会	8～12月	3日	全	校長、教諭	2人	長崎 東京	
学校安全講習会	11月	3日	全	全	2人	東京	
学校給食研究協議大会	10月	3日	全	全	2人	山形	
学校給食栄養管理講習会	8月	3日	全	全	1人	島根	
全国造形教育大会	10月	3日	全	全	2人	岩手	
青少年進路指導全国大会	8月	22日	全	進路指導主事	6人	東京	
全国数学研究大会	8月	3日	全	小、中校長 教員	2人	兵庫	
全国小学校社会科研究大会	11月	3日	全	全	2人	大阪	
中学校高等学校社会科講座（歴）	6月	4日	全	中・高校・社会科担当教諭	1人	未定	
中学校高等学校・理科講座（物理）	6月	4日	全	〃理科担当教諭指導主事	2人	未定	
理科センター研究協議会	6月	3日	全	センター所長関係者	1人	未定	
中学校音楽科実技講習会	6月	4日	全	中学校音楽担教師指導主事	2人	未定	
高等学校社会科（倫理・社会）講座	5月	6日	全	高校社会科倫理社会担当	1人	福井	会場予定地
中学校美術科実技購習会	7月	4日	全	中学美術担当教諭指導主事	2人	東京	
産業教育指導者養成講座	7～8月	6日	全	当該教科担当教諭指導主事	4人	東京	
道路指導者講座	6月	6日	全	中・高校関係教諭指導主事	2人	未定	
体育指導主事研究協議会	9月	未定	全	指導主事	1人	東京	
青少年スポーツ活動指導者講習会	3月	4日	全	体育指導員	2人	東京	
学校給食研究集会（西日本）	11月	3日	全	学校給食主任校長教委職員	2人	高知	
県教委給食担当者会議	6月	未定	全	県教委担当者	1人	東京	
第16回全国学校保健大会	11月	3日	全	学校保健関係者	2人	群馬	
国語教育研究協議会	10月	2日	全	教諭	4人	佐賀	
研究教員	4～3月	半年又は1年	全	小中高校教員	70人	日政援助	
校長本土実務研修	10～11月	2ヶ月	全	小中高校長	16人		
本土大学留学教員	10～3月	6か月	全	教諭	10人		
指導主事研修	10～3月	6か月	全	指導主事	10人		

教職員の資質向上のための研修会一覧表2（管内）

各種研修会名称	時期	会期	範囲	参加者	参加人員	会場	備考
全沖縄小中学校長研究大会	5月中旬	4日	全沖縄	全沖縄小中学校長その他関係者	400人	那覇	年1回
青少年健全育成研修会 訪問教師研修会	毎月	1日	〃	訪問教師その他関係者	延200人	各連合区輪番	
進路指導研修会	9月10月11月12月	1日	連合区単位	進路指導主事その他の関係者	200人	連合区毎に2～3校	
特別教育活動主任研修会	12月	1日	連合区単位	各学校主任			
カウンセラー研修会	学期2回	1日	全	各学校カウンセラー	延350人	連合区	
道徳主任研修会	学期1～2回	1日	全	各学校研究主任	延350人	連合区ホール	
生徒指導主任研修会	学期2回	1日	連合区単位	各学校主任	延350人	連合区	
学校経営講座 中堅教員中央講座	8月17日～20日	4日	全沖縄	小、中、教諭	40人	那覇	
小学校教頭中央講座	9月28日 5月27日	各4日	全	小学校教頭	延80人	真喜屋センター	年2回
中学校教頭中央講座	11月9日 6月5日	各4日	全	中学校教頭	延80人	青年の家	年2回
連合区別校長研究会	2月	各1日	連合区別	小中学校長	延350人	連合区	年1回
教科指導技術研修 各教科主任研修会（社会、国語、理科、数学、英語、音楽、図工美術、保体、家庭等）	学期1回	各1日	連合区別	小中高教諭	延350人 延3450人		
校内授業研究会	毎月（8月を除く）	各1日	全沖縄	小中高校	延8400人	各学校	
教育区授業研究会	自9月至6月	各2日	教育区別	小中教諭	延928人	東小校外12校	年13回
学校総合指導	毎月	1日	各学校単位	対象校職員及び全指導管理主事		各対象校	年14校
教育課程講習	3月20～31日	各1日	全琉6ブロック	高校の対象教科の全教員	延約180人	名、コ、那、久、宮、八	年1回
数学教員講習	12月25～30 3月20～29 4月1日	各4日	各連合区別	中学校数学担当教員	延約180人	各連合区事務局	年2回
中学校教員講習会	67.3.30	12ヶ月	全沖縄	中学校英語教員	27人	英語センター	
中高校英語教員講習会	8月2～30日	29日	〃	中高校英語教員	44人	〃	年1回
視聴覚備品取扱い研修会	7月15日 8月17日	1日	連合区別	各学校主任	350人	連合区	年2回
放送教育研修会	9月	1日	〃	〃	350人	〃	年1回
学校事務職員研修会	8月	2日	全沖縄	学校事務職員	200人	那覇	年1回
法令研修会	10月5月	1日	全沖縄	校長、教頭その他関係者	700人	各連合区	年1回
中学校技術・家庭技術講習会	7月21～28日	8日	全沖縄	技家（女子）教員	30人	琉大	
高学校家庭科教員技術講習会	7月22～28日	7日	全沖縄	家庭科教師	70人	琉大	
中学校技術家庭教員講習会	8月3～24日	20日	全沖縄	技家（男）教員	25人	琉大	
高等学校工業科教員研修会	8月1～13日	12日	全沖縄	工学科教員	25人	琉大	
全沖縄高校長研修会	5月	3日	全沖縄	高校長	35人	那覇	年1回
へき地教員研修会	12月	7日	へき地	小中へき地教員	20人	那覇	年1回
進路指導主事研修会	12月	7日	全沖縄	中学校進路指導主事	20人	那覇	年1回
教育指導委員による講習	9月12月	4か月	全	小中高教諭	延	各連合区	

3 各種教育研究団体助成

教育研究団体の育成のための経費としては，学習指導の改善，道徳教育の充実，へき地教育の振興，学習の個別化の研究などのための実験学校，研究校の奨励費をはじめ，農業クラブ，家庭クラブ，職業および科学技術研究奨励費文化・体育面の向上を図る各種コンクール・競技会活動のための奨励費，また全琉一体となつて行なわれる教育研究大会，教育研究団体の育成強化を図るための各種教育研究奨励費，青少年の体位向上とスポーツの生活化をめざす学校体育奨励費，社会教育の活動および育成のための社会教育活動費，教育長，校長，幼稚園，特殊教育の4協会に必要な経費，高等学校定時制主事会，カウンセリング研究協議会，学校保健大会等33の事項にわかれその成果をあげている。総予算は33,906ドルにおよび前年度よりも 7,565ドル 増となつていてその内訳は次に示すとおりである。

○実験学校，研究校の研究奨励費 3,340ドル
○農業クラブ研究奨励費 654ドル
○家庭 〃 〃 576ドル
○各種教育研究奨励費 2,408ドル
○職業及び科学技術研究奨励費 450ドル
○各種コンクール競技会活動 750ドル
○教育研究大会 6,000ドル
○学校体育奨励費 8,327ドル
○社会教育活動奨励費 6,046ドル
○教育長協会に必要な経費 600ドル
○校長協会に必要な経費 3,500ドル
○学校保健大会に必要な経費 155ドル
○高等学校定時制主事会に必要な経費 300ドル
○幼稚園協会に必要な経費 300ドル
○全沖縄カウンセリング協議会に必要な経費 200ドル
○特殊教育協会に必要な経費 300ドル
　　　　　計 33,906ドル

4 教育職員の福祉拡充

近代社会は，経済的・社会的に一層複雑化してきている。それにともない教育職員の福祉向上を図らなければならないことはいうまでもない。

それには種々考えられるが，先ず本年度は出産休暇の期間を8週間から12週間に改めた。これは母体と生まれてくる子どもの健康を保護する立場から好ましいことで特筆すべきであろう。

さらに，今年度より公務員退職年金及び医療保険が実施され教職員もその適用を受けることになり，これに要する設置者負担金の全額が補助されるようになつているが，特に年金法の実施は不完全ながら退職後の生活の保障制度確立への第一歩をふみだしたものとして大きな意義をもつものである。

第4章 地方教育区の財政強化と指導援助の充実

1 地方教育区の財政強化

　従来地方教育区の財源は大きく分けて，政府からの補助金と教育税収入に分類できる。補助金が教員の給与，校舎建築費等その使途が特定されたいわゆる「ヒモ付」の財源であるから，その他の必要な経費はすべて教育税に依存してきた。教育税制度は1952年教育委員会制度とともに発足して今日に至つたが，昨今の教育費需要の増加は著しく，住民の教育税負担は市町村税に比べて過重になるばかりでなく，一方では教育区間における税負担の不均衡化をますます助長する結果となつた。この不均衡を是正するため財源調整の一方法として，1964年度から1966年度まで「教育区財政調整補助金」が予算計上されたが，これはあくまでも過度的な措置であつた。

　昨年8月に教育委員会法，市町村税法の一部改正が行なわれて，教育税が廃止されて市町村税へ一本化され，さらに市町村交付税法の一部改正で，教育費についても交付税による財源補てん制度が実現する運びとなつた。

　市町村交付税制度は，どの市町村でも標準的な行政水準が維持できるように，市町村交付税という財源を交付する制度であり，その使途が特定されていない点に大きな特色がある。

　交付税制度では財政力の弱い市町村に多く交付して，財源の均衡化をはかるのを目的としているから，今回の一連の立法改正，およびそれに伴う条例の改正は市町村における税負担および財源の均衡化に資するところは大である。

　なお市町村交付税はその85％が普通交付税で，残りの15％が特別交付税として配分される。普通交付税を交付する場合は，各市町村ごとに基準財政需要額と基準財政収入額とを算定し，財源不足額を補てんする。今年度から各市町村の基準財政需要額を算定する際に従来の一般行政分（消防費・土木費・厚生費・産業経済費・その他の行政費）に教育費分を加えることになる。市町村交付税の総額は，政府6税（所得税・法人税・酒税・煙草消費税・葉たばこ輸入税及び酒類消費税）の収入額の一定割合（繰入率）とされている。1967年度の繰入率は前年度の100分の19から100分の22.6に改められ（1966年8月5日立法第105号），市町村

交付税特別会計予算に7,645,600ドル計上されている。

教育費分の基準財政需要額は、小学校費、中学校費、その他の教育費に分けて、学校数・児童生徒数・（補正）人口を単位（測定単位）にして、それぞれに単価を乗じて算定する。
1967年度の単位費用は次のとおり。

1967年度単位費用（教育費分）

経費の種類	測定単位	単位費用	ドル
1 小学校費	児童数	1人につき	3.00
	学級数	1学級につき	225.15
	学校数	1学校につき	1,075.60
2 中学校費	生徒数	1人につき	3.17
	学級数	1学級につき	238.03
	学校数	1学校につき	1,065.30
3 その他の教育費	人口	1人につき	0.68

上記の単位費用によって全琉の教育費にかかる基準財政需要額を試算すると次の表が示すように、約306万ドルで、前年度の267万ドルに比べて15%の増となる。本土昭和41年度の単位費用を上記の測定単位の数値によって需要額を算出すると約534万ドルとなるからして、沖縄は本土の57%相当にあたる。本土の単位費用の積算には校舎建築費分が含まれているから、その分を除くと451万ドルとなり沖縄は本土の68%水準にあるといえる。

1967年度教育費基準財政需要額

経費の種類	測定単位 (a)		単位費用(b)	金額 (a×b)
			$	$
1 小学校費	児童数	148,800	3.00	446,400.00
	学級数	3,708	225.15	834,856.20
	学校数	237	1,075.60	254,317.20
2 中学校費	生徒数	80,780	3.17	256,072.60
	学級数	1,810	238.03	430,834.30
	学校数	151	1,065.30	160,860.30
3 その他の教育費	人口（補正）	992,151	0.68	674,662.68
計				3,058,603.28

交付税は総務局の管轄にあり，その交付が市町村に対して行なわれるのでそのうちいくらが教育費分であるかという議論がよく聞かれる。市町村と教育区の一般財源は教育税が廃止されて一本化された現在，教育費分がいくらであるかという考え方は妥当でなく，交付税の性格からしても両者を区分することは正しい方法とはいえない。

教育区においては，教育税にかわる一般財源はすべて市町村の教育費負担金によってまかなわれることになる。教育費負担金はその市町村の市町村税交付税，その他の収入が財源となる。

1967年度の市町村教育費負担金は総額で363万ドル（当初予算）計上されており過年度の教育税見込額を加えると，およそ390万8千ドルに達している。1966年度の教育区予算における教育税収入，市町村補助の額に教育区財政調整補助金を加えとるおよそ261万7千ドルであるから，実質上の一般財源は49.3％の増となる。

2　地方教育行政職員等の資質向上

地方における教育財政の拡充に伴ない，行政内容が増大し，ますます複雑化の傾向にある。補助金の運用を円滑に効果的にするためには，担当職員の資質の向上にまつところが極めて大きい。したがつて今後は教員の研修とともに行政職員の研修の強化をはかりたい。地方教育行政関係者の研修費は次のとおりである。

教育長の研修　　　　　　188ドル
教育委員の研修　　　　　428ドル
教育法令の研修　　　　　178ドル
予算決算事務の研修　　　209ドル

今年度からの地方教育財政のしくみの改革を機会に，これまでの地方教育区の予算書を改善し，予算の様式と予算科目の統一を行なつたので，地方教育区予算事務担当者の研修が新たに予算計上されている。

第5章　教育の機会均等の推進

住民がその能力に応じて，ひとしく教育を受ける権利を有することは教育基本法第3条に明示するところである。

この趣旨に基づいて文教局では，身体，精神などの障害のあるもののために特殊教育の推進を図り，あるいは経済的理由によつて就学困難なものに対しては就学を援助する措置を講じてきた。

また，交通，文化的条件に恵まれないへき地に対しては，へき地教育振興法に基づく財政的援助を行ない，その他働きながら学ぶ勤労青少年に対する定時制教育の振興，私学の育成など，教育の機会均等の推進をめざして年々力をそそいできた。

1　義務教育諸学校教科書の無償給与

義務教育無償の趣旨に沿つて1963年度から教科書無償給与が本土政府の援助により実施されている。その状況を示すと次のとおりである。

教科書無償給与の実施状況および計画

事項	学年度	1963	1964	1965	1966
対象	本土	小学校1～3年	小学校1～5年	小学校1～6年	小学校全学年、中学校1年
	沖縄	小学校　全学年	小学校　全学年	小校 盲校 全学年 66学年中校全学年	小学校盲学校全学年 1967学年中校全学年
本土政府援助		約 $\frac{1}{2}$ $100,506	約$\frac{1}{2}$(当初小中$\frac{1}{3}$) 142,618 (177,022)	約 $\frac{1}{2}$ 258,972	全　額（予定） 508,136

1967会計年度の教科書無償給与費として小中学校全児童生徒分が計上されているが，今まで各区教育委員会に補助していたのを今年度から政府が一括購入して現物を各学校に配布することになつている。教科書無償給与費は次のとおりである。

会計年度	1966	1967
予算額	562,205 $	558,936 $

2　へき地教育の振興

へき地教育振興法の趣旨に基づき，へき地教育，文化の向上をめざして本年度は次の予算が計上されている。

へき地手当補助金	125,889 $
へき地住宅料補助金	15,450
へき地文化備品補助金	29,600
へき地教員養成費	7,200
複式手当補助金	4,164

今年度は特にへき地手当を本土なみに最高25％までひき上げてある。

これらの経費の外に財政能力に応ずる補てん財源としての交付税が各市町村に交付されるのでへき地教育区の財政は今までよりははるかに豊かにな

りへき地教育の振興に大いに寄与することになる。

へき地教員の養成については，教員志望奨学生奨学規程の定めるところにより，へき地学校に勤務すべき教員の養成のため，琉球大学在学生中より奨学生を募集し1966年4月以降は月額20ドルに増額して奨学金を支給し，へき地各学校教員の養成に努めている。1966年7月現在の奨学生は30人である。

3 特殊教育の振興

教育の機会均等の趣旨に則り「盲学校，聾学校及び養護学校への就学奨励に関する立法」が定められたということは，沖縄の特殊教育振興に大きな基礎がためができたものといえよう。このように後進性をもつ特殊教育も年々進展し，これにともない予算も増加の一途をたどっている。

特殊教育に関する予算の推移
（ ）内は特別補助金

年度 区分	1963	1964	1965	1966	1967
特殊学校予算額	86,705	101,160	120,289	191,040	321,736
特殊教育補助金	(3,800)	(4,800)	(6,200)	(1,650) 5,000	19,900

特殊教育の学校として，盲学校，聾学校，大平養護学校，鏡が丘養護学校，澄井小・中学校，稲沖小・中学校の8つの学校がある。

1966年度予算で養護学校には，体育舘兼講堂（大平，鏡が丘），職業訓練室（大平，6教室），水泳訓練プール寄宿舎の一部（鏡が丘），その他機能訓練用備品，職業訓練用備品，スクールバス等が購入された。

1967年度予算では，図書舘（盲），体育舘兼講堂（聾），寄宿舎，スクールバス（鏡が丘），その他各種教科用備品等の購入が予定されている。

特殊学級の種類と学級数
（1966年7月1日現在）

種別 \ 学年度	59	60	61	62	63	64	65	66	備考
精神薄弱者学級	1	1	7	17	17	29	87	120	五養護学校へ統合し体不自由者学級は一九六六年七月一日以降鏡が丘
促進学級			1	15	21	21	14	14	
病弱者学級						1	2	4	
肢体不自由者学級		5	5	6	8	10			
計	1	6	13	38	46	61	103	138	

特殊教育諸学校の教員は，普通免許状を有すると同時に，盲学校教諭，聾学校教諭，養護学校教諭の免許状を有することが要求されている。このため養護学校教員養成のためには，毎年夏季に，5単位を授与する講習会がひらかれているし，盲聾についてはそれぞれ隔年ごとに単位認定講習会を開催し教員養成にあたっている。

特殊学校教育職員及び特殊学級担任者には，その職務が特殊性をもつため5％の給料の調整額を支給している。

4 学校統合の促進

小規模学校統合については，文教政策としてうちだして以来，着々とその

実績と効果をあげつつあるが、通学バスのダイヤ問題や校地や住民感情等の問題で当初の計画どおり進捗しているとはいえない。しかしながら、すでに統合を行なつた地区においては、その効果は相当高く評価されており、一歩一歩その成績をあげている。

これまでの統合校は、小学校7校を3校に中学校19校を7校に統合した10校で、これらの学校に対しは、スクールバスを必要とする学校―伊原間中(1台)、上原小―(1台)にはバス購入費、バス通学の学校(伊原間中、大浜中、金武中)には通学費、寄宿舎を必要とする学校(多良間中、伊是名中)には下宿料を補助している。1967年度においては、それらの経費と本年度統合予定としての小学校1校、中学校4校の統合に要する経費として17,851ドル計上してある。

5 幼稚園教育の育成強化

幼稚園教育は、人間形成の基盤を培うもので学校教育の一環として極めて重要な位置を占めている。

1966年6月末日現在の全琉の幼稚園数は、公立57園、私立12園、計69園で園児数は9,735人である。

文教局としては、幼児教育の重要性にかんがみ、より多くの幼児が、適切な環境のもとで、幼稚園教育を受けることができるようにするために、幼稚園教育振興計画を策定し、1965年から年次的に諸条件の整備をするよう計画を進めて来た。1967年度以降の幼稚園増設計画は次表のとおりである。

	1966	1967	1968	1969	1970
園 数	69	+19	+27	+27	+32

1967年度の幼稚園関係予算は次のとおりである。

イ	幼稚園振興補助金	88,240 $
	給料補助（40％補助）	77,586
	備品補助	10,400
	旅費補助（本土研修）	254
ロ	幼稚園協会研究奨励費	300

6 定時制教育の推進

勤労青年教育の重要性、特殊性にかんがみ、定時制給食用備品購入費として、今会計年度も8000ドルを計上し、給食備品の充実をはかっていく計画である。

なお勤労学徒の健康の維持管理をはかるため、定時制生徒の集団検診料として477ドルを新規計上した。

7 私立学校教育の振興

私立高校の内容充実を促進させるため、逐年その振興策を講じていく考えであるが、とりあえず理科教育振興策として年次計画によって基準の50％を補助する予定で、今年度はこれに要する経費として、1,500ドルが計上されている。

第6章　高等学校生徒の急増対策及び後期中等教育の拡充

　1963学年度から高等学校生徒が急増し，過去4か年間の急増対策として，高等学校生徒急増対策に関する文教審議会の答申に基づいて実施してきた。

　近年とくに後期中等教育の拡充整備について，その必要性が強く叫ばれるようになってきたが，今会計年度においてそれに対処するように，校舎建築の推進，教員数の確保，学校運営の強化，高校新設等大幅の予算措置を行なつている。施設面はすでに第2章で述べたので省略して，ここではそれ以外の予算措置の概要について述べる。

1　教員数の確保と教員養成

　1967学年度は教員数が前年度130人より220人と大幅増加が認められ高校生急増に伴なう予算を確保するとともに，その必要数の教員確保については，国費・自費留学生制度の枠での教員養成及び，さきに立法された「高等学校急増に伴なう教員の確保等に関する臨時措置法」による待遇改善（工業科教員に対する初任給調整手当）理工系卒業生の教職員免許状取得条件の緩和等により，教員の確保が円滑に行なわれるようになつた。

　そこで教員確保の一環として，現在高等学校教員志望学生の奨学生は今会計年度は24名が奨学金を受けており，卒業後高等学校の教員として勤務することを条件とし，もつて理工系教員の養成とその数の確保をはかっていきたい。

2　学校運営の強化

　政府立高校の一般教科（理科，図書を除く）備品の整備に要する経費は，1966年度までに目標額に対して27.7％の達成率であるが，本年度は一般教科備品費として63,209ドル予算計上されているので，本年度は達成率を33.2％にあげることができる。さらに教科備品以外の備品の充実をはかるための経費も急増対策の一環として予算化されている。そのおのおのの予算額は下表の通りである。

　　　政府立高校備品費内訳

一般教科備品費	63,209ドル
図書購入費	5,000ドル
定時制給食備品	8,000ドル
一般備品費	184,741ドル
計	260,950ドル

　さらに教職員の資質の向上をはかるため，高等学校長研修，教頭研修，定時制主事研修，事務職員研修，工業科教員本土研修，新任教員訓練を計画しそれに必要な経費として3,650ドルを

計上している。

3 高等学校の増設及び拡充

高校生の急増期にはいつてからすでに高校5校を新設してきたが、来学年度も既設校だけでは生徒増を収容することが困難であるので、高校を3校新設する計画である。来学年度の政府立高校の生徒数の増加は4,246人と見込まれる。

これらの増加生徒数の収容方法としては、新設高校に20学級968人、既設高校30校に68学級増で3,278人、計4,246人の収容増によって解決する計画である。そして、これら33校の運営に要する経費（人件費，物件費，施設費を除く）として124,131ドルが計上されている。

4 政府立各種学校の強化

政府立産業技術学校は1966年4月から、機械科、建築大工科、ラジオテレビ科の3科を開設、それぞれ2学級（50名）ずゝ募集した。志願者も多く150名の募集定員に対して444名も希望者が殺到した。

10月には、電気科、配管科、測量科内張科の4科を開設、1967年4月には残る9科を開設して当初予定の全16科の開設を見ることになる。この残る9科のうち3科の実習場は既に完成しているが、6科は本年度に建築するので建築費12万500ドルを計上してある。職業備品費として7万5000ドルを計上してあるが、これは6科の備品、およびその他の学科の備品充実にあてられる。

政府立商業実務専門学校は1966年4月から、秘書科、経営管理科、販売科の3科をそれぞれ2学級ずつし126名を採用して開校した。施設設備も完備しており沖縄における商業活動の国際化にかんがみ高等学校の商業科又は商業高校卒業したものに、さらに高度の専門的知識および技能を得しめ、殊に英語に堪能な商業人を養成して、企業の近代化、合理化に貢献することを意図したものである。今会計年度は特に事務機械の充実を計るため備品費として、2万5000ドル計上し商業技術の向上につとめている。

第7章 理科教育及び産業教育の振興

産業界の発展,科学技術の進展に即応するため,科学技術に関する基礎教養のゆたかな国民を育成し,また優秀な技術者を養成することは,学校教育に負わされた一つの使命である。

このため理科教育の振興策としては小中高校における理科教育の設備の充実,指導者養成,担当教員の資質の向上をはかるために必要な予算が計上されている。

産業教育の振興策としては,産業教育備品の充実,産業教育関係教員の資質向上のための研修に必要な予算が計上されている。

5 理科教育振興法

理科教育振興法が立法されて満6年小・中・高等学校の設備,備品も年次的に充実されつつあるが現有率は,基準の30％にすぎない。

本年度は基準総額の10％を充足するため小中学校115,530ドルのうち,特別補助金として理科教育地区モデル校への補助として10,600ドル政府立高等学校27,736ドル理科教育センター8,645ドル政府立中学校及び私立3高校への理科備品補助金1,500ドルが予算化されている。

理科教育センターの運営に必要な経費として8,677ドルは,人件費がその主なるもので,従来文教本局費の中に含まれていたが本年度から独立して予算化された。

現職教育は,理科教育センターで行なう小学校理科指導研修会（2週間）中学校理科指導者研修会（2週間）高校地学研修会（海洋、天文）小中理科長期研修教員（5名の6ケ月の2回）小学校女教師研修会をそれぞれ12月と3月の2回増設し更に各連合区を単位に実験技術研修会等を計画している。

なお新規事業として理科教育地区モデル校の全琉的な立場から共通テーマによる総合発表大会を11月中央で開催する。

2 産業教育の振興

高校における産業教育備品費は前年度で97,500ドルを投じ目標の22.8％まで到達した。今年度は231,005弗を投入し目標のおよそ26.3％程度に高める計画である。産業教育備品の目標額は教育課程改訂による増加と高校生徒の急増対策のための新設学科,学校があって年々拡大されていくのでその達成率は大幅に伸びない。しかし,今年度は予算額でみれば昨年の2倍以上の予算であり新設の学科・学校の備品拡充を特別に配慮しながら既設学科・学校の備品もそうとうに拡充することができる。その他に産業技術学

校，商業実務専門学校の二年次拡充並びに継続事業である農業教育近代化備品費等に136,300弗が計上されている。なお，中学校の技術家庭備品費として60,000弗，備品補助費として38,500弗が投じられることになつている。さらに産業教育担当教員の資質向上のため各種の講習会の開催，研究教員として10名本土に派遣する計画，別途に農業教育近代化研修教員として2名の本土派遣，その他ＡＩＤ援助による台湾，ハワイ等の外地における研修計画がある。

第8章　学力向上と生徒指導の強化

　戦後の沖縄の教育は「よい校舎，よい施設，よい待遇」という三の柱の充実を目標にしてすすんできたが，日米援助の拡大と相挨つてこれらの物的条件は大幅に整備されつつある。今後の課題はこれらの諸条件を効率的に運営する指導力を向上させることであろう。そのために①経営者としての資質を高める，②学力の水準をあげ，③生徒指導の充実をはかることにしぼって諸種の施策が進められている。さいわい局の機構も指導，保健体育，社会教育，教育研究の4課をまとめた指導部ができるので周到な連けいのもとに諸種の事業がじゆうぶん効果をあげ得るものと期待される。

1　教育指導者の養成と指導力の強化

　教員の資格や資質別の状況を見ると戦後の教員養成所を卒業したものが1,623人，二級普通免許状を持つている者は小学校で1,350人，中・高校では約過半数を占めている。なお女子教員は68.4%の比率で逐年ふえている。このような現状においては，指導者としての経営者及び中堅教員の資質を高めることが緊急の施策であることが痛感されている。

　①　学校経営者のための研修
イ　全沖縄小中高校長研究大会

学校経営上の問題を研究し，とくに前年度は東京学芸大学の高坂正顕氏の特別講演を得てその方向づけをしたが，今会計年度も引続き5月に開催し，学校経営者としての資質を高めていきたい。

ロ　連合区別の校長研修会
　毎年2月に開き，新学年度の学校教育の指導方針を明らかにしてその実践力を高めている。

ハ　教頭中央講座
　小中学校の教頭各30人を年2回3泊4日間宿泊研修し，校長の補佐役としての教頭の経営能力を高めていきたい。

　②　教員の資質を高めるための研修
イ　中堅教員中央講座
　小中学校の教員の中から36人参加させ3泊4日間の宿泊研修をもち，教育について，理論や管理面から研究する態度を高めていきたい。

ロ　女子教員中央講座
　30人の女子教員を2泊3日間宿泊研修し，学校経営に積極的に参加する態度を養なつていきたい。

　③　管外研修への派遣
　留日研究教員制度によって教員及び校長指導主事を派遣し，文部省主催の各種講座や大会にも本年度から前年度の2倍の人員を派遣する予定である。

④ 指導主事の研修

年3回，3日間全指導主事の研修会をもち，経営及び指導の方針について検討し，それに基づいて総合訪問，計画や要請訪問の機会で各学校を直接指導していく。

2 学力向上対策

学力向上対策としては，施設設備等物的教育条件の整備と相挨つて教師の指導力の強化と，学習指導法の改善による日々の授業の充実をはかり，その系統的積み上げをはかることが最も急務とされている。

そのため，

① プログラム学習の研究

学習の個別化，近代化をはかるためプログラム学習の研究協力校を2校指定して研究を行なつている。その成果によつて，逐次普及を図る予定である予算額は，895ドル

② 全国学力調査の結果を分析して学習指導上の問題点を究明し，学習指導法を改善し，学力向上に資したい。予算額4,977ドル

③ 個別指導研究指定学級を前年度からの12学級をそのまゝ継続研究させ児童の自発性を促がし，視聴覚教具を使用しての学習の近代化，個別化を研究させ，その普及をはかる。

④ 教育区単位の教材・授業研究会を11教育区を指定し，中学校高等学校の総合指導により，教材研究の掘り下げと指導技術の改善をはかる。総合指導の予算額1,180ドル

⑤ 実験学校を小中校・8校，高等学校1校・研究学校を小中校28校，高等学校7校指定し，指導指針の具体化と指導法の研究をさせ，年度末までに発表会をもつて，その成果の普及に努める。予算額3,340ドル

⑥ 年間指導計画の作成と講習

1964年に小学校，1965年に中学校の全教科の年間指導計画を編集し，その説明会により各学校の使用の便に供してきたが，本年度はさらに，高等学校の6教科について編集し，説明会をもつて，学習内容の系統の明確化と具体化をはかり，学習指導を効率的に進めてその効果が積み上げられるようにする。予算額，構成費2,344ドル
　　　　講習費　812ドル

3 生徒指導の強化

児童・生徒は，それぞれさまざまな可能性をもち，潜在能力をもつている。それを正しく生かすことが教育のねらいであり，また教育者の生きがいである。今日の教育は，その量的な普及において世界の水準に達してはいるが，その質的な面においていろいろ問題があると云われている。

生徒指導は，すべての生徒のそれぞれの人格のよりよき発達を目ざすとともに学校生活が生徒ひとりひとりにとつても，また学級や学年，さらに学校

全体にとっても，有意義に，そして充実したものになるようにすることを目標とするものであるが，学校教育においても生徒指導の機能の重要性が意識されながらも，その弱さをかこつている実状にある。

　局としてもこの点に留意し，児童・生徒の実態を適確にとらえ健全育成指導，矯正指導，心理治療という面から専門的理論の修得と実践への習熟をはかるため，現職教師の研修会（訪問教師，進路指導主事，道徳，特別教育活動主任，カウンセラー，生徒指導主任等の研修会）を開催し，また生徒指導に関する手びき（5部冊）を発刊することによりなお一層生徒指導の強化を現場の諸教師と一体となり推進したい。なお，1967年度健全育成に関する予算額は1,648ドルである。

4　教育測定調査の拡充

　教育の成果を期待するには，教育に関する測定や調査が必要である。このことは，測定調査によって，現状を診断し，また将来を予測するために，もっとも大せつな基礎資料が得られるからである。つまり，客観的科学的な資料によってこそ，現状の正しいは握と学習指導や生徒指導の方法，施策の改善が望まれるからである。このような観点から教育測定調査の重要性を再認識するとともにその充実強化をはかっていく必要がある。

教育測定調査費の総額は12,260ドルで，その事業は次のとおりである。
- (1)　全国学力調査
- (2)　指導のための教育調査
- (3)　プログラム学習指導法の研究
- (4)　教育課程構成
- (5)　高等学校入学者選抜
- (6)　教育財政調査
- (7)　学校保健体育調査
- (8)　学校設備調査
- (9)　学校基本調査

5　学校教育放送の拡充

　1964年10月開始以来満2年近くの年月を経過した学校教育放送については本年は次の点に努力したい。

　1　ラジオ学校放送は，マイクロ回線を利用して，同時中継放送または，本土での実施と同週中に放送し，進度上のずれをできるだけなくするようにする。

　2　テレビ学校放送小学校中学年向け番組を2学期から開始する。

　3　中学校・高等学校の利用率を高めるように努力する。

　学校放送の実施に必要な経費として47,394ドル計上され，ラジオ番組は，小学校向け4帯，中学校向け2帯，高等学校向け1帯の計7帯，テレビ番組は，小学校低・中・高学年向け各1帯の計3帯の他に，教師研修番組「教室のアイデア」および児童生徒の父兄向け「家庭の時間」を年間放送する。

以上の他に，夏・冬・春休みの期間は，児童生徒が楽しくすごせるよう家庭学習教材として「ラジオクラブ」を実施する。

　また多額の予算を計上して実施されている学校放送が，効果的に利用されるようにするために，連合区毎に研修会を開催し，訪問指導と共に，研究校・実験校の育成を図るようにする。

　特に，本年度の研修会は，校長対象を主に，学校経営者の放送教材利用についての認識を深めていくように留意したい。

第9章 育英事業の拡充

琉球育英会法による育英事業の1967年度予算は総額284,955ドルであつて資金内訳は琉球育英会基金への政府出資金10,000ドルを除き日政援助金152,100ドル（55.32％）琉政補助金104,405ドル（37.97％、その他18,450ドル（6.71％）である。

本年度予算は大学特別貸与奨学生120名増加による日政援助の増額28,400ドルと琉球育英会の政府支出未済基金39,890ドル54セントへの出資金10,000ドルが計上されていて国費学部学生の増員による諸経費増とともに、予算増加の主な原因になつていて、その分だけ事業が拡充されることになる。予算に計上された業務の内容は次のとおりである。

(1) 国費学生
　イ　大学院学生54名、学部学生492名に文部省から直接支給される奨学金のほか琉球育英会奨学金支給規程により1人当り前者は月平均3ドル後者は月平均7ドル47セントで年額46,056ドルの給費になつている。
　ロ　自費学生
　　自費学生補導費1人当り7ドル23セントの528名分をそれぞれの大学に納付するために3,818ドルが計上されている。

(2) 特別貸与奨学生
　日本政府の援助によるもので次のとおり152,100ドルが貸与される。

種類\人員金額	自宅通学 人員	自宅通学 1人当り月額	自宅外通学 人員	自宅外通学 1人当り月額	人員計	予算額
大学特別貸与奨学金	110人	13.88ドル	256人	22.22ドル	366人	86,600ドル
高校特別貸与奨学金	599人	8.33ドル	38人	12.83ドル	637人	65,500ドル

(3) 学生寮
　沖英寮（東京）、南灯寮（東京）沖縄学生会館（千葉）、大阪寮、福岡寮熊本寮、宮崎寮、鹿児島寮の8寮を在本土沖縄学生に低廉な宿泊費で提供するとともに、よい学習環境を与えるべく努力しておりその管理並びに運営費補助と営繕のため6,515ドルが予算措置されている

(4) 育英会貸費生
　本土および沖縄内の大学に在学する奨学生30名に対して一人当り月額8ドル33セント計3,000ドルを貸与するものである。これは次の委託奨学生とともに上記(1)(2)の奨学制度を補完するものとして予算化している育英事業である。

(5) 商社、団体等依託奨学生
　商社、団体等、篤志家が育英事業に協賛して出資する財源により31名に対し1人当り月額10〜30ドルを給貸与するもので、年額6,160ドルになる。

(6) 上記の業務の運営費として、沖縄東京両事務所の人件費33,165ドル、業務費9,743ドル、交際費550ドルが計上されている。

第10章 保健体育の振興

保健体育関係諸法規は, 一応整備されたので, 今後はそれらの法規に基づいて, 施設, 設備の充実と各種保健体育関係事業の強化により児童生徒並びに全住民の体位, 体力の増強及び健康の保持増進を図りたい。

1 保健, 体育指導の強化

体育, 保健の指導は, その特質から実践をとおしての理解や指導法の研究が必要である。体育については日本政府援助によって小学校の器械運動の備品が整備されたので, その活用管理を強化するため, 主として小学校女教師を対象に器械運動を中心に実技研修を行ない, 保健については児童生徒の保健管理に重点をおいて各連合区単位にまた学校の要請によって研修会を実施するために研修費368ドルを計上してある。

さらに本年度は中学校体育備品を整備するために日本政府援助を含めて117,000ドルの予算を計上しているので, 体育面の指導が一層強化されるものと思われる

2 学校保健の強化

① 保健診断の強化

本土派遣医師団(32名)により児童生徒45,000名の康建診断を各専門医師により実施し, 児童生徒の健康状態の実態をは握し, 保健管理の強化を図りたい。

② 養護教諭の増員並びに資質向上

現在81名の養護教諭を111名に増員し, 学校保健管理の充実強化を図りたい。なお養護教諭の資質の向上を図るため養護教諭研修会を開催するとともに, 本土の研修会へも派遣したい。

③ 沖縄学校保健大会開催

沖縄学校保健会と共催で第3回沖縄学校保健大会を開催し, 学校職員及び地域社会の人々の学校保健に関する関心を高めていきたい。

④ 医療費補助

要保護, 準要保護児童, 生徒の学習に支障を生ずる疾病(学校病)に対しその治療費として前年度の約2倍の3,704ドルの補助金が計上されている。

3 学校給食の強化

① 学校給食事業の強化

製パン委託工場および, 学校給食パンの審議会を本年度も引続き開催し, 工場の衛生管理, パン品質の向上を期して学校給食の効果を高めていく考えである。

学校給食の普及充実のため準要保護児童生徒の給食費援助費補助としてパン加工費補助16,076人,

副食費補助5,075人分を計上しているが，これは昨年度の2倍の額となつている。

なお，完全給食実施校の設備備品費補助として27カ所分を計上している。

給食審議会に要する経費等　203ドル
準要保護者の給食費補助
　　　　　　　　　44,536ドル
完全給食設備備品費補助
　　　　　　　　　12,177ドル
給食関係職員研修費　164ドル

② 学校給食会補助

学校給食用物資を適正円滑に供給し学校給食の普及充実を図るため，物資の輸送費，保管料，荷役料，へき地のパン輸送費および給食会の運営費を補助する。

物資経理　49,163ドル
業務経理　10,783ドル
　計　　　59,946ドル

4　学校安全の強化

児童生徒の災害事故は近年増加の傾向にあつて，1965年度学校安全会の報告によると，学校管理下の発生件数は800余件であり，また全沖縄の水禍事故死亡52件中15件が児童生徒で，多発の傾向にある水禍事故に対して水上安全の研修会を連合区単位にまた学校の要請によつて実施している。かかる現状にかんがみ政府では特殊法人沖縄学校安全会に運営費を補助し，災害共済給付業務を行なわせ，管理下における児童生徒の災害に対して給付を行ない，学校教育の円滑な実施に資するようにしている。なお1967年度の沖縄学校安全会の加入人員並びに沖縄学校安全会補助金は，次のとおりである。

学校安全会補助金　　10,680ドル
加入人員
　幼稚園　　6,927人
　小中校　　214,628
　高　校　　34,318
　合　計　　255,873

5　体育団体の育成

学校体育の振興をするために，沖縄高等学校体育連盟，沖縄高等学校野球連盟，沖縄高等学定時制主事会，沖縄中学校体育連盟，沖縄女子体育連盟等の自主的体育団体では各種のスポーツ大会を開催し，また本土における全国大会等にも多数の代表選手を派遣して青少年の心身の健全育成とスポーツの振興をはかつている。特に本年度はサッカー，ハンドボール，バトミントン，弓道，ソフトボール，ボクシング，ウエイトリフテイング等の新種目部門の設置と，沖縄の女子体育振興のために結成された沖縄女子体育連盟の活躍等も期待される。次にこれらの体育団体の主なる事業と予算は次の通りである。

1966学年学校体育諸団体の主なる事業（カツコ内は予算額）

高体連　　　　　　　（6,113ドル）

夏季体育大会，各種選手権大会，陸上競技選手権大会，インターハイ派遣秋季体育大会，冬季体育大会，日琉親善競技大会　各種講習会及び各種目強化訓練

　　高野連　　　　　　　　（500ドル）
　　本土大会派遣
　　　定時制　　　　　　　（200ドル）
　　定時制球技大会
　　中体連　　　　　　　（1,214ドル）
夏季体育大会，陸上競技選手権大会全日本放送陸上競技大会，陸上競技教室派遣，水泳大会，九州並びに全国水泳大会派遣，秋季体育大会，冬季体育大会，各種講習会及び各種目強化訓練
　　女子体連　　　　　　　（300ドル）
　　体育実技研修会，研究発表会

6　社会体育の振興

1966年度の社会体育振興費は74,980ドルで前年度の48,941ドルより26,039ドルの増となつており，特に本年度はスポーツ施設の充実に力が注がれる。すなわち，奥武山水泳プール建設と地方スポーツ施設（陸上競技場），水泳プール4）を建設するために51,200ドルが計上され，さらに奥武山総合競技場と羽地青少年野外活動センターの管理委託費8,000ドル，九州社会人バドミントン大会費796ドル等が計上されている。

社会体育振興費の内訳は下記のとおりである。（　）内は前年度予算である。

スポーツ大会運営費	ドル
	1,003 (1,011)
選手団派遣招へい費	12,597 (13,306)
競技力向上強化費	300 (300)
体育祭費	220 (220)
地方体育施設費	41,200 (28,875)
総合競技場建設費	10,000 (0)
管理委託費	8,000 (5,000)
その他（管内旅費）	199 (229)
計	74,980 (48,941)

なお，今年度は日本スポーツ資金財団から南方同胞援護会を通じて69,994ドルの配分金を受け，それに政府予算10,000ドルを加えて79,994ドルの経費で奥武山総合競技場の競泳プールを建設することになつている。

また，陸上競技場の補助競技場敷地の造成（埋立）費として建設局予算に65,000ドルが計上されている。

第11章 社会教育の振興

　社会教育予算は　(1)地方の社会教育を振興するための各種補助金の交付，(2)政府が行なう指導者の養成と資質向上のための各種指導者養成講習会と本土派遣研修，(3)社会教育施設の建設運営に大別することができる。(1)については先ず社会教育の主要領域である成人教育の振興を意図した社会学級講師手当補助金（219学級）及び勤労青少年の教育の場である青年学級の充実を図る青年学級運営補助金（37学級）等を交付して地方教育区における社会教育の自主的運営活動を促進する。

　なお沖縄婦連等社会教育関係団体10団体の各種事業に対しても補助金を交付してその育成強化を図る。

　(2)については，青年，婦人，PTA，レクリエーション，視聴覚，社会学級，新生活運動，公民舘，青年学級等社会教育各領域の指導者の養成と資質向上のために，各連合区ごとに研修会を開催する。さらに各機関，団体の幹部及び指導者を本土研修に派遣するための予算も計上されている。なお社会の要請と青少年の職業技術修得のために職業技術講習会を各高等学校の施設を利用して開設することになつている。

　(3)については，66年度予算で現在首里尚家跡に博物館の新築が進められつゝあり，来る10月落成，11月3日開舘の予定になつている。中央図書舘は現在180坪の平屋で（那覇市与儀），「資料センター」としての性格を備えるべく，基本図書の収集に力を入れ，その他設備備品の充実を図る方針である。

　公民舘の本年度の重点事業は，公民舘職員研修会の開催と全国公民舘大会への参加，及びその運営技術向上のための研究指定，さらに南援援助による図書の充実を図り図書活動を強化する。

　青年の家は現在名護町にその建築が進められつゝあり，来る10月竣工，11月開所の運びとなつているが，その完成のあかつきは，沖縄の青少年健全育成の上に大きな役割を果すことになう。

1　青少年教育と家庭教育の振興

　(イ)　青少年団体の育成

　青少年団体の社会教育活動が自主的に，積極的に推進されるような方策をたどることは当面の課題である。そのためにはリーダーの養成，組織の強化（民主化と健全化を含めて），財政の確立，各種青少年団体の連絡協調，施設設備の拡充等いろいろの面から検討しなければならない。

　今年は青少年団体のおこなう諸事業

の中で特に社会設育活動上必要だと思われる事業を助成するため 2,000ドルの予算を計上し団体育成の一助としたい。

なお各種青少年団体の求めに応じて指導援助及び連絡協調をはかるよう努力していきたい。

(ロ) 青年学級の振興

勤労青少年教育は変ぼうする社会に於いては重要かつ緊急を要する問題である。青年学級はこの時期にあたり最も有効適切な社会教育講座として開設されてきたが,青年の都市集中化に伴い運営面や組織,青少年団体等との連携などで困難な歩みをつづけている。今年度はこれらの問題点を打開して喜んで青年学級へ参加できるような体制をつくり青年学級が職業技術の習得の場として,また一般教養を高める青年の場としたい。そのためには現在開設されている一般学級の運営強化と学習内容の検討を行なうとともに職場青年学級の増設により都市地域の青年学級を拡充をはかりたい。研究学級を指定して学級の問題点を究明する。リーダーの資質向上と指導者の養成をはかるために研修会を開催する。以上が今年度の重点目標であるが,予算は運営補助金3,400ドル研究奨励費182ドル指導者養成のための諸謝金が 120ドルとなつている。

(ハ) 青少年健全育成モデル地区

青少年を健全に育成していくためには,学校教育,社会教育,家庭教育と総合的な地域ぐるみの運動として展開して行く態勢をつくることが最も必要であるので,前年度に引き続きモデル地区を,北部,中部,南部,那覇,宮古の5ヶ所に設定しその効果を期したい。

事業の内容としては1,青少年健全育成協議会の組織の強化,2,家庭教育の振興,3,環境の浄化,4,健全レクリエーションの奨励5,非行や事故からの防止,6,学力上向に対する啓蒙と協力体制の確立,7,青少年団体の育成強化等があげられる。

これらの事業を推進するために1ヶ所に 180ドルの補助金を交付する予定である。

(ニ) 家庭教育の振興

青少年の人格形成の基盤をなす家庭教育は重要であり,その施策として家庭教育学級設置を促進してきたが今年度は30学級に研究奨励費を補助する。学習時間は年間20時間以上とし,社会教育機関や団体における両親を対象に学級を開級したい。

なお今年度は編成資料の「展開例集」を編集する予定である。

2 社会教育主事の活動促進

社会教育主事は,地方における社会教育の推進者として,各連合教育区における社会教育の総合計画,各社会教

育関係団体の育成強化，研修会，講座等教育委員会事業の企画運営に当り，地域の社会教育振興に大きな成果をあげている。特に本年度から，地域に密着した指導と未設置教育区の指導を強化し，教育長の指揮監督と連合区内の指導体制を強化するため，これまで教育区に設置されていた社会教育主事を連合区職員として発令替えすることになった。それで67年年度から49人の連合教育区社会教育主事が設置されることになる。

3 社会教育における職業技術教育の振興

職業技術講習は学校開放講座の一環として地域の勤労青少年に対し職業技術講習を行ない，その技術の向上をはかるため実業高等学校の施設を利用し次のような講習を計画している。講習内容として農業技術員養成講座・自動車整備工養成講座・熔接工養成講座・ボイラーマン養成講座・電気工養成講座・機械工（内燃機関）養成の5講座で13クラスを予定している。講習期間約3ヶ月で土曜日の午後，日曜日は日中平常日は5時以後に行なう。なお講習の実施場所は各農林高校，中部工業高校，沖縄水産高校，宮古水産高校に予定している。

4 社会教育指導者の養成

(イ) 総括的事項

社会教育の振興を図るには，指導者の養成とその指導力の向上が極めて重要なことである。そのための事業として，①講習　②本土派遣研修が計画されている。

①指導者講習会は中央で青年，婦人の指導者各120人〜130人を1〜2泊の宿泊研修を行ない，連合区単位では青年，婦人1泊研修，PTA，新生活運動，社会学紙，視聴覚，レクリエーションの1日研修を行なっている。

②本土研修には青年，婦人各15名，PTA1名，新生活運動2名，社会学級2名を派遣し，補助金を交付するが，本土における全国的な研究に参加するとともに，他府県の教育，文化，産業を視察調査研究し，指導者としての識見を高め視野を広め，さらに各社会教育諸団体と交歓して親善をはかる。

(ロ) 青年・婦人指導者の養成

① 青年教育

リーダーや活動家の養成のために幹部研修会を中央1回（2泊3日約120人），各連合区毎に1回（1泊2日各約60人）開催する。なお各教育区毎の研修会，学習会等には求めに応じて指導，援助をおこなうようにする。リーダー養成の一環として本土研修にリーダー4人を派遣させる予定である。また地域青年団の望ましいあり方も調査研究せしめるため研究指定（2ヶ所）を行ない自主的活動を

盛んにするため指導・援助を与える。
② 婦人教育
　地域婦人団体活動の健全な発展を促進するため次の事業を行う。
○ 指導者の養成として，中央婦人指導者講習会を1回，（1泊2日の日程で単位団体の幹部130人を対象に），また各連合区毎に（1泊2日程で各約70人を対象に），それぞれ研修を行なつて資質の向上をはかる。
○ 婦人教育担当者および婦人幹部を本土研修に派遣する（4人）
○ 沖縄，宮古，八重山各婦人連合会の社会教育活動を活発化させるために事業補助をおこなう。
○ 婦人団体を研究指定し（2ヵ所）婦人団体の現状と課題を検討させ今後の運営活動の指針にしたい。
③ 青年婦人の国内研修
　昭和37年度（1963年度）から日本政府の援助によつて実施されている青年婦人の国内研修活動は年々その実績が高く評価されるようになつてきた。今年度の日政援助額は2853ドルである。青年婦人それぞれ11人（引卒者各1人を含む）を23日間の日程で本土の青年婦人との交歓会，研修会，活動状況の調査研究等をおこなわしめる。今年度の重点視察研修予定地域は青年が四国四県（11月～12月），婦人が島根，鳥取，石川の各県（10月～11月）となつている。
　なおこのほかに日本政府総理府が実施している青年海外派遣の中に沖縄青年代表1名を今年も参加させる。（中南米班へ）

(ハ) 成人教育
　成人教育は「成人に対して行なわれる組織的な教育活動」である。成人教育は公民館，博物館，図書館等の社会教育施設や学校の施設を開放して行なわれる社会学級講座と，PTA・婦人団体の活動として行なわれている。本年度は社会学級 219学級を設置し講師手当補助金を交付する予定である。なお指導者の養成として本土派遣研修や連合区単位に指導者養成講習会を予定している。2学級を研究指定し学級の運営，学習内容，学習方法等について研究させ，発表会をもち社会学級の振興をはかる。PTAとしては指導者の養成として連合区単位に指導者養成講習を開催すると共に本土派遣研修も予定している。研究指定団体を2ヵ所設定するが，成人教育の内容としては生活改善や政治的，経済的国際的教養に関するもの，職業生活のための職業技術に関するもの，情操陶治に関するもの，レクリエーション，保健衛生に関するもの，明るい民主的な人間関係を作るための家庭教育，職場教育など教養，

職業，家事，趣味の各方面にわたつている。
(ニ) 新生活運動
　新生活運動の趣旨としては住民ひとりひとりの生活をよくし幸福にするため，明るく豊かな家庭と住みよい社会の建設をめざして，全琉的運動をはかつていきたい。
　本年度の重点目標に親切運動，各種集会及び諸行事の簡素化・時間生活の実行をかかげた。
　事業内容は(1)新生活運動指導講習会の実施（各運合区）(2)指導者の本土研修派遣（2人）(3)研究指定（1カ所）(4)月間運動の実施(5)優良市町村（部落）の表彰，(6)資料の作成配布等である。
(ホ) レクリエーション普及
　レクリエーションは漸次各種集会や学習活動に取り入れられ，近年特に盛んになりつつあるが，これを生活化し職場や家庭に普及するには尚一層の啓蒙と指導が必要であり，その事業としてリーダー養成のための指導者講習会を連合区毎に開催する。また機会ある毎に普及徹底に努める。
　次に6連合区に補助金を交付し，できるだけ地域の特色あるレクリエーションを発表させる。そして各地区の優秀な演技を中央大会で演出させ，その健全なあり方を奨励する。

5　社会教育施設の拡充と運営の強化
(イ)　公民舘

　昨年までは教育区における公民舘の活動を促進するため，運営補助，施設補助社会教育関係補助金として交付していたが，本年度からそれを改め，地方交付税積算に用いる基準財政需要額の中に入れてある。
　従つて本年度政府の行なう事業として，一つは，公民舘職員の資質向上をはかるため，各連合教育区ごとに研修会の開催と，全国民舘大会への研修生派遣を計画している。
　こゝに各地域の特色を生かす公民舘経営についての運営技術を高めるため，伊是名村，勝連村，具志川村（久），城辺町の4カ所に研究指定をする。
　なお研究指定公民舘の事業を推進するため1舘150ドルづつの補助金を交付する予定である。
　三つに南方同胞援護会より42,000ドルの援助を受けて公民舘における図書を充実させ，さらに図書舘運営を強化していくため，各連合教育区ごとに司書の研修会を開催する。
(ロ)　博物舘
　66年度予算で一応新舘の建築ができあがるので10月落成式，11月3日（文化の日）開舘を目標に諸準備を進めている。従つて67年度予算は新舘への移転に伴なう諸経費が計上されている。以下主なる項目について説明したい。
○　備品費　10,382ドル
　陳列ケース，卓子椅子，舞台幕，

放送備品等に要する経費。
○ 建設費　9,064ドル
周囲の石垣の一部積み費用と舞台装置機材費用。（石垣は約5万ドルの予算を要するので年次計画で完成したい。）
○ 光熱及び水料　3,235ドル
前年度の約10倍になつているがこれは新舘冷房装置をしなければならないための経費。
○ 対応費　1,390ドル
新舘落成を記念するため日本政府の援助を得て来年2月約1ヶ月の予定で日本文化財沖縄展示会が当舘で開催されるのでそれの対応費。
以上主なるものについて説明したのであるが新舘が広く全住民の親しめる博物舘、沖縄文化を象徴する博物舘として名実ともに充実していくため一段と努力していきたい。

(ハ) 図書舘

図書舘の主なる任務は図書舘資料を収集し、一般公衆の利用に供することであり、65年1月から宮古・八重山を分舘として新機構にきりかえられた。
当面の目標は中央二・三階の増築宮古分舘二階の増築、八重山分舘の新築と専門職員の適正配置を期することであるが、67年度はこの当面の目標が実現できないので、現体制を強化して図書舘業務を円滑に進めていくよう努力したい。今年度予算で特に前年度と比較して取り上げられたものには図書購入費5,000ドル（500ドルの増）と超過勤務手当（172ドル）の科目が認められたことである。

(ニ) 青年の家

青年の家は青少年や青少年の指導にあたる人々が共同宿泊をしながら教養を高めたり、研究討議をしたり、またいろいろな技術の習得や体育レクリエーション活動等をすることである。そしてこれらの活動を通じて社会性や友愛心、規律、協同、奉仕の精神を培い積極的、創造的な活動力を高めて健全な青少年、よい社会人となることを期待している青少年のための社会教育施設である。青年の家は1966年2月に養工され1966年10月に竣工予定となつている。半数は延300坪で収容人員は100人で、1967年度の予算等は建設費が15,517ドルで　運営費は19,73ドルとなつていて、開所1966年の11月の予定となつてはいる。

(ホ) 視聴覚教育

視聴覚教育は教育の効率を高めるためにも、また日本本土との格差を是正するために早急にその振興を図らなければならない。本年度は現在の備品を如何に効果的に活用するか、自作教材（録音、スライド、8ミリ映画、その他）の制作等指導者の研修会をとおしリーダー養成と技術の修得に力を入れたい。

(ヘ) その他

「沖縄子どもを守る会」が中心になつて建設した「沖縄少年会舘」は、少年の研修の場、発表会展示会の場としてあるいは少年の視聴覚教育の場として運営されており、沖縄の青少年健全育成のための適切な社会教育施設であると考えるので、その申請により付設設備費として、9万ドルを補助することになつた。

第12章 文化財保護事業の振興

文化財保護事業

1967年度文化財保護行政関係の予算額は，文化財保護委員会費（運営費）20,794ドル,文化財保護費38,689ドル，計59,482ドルとなつており，前年度にくらべて前者は2,537ドルの増，後者は19,747ドルの倍増となつている。

1967年度においては，前年度からの継続事業の早期完成，指定文化財管理の強化促進，重要無形文化財の指定に伴なう伝承者の養成，映画による記録の作成等を重点に事業を推進する方針である。

事業費の主なるものは次のとおりである。

施設費　8,800ドル

　　委員会直営で63年度から施行されてきた特別史跡円覚寺跡の復旧工事で，今年度において総門三門等の木造建造物を除く殆んどが完成する予定である。（文化財保護法第96条に基づく事業）

有形文化財補助金　8,946ドル

　　特別重要文化財（建造物）中城々跡，今帰仁城跡の両城壁の修理工事及び重要文化財石垣殿内の屋根葺替工事に対する補助金であるが，それぞそ管理者及び所有者が工事を施行するが，中城々跡は61年度から，今帰仁城跡は62年度から始められた継続事業であり，石垣殿内は67年度限りの事業である。（文化財保護法第32条に基づく事業）

無形文化財記録（映画）作成費　12,800ドル

　　委員会の直営で演劇（組踊執心鐘入，二童敵討，銘苅子）の映画（16ミリパートカラー，撮影は委託）による記録を作成するための事業である。（文化財保護法第61条に基づく事業）

無形文化財補助金　1,300ドル

　　演劇（組踊）民俗芸（京太郎・南風の島・打花鼓，くいちやー，あんがま）等の琉球に古くから育ち伝承されてきた歴史上，芸術上価値の高い伝統的な芸能を保存することに必要な伝承者の養成を行なうための補助事業である。（文化財保護法第61条に基づく事業）

文化財管理補助金　1,790ドル

　　指定文化財の管理はその所有者及び管理者が行なうことになつており，その管理のために要する経費の補助金である。本年度は管理にもつとも必要な標識説明板の設置と天然記念物「ケラマ鹿」の食草施設及び「ノヤシ群落の除草環境整備の事業を行なう予定である。（文化財保護法第93条に基づく事業）

以上のほか，勝連城跡の第三次発掘，文化財保護強調週間の強化，民俗芸能公開等の事業を計画している。

第13章 県史編さん

(1) 前年度の経過

前年度は，県史編集5ヶ年計画の第2年目として，1965年度につづき，各論編4教育と資料編3冊を出版，予定より1000ページ多く発行したが，（当初計画1冊500ページの5冊を3600ページ）編集校正要員の不足と年間計画の絶対量が多すぎて，いくつかの問題点を生じた。

政府発行物であると同時に，県政時代をとらえる典拠ともなるべきものであるから，その事業の意義に鑑みて，より一層内容の充実と学問的に正確を期すべき責任を痛感する。

(2) 今年度の計画

前年度までの編集作業をふんまえて今年度は資料編2冊（1800ページ）を編集発行することとし，戦争記録編の編集は，原稿有理して1968年度の出版にそなえる。

(3) 今後の問題点

戦争記録編は2冊の予定であるが，記録編の場合具体的な編集方針の確立ならびに個人体験を正確にえぐり出せるようなテーマ設定のための討議，さらには沖縄戦の客観的条件の中での正当な位置づけなど，編集上の一般的基礎的問題を科学としての歴史学をもとに厳密に整理することが前提である。

各論編の場合は完全原稿を作成した翌年出版するという慎重な編集が必要である。

(4) 県史編集計画の修正について

今年度以降は施府県の編集校正要員と仕事の量とすると，資料編1冊（100ページ）と各論編1冊（500ページ）の編集が精いっぱいである。

以上のように政府の一大修史事業として現在可能な編集陣容で遠い将来まで責任をとり得る仕事の量にするには，「県史編集12年計画」とし期間を7ヶ年延期することである。すでに，県史編集審議会でも期間の延期を認め，内容を検討中である。

(5) 事業の効果

琉球王府の「球陽」編集以来，220年ぶり政府の修史事業が行なわれているわけであり，これらの刊行物は将来沖縄の重要文献ともなりうると同時に，また中央の歴史学界にも大きく貢献しつつあり，政府および文教局が後世に残しうる画期的な事業である。

(6) 予算

1965年度　22,459ドル
1966年度　23,913ドル
1967年度　20,807ドル

第14章 琉球大学の充実

(1)予算要求について

(イ) 基本方針

1966年7月1日琉球大学設置法及び管理法が施行され琉球大学は政府立大学として発足した。それに伴ない従来文教局予算のなかに（項）琉球大学補助金として計上されていた予算は，政府の一組織としてあらたに（部）琉球大学として計上されることになつた。琉球大学は，大学としての使命を充分に果し，且つ地域社会の発展に奉仕するため，政府立を機会に大学の諸制度を再検討し，教授陣容，施設設備等の整備について再評価をおこない少なくとも本土における同程度の国立大学の水準まで整備充実をはかることを主眼とし。

(1)本土国立大学との格差是正をはかるため，文部省の国立大学経費算出基準（予算単価）による経費し積算を行ない国立大学並の予算規模を確保する。

(2)財政総合長期計画及び教育拡充計画に策定した重点施策を強力に推進し教育及び研究の充実強化をはかる。

(ロ) 重点施策

A 大学の使命を達成するための充実強化

イ 財政総合長期計画に基づく校地の拡充整備

ロ 学科目制度，助手制度等の確立による教授職員及び事務系職員の充実強化

ハ 研究活動の充実強化

ニ 施設設備の整備充実

B 社会の要請に対する奉仕

イ 高校生急増対策に伴なう入学定員の増加

ロ 勤労青年を対象とした短期大学部（夜間課程）の設置

以上の基本方針及び重点施策を確認しこれに基づいて予算要求を行なつたのであるが政府財政の都合で総体的に約75％の獲保に留まつた実情である。

(2)1967年度琉球大学の予算

(イ) 総括

1967年琉球大学予算総額は 2,349,922ドル であつて前年度予算額（琉球政府補助金） 1,63876ドル に比べると 715,046ドル 約44％の増加となつている。

註 (1)

1967年度予算総額においては職員研修費，退職給与金（勧奨退職），公務災害補償費，不動産買収費等は政府に計上されているので，これらを除いた数字である。

註 (2)

上記1966年度琉球大学予算額は，

学内収入140,728ドルが含まれてない数字で，えれを含めると，1775,604ドルとなる。
㋺ 重点施策に対する予算措置
1 研究活動の充実強化
　イ 教員等の研究を助成するため学術研究助成費に54,122ドル（前年度より14,122ドルの増額）
　ロ 本土国立大学との学術交琉を図るため，各種学会への出席旅費に14,462ドル（前年度より2,854ドル）
　ハ 第11回太平洋学術会議出席旅費に4,900ドルをそれぞれ計上した。
2 施設設備の整備充実
　A 設備備品及び図書
　　イ 教員の研究用及び学生実験実習用備品については本土国立大学に較べ相当の格差があるが，特に理学系，農学系，工学系については文部省基準の僅かに13％程度の達成率であるので，年次的にこれの格差を是正するため今年度は特に理学系，80,000ドル（米政援助）
　　　農学系60,500ドル
　　　語学ラボラトリー関係備品13,200ドル（米政援助）
　　　男子寮新築に伴なう備品費30,200ドル
　ロ 1966年7月1日現在における琉球大学図書舘の蔵書数は約12万冊であるが将来の目標を35万冊とし，不足冊数を年次的に整備するため今年度60,000ドルを計上した。
B 施設関係
　琉球大学の校舎整備の現状は本土国立大学に比べ著しく立ち遅れており，文部省施設最低基準で試算すると39,765坪が必要とされるが琉球大学の保有坪数は1966年度末において12,055坪で基準に対し30％の達成率にすぎない。
　1967年度においては下記の通り建設することになつており現在建築中の男子寮を含めて2,550坪が増加することになるのでこれを含めると基準に対し36,7％の達成率となる
　（1970学年度における本学学生数は4,520人となるので文部省基準に対する必要坪数の基礎は学生4,500人として算出する）
　理学教室建設費に312,000ドル(300,000ドル米政援助)
　音学教室建設費に98,800ドル(95,000ドル米政援助)

農林試験場付属建物建設費に44,295ドル
語学ラボラトリー改修費に11,800ドル（米政援助）をそれぞれ計上した。

3　学生増

1965学年度以来政府の高校生急増対策にタイアップして学生増を図り，1966学年度の入学定員は前年度の800人に対し960人に増員し，さらに1967学年は1,000人の入学定員を予定している。

従って1967会計年度における学生の増加は入学定員の増加と学年進行による自然増を含めて698人（予算定員326人）となるのでこれに対応する経費として16,728ドルを計上した。

4　短期大学部の設置

琉球大学が開学して15年余，卒業生は4,000余の多数にのぼり，教育界を始め各分野で活躍しているが不幸にして経済的その他の理由で昼間の大学に進学できない向学心旺盛な勤労青年のために夜間課程の短大を設置して貰うよう社会からの強い要請があり，本学においては多年の研究，検討の結果1967年4月から英文，法政，経済，商学，機械工学，電気工学の6学科

入学定員200人の3ヶ年課程として開設することになり，これの運営，施設設備費に8,193ドルを計上した。

註(1)　財政総合長期計画に基づく校地の拡充整備費については総務局に220,000ドル計上されている。
(2)　学科目制等の確立による職員の充実強化については1967年4月において学部改編及び学科目制が設定されるのでその時点で考慮することになっている。

以上1967年度琉球大学予算の総括及び重点施策に対する予算措置について述べたが1967年度予算を目的別に大別すると次のとおりである。

人　件　費	1,244,894ドル
運　営　費	288,868ドル
施設整備費	816,160ドル
計	2,349,922ドル

運営費の事項別区分

大学管理費	127,903ドル
教育及び研究費	117,109ドル
厚生補導費	25,482ドル
特殊施設費	12,733ドル
普及事業費	4,199ドル
短期大学部費	1,442ドル
計	288,868ドル

施設整備費の科目別区分

庁用備品費	59,278ドル
事業用備品費	267,987ドル
施　設　費	479,850ドル
測量設計費	9,045ドル
計	816,160ドル

第15章　教育補助金の円滑な執行について

　文教局予算は琉球政府総予算＄88,276,500中＄28,052,386で31.77％を占め、文教予算中教育補助金は＄18,755,102で実に文教予算の66.85％に当り、またこの教育補助金は地方教育区総予算の82.09％を占めている。この教育補助金の執行如何が教育財政の良否を決定し、教育効果につながる。

　文教局、地方教育区の責務はこの教育補助金の適正にして時宜を得た円滑な効率的執行にあると思う。教育補助金の円滑かつ効率的執行には、関係法規の熟知、効率的運用への配慮、教育財政担当職員と教育現場との、あるいは文教局と地方教育区との緊密な連けい及び協力、教育財政機構、教育熱等多くの要因があると思うが、ここでは執行段階での注意事項を列記し、教育補助金の円滑且つ効率的執行の一助にしたいと思う。

(1) 補助金の交付申請
　イ　文教予算等に計上されておれば、申請しなくても、補助金が交付されるものだと誤解しているうらみがあるが、補助金の交付は補助事業者の申請によりなされるものであることを理解してもらいたい。
　ロ　文教局の教育区に対する予算説明は、補助金の円滑執行の基になる補助事業の趣旨目的、予算額、執行方法、執行時期等を理解する上に、最も重要であるので、是非説明会には出席するようにして、文教局から補助事業の内示があつた場合は、直ちに提示された様式により申請できるようにする。
　ハ　文教局では各教育区から提出された申請を総合的に比較検討して、補助金交付を決定するので、一教育区の申請の遅滞が、全体に迷惑をかけることになる。更に予算は年度内に執行すればよいというのではなく、適期に最も効率的に執行すべきであり、その点からも検討して、申請書提出期限を定めてあるので、申請書の提出期限を厳守する。
　ニ　補助金の交付申請をする場合は、綿密な執行計画をねることはもちろんであるが、補助金が交付された場合直ちに実施できるよう受け入れ態勢を強化する。
(2) 補助事業の執行
　イ　補助金の交付目的・条件・その他法令に違反した場合は、補助金交付の全部又は一部を取り消すことがあるので、交付目的・条件にそい適法適正に執行する。
　ロ　補助金の交付目的・条件にそつ

て執行することが困難あるいは不可能な事態が生じた場合は，直ちに文教局に報告し，その処置を求めるようにする。
　ニ　備品の購入契約（工事契約），納品期限（工事完了期限）の設定にあたつては，納入備品の検収（工事検査）の結果，不合格品（工事手直しの必要）が出た場合，その取替（工事手直）ができる，あるいは天災地変その他止む得ない事情により指令に示めした期限までに完了できない場合，文教局にその処置を求めることのできる余裕期間も念頭に入れ細心の注意を払う。
　ホ　予算の適正適法執行を裏付けるのは，証拠書類，関係帳簿であり，その収集整備に万全を期さなければならない。
　　実績報告
　　　実績報告については，従来特に前金払をした場合，軽視されている傾向にあるが，この報告書に基いて，補助事業が適正適法に執行されたかを審査確認し，補助金の確定をする重要な報告書で，「補助金適正化法」にその提出を義務づけてあるので，事業完了後速かに提出する。
4　予算の年度繰越
　イ　交付した補助金で，次の事項に該当する経費以外は，翌年度に繰越し使用することはできないので，年度内に執行できない場合は補助金を返納しなければならないので注意する。（日本政府の援助金の会計年度は4月1日〜3月31日）
　　○　経費の性質上年度内に支出を終らない見込のあるもので，予め立法院の議決を得たもの（これを繰越明許費という）について実際に翌年度に繰越して使用する場合は，行政主席の承認を必要とする。
　　○　年度内に支出負担行為（契約締結）をなし，避け難い事故のために支出が終らなかつたもので，行政主席の承認を得た経費（日本政府援助金を次年度に繰越して使用する場合は，日本政府の承認を必要とすることもちろんである。）
5　備品，財産の効率的運用及び良好な管理
　イ　予算執行そのものに重点が置かれ，その結果取得する備品・財産の効率的運用への配慮がなされていないうらみがあるが，予算執行にあたつては，その結果取得する備品，財産の効率的運用面から検討して執行する。
　ロ　備品・財産の管理機構が不明確の上管理規程がないので，早急に管理機構を確立し，且つ管理規程を制定し，備品出納簿・財産台帳その他関係帳簿を整備し，備品・財産の管理に万全を期す。

参考資料

〔一〕 1967年度教育関係才出予算の款項別一覧表

部	款	項	1967年度予算額(ドル)	1966年度予算額(ドル)	比較増△減(ドル)
(文教局)			28,052,386	22,060,574	5,991,812
	文教局費		1,795,780	1,523,115	272,665
		文教本局費	334,969	276,500	58,469
		学校給食費	104,685	83,243	21,442
		教員養成費	14,160	17,760	△3,600
		施設修繕費	78,628	52,134	26,494
		実験学校指導費	1,225	1,271	△46
		各種奨励費	33,906	29,361	4,545
		科学教育振興費	12,456	12,154	305
		学校安全会補助	10,680	6,136	4,544
		教員候補者選考試験費	1,446	1,471	△25
		学校放送費	48,904	25,554	23,350
		学校図書館充実費	82,160	102,900	△20,740
		学校備品充実費	1,063,891	914,396	149,495
		理科教育センター費	8,667	235	8,432
	中央教育委員会費		28,781	23,084	5,697
		中央教育委員会費	28,781	23,084	5,697
	社会教育費		302,389	249,903	52,486
		社会教育振興費	25,370	21,265	4,105
		公民館振興費	1,211	20,922	△19,711
		青年学級振興費	3,864	3,580	284
		博物館費	20,135	13,769	6,366
		図書館費	27,980	25,187	2,793
		社会体育振興費	74,930	48,930	26,050
		英語教育普及費	50,125	20,000	30,125
		青年の家建設費	15,509	96,250	△80,741
		博物館運営費	21,268	0	21,268
		青年の家運営費	1,947	0	1,947
		少年会館補助	60,000	0	60,000
	学校建設費		4,650,186	2,184,512	2,465,674
		学校建設費	4,650,186	2,184,512	2,465,674
	学校教育補助		14,978,311	12,539,627	2,438,684
		学校教育補助	14,978,311	12,539,627	2,438,684
	教育行政補助		295,678	258,033	37,645

費目	1967年度予算額 (ドル)	1966年度予算額 (ドル)	比較増△減 (ドル)	費目	1967年度予算額 (ドル)	1966年度予算額 (ドル)	比較増△減 (ドル)
各種調査研究費	24,067	26,637	△2,570	教育行政補助	295,678	258,033	37,645
教育測定調査費	12,260	15,834	△3,574	教科書無償給与費	558,936	517,944	40,992
琉球歴史資料編集費	11,807	10,803	1,004	教科書無償給与費	558,936	517,944	40,992
教育関係職員等研修費	41,823	40,210	1,613	育英事業費	266,505	230,384	36,121
教育関係職員等研修費	41,823	40,210	1,613	育英事業費	266,505	230,384	36,121
政府立学校費	4,332,970	3,481,765	851,205	文化財保護費	59,483	37,199	22,284
政府立高等学校費	3,878,142	3,188,658	688,484	文化財保護委員会費	20,794	18,257	2,537
政府立特殊学校費	312,736	224,947	87,789	文化財保護費	38,689	18,942	19,747
政府立中学校費	79,114	59,888	19,226	私大委員会費	7,928	0	7,928
政府立各種学校費	62,978	8,272	54,706	私大委員会費	7,928	0	7,928
産業教育振興費	706,642	647,086	59,556	琉大医学部設置準備委員会費	2,907	0	2,907
産業教育振興費	706,642	647,086	59,556	琉大医学部設置準備委員会費	2,607	0	2,907

（琉球大学）

部款項	1967年度予算額 (ドル)	1966年度予算額 (ドル)	比較増△減 (ドル)
琉球大学	2,349,922	1,604,924	744,998
琉球大学費	1,533,762	1,119,224	414,538
琉球大学費	1,533,762	1,119,224	414,538
施設整備費	816,160	485,700	330,460
施設整備費	816,160	485,700	330,460

〔二〕 1967年度、文教局予算中の地方教育区への各種補助金
直接支出金および政府立学校費

地方教育区

1 学校教育費（公立幼稚園・公立小・中学校）

総額 **19,507,566ドル**

内訳 ｛ 補助金　　18,391,398ドル
　　　直接支出金　1,116,168ドル

a 公立小・中学校

総額 **19,44,088ドル**

内訳 ｛ 補助金 ｛ 小学校　10,852,460ドル
　　　　　　　中学校　　7,477,460 〃
　　　　　　　計　　　18,329,920 〃
　　　直接支出金 ｛ 小学校　629,697ドル
　　　　　　　　　中学校　486,471 〃
　　　　　　　　　計　　1,056,168

生徒1人あたり政府支出金 ｛ 小学校　77ドル61セント
　　　　　　　　　　　　中学校　99ドル08セント

(1) 補助金の明細

予算項目	科目	1967年度予算額（ドル）	1966年度予算額（ドル）	比較増△減	1967年度 分野(校種別)内訳 小学校(弗)	中学校(弗)	備考
学校給食費	学校給食補助	44,536	22,281	22,255	34,181	10,355	給食費補助 32,359ドル
各種奨励費	研究奨励助成費	3,140	2,940	200	1,920	1,220	給食設備補助 12,177
学校図書館充実費	図書備品補助	75,760	85,600	△9,840	52,275	23,485	実験・研究学校・奨励
学校備品充実費	備品等補助	374,441	437,314	△62,873	116,364	258,077	小学校（35,100）
教育関係教育研修費	旅費補助	15,360	18,344	△2,984	8,880	6,480	｛理科（58,530） 一般教科（22,734）｝
〃	備品補助	38,500	38,500	—	—	38,500	体育（117,000）
〃	備品補助	15,340	—	15,340	—	15,340	中学校｛音楽（60,600） 視聴覚（5,600）｝
産業教育振興及普及費	備品補助	2,862,332	914,048	1,948,284	1,633,233	1,229,099	｛理科（57,000） 一般教科（17,877）｝
〃	施設補助	10,440	71,209	△60,760	6,510	3,930	
学校建設及教育費	建設補助	10,391,952	9,601,987	789,965	6,310,936	4,081,016	学校統合（17,851）
〃	給料補助	2,935,726	2,369,518	566,208	1,788,568	1,147,158	保護衛生（3,704）
学校教育補助費	期末手当補助	1,200	1,200	—	696	504	実習生受入（120）
〃	単位金給与補助	4,164	4,452	△288	2,196	1,968	旅費補助（77,020）
〃	復日直手当補助	116,973	—	116,973	64,499	52,474	
〃	宿日直手当補助	275,139	238,000	37,139	160,000	115,139	
〃	退職員賞与補助	5,284	4,784	500	2,692	2,592	｛へき地手当（125,889）｝
〃	公務災害営補償補助	98,695	123,768	△25,073	48,550	50,145	｛へき地住宅料（15,450）｝
〃	学校運営補助	170,939	127,806	43,133	82,608	88,331	｛へき地文化備品（29,600）｝
へき地教育振興補助	19,900	5,000	14,900	10,000	9,900		
特殊教育備品補助	870,099	—	870,099	528,352	341,747		
保険料補助							
計		18,329,920	14,066,742	4,263,178	10,852,460	7,477,460	

(2) 文教局直接支出金

予算項目	科目	1967年度予算額（ドル）	1966年度予算額（ドル）	比較増△減	1967年度 分野(校種別)内訳 小学校(弗)	中学校(弗)	備考
学校・備品用実費費	事業用備品費	500,000	225,000	275,000	326,430	173,570	
産業教育振興費		60,000	0	60,000	—	60,000	
教科書無償購入費	教科書購入費	556,168	517,914	38,245	303,267	252,901	
計		1,116,168	742,914	373,254	629,697	486,471	

(注) 公立・小・中学校児童生徒数

	小学校	中学校	計
1966年5月	148,800人	80,780人	229,580人
1967年5月（推計）	145,394	79,175	224,569

—53—

b 公立幼稚園

総額 61,478ドル

園児1人当たり政府支出金(推計) 7ドル1セント

補助金の明細

予算項目	科目	1967年度予算額	1966年度(最終)予算額	比較増△減	備考
各種奨励費	研究奨励補助	200	—	200	実験学校奨励補助 1校
学校教育補助	幼稚園振興補助	88,240	61,478	26,762	給料 77,586 備品 10,400 旅費 254
	計	88,440	61,478	26,962	

(注) 公立幼稚園児数

　　1966年5月　　8,390人

　　1967年5月(推計)　9,918人

2 社会教育費

総額 63,164ドル

人口1人当たり政府支出金(推計) 6.8セント

補助金の明細

予算項目	科目	1967年度予算額	1966年度(最終)予算額	比較増△減	備考
社会教育振興費	燃料補助	713	713	—	
〃	講師手当 〃	6,300	6,540	△ 240	
〃	研究奨励費	6,511	5,201	1,210	

予算項目	科目		1966年度(最終)予算額	比較増△減	備考
公民館振興費	施設補助	0	10,800	△ 10,800	交付税算定のための基準財政需要額の中に算定のため除目
〃	運営補助	0	9,000	△ 9,000	
〃	研究奨励費	868	769	99	
青年学級振興費	運営奨励補助	3,400	3,130	270	37学級
〃	研究奨励費	182	160	22	研究指定2学級本土研修1人
社会体育振興費	体育指導員設置補助	1,440	1,440	—	60人
〃	施設補助	41,200	27,435	13,765	
〃	管理委託費	3,000	—	3,000	青少年野外センター管理委託
	計	63,611	65,188	△ 1,574	

(注) 人口 1965年10月1日現在934,176人

3 教育行政費

総額 300,540ドル

人口1人当たり政府支出金(推計)

補助金の明細

予算項目	科目	1967年度予算額	1966年度(最終)予算額	比較増△減	備考
教育測定調査費	委員手当補助	3,062	5,195	△ 2,133	
教育関係職員等研修費	旅費補助	1,800	—	1,800	指導主事等内地研修費派費補助
教育行政補助	行政補助	275,678	258,033	37,645	
	計	300,540	263,228	37,312	

(注). 人口 1965年10月1日現在934,176人

4 地方教育への文教局支出金合計

区　分	1967年度	1966年度	比較増△減
補　助　金	18,755,102ドル	14,456,636ドル	4,298,466ドル
直接支出金	1,116,168	742,914	373,254
合　計	19,871,270	15,199,550	4,671,720

政　府　立　学　校

1　高　等　学　校

総額　6,148,310ドル

生徒1人当たり政府支出金（推計） 　全日制　160ドル05セント
　　　　　　　　　　　　　　　　　定時制　87ドル48セント

予算項目	科　　目	1967年度予算額	1966年度(最終)予算額	比額増△減	備　　考
施設修繕費	修　繕　費	74,692	49,113	25,579	政府有建物面積の比に按分
実験学校指導費	事業用消耗品費	557	568	△11	
学校図書館充実費	事業用備品費	5,000	17,000	△12,000	
学校備品充実費	事業用備品費	182,736	57,991	124,745	
教育関係職員等研修費	管外旅費	840	840	840	
政府立高等学校費	職員俸給	2,554,002	2,331,780	242,222	2,045人
〃	非常勤職員給与	55,439	577,788	26,539	
〃	期末手当	721,506	80,667	143,718	

項目	1967年5月予算額	1966年5月(最終)予算額	備考
〃	その他の手当	105,195	80,667	24,528	超過勤務手当 51,554
〃	管　内　旅　費	22,774	16,962	5,812	特殊勤務〃 22,137
〃	事業用備品費	100,950	95,400	5,550	初任給調整〃 1,740
〃	その他の需要費	101,357	77,161	24,196	消耗品費ほか
〃	保　険　料	216,919	—	216,919	
産業教育振興費	管　内　旅　費	18,472	18,448	24	
〃	事業用備品費	267,305	126,501	140,804	
〃	その他の需用費	215,394	186,149	29,245	消耗品費ほか
英語教育普及費	事業用備品費	9,660	—	9,660	
学校建設費	施　設　費	1,495,512	1,040,516	454,996	へき地手当〃 456
計		6,148,310	4,684,944	1,463,366	宿日直〃 26,308

(注) 政府立高等学校生徒数

	全日制	定時制	計
1966年5月	34,733	4,847	39,580
1967年5月	38,700	5,140	43,840

2　中　学　校

総額 **81,683ドル**

生徒1人当たり政府支出金(推計) 129ドル25セント

予算項目	科　目	1967年度予算額	1966年度(最終)予算額	比較増△減	備　考
学校図書館充実費	事業用備品費	400	300	100	

—57—

		1967年度予算額	1966年度(最終)予算額	比較増△減	備考
学校備品充実費		2,169	1,395	774	理科・体育備品費
政府立中学校費	職員俸給	46,829	37,018	9,811	27人
〃	非常勤職員給与	1,205	503	702	消耗品費ほか
〃	期末手当	13,229	9,736	3,493	
〃	その他の手当	1,399	928	471	超過勤務手当943 宿日直手当456
〃	管内旅費	275	208	67	
〃	事業用備品費	8,000	8,000	―	
〃	その他の需要費	4,238	3,495	743	消耗品費ほか
〃	保険料	3,939	―	3,939	
〃	施設費	―	10,595	△10,595	(注) 66年度は施設修繕費を合む
計		81,683	72,178	9,505	

(注) 政府立中学校 (松島中学校) 生徒数

1966年5月　631人　　　1966年5月（推計）636人

3　特殊教育諸学校

総額　**470,110ドル**

生徒1人当たり政府支出金（推計）664ドル94セント

予算項目	1967年度予算額	1966年度(最終)予算額	比較増△減	備考
施設修繕費	2,981	1,195	1,786	政府有施設面積の比に按分
学校図書館充実費	1,000	―	1,000	

		4,545	1,611	2,934	学校備品充実費
政府立特殊学校費	職員俸給	145,941	136,182	9,759	盲ろう学校75人、養護学校43人、 {澄井・稲㳃小中学校6人
〃	非常勤職員給与	1,698	796	902	
〃	期末手当	41,228	27,404	13,824	
〃	その他の手当	15,424	7,607	7,817	超過勤務手当2,050宿日直手当13,350、公務災害24
〃	管内旅費	1,216	749	467	
〃	事業用備品費	35,887	17,316	18,571	
〃	重機及車輛購入費	8,500	8,500	—	
〃	その他の需要費	40,018	26,393	13,625	食糧費ほか
〃	保険料	12,224	—	12,224	
〃	奨学奨励費	10,600	—	10,600	
学校建設費	施設費	146,080	133,602	12,478	
教科書無償給与費	教科書購入費	2,768	—	2,768	
計		470,110	361,355	108,755	

(注) 政府立特殊学校(含澄井・稲㳃小中学校) 生徒数

1966年5月 660人　　1967年5月(推計) 846人

4 各種学校

総額 292,859ドル

予算項目	科目	1967年度 予算額	1966年度 (最終予算額)	比較増△減	備考
政府立各種学校費	職員俸給	33,055	—	33,055	

—59—

項目				備考
〃	非常勤職員給与	1,305	2,112	△807	
〃	期 末 手 当	9,338	—	9,338	
〃	その他の手当	2,272	543	1,729	⎰超過勤務手当507、宿日直手当945、 ⎱初任給調整手当820
〃	管 内 旅 費	958	813	145	
〃	事業用備品費	4,500	2,000	2,500	
〃	その他の需要費	8,765	2,804	5,961	
〃	保 険 料	2,785	—	2,785	
産業教育振興費	管 内 旅 費	119	17	102	
〃	事業用備品費	100,000	235,000	△135,000	
〃	その他の需要費	6,852	321	6,531	消耗品費ほか
学校建設費	施 設 費	122,910	—	122,910	
計		292,859	243,610	49,249	

〔三〕 1967年度 教育区歳入歳出予算（当初）

(単位ドル)

歳入 教育区	歳入総額	第1款 市町村負担金及び分担金	第2款 負担金及び分担金	第3款 政府支出金	第4款 使用料及び手数料	第5款 諸収入	第6款 繰越金	第7款 教育区債
国頭	398,050	54,546	6,203	337,215	―	84	1	1
大味	189,980	30.300	3,620	156,012	3	43	1	1
宜東	146,842	20,423	1,835	124,555	3	25	1	―
羽地	248,852	32,536	4,963	211,281	―	70	1	1
屋我地	103,383	15,150	1,863	86,359	―	10	1	―
今帰仁	360,151	50,958	8,377	300,721	―	94	1	1
上本部	138,931	21,151	2,963	114,672	―	144	1	1
本部	406,477	61,060	9,814	334,672	2	927	1	1
屋部	128,749	25,400	2,377	100,935	―	36	1	―
名護	461,971	90,059	10,427	358,588	29	2,866	1	1
久志	253,964	33,300	3,664	216,724	4	71	200	1
宜野座	139,720	24,158	11,129	104,424	3	5	1	―
金武	224,101	30,130	4,442	185,950	1,018	2,560	1	―
伊江	198,324	31,412	5,077	161,242	―	141	451	1
伊平屋	127,261	22,148	2,434	102,665	4	8	1	1
伊是名	138,840	21,875	3,030	113,931	―	3	1	―
恩納	240,959	37,501	4,857	198,595	―	4	1	1

(単位ドル)

教育区	歳入総額	市町村負担額	分担金及び負担金	政府支出金	使用料及び手数料	諸収入	繰越金	教育区債
石川	403,724	51,825	9,071	333,646	4,082	—	100	5,000
美里	497,924	76,422	11,529	408,871	975	125	1	1
与那城	477,791	62,980	27,523	387,065	—	221	2	—
勝連	275,819	57,087	5,176	213,482	2	70	1	1
具志川	805,921	122,817	18,432	661,044	1,450	303	1,874	1
コザ	1,050,292	156,817	23,754	830,398	6,696	4,627	3,000	25,000
読谷	429,943	75,300	12,577	336,000	4,100	109	1,856	1
嘉手納	404,643	53,741	7,599	339,729	2,901	671	1	1
北谷	252,411	34,747	8,363	200,191	1,891	205	7,013	1
北中城	163,330	25,600	3,745	131,716	—	269	2,000	1
中城	248,185	36,378	5,828	205,911	—	65	1	2
宜野湾	707,639	108,177	18,065	580,825	70	501	1	—
西原	228,885	32,859	5,628	189,771	—	132	495	—
浦添	543,949	90,400	16,193	429,613	4,572	170	3,000	1
那覇	4,965,445	1,152,062	124,173	3,545,142	122,050	17,017	5,000	1
(久)具志川	159,798	25,839	3,265	129,474	1,120	100	—	—
仲里	264,816	42,062	6,101	216,477	—	176	—	—

地名							
北大東	37,076	8,400	1,115	27,132	419	8	1	1
南大東	110,408	12,000	2,593	95,763	—	51	1	—
豊見城	270,868	46,593	6,984	210,113	3	174	7,000	1
糸滿	885,955	129,994	19,495	736,215	2	247	1	1
東風平	244,094	35,500	27,728	179,901	6	557	401	1
具志頭	181,877	28,900	21,004	131,951	2	18	1	—
玉城	194,922	34,805	6,044	154,068	—	4	1	1
知念	170,101	27,537	3,658	138,885	2	17	1	1
佐敷	175,013	30,020	4,845	140,111	3	32	1	1
与那原	205,962	32,360	5,601	166,367	8	325	1,300	1
大里	220,888	31,132	21,578	167,552	6	519	100	1
南風原	209,307	37,296	5,950	165,232	3	159	666	1
渡嘉敷	57,767	12,027	1,136	44,604	—	—	—	—
座間味	83,411	16,640	970	65,050	3	48	700	—
粟国	76,965	11,875	1,374	63,672	3	39	1	1
渡名喜	36,955	9,364	1,334	26,256	—	—	1	—
平良	935,370	149,500	17,230	762,060	6,500	79	1	—
城辺	486,796	77,947	9,692	398,959	—	98	100	—
下地	186,805	32,468	3,069	144,593	—	6,525	150	—

—63—

(単位ドル)

教育区	歳入総額	市町村負担額	分担金及び負担金	政府支出金	使用料及び手数料	諸収入	繰越金	教育区債
上野	144,560	20,716	2,682	121,082	—	30	50	—
伊良部	276,961	40,500	6,386	226,050	—	4,024	1	—
多良間	105,607	17,354	1,496	86,071	—	616	70	—
石垣	1,218,900	171,225	24,296	1,014,424	8,465	488	1	1
竹富	395,890	61,919	4,817	329,146	1	5	1	1
与那国	144,707	24,795	2,637	115,946	1,302	25	1	1
計	22,844,235	3,908,087	597,811	18,059,099	167,703	45,940	35,562	30,033

歳出

教育区	歳出総額	第1款 教育総務費	第2款 学校費			第3款 社会教育費	第4款 諸支出金	第5款 予備費
			小学校費	中学校費	幼稚園費			
国頭	398,050	9,403	184,927	200,806	—	883	1,826	205
大宜味	189,980	5,603	95,499	82,656	—	790	5,008	424
東	146,842	8,509	66,790	68,380	—	1,670	1,203	290
羽地	248,852	5,355	141,783	97,364	—	1,395	2,295	560
屋我地	103,383	3,347	49,636	47,514	100	1,497	1,128	261
今帰仁	360,151	7,217	171,039	174,325	—	3,008	2,578	1,984
上本部	138,931	4,712	80,730	48,223	—	753	1,092	3,421

本　部	406,477	7,272	190,878	193,220	—	2,777	4,731	7,599
屋　部	128,749	5,924	74,505	45,209	—	917	1,740	454
名　護	461,971	11,890	262,588	158,650	8	7,114	18,481	3,240
久　志	253,964	6,701	114,871	126,587	—	3,361	1,908	236
宜　野　座	139,720	6,164	85,346	45,867	—	1,208	987	148
金　武	224,101	6,156	123,175	86,423	4,268	1,697	1,827	555
伊　江	198,324	4,914	121,822	64,738	—	4,786	1,927	137
伊　平　屋	127,261	5,904	76,744	41,713	2	1,582	970	346
伊　是　名	138,840	4,671	72,851	57,957	—	2,046	1,215	100
恩　納	240,959	9,446	111,777	112,375	—	4,886	2,269	206
石　川	403,724	9,446	239,200	142,067	8,544	934	3,365	168
美　里	492,924	9,720	289,382	185,768	4,684	1,898	4,414	2,058
与　那　城	477,791	10,556	206,783	253,110	—	2,104	3,670	1,568
勝　連	275,819	12,694	201,522	38,212	—	3,033	16,652	3,706
具　志　川	805,921	19,387	492,848	270,340	4,528	5,479	12,618	721
コ　ザ	1,050,292	28,355	635,057	331,129	43,537	1,537	7,677	3,000
読　谷	429,943	10,745	238,170	156,326	18,253	3,268	2,681	500
嘉　手　納	404,643	8,541	290,176	88,420	10,763	1,135	5,308	300
北　谷	252,411	7,345	154,712	80,728	7,450	548	1,278	350

(単位ドル)

教育区	歳出総額	教育総務費	小学校費	中学校費	幼稚園費	社会教育費	諸支出金	予備費
北中城	163,330	3,333	87,752	68,654	—	1,780	1,661	150
中城	248,185	6,319	142,951	96,271	—	363	1,357	924
宜野湾	707,639	15,313	428,090	255,826	—	2,409	4,169	1,832
西原	228,885	7,004	129,317	89,442	—	1,000	1,370	752
浦添	543,949	17,322	317,410	189,559	6,314	2,667	9,665	1,012
那覇	4,965,445	142,544	2,753,951	1,700,739	249,353	11,696	102,162	5,000
(久)具志川	159,798	4,814	87,318	60,190	2,979	1,167	2,800	530
仲里	264,816	5,596	151,422	101,543	—	2,016	3,968	271
北大東	37,076	2,612	16,456	16,300	1,185	111	343	69
南大東	110,408	2,924	32,149	74,335	—	80	570	350
豊見城	270,868	6,542	175,813	83,499	—	2,693	1,936	385
糸満	885,955	17,946	513,578	330,008	1	10,382	11,808	2,233
東風平	244,094	4,381	137,824	94,108	2	1,699	5,780	300
具志頭	181,877	4,312	111,968	62,387	—	1,166	1,651	393
玉城	194,922	4,749	122,646	61,423	—	3,287	1,651	1,166
知念	170,101	4,410	92,429	70,786	—	1,274	11,002	200
佐敷	175,013	5,061	94,787	71,825	—	723	2,117	500

市町村								
与那原	205,962	5,627	108,896	88,810	—	2,375	2,870	384
大里	220,888	4,457	115,960	66,475	—	1,480	32,158	358
南風原	209,307	5,851	114,241	85,540	—	1,453	1,722	500
渡嘉敷	57,767	2,685	26,959	26,917	—	921	185	100
座間味	83,411	3,165	38,817	40,304	—	846	249	30
粟国	76,965	2,933	38,722	34,255	—	556	349	150
渡名喜	36,955	2,981	20,108	12,999	—	479	291	97
平良	935,370	17,575	489,945	393,199	19,594	3,114	8,487	3,456
城辺	486,796	11,722	249,555	201,331	—	15,797	4,430	3,961
下地	186,805	6,751	108,622	66,153	—	1,663	1,505	2,111
上野	144,560	6,428	67,542	68,485	—	503	1,301	292
伊良部	276,961	7,649	156,588	105,964	1,500	1,530	3,123	607
多良間	105,607	4,528	51,151	48,118	2	704	710	394
石垣	1,218,900	19,520	705,836	443,686	24,319	13,180	7,362	4,997
竹富	395,890	12,277	184,197	188,938	—	1,585	8,106	787
与那国	144,707	6,459	77,942	53,412	3,117	1,860	1,342	575
計	22,844,235	605,767	12,720,753	8,549,588	410,502	152,865	337,057	67,703

〔四〕 市町村交付税法の一部を改正する立法

市町村交付税法（1957年立法第38第）の一部を次のように改正する。
第6条中「100分の19」を「100分の22.6」に改める。
第14条第1項の表を次のように改める。

経費の種類	測定単位	単位費用	
1 消防費	人口	1人につき ドル	05
	消防車台数	1台につき 2,856	00
2 土木費			
(1) 道路費	道路の面積	1平方メートルにつき	05
	道路の延長	1メートルにつき	075
(2) 都市計画費	都市計画区域における人口	1人につき	20
(3) その他の土木費	人口	1人につき	298
3 厚生費			
(1) 社会福祉費	人口	1人につき	281
(2) 衛生費	人口2万以上の市町村の人口	1人につき	325
	人口2万未満の市町村の人口	1人につき	171
4 産業経済費			
(1) 農業行政費	農家数	1戸につき 8	546
	耕地の面積	1町歩につき 3	304
(2) その他の産業経済費	林業，水産業及び商工業の従業者数	1人につき 1	785
5 その他の行政費			
(1) 徴税費	市町村税の税額	10ドルにつき 1	50
(2) 戸籍住民登録費	本籍人口	1人につき	205
	人口	1人につき	093
(3) その他の諸費	人口	1人につき 3	081
	面積	1平方キロメートルにつき 1,200	00
6 教育費			
(1) 小学校費	児童数	1人につき 3	00
	学級数	1学級につき 225	15
	学校数	1学校につき 1,075	60
(2) 中学校費	生徒数	1人につき 3	17
	学級数	1学級につき 238	03
	学校数	1学校につき 1,065	30
(3) その他の教育費	人口	1人につき	68

附　則

1 この立法は，公布の日から施行し，1967年度分の市町村交付税から適用する。
2 市町村交付税特別会計法（1967年立法第39号）の1部を次のように改正する。
　　第4条中「100分の19」を「100分の22.6」に改める。

〔五〕教育費にかかる基準財政需要額算定に用いる

単位費用の積算基礎（1967年度）

1. 小学校費
(1) 測定単位の種類及び単位費用算定の方法
   a. 測定単位の種類
      学　校　数　⎫
      学　級　数　⎬ともに最近の学校基本調査（1966年5月1日）現在による数値
      児　童　数　⎭
   b. 単位費用算定の方法
(2)のAに示す標準施設における財政需要額について
   ○ 学校数を測定単位とする経費については<u>学校経費（消費的経費）</u>に，学校経費及び学級児童経費（投資的経費）の10%を加算した額を単位費用とする。
   ○ 学校数及び児童数を測定単位とする経費は，<u>学級児童経費（消費的経費）</u>に，学校経費及び学級児童経費（投資的経費）の90%を加算した額の60%を学級数，40%を児童数にかかる経費とし，これを標準規模における学級数の数値（<u>18学級</u>）児童数の数値（<u>900人</u>）で除した額を単位費用とする。

(2) 単位費用積算基礎
  A 標準施設
   ①児　　童　　数　　900人
   ②学　　級　　数　　18学級（1学級当り児童数50人）
   ③教　職　員　数　　23人
   ④雇　　用　　人　　5人｛用務員……… 2人
                            給食従事員…… 3人
   ⑤校舎延面積　　　　2,640㎡
  B 単位費用
   学　　校　　数　　$ 1,075.60
   学　　級　　数　　$　 225.15
   児　　童　　数　　$　　 3.00
  C 経費明細表
学校経費（消費的経費）

経費区分	経費	積算内容	
給　与　費	$ 705	使丁1人給料　$43×12月	$516.00
		期末手当　$43× $\frac{339}{100}$	$145.77
		負担金 ｛年金　$516× $\frac{63.02}{1000}$ = $32.52	$ 43.11
		医療（$516+$145.77）× $\frac{16}{1000}$ = $10.59	
非常勤職員報酬	100	内科医及び歯科医各1人手当年額$50.00×2人	$100.00
通信運搬費	120	郵便電報料，電話料等月$10.00×12月	$120.00
備　品　費	90	校用備品	$ 90.00
計	1,015		

学級・児童経費（消費的経費）

歳出			
給　　与　　費	$ 2,705	事務補助員給料　$45.00×12月　　　　　　　　　　$540.00 給食従事員給料　$40.00×12月×3人　　　　　　$1,440.00 期末手当（$45.00+$40.00×3人）×$\frac{339}{100}$　$ 559.35 負担金 ⎰ 年金（$540.00+$1,440.00）×$\frac{63.02}{1000}$ $165.41 　　　　　　　＝$124.78 　　　⎱ 医療（$540.00+$1,440.00+$559.35） 　　　　　　×$\frac{16}{1000}$＝$40.63	
その他の庁費	1,553	建物維持費　　$0.10×2,640㎡　　　　　　　　$　264.00 建物修繕費　　$0.35×2,640㎡　　　　　　　　$　924.00 運動場修理費　$0.05×7,300㎡　　　　　　　　$　365.00	
需　　用　　費	807	事務用及び教材用消耗品費　　　　　　　　　　　$　260.00 薪代，燃料費　　　　　　　　　　　　　　　　　$　142.00 印刷製本費　　　　　　　　　　　　　　　　　　$　115.00 光熱水費　　　　　　　　　　　　　　　　　　　$　240.00 備品修繕費　　　　　　　　　　　　　　　　　　$　 50.00	
原　材　料　費	69	薬品及び実験材料購入費　　　　　　　　　　　　$　 69.00	
備品購入費	500	教材用図書及び備品　　　　　　　　　　　　　　$　500.00	
負担金及び交付金	507	要保護，準要保護児童関係費　　　　　　　　　　$　455.18 　学用品給与費　$5.00×900人×0.07＝$315.00 　給食費　$0.01×900人×0.07×200日＝$126.00 　治療費　$5.00×900人× 0.7×0.045＝$ 14.18 学校安全会共済掛金　　　　　　　　　　　　　　$　 51.44 　一般児童　　　$0.06×810人＝$48.60 　準要保護児童　$0.45×63人＝$2.84	
衛　　生　　費	90	衛生費　　　　　　　　　　　　　　　　　　　　$　 90.00	
旅　　　　　費	460	旅　費　$20.00×23人　　　　　　　　　　　　　$　460.00	
歳　出　計　a	6,691		

歳入			
歳入	政府補助	$　458	要保護，準要保護児童関係経費補助 　　　　　　　　　　$455.18×$\frac{1}{2}$　　　　$　227.59 旅費補助　　　　　　$460.00×$\frac{1}{2}$　　　　$　230.00
	雑　　入	24	学校安全会共済掛金徴収金　$48.60×$\frac{1}{2}$　　　$　 24.30
歳　入　計　b		482	
差引一般財源充当額 　　（a−b）		6,209	

学校経費及び学級・児童経費（投資的経費）

経費区分	経費	積算内容
		(種類)　　(単価)　(数量)　(価格)　(耐用年数)(償却費)
設備費	$ 1,164	児童用机・椅子 $5.00　900　$4,500.00　10年　$405.00
		黒板（大）　　20.00　18　　360.00　〃　　32.40
		黒板（小）　　 5.00　 5　　 25.00　〃　　 2.25
		音楽室腰掛　　 1.80　50　　 90.00　〃　　 8.10
		理科実験台　　40.00　 5　　200.00　〃　　18.00
		理科実験椅子　 1.80　50　　 90.00　〃　　 8.10
		事務用机・椅子 13.80　22　　303.60　〃　　27.32
		両袖机・椅子　40.00　 1　　 40.00　〃　　 3.60
		教卓・教壇　　25.00　18　　450.00　〃　　40.50
		下駄箱　　　　20.00　18　　360.00　〃　　32.40
		戸　棚　　　　25.00　 7　　175.00　〃　　15.75
		オルガン　　　95.00　 2　　190.00　〃　　17.10
		放送施設　　 550.00　1式　550.00　〃　　49.50
		体育設備　　 400.00　〃　　400.00　〃　　36.00
		衛生設備　　 300.00　〃　　300.00　〃　　27.00
		給食設備　　1,000.00　〃　1,000.00　〃　　90.00
		理科設備　　1,600.00　〃　1,600.00　〃　 144.00
		学校図書館設備
		2,300.00　〃　2,300.00　〃　 207.00
		計 $ 1,164.02
歳出計　a	1,164	

歳入	政府補助	153	理科設備費補助　$144.00×¾=108.00　　　$108.00
			給食設備費補助　$90.00×½=45.00　　　　$ 45.00
	政府支出	405	児童用机・椅子　　　　　　　　　　　　$405.00
歳入計　b		558	
差引一般財源充当額　(a—b)		606	

単位費用

　学校数　$1,015 + $606×0.1 = $1,075.60

　学級数　　　　　　　　　×0.6 = $4,052.64　$4,052.64÷18 = $225.15
　　　　（$6,209 + $606×0.9）

　学級数　　　　　　　　　×0.4 = $2,701.76　$2,701.76÷900 = $3.00

2. 中学校費
(1) 測定単位の種類及び単位費用算定の方法
  a 測定単位の種類
  学校数
  学級数 } ともに最近の学校基本調査（1966年5月1日現在）による数値
  生徒数
  b 単位費用算定の方法
   (2)のAに示す標準施設における財政需要額について
   ○ 学校数を測定単位とする経費については<u>学校経費（消費的経費）</u>に，<u>学校経費及び学級生徒経費（投資的経費）</u>の10％を加算した額を単位費用とする。
   ○ 学級数及び生徒数を測定単位とする経費は，<u>学級生徒経費（消費的経費）</u>に，<u>学校経費及び学級生徒経費（投資的経費）</u>の90％を加算した額の60％に<u>学級数</u>，40％を<u>生徒数</u>にかかる経費とし，これを標準規模における学級数の数値（15学級），生徒数の数値（750人）で除した額を単位費用とする。

(2) 単位費用積算基礎
  A 標準施設
  ① 生徒数　　750人
  ② 学級数　　15学級（1人当り生徒数50人）
  ③ 教職員数　25人
  ④ 雇用人　　3人 { 用務員　2人
                      給食従事員　1人
  ⑤ 校舎延面積　2,986㎡
  B 単位費用
  学校数　　$1,065.30
  学級数　　$ 238.03
  生徒数　　$ 3.17
  C 経費明細表
学校経費（消費的経費）

経費区分	経費	積算内容	
給　与　費	$ 705	使丁1人給料 $43.00×12月	$516.00
		期末手当 $43.00×$\frac{339}{100}$	$145.77
		負担金 { 年金 $516.00×$\frac{63.02}{1000}$=$32.52	$ 43.11
		{ 医療（$516.00＋$145.77）×$\frac{16}{1000}$=$10.59	
非常勤職員報酬	100	内科医及び歯科医各1人手当年額$50.00×2人	$100.00
通信運搬費	100	郵便電報料・電話料等　月$8.33×12月	$ 99.96
備　品　計	90	校用備品	$ 90.00
計	995		

—72—

学級・生徒経費（消費的経費）

経費区分	経費	積算内容	
給 与 費	$ 1,393	事務補助員給料　$45×12月	$540.00
		給食従事員給料　$40×12月	$480.00
		期末手当（$45＋$40）×$\frac{339}{100}$	$288.15
		負担金 $\begin{cases} 年金（$540＋$480）×\frac{63.02}{1000}＝$64.28 \\ 医療（$540＋$480＋$288.15）×\frac{16}{1000} \\ ＝$20.93 \end{cases}$ $85.21	
その他の庁費	1,806	建物維持費　$0.10×2.986㎡	$298.60
		建物修繕費　$0.35×2.986㎡	$1,045.10
		運動場修理費　$0.05×9.250㎡	$462.00
需 用 費	682	事務用及び教材用消耗品費	$258.00
		薪代，燃料費	$110.00
		印刷製本費	$120.00
		光熱水費	$110.00
		備品修繕費	$ 84.00
原 材 料 費	300	薬品及び実験材料購入費	$300.00
備品購入費	600	教材用図書及び備品費	$600.00
負担金及び交付金	422	要保護，準要保護生徒関係費	$379.31
		学用品給与費　$ 5×750人×0.07＝$262.50	
		給　食　費　$0.01×750人×0.07×200日＝$105	
		治　療　費　$ 5×750人×0.07×0.045 $11.81	
		学校安全会共済掛金	
		一般生徒　　　$0.06×675＝$40.50	$ 42.84
		準要保護生徒　$0.045×52人＝$2.34	
衛 生 費	75	衛　生　費	$ 75.00
旅　　　　費	500	旅　　費　$20×25人	$500.00
歳 出 計　a	5,778		

歳入	政府補助	440	要保護，準要保護生徒関係経費補助 $379.31×½	$189.66
			旅費補助　$500×½	$250.00
	雑　入	20	学校安全会共済掛金徴収金　$40.50×½	$ 20.25
歳 入 計　b		460		
差引一般財源充当額　（a−b）		5,318		

学校経費及び学級生徒経費（投資的経費）

経費区分	経費	積算内容					
設備費	$ 1,266	(種類)	(単価)	(数量)	(価格)	(耐用年数)	(償却費)
		生徒用机・椅子	$ 5.00	750	$3,750.00	10年	$337.50
		黒板（大）	20.00	15	300.00	〃	27.00
		黒板（小）	5.00	5	25.00	〃	2.25
		音楽室腰掛	1.80	50	90.00	〃	8.10
		理科実験台	40.00	6	240.00	〃	21.60
		理科実験椅子	1.80	50	90.00	〃	8.10
		事務用机・椅子	13.80	24	331.20	〃	29.81
		両袖机・椅子	40.00	1	40.00	〃	3.60
		教卓・教壇	25.00	20	500.00	〃	45.00
		下駄箱	20.00	16	320.00	〃	28.80
		戸棚	25.00	5	125.00	〃	11.25
		大テーブル	35.00	3	105.00	〃	9.45
		放送施設	550.00	1式	550.00	〃	49.50
		体育設備	400.00	〃	400.00	〃	36.00
		衛生設備	300.00	〃	300.00	〃	27.00
		給食設備	1,000.00	〃	1,000.00	〃	90.00
		理科設備	1,600.00	〃	1,600.00	〃	144.00
		技術家庭設備	1,600.00	〃	1,600.00	〃	144.00
		ピアノ	800.00	1	800.00	20年	36.00
		学校図書館設備	2,300.00	1式	1,720.00	10年	207.00
					計		1,265.90
歳出計 a	1,266						

歳	政府補助	225	理科設備補助	$144 × $\frac{3}{4}$	$108.00
			産業教育設備補助	$144 × $\frac{1}{2}$	$ 72.00
入	政府支出	338	給食設備補助	$ 90 × $\frac{1}{2}$	$ 45.00
			生徒用机・椅子		$337.50
歳入計 b		563			
差引一般財源充当額 (a－b)		703			

単位費用
　学校数　$995 + $703 × 0.1 = $1,065.30
　学級数　($5,318 + $703 × 0.9) × 0.6 = $3,570.42　　$3,570.42 ÷ 15 = $238.03
　生徒数　　　　　　　　　　　　　　 × 0.4 = $2,380.28　　$2,380.28 ÷ 750 = $ 3.17

3. その他の教育費
(1) 経費の内容，測定単位の種類および単位費用算定の方法
  a 経費の内容
    その他の教育費は地方教育費のうちで，義務教育学校を除いたもので，教育委員会費，社会教育費，幼稚園費に要する経費である。
  b 測定単位
    国勢調査（1965年10月1日）による当該教育区の人口
  c 単位費用の算定の方法
    (2)のAに示す標準施設規模における財政需要についてこれを標準施設規模の人口（15,000人）で除した額である。

(2) 単位費用積算基礎
  A 標準施設規模
    ① 教育委員会　　教育委員 5人　会計係 1人　書記 1人　用人1人
    ② 公民館数　　　10館
    ③ 幼稚園　　　　教員4人　4学級　160人
    ④ 人　口　　　　15,000人
  B 単位費用
    人口1人当り　$0.68
  C 経費明細表
  1 教育委員会費

経費区分	経費	積算内容		
給　与　費	$4,611	報酬　教育 $22×12×1人 + $17×12月 4人 （委員長）　　　（委員）		$1,080.00
		監査委員 $2.50×15日×2人		$75.00
		職員給料　会計係 $102.30×12月 = $1,227.60 書　記 $65.50×12月 = $786.00 用　人 $43.00×12月 = $516.00		$2,529.60
		期末手当（$102.30 + $65.50 + $43.00）× $\frac{339}{100}$		$714.61
		負担金　年金 $2,529.60 × $\frac{63.02}{1000}$ = $159.42 医療($2,529.60 + $714.61) × $\frac{16}{1000}$ = $51.91		$211.33
入　当　庁　費	60	職員3人　$20×3人		$60.00
旅　　　　　費	295	費用弁償 $2.00×20回×5人		$200.00
		連合区会議 $5.00×4回		$20.00
		職員旅費 $25×3人		$75.00
報　償　費	100	審判謝礼，賞賜金 $2.00×50人		$100.00
賃　　金	20	人夫賃 $2.00×15人		$20.00
需　用　費	285	消耗品費		$60.00
		印刷製本費		$150.00
		修繕費		$15.00
		光熱水費		$60.00
通信運搬費	60	郵便，電報，電話料　月 $5.00×12月		$60.00
借料及び損料	48	借料，損料　　　　　月 $4.00×12月		$48.00
備品購入費	35	備品購入費		$35.00
原材料費	98	薬品費（未就学児童及び生徒健康管理，寄生虫，結核予防）		$98.00
負担金補助及び交付金	2,300	連合区負担金 $2,250.00　その他 $50.00		$2,300.00
歳　出　計	7,912			

2 社会教育費

経費区分	経費	積算内容	
旅　　　　費	$ 150	講師旅費 社会教育主事旅費	$ 90.00 $ 60.00
報　償　費	60	各種行事講師謝礼，体育指導員謝礼	$ 60.00
賃　　　金	30	人夫賃　$2.00×15人	$ 30.00
需　用　費	375	消耗品費 光熱水費 燃料費 食料費 印刷製本費 修繕費	$ 60.00 $ 36.00 $ 20.00 $ 53.00 $156.00 $ 50.00
通信運搬費	12	郵便，電報，電話料	$ 12.00
借料及び損料	94	借料，損料	$ 94.00
備品購入費	24	備品購入費	$ 24.00
負担金補助及び交付金	210	青年会，婦人会，公民館等育成	$210.00
公民館施設費	300	一館　$30.00×10館	$300.00
歳　出　計	1,255		

3 幼稚園費

経費区分	経費	積算内容	
給　与　費	$ 4,036	給料　$64.40×2人12月　$1,545.60 　　　$53.70×2人12月　$1,408.80	$2,954.40
		期末手当($64.40×2人+$58.70×2)人×$\frac{339}{100}$	$834.62
		負担金 $\begin{cases} 年金 $2,954.40×\frac{63.02}{1000}=$186.19 \\ 医療(2,954.40+$834.62)×\frac{16}{1000}=$60.62 \end{cases}$	$246.81
修　繕　費	133	建物修繕費　$0.35×380㎡	$133.00
非常勤職員報酬	50	校医1人　年額	$ 50.00
旅　　　費	80	1人　$20.00×4	$ 80.00
需　用　費	164	消耗品費 燃料費 光熱水費	$ 93.00 $ 36.00 $ 35.00
通信運搬費	24	郵便，電報，電話料　月$2.00×12月	$ 24.00
備品購入費	40	図書　$24.00　幼稚園図書　$16.00	$ 40.00
原材料費	13	薬品　$0.8×160人	$ 12.80
歳　出　計　a	4,540		

歳入	政府補助	1,182	幼稚園教育給料補助 $2,954.40×$\frac{40}{100}$	$1,181.76
	使用料 手数料	2,277	保育料 $1.10×160人×12月	$2,112.00
			入園料 $1.00×160人	$ 160.00
歳 入 計　b		3,459		
差引一般財源充 当額　（a—b）		1,081		

単位費用　$7,912+ $1,255+ $1,081= $10,248
　　　　　$10,248÷15,000人= $0.68

(ス)　**基財政需要額算出の方法**

　各教育区における基準財政需要額（教育費分）の算定は，小中学校費については，それぞれ測定単位にかかる単位費用に各教育区の測定単位数，（学校数，学級数，児童または生徒数）を乗じたものを加えて算出するが，その他の教育費（人口経費）については，測定単位数を次のような段階補正，態容補正を行なつた数値（補正人口）に単位費用を乗じて算出する。

$$補正人口＝段階補正人口×態容補正係数$$

ア　段　階　補　正

測定単位の数値が15,00人以上のもの
　　15,000人　　　　　　　　　　　　1.00
　　15,000人を越え25,000人までの数　0.75
　　25,000人を越え50,000人までの数　0.63
　　50,000人を越え100,000人までの数　0.62
　　100,000人を越える数　　　　　　　0.61
測定単位の数値が15,000人に満たないもの
　　その団体の数値　　　　　　　　　　1.00
　　15,000人に満たない数が7,000人までの数　　0.39
　　15,000人に満たない数が7,000人を越え11,000人までの数　0.42
　　15,000人に満たない数が11,000人を越え13,000人までの数　—0.43
　　15,000人に満たない数が13,000人を越える数　　0.47

イ　態　容　補　正

級地	補正係数	教育区
1	1.21	那　覇
2	1.07	コ　ザ
3	1.05	与那原，嘉手納，糸満，石川，名護，浦添，宜野湾，北谷，美里
4	1.04	石垣，平良，具志川，北中城
5～8	1.00	上記以外の教育区

（注）　1．合併市町村（教育区）については合併前の行政区域の人口をもとにした補正人口の和をその教育区の補正人口とする。
　　　　2．態容補正の級地は1965年10月1日の国勢調査の結果により，再区分されるので若干の変動が予想される。

教育関係日米援助

日本政府援助				米国政府援助 昭和41年度 (1967年度)			
項　目	昭和41年度	昭和40年度	比較増△減	項　目	1967年度	1966年度	比較増△減
義務教育諸学校教職員給与	5,288,153ドル	— ドル	5,288,153ドル	校舎建築	1,800,000	750,000	1,050,000
学校施設	1,264,911	85,028	1,179,883	産業教育備品	380,000	245,000	135,000
学校備品	291,225	345,117	△53,892	学校備品(机・腰掛等)	655,000	300,000	355,000
学校図書館図書	65,728	82,319	△16,591	英語教育普及	50,000	20,000	30,000
教科書無償給与	508,136	258,972	249,164	琉球大学施設	407,800	325,000	175,000
育英奨学資金	152,100	123,700	28,400	琉球大学備品	93,200	—	—
青年婦人本土教育研究活動	2,853	2,500	353	教職員給与	5,000,000	1,000,000	4,000,000
体育関係全国大会参加	5,556	5,556	—	へき地備品	25,000	—	25,000
幼稚園備品	—	3,733	△3,733	視聴覚備品	—	150,000	△150,000
農業教育近代化施設	—	20,000	△20,000	小　計	8,410,000	2,790,000	5,620,000
琉球大学図書館図書	—	49,789	△49,789	(以上琉政予算に計上)			
青年の家建設	—	74,600	△74,600	米国留学生派けん	970,000	584,000	386,000
小　計	7,578,662	1,051,314	6,527,348	給食物資(現物)	—	—	—
(以上琉政予算に計上)				合　計	9,380,000	3,374,000	6,006,000
国費奨学計画	6,567	6,856	△289				
農業近代化指導員派けん	231,192	189,753	41,439				

項目			
教員本土研修	35,469	35,469	—
琉大教員本土研修	11,600	8,975	2,625
教育指導員派遣	36,100	36,100	—
現職教員講習会講師派遣	25,200	25,200	—
琉球大学へ教授派遣	7,728	2,081	5,647
文化財技術援助	1,761	1,500	261
琉大医学部設置調査	23,217	—	23,217
日本文化財展開催	14,725	—	14,725
小 計	393,659	305,934	87,725
(以上日本政府直接支出)			
公民館図書	42,200	42,200	—
準要保護児童生徒学用品無償給与	68,530	70,000	△1,470
遣児育英資金	1,000	1,000	—
小 計	111,730	113,200	△1,470
(以上南授経由)			
合 計	8,084,051	1,470,448	6,613,603

印刷	一九六六年八月二十五日
発行	一九六六年八月三十日

文教時報（一〇二号）
（第一六巻第一号）

非売品

発行所　琉球政府文教局総務部調査計画課

印刷所　セントラル印刷所

電話　〇九九　二三七三番　五三八三番

文教時報

103

特　集　　補助金交付規則の整理統合　　　　1966/10

琉球政府・文教局総務部調査計画課

安慶名城跡

所在地　安慶名亀甲原1045

　安慶名城跡は一名大川城跡ともいうおよそ六百年前に安慶名大川接司がきづいたと伝えられている。この城は安慶名部落の東北を流れていた天願川の河畔の平地に特立した山全体を自然の断崖と急傾斜をたくみに利用してきづかれた山城形式の城で自然の岩と岩の間にも見事な技巧をもって石垣がつまれている。

　城郭は内郭と外郭のある輪郭式で、この形式を備えているのは沖縄ではこの城だけである。外郭の前面は、山の中腹から石垣がつまれ後に廻るに従って下っていっている。山頂が内郭で、そこに本丸跡と二の丸跡があり、内郭も外郭も共に20種内外の手頃な石を削ってつみ、石垣の高さは低いところで二米高いところは十米位もあつて城の構えは上方台地の内郭を抱護するように麓に外郭をめぐらした堅固なものである。外郭の城門は今はないのでその構造を知ることは出来ないが、内郭の城門は自然の岩壁をうがってがんじように造られていてそこに敷居と楣が岩壁にはめ込まれた跡があり、扉が取りつけられたことが考えられる。

文化財指定　史跡
指定年月日　1961年6月15日
面　　積　　2,474坪
（文化財保護委員会　新城徳祐）

文教時報

No. 103 66/10

特集
地方教育区に対する補助金
交付規則の整理統合について
　　　　　　……………前田　功…1

＜グラビヤ＞
　第2宮古島台風の被害状況
　　　　（校舎関係）………仲宗根　繁

＜特報＞
　台風16号，18号による
　　　　被害状況と復旧対策…………15

日本の公立学校における制服と校章
　　　　………ゴードン・ワーナー…18
青い目の片足剣士………………………23

＜指導資料＞
　歌う歴史年表…………阿波根朝次…24

＜各種研究団体紹介＞4
　沖縄生物教育研究会………仲宗根　寛…38
＜指導主事ノート＞5………大城　盛三…42

＜教育費講座＞4
　第三話　地方の教育予算………賀数徳一郎…43

＜統計資料＞
　教育区別学校数，学級数，生徒数
　　　　…………………調査計画課…49

＜沖縄文化財散歩＞5
　安慶名城跡…………新城徳祐……表紙裏
＜中教委だより＞…………総務課…51
＜統計図表＞
　本務教員の中に占める助教諭の比率……裏表紙

＜表紙＞〃農連市場風景〃
　　　　…………前島小…大見謝　文

粟石採石所（港川）

第二宮古島台風による被害状況

平一公立幼稚園園舎全壊

城辺中（家庭科教室，給食準備室，物置き，便所）全壊

福嶺中（便所）全壊

水産高校4教室全壊

城辺中校長住宅

上野中校技術教室

上野中校ぬれた給食用ミルク

久松中校給食室

写真提供　義務教育課長仲宗根繁

地方教育区に対する補助金交付規則の整理統合について

調査計画課　前田　功

1. 整理統合の必要性

地方教育区における教育行政の終局的責任者は地方教育委員会（連合区教育委員会及び区教育委員会）であり、それらの委員会が教育業務を行なうために必要な経費も、それぞれの地方教育区（連合区，教育区）の負担とするということは教育委員会法第7条に明示されているところである。このように、地方の教育行政は地方の主体性、自主性を尊重する立場に立つておりながら、一方では、教育の機会均等の保持、教育行政水準の向上を期するため地方教育区に対して中央の行政機関より幾多の指導、助成の方法がとられている。特に、財政面では、その条件のよしあしが直接に教育の実質的格差派生につながることから、中央の行政機関は、このようなことが起らないよう政策的な配慮を講じていく義務と責任を有している。教育委員会法にもこれらのことが明文化されている。すなわち、第136条に義務教育諸学校の教職員の給与費，校舎建築費，教科用図書の無償給与に要する経費等は全額政府の負担とする旨の義務づけがされており、さらに第136条の2においては校舎の維持修繕費等の地方教育区における教育に要する経費の全部または一部を補助することができるようになつている。これらの補助金のうち、全額負担（補助）を除くすべての補助金の交付については、同法第112条で、「教育の機会を平等にもたらすよう各地方教育区に公平・適正に配分する義務」を中央教育委員会に負わしており、次条では「配分基準として児童，生徒及び教員数並びに各地方教育区の財政能力その他の合理的基準を考慮に入れる」よう示されている。これら立法の本

旨に基づいて中央教育委員会では地方教育区に配分する補助金の交付に関する規則を制定して，その規則のもとに補助金交付事務がすすめられている。

ところで，前年度までは，地方の教育財政は教育税を唯一の自己財源としそれらの賦課・徴収能力に応ずる政府の交付税による財源補てん制度がとられていなかつたために，政府補助金の交付に当つては，各教育区が自己財源と合わせて，需要にできるだけ均等に応ずるよう各種の補正（財政能力，人口段階，人口密度，交通地理的条件）を行なつて，その均衡化につとめてきた。幸い今年度からは関係法規の改正により，教育費需要分についても，交付税算定の積算に加えられ，その補てん財源が市町村を通して交付されることになつており，これに伴ない今まで交付されていた教育補助金の一部（修繕費，公民舘施設費・運営費等）はこれに吸収されるようになつた。この制度の改革により，各教育区における標準的な需要に対しては一応財源の保障ができたことになるので，政府の交付する補助金等についても，交付税算定に用いる単位費用の基礎となる基準財政需要額との関連をもたす必要が生じてきた。これが今回の補助金交付規則改正の必要性の最も大きな要因である。

さらに，現行の補助金交付の諸規則は，そのほとんどが各補助金ごとに制定されており，どちらかといえば，統一性，一貫性に欠けているうらみがあつた。従つて，地方の教育財政制度の改革を機会に，補助金交付規則の整理統合を行ない，一つの根拠立法のもとに交付される補助金の交付規則はできる限り一つに統一して，根拠立法との有機的な関連をもたすようにして，利用者の便をはかるよう考慮する必要がある。

このようなことなどから，補助金の交付規則の全面的な検討を加えるべく局内の関係課で数回にわたつて協議し，改正案を練つて去る9月の定例中央教育委員会議に議案として提出し，原案どおり可決になり，10月7日に公布された。

なお，改正案の一部の規則は主管課の他の業務との関係で，9月の定例会議に改正案を提出することができなかつたが，これらの案も10月の臨時会議に提案され，原案どおり可決された。

2．補助金交付規則の整理統合についての基本方針

1966年8月現在で，地方教育区への補助金の交付規則は実に33にも及んでおり，これらの規則の内容の中には，

互いに重複したのが多いので、その整理統合については、次の四つの基本方針を立てて作業がすすめられた。
(1) 根拠立法ごとに分類して整理統合する。
(2) 地方教育財政制度の改革（交付税制度の適用による）に応ずるよう配慮する。
(3) 様式の統一をはかる。
(4) 単年度のみに適用する規則はこれを改正して、できるだけ通年適用されるよう配慮する。

これらの統合方針は先きに述べたその必要性から当然とられるべき措置であり、各課ともこの方針に沿つて事務がすすめられた。

この場合、基本方針の(1)の根拠立法ごとの分類については、できるだけ一つの立法に基づく規則は一つにまとめられるよう配慮したが、教育委員会法については、その適用範囲がきわめて広大であるため（極端に云えば、すべての補助金の根拠がこの法に規定づけられているとも解釈できる）、一つの交付規則にまとめるのは内容的に複雑となり、かえつて利用上の不便を来たすことも予想されることから、経費の性質別にいくつかに大分類して整理統合するという方法がとられた。すなわち、教育委員法に基づく交付規則は従来の24の規則を8つに統合し、社会教育法などの他の立法に基づく交付規則は一つの立法に対して一つの交付規則にまとめるようにし、そのほかに補助金交付事務の一般的、共通的なことがらを規定した二つの規則と合わせて全体として33の規則を半分の16の規則にまとめあげた。新らしい規則名と統合前の従来の規則との関連については本解説の最末尾にその対照表を示してあるが、次に、新らしい規則の主な内容等について、規則毎に簡単な解説を加えていきたい。

3．新らしい交付規則の内容について

(1) 地方教育区に交付すべき教育補助金の交付額の算定に用いる測定単位及び補正係数に関する規則

この規則は従来規則名の冠頭に年度を入れて単年度のみ適用となつていたが、今回の改訂で通年適用できるようにした。この規則は測定単位、補正係数の一般的規定をうたつたもので、補助金交付額の算定の基準として、学校数、学級数、教職員数、児童・生徒数を用いる場合は、原則として、教育指定統計である学校基本調査の結果数字を用いることが規定されている。規則では〃最近の〃学校基本調査の結果という表現が用いらていいるが、ご承知

のように同調査は毎年5月1日現在で調査されており，調査結果がまとまるのは通常7月の初旬となるので，例えば1967年度（今会計年度）の補助金交付に用いる学校数，学級数等は1966学年度の学校基本調査の結果が用いられることになる。

　教育区の人口については公報で公示された最近の国勢調査の結果によるものとされており，当分の間は1965年10月に実施された臨時国勢調査の結果による人口がつかわれることになる。

　補正係数については従来の規則では財政能力補正，人口段階補正，人口密度補正，交通地理的条件補正の4種類の補正係数が規定されていたが，今回の改正ではこれらの補正のうち財政能力補正のみを残し，他は全部使わないようにした。その理由としては，地方教育財政制度の改革により教育区の教育費需要のうち，普遍性，一般性のある経費については，すべて基準財政需要額の中に算入されており，交付税からの財源補てんによる財政保障がなされているという観点に立ち，従って政府の補助金は原則的にはこれらの一般需要を補てんするものではなく，教育区の特別需要に応ずるものであり，言葉をかえていえば，教育区の教育のある特殊部分についての振興を助成する奨励補助的性格を有つものが補助金として従来通り残されているという考え方によるものである。このような観点からすれば，補助金の交付基準はその財政力によるもものではなく需要額に応ずべきであるともいえるのである。

　しかしながら，このことはあくまでも理想論であり，また現実の問題としては一般需要に応ずる基準財政需要の積算が完ぺきなものではあり得ないので，一般需要をカバーする性格をも有している補助金に対しては，何らかの方法で教育区の財政力を考慮した補助金交付も，現段階では必要と考えられることから，その算定の際に用いるための補正係数として財政力指数による補正係数がこの規則で定められている。

　財政力指数は前年における市町村の基準財政収入額を基準財政需要額でわったものを100倍した数値をいい，この指数を50以上，20以上50未満，10以上20未満，5以上10未満，5未満の5つの段階に区分し，それぞれの段階ごとに0.50〜2.00までの補正係数が適用されるようになっている。財政力指数の高い教育区は富裕な教育区であり，逆に，低い教育区は財政力の弱い教育区ということになり，財政力指数50以上の教育区に対しては標準の0.5倍の補

助金が交付され，財政力指数が5未満の教育区に対しては標準の2倍の補助金が交付されるように補正が行なわれることになる。（ここでいう標準とは需要額を意味するものではない。）この財政指数は前年度の市町村交付税算定に用いる基準財政需要額及び基準財政収入額で求めることから，年度によって区分された段階の所属教育区が多少変動することは当然考えられる。因みに，1967年度の各教育区毎の財政力指数及び段階区分は次表のとおりとなる。

（表）　教育区の財政力指数及び段階区分

(1967年度)

教育区	A 基準財政収入額 (1966年度)	B 基準財政需要額 (1966年度)	$\frac{A}{B} \times 100$ 財政力指数	区分
国　頭	ドル 6,298	ドル 75,996.69	8.3	2
大宜味	3,960	55,552.18	7.1	2
東	1,306	39,273.96	3.5	1
羽地	8,442	65,970.29	12.8	3
屋我地	1,682	38,787.58	4.3	1
今帰仁	21,284	90,493.62	23.5	3
上本部	2,797	50,024.40	5.6	2
本部	19,674	103,393.25	19.0	3
屋部	17,221	48,970.48	35.2	4
名護	83,308	130,067.10	64.1	5
久志	6,180	52,584.86	11.8	3
宜野座	2,842	46,105.18	6.2	2
金武	12,920	67,923.85	19.0	3
伊江	8,720	59,881.17	14.6	3
伊平屋	1,994	41,443.30	4.8	1
伊是名	3,404	48,501.11	7.0	2
恩納	4,840	55,689.85	8.7	2

教　育　区	A 基準財政収入額 （1966年度）	B 基準財政需要額 （1966年度）	$\frac{A}{B} \times 100$ 財政力指数	区　分
石　　　　川	ドル 25,433	ドル 102,784.55	24.7	4
美　　　　里	30,164	118,544.52	25.4	4
与　那　　城	13,198	99,706.95	13.2	3
勝　　　　連	7,341	80,426.58	9.1	2
具　志　　川	70,333	192,368.87	36.6	4
コ　　　　ザ	147,334	291,005.94	50.6	5
読　　　　谷	18,542	116,234.10	16.0	3
嘉　手　　納	34,468	82,139.56	42.0	4
北　　　　谷	14,926	69,442.44	21.4	4
北　中　　城	13,975	65,764.23	21.3	4
中　　　　城	9,130	72,816.57	12.5	3
宜　野　　湾	81,790	169,248.38	48.3	4
西　　　　原	22,824	72,162.15	31.6	4
浦　　　　添	108,398	146,000.91	74.2	5
那　　　　覇	1,233,099	1,608,315.07	76.7	5
（久）具　志　川	6,257	56,712.17	11.0	4
仲　　　　里	9,476	66,242.93	14.3	3
北　大　　東	5,964	25,732.56	23.2	4
南　大　　東	25,847	42,048.49	61.5	5
豊　見　　城	74,129	82,573.28	89.8	5
糸　　　　満	42,434	285,010.52	14.9	3
東　風　　平	10,883	69,082.50	15.8	3
具　志　　頭	4,626	55,118.49	8.3	2
玉　　　　城	7,619	67,459.98	11.3	3
知　　　　念	3,010	56,095.27	5.4	2

教　育　区	A 基準財政収入額 (1966年度)	B 基準財政需要額 (1966年度)	$\frac{A}{B} \times 100$ 財政力指数	区　分
	ドル	ドル		
佐　　　敷	5,748	59,196.47	9.7	2
与　那　原	13,692	69,663.16	19.7	3
大　　　里	6,882	58,288.27	11.8	3
南　風　原	23,640	66,163.13	35.7	4
渡　嘉　敷	366	25,328.30	1.4	1
座　間　味	599	27,495.97	2.2	1
粟　国	795	30,462.65	2.6	1
渡　名　喜	433	24,333.73	1.8	1
平　　　良	59,110	190,549.31	31.0	4
城　　　辺	30,217	104,091.92	29.0	4
下　　　地	7,233	54,024.96	13.4	3
上　　　野	34,603	49,402.15	9.3	2
伊　良　部	9,924	82,238.70	12.1	3
多　良　間	1,704	37,974.11	4.5	1
石　　　垣	83,600	309,558.85	27.0	4
竹　　　富	9,421	71,020.45	13.3	3
与　那　国	4,959	49,421.53	10.0	3
計	2,491,058	6,472,889.67	38.5	―

（注）　区分欄の数字の1は財政力指数5未満、2は5以上10未満、3は10以上20未満、4は20以上50未満、5は50以上の教育区を示す。各段階ごとの補正額は1が2.00、2は1.50、3は1.00、4は0.75、5は0.50となっている。

　この，財政力指数による補正は今会計年度においては，公立学校教科備品補助金のうち日政援助による教科備品（中校体育，音楽）以外の一般教科備品補助金交付の算定，給水施設補助金交付の算定及び公立学校運営補助金の旅費補助の算定に用いられる予定となつている。

なお，交通地理的条件補正は旅費補助の交付にのみ用いられる予定であるので，この規則より除いて，学校運営補助金の交付規則の中に規定されている。

(2) 教育補助金交付規則

この規則は，従来，教育補助金交付規定として1958年に中教委規則として交付実施されていたものを，一部の条項及び字句の修正を行なつたものである。その内容は，補助金交付に関する一般的な手続きや申請書等の様式を規定したものである。

(3) 公立義務教育諸学校教職員の給与費等補助金の交付に関する規則

この規則の根拠立法は教育委員会法で，従来の公立学校給料補助金，積立年次休暇に相当する金額の補助金，退職手当補助金，公務災害補償補助金，保険料補助金，宿日直手当補助金，単級・複式手当補助金の交付規則を一つにまとめたもので，主として政府の負担義務経費となつている給与費の補助金交付方法を規定したものである。この規則で交付される補助金の種類は

1. 給料補助金　2. 期末手当補助金　3. 宿日直手当補助金　4. へき地手当補助金　5. 複式手当補助金　6. 積立年休額補助金　7. 退職手当補助金　8. 公務災害補償補助金　9. 保険料補助金　の9つで交付額の算定方法は従前とほとんど変りはない。ただ，公務災害補助金については従前の規則では補償費の8割を政府が補助し残りの2割は教育区の負担となつていたのを，この規則では全額政府の補助となるよう定められている。

(4) 公立義務教育諸学校の校舎建築費等に要する補助金の交付に関する規則

この規則の根拠立法は教育委員会法で，従前の公立学校建築補助金，給水施設補助金，へき地学校教職員住宅建築補助金の交付規則を統合し，学校施設関係の一切の補助金交付の方法を規定してあり，校舎（普通教室，特別教室，管理関係諸室，便所等），給食準備室，屋内運動場等の学校建物の建築補助金，給水施設費，へき地教員住宅建築補助金，学校建物の大修繕に要する経費の補助金，並びに改装（校舎等の用途を変更するもの）費補助金の交付に関するものが含まれている。

(5) 公立義務教育諸学校の運営補助金の交付に関する規則

この規則の根拠立法は教育委員会法で，従前の学校運営補助金から備品関係を除くすべてのもの，学校統合補助金，内地派遣研究教員の旅費補助金等の交付規則をまとめたもので，内容

は，1．旅費補助金　2．学校統合補助金　3．係健衛生費補助金　4．実習生受入費補助金　に区分されている。旅費補助金のうち100分の40の普通補助は教員数を測定単位として交通地理的条件補正，財政能力補正が加えられて交付される。

(6) 公立義務教育諸学校の教科用備品等の補助金交付に関する規則

この規則の根拠立法も教育委員会法であるが，公立学校の一般需要費を消費的支出と資本的支出に区分し，消費的支出に関する補助金を(5)にまとめ，資本的支出に関する補助金はこの規則にまとめる構想で規則がつくられている。その内容は一般教科備品・産業教育備品・特殊学級備品補助金の交付方法が規定されている。

(7) 幼稚園教育振興補助金交付に関する規則

この規則の根拠立法は教育委員会法で，1966年中教委規則第22号の一部を改正したものである。改正の内容は，補助の項目に給料のほかに研修旅費を加え，その額の算定方法及び補助金申請書の様式が定められている。

(8) 教育行政補助金交付に関する規則

この規則の根拠立法も教育委員会法で，1964年中教委規則第11号の一部を改正したものである。この補助金は，連合区の職員の給与費及びその他特に必要と認める経費に対する補助金の交付について定めたものである。なお，従来のこの規則には運営費についても補助できるようになつていたが，地方教育区の教育需要の中に連合教育区の一般需要費（運営費）に対する負担金が積算されている関係から，連合区に対する運営費の補助はされない予定となつている。

(9) 教育研究奨励に関する補助金等の交付に関する規則

根拠立法はやはり教育委員会法で，従前の教育振興奨励金交付規則と全国学力調査委員手当補助金の交付に関する規則を統合した規則となつている。

この規則は教育区をはじめ，各種の教育団体や個人の行なう教育，文化，学術の振興及び研究活動を奨励，助成するための補助金，奨励金の交付の方法について定めたもので，従前の教育振興奨励金交付規則の条文を整理してまとめ上げ，従来の規則の交付対象がやや具体的すぎたのを一般性を持たして適用事業に幅を持たした表現にかえられた。また，補助金，奨励金の交付額については原則として80％以内となつていたのを，予算の範囲内で文教局長の認定する額の全部または一部とい

うように改正されている。なお，この補助金，奨励金の交付対象が極めて広範囲に亘ることから，様式の統一をはかるため，申請書，事業計画書の様式のほかに，新たに実績報告書の様式が，この規則で定められた。

(10) 地方教育区の行なう社会教育に対する補助金交付に関する規則

この規則の根拠立法は社会教育法で従前の「社会教育関係補助金の交付額の算定に関する規則」及び「社会教育のための講座並びに事業等に関する補助金交付に関する規則」を統合したものである。この規則によって交付される補助金の種類は，1.社会学級講座講師手当補助　2.青年学級運営補助　3.視聴覚教育用燃料補助の3種となつている。社会学級講師手当補助並び青年学級運営補助の算定方法はいずれも予算額の10分6を学級数，10分の1を生徒数，10分の1を開設時間数，10分の2を前年度の精算額（金額区分により点数に換算）に分割し，それぞれの測定単位の数値に按分比例して算出されるようになつており，従来この測定単位は人口密度，財政能力の補正が加えられていたが，この規則ではこれらの補正は行なわれないことになつている。視聴覚教育用燃料補助の交付の算定方法は，前年度末日現在の教育区における未点燈部落数に按分する方式がとられ，従来行なわれていた人口段階，財政能力補正は行なわれないことになつている。なお，社会教育関係の補助金交付手続きの様式については「社会教育のための講座並びに事業等に関する補助金交付に関する規則」にまとめられていたが，これらも新らしい規則の中に統かつされるようになつている。

(11) へき地教育振興金補金交付に関する規則

根拠立法は「へき地教育振興法」で，同名の規則の内容を全面改訂したものである。すなわち，従前の規則の中にあつたへき地手当補助は(3)の義務教育諸学校教職員の給与費等補助金の交付に関する規則に移しかえ，へき地教員住宅建築補助は(4)の公立義務教育諸学校の校舎等建築等に要する補助金の交付に関する規則に移しかえ，内容を整理したもので，この規則によって交付される補助金は　1.へき地文化備品補助　2.へき地住宅料補助　3.へき地学校保健管理費補助となっている。

へき地文化備品補助は普通補助と特別補助に区分され，普通補助は予算額の60％を学校数，25％を児童生徒数，15％を学級数に分割し，それぞれの測定単位には級地補正が行なわれ交付さ

れる。級地補正については，1級地を1.00とし0.50間隔で5級地3.00と定められている。

へき地住宅料についてはへき地教育法施行規則第8条に定める教職員に対して月額3ドル以内の補助が行われるようになっている。

へき地学校保健管理補助金は予算額の70％を学校数に，30％を児童数に配分し，学校数，児童数にはへき地文化備品補助の普通補助の配分の場合と同じく級地補正されることとなっている。

(12) 理科備品補助金交付に関する規則

根拠立法は理科教育振興法で，同名の規則の内容を日政援助の内容に沿うよう若干手直しして整備されている。

(13) 学校校図書舘の設備及び図書補助金交付に関する規則

根拠立法は学校図書舘法で同名の65年中教委規則第35号を一部改正したものである。この規則による普通補助の交付方法は，1966学年度の学校基本調査による保有数量を基とし，これの基準数量に対する不足数量を求め，それぞれの品目に基準単価をかけた不足金額に按分して予算が配合されるようになっている。なお，現年度は図書のみの補助で，特別補助は行なわれないこととなっている。

(14) 学校給食補助金交付に関する規則

根拠立法は学校給食法で，62年中教委規則第18号の同名の規則の一部を改正したものである。この規則は準要保護者の児童生徒への給食費補助と給食設備補助の交付方法を定めたものである。今回の改正で給食費補助は予算額を全児童生徒数の7％に当る数で割ったものを準要保護児童生徒1人当りの補助単価とし，これに各教育区の当該児童生徒数をかけたものを交付額とするよう定められている。ただし，従来は各教育区の当該児童生徒数は1律7％として算定されていたが，資料をできるだけ整えて，各教育区の実状に応ずるよう当該児童生徒数を算定する予定であり，従つて教育区によつては7％を上廻るところもあり，逆に7％以下になる教育区もでてくることになる（但し全琉の全体としては7％）。給食設備補助は，予算の範囲内で完全給食を実施するための給食設備等に対して交付されることになつている。

以上9月及び10月の中教委で議決された規則の10及び次回提案予定の4の補助金交付規則について，そのあらましを解説してきたが，この14の規則のほかに次の2つの規則は従来の規則の

ままで執行される予定となつている。
(15) <u>公立学校職員の単位手当補助金交付に関する規則</u>（根拠立法：教育委員会法）
(16) <u>スポーツ振興補助金の交付に関する規則</u>（根拠立法：スポーツ振興法）

この2つの規則と合せて16の規則で地方教育区への補助金交付事務が行なわれることになつているが，9月の中教委で議決になつた10の規則については，公報第80号（1966年10月7日）に掲さいされているので，教育区の会計事務担当者はもとより教育委員会及び学校の管理者としても補助金の内容や交付方法等の骨子については，じゆうぶん理解していただき，補助金行政のスムーズな運営を期していただきたい。

地方教育区に対する補助金等の交付規則の新旧対照表

根拠立法	新規則名　（16）	従来の規則名　（33）
教育委員会法	● 地方教育区に交付すべき教育補助金の交付額の算定に用いる測定単位及び補正係数に関する規則（1966年中教委規則第32号）	○ 1966年度地方教育区に交付すべき補助金の交付額の算定に用いる測定単位及び補正係数に関する規則（1965年度中教委規則第19号）
	○ 教育補助金交付規則（1966年中教委規則第33号）	○ 教育補助金交付規程（1958年中教委規則第19号）
	● 公立義務教育諸学校教職員の給与費等補助金の交付に関する規則（1966年中教委規則第34号）	○ 義務教育諸学校教育職員の給料補助金交付に関する規則（1961年中教委規則第12号）
		○ 公立学校職員の積立年次休暇に相当する金額の補助金交付に関する規則（1959年中教委規則第19号）
		○ 公立学校教育職員の退職手当補助金交付に関する規則（1958年中教委規則第36号）
		○ 公立学校教育職員の退職手当補助金交付等の特別措置に関する規則（1965年中教委規則第4号）
		○ 公立学校教育職員の公務災害補償のための補助金付交に関する規則（1958年中教委規則第27号）

教育委員会法		○ 保険料補助金の交付に関する規則（1966年中教委規則第12号）
		○ 宿日直手当補助金の交付に関する規則（1966年中教委規則第11号）
		○ 公立学校単級手当並びに複式手当補助金の交付に関する規則（1960年中教委規則第25号）
	● 公立義務教育諸学校の校舎等建築等に要する補助金の交付に関する規則	○ 公立学校校舎建築補助金の交付に関する規則（1964年中教委規則第8号）
		○ 公立学校給水施設補助金の交付に関する規則（1962年中教委規則第14号）
		○ へき地学校教職員住宅建築補助金交付に関する規則（1960年中教委規則第12号）
	● 公立義務教育諸学校の運営補助金交付に関する規則	○ 学校運営補助金の交付に関する規則（1961年中教委規則第23号）
		○ 開拓地学校運営補助金交付に関する規則（1960年中教委規則第31号）
		○ 学校統合補助金の交付に関する規則（1964年中教委規則第9号）
		○ 内地派遣研究教員の旅費補助金交付に関する規則（1965年中教委規則第32号）
	● 公立義務教育諸学校の教科用備品等の補助金交付に関する規則	○ 1966年度公立学校備品補助金の交付に関する規則（1965年中教委規則第28号）
		○ 1966年度産業教育備品補助金の交付に関する規則（1965年中教委規則第42号）
		○ 1966年特殊学級備品補助金の交付に関する規則（1965年中教委規則第36号）
	● 幼稚園教育振興補助金交付に関する規則（1966年中教委規則第41号）	○ 幼稚園教育振興補助金交付に関する規則（1965年中教委規則第22号）

教育委員会法	○ 教育行政補助金交付に関する規則（1966年中教委規則第36号）	○ 教育行政補助金交付に関する規則（1964年中教委規則第11号） ○ 教育区に勤務する社会教育主事及び主事補の研修のための旅費補助金交付に関する規則（1963年中教教委規則第3号）
	● 教育研究奨励に関する補助金等の交付に関する規則（1966年中教委規則39号）	○ 教育振興奨励交付規則（1963年中教委規則第9号） ○ 全国学力調査委員手当補助金の交付に関する規則（1965年中教委規則第8号）
	△ 公立学校職員の単位手当補助金交付に関する規則	○ 同　左 （1958年中教委規則第8号）
社会教育法	● 地方教育区の行なう社会教育に対する補助金交付に関する規則（1966年中教委規則第38号）	○ 社会教育関係補助金の交付額の算定に関する規則（1961年中教委規則第27号） ○ 社会教育のための講座並びに事業等に関する補助金交付に関する規則（1958年中教委規則第45号）
へき地教育振興法	● へき地教育振興補助金交付に関する規則（1966年中教委規則第35号）	○ へき地教育振興補助金交付に関する規則（1959年中教委規則第35号）
理科教育振興法	○ 理科備品補助金交付に関する規則	○ 理科備品補助金交付に関する規則（1963年中教委規則第43号）
学校図書舘法	○ 学校図書館の設備及び図書補助金交付に関する規則（1966年中教委規則第37号）	○ 学校図書館設備及び図書補助金交付に関する規則（1965年中教委規則第34号）
学校給食法	○ 学校給食補助交付に関する規則（1966年中教委規則第40号）	○ 学校給食補助金交付に関する規則（1962年中教委規則第18号）
スポーツ振興法	△ スポーツ振興補助金の交付に関する規則	○ 同　左 （1963年中教委規則第28号）

（注）　新規則名欄中の　●印は規則の全面改正　○印は規則の一部改正
　　　　　　　　　　　　△印は従来の規則のまま

台風16号 台風18号 による被害状況と復旧対策

災害対策本部内　文　教　部

9月1日の夜半から2日未明にかけて、本島南部と久米島を襲つた16号台風は、夏休みあけの学校の諸施設に相当の被害を残して過ぎ去つたが、つぶさな被害状況の報告と被災地を調査する余裕すら与えず、3日後の5日の未明から30数時間、宮古島をまともに襲つて吹き荒れた18号台風は、史上第二の瞬間最大風速の記録と莫大な損害を残して過ぎ去つてしまつた。

これらの災害の大きさに政府は即刻台風災害本部を設けた。文教局には「災害対策本部内文教部」が組織され、被害状況の正確な把握とそれに基づく対策が樹てられた。

以下の資料は被害を受けた学校からの報告ならびに調査団による報告によるものである。この資料にもとづいて以下に述べる緊急対策と恒久対策の案が作成され、その一部は実施に移されつつある。

被害の状況と復旧対策

1　学校施設

(1) 被害の状況

施設の被害状況（1966年9月20日現在）

台風	種別	被害額	被害内容	復旧見積額
十六号（アリス）	小・中校	$ 20,633.70	全壊（宿直室1、便所2）大破（教室2）その他ガラス、雨戸、出入口戸の破損	$ 44,675.70
	高校・特殊等	4,061.00	全壊（給食準備室1、便所2）その他	9,010.00
	社会教育施設	150.50	中央図書館非常口扉の損壊、博物館の雨漏りその他	239.00
	（計）	24,845.20		53,924.70
十八号（コラ）宮古地方	幼・小・中校	101,473.00	全壊（教室9、便所17、給食準備室1）大破（便所4、給食準備室3）半壊（給食準備室4、宿直室7）その他付属建物の自転車置場、飼育小屋、物置小屋等の倒壊等	281,051.00
	高校・図書館	21,252.00	全壊（教室4、便所1）その他	54,358.00
	連合区庁舎	409.00	出入口戸2枚、ランマガラス2枚、ガラス10枚の破損　その他	409.00
	（計）	123,134.00		335,818.00
八重山地方	小・中校	6,340.15	全壊（教室2、技術家庭科教室2）その他	26,885.00
	高　校	4,360.00	木造校舎の損壊、校長住宅の破損、屋根瓦、トタン飛散	9,000.00
	（計）	10,700.15		35,885.00
総　計		158,679.35		425,627.70

― 15 ―

ア　16号台風による被害

　座間味小・中校の木造2教室が礎石からずれて危険な状態。高嶺小の宿直室が全壊，東風平小校と寄宮中校の便所が倒壊した。また沖縄工業高校の給食準備室，盲学校の仮便所，南部農林高校の仮便所が全壊している。その他ガラス戸，雨戸，出入口戸の破損が多くブロック塀の倒壊（大道小，松川小）もある。被害額はしめて2万4千845ドル

イ　18号台風による被害

　　（宮古地方）

　16号の被害に比べて，一見して被害の大きいのがわかる。伊良部中の木造5教室，平良第一小校の幼稚園の木造4教室，宮古水産高校の木造4教室，計13教室が全壊している。便所の全壊したものや大破したものは21校に及び，給食準備室も木造建の4棟が全壊，大破となつている。半壊や屋根瓦の飛散なども数多く，自転車置場，飼育小屋，物置小屋の全壊も相当数見られる。ガラスの破損だけでも1,000枚を越える。

被害額　12万3千134ドル

　　（八重山地方）

　上原小校の仮校舎2教室，川平小・中校と伊原間中校の技術家庭科教室が全壊し，職員住宅や木造校舎の屋根瓦の飛散などがめだつ。

被害額　1万700ドル

(2)　復旧対策

　ア　すでにとつた措置（緊急対策）

　　a．9月16日，テント40張の払い下げを民政府に交渉

　　b．9月20日，木造トタン葺（5坪）の仮設便所17棟，技術教室（20坪）4棟，給食準備室（8坪）1棟を被災校に割当決定した。現在，工事中。

　　c．大修繕の費用として 7,500ドルを示達済み。これは主として政府立学校の校舎建物の修理にあてる。なお，1万7,500ドルを追加計上した。

　　d．小・中学校の修繕費は1万4,000ドルを計上。これは施設の大修繕費にあてる。

　　※　上記の建設に要する費用は6万5000弗で，既設の予算から流用される。

　　e．宮古，八重山の政府立高校に今年度割当られた諸施設の建築工事を優先的に取り扱うよう準備を進めている。

　イ　今後とる措置（恒久対策）

　　復旧見積額42万5千ドルのうち，

査定された額24万700ドルで,次の諸施設を恒久建物として建築する予定。(資金は目下日本政府に援助要請中)

種　類	数	種　類	数
普通教室	11室	図書室	3室
便　所	24棟	保健室	1〃
給食準備室	4室	宿直室	1〃
技術教室	4〃	資料室	1〃
特別教室	1〃	園舎等	4〃
職員住宅	3棟		

2　教科書

被害総冊数は,73,568冊におよび,特に宮古においては殆んどの児童生徒が多かれ少かれ被害を受けている。

台風18号が去ると同時に,教科書の供給会社である文教図書株式会社と連繋をとり,台風3日後には沖縄の在庫品を集めて宮古に送り,更に不足分を本土に発注,南方同胞援後会はこれを受けて,85,000冊の教科書を日航機をチャーターして送付してもらつた。

10月10日現在の補給済冊数は,46,249冊で,不足冊数は,27,319冊となつている。この不足冊数は,後期用書及び準教科書で,これもすでに発注されており,印刷不可能な準教科書以外は補給できることになろう。

3　学用品

被害額は,25,386ドルであるが,緊急対策として文教局対策本部は,小・中学校長協会,教育長協会,教職員会PTA連合会に呼びかけ,児童生徒を対象として救援金を募り,それを宮古をはじめ,久米島,南部,八重山の被害の率に応じて配分することを申し合せた。

その結果,集つた金額は小・中学校長協会関係が4,101ドル55セント,高校長協会関係が1,832ドル81セント,の金額となり更に災害救助法による政府支出金が7,900ドル,及び南方同胞援護会から教科書と一しよにクレヨン等の188ドル合計14,022ドル36セントの救援がなされたことになる。

更に全琉的な救援,全国的な救援が行なわれており,相当量の学用品の現物が送付されているようである。

4　備　品

被害額は26,936ドルである。

緊急対策として,児童生徒用机、腰掛280脚(宮古のみ)は,文教局予算のうちから注文されており,近日中に送付はできる見込みである。更に一般教科備品については,既決予算のうちから支出することになつており,3月までには復旧できる見込みである。

5　図　書

被害額は6,205ドル,被害冊数4,865冊となつている。

この図書については,南方同胞援護会に救援を要請することになつている。

日本の公立学校における制服と校章

民政府教育局長　ゴードン・ワーナー

大隈候爵の夢

日本では国立及び県立等の公立学校に通学する生徒は，昔から制服を着用し，校章をつけることになつています。私立学校ですら学校によつてそれぞれ異つた制服を指定しております。

早稲田大学の創立者であり，初代の総長であつた大隈侯爵は大学の特徴ある帽子のもつ価値を認め，1882年にヨーロツパ旅行から帰国するやすぐ早稲田の学帽をデザインされたのであります。　大隈総長は，日本中の青少年がいつの日か，小学校に入学した時から大学を卒業するときまで制服を着用するであろうことを夢見ておられたのです。

独得の制服は，その学校の生徒達がプライドを持つ伝統の形成に役立つものです。　今日では男女を問わず，公立，私立を問わず，幼稚園児から大学生にいたるまで，殆んど学生達がそれぞれの制服、ボタン，学帽，ネクタイ，スカーフそれに最も重要な校章等によつて，どこの学校の生徒であるかを知ることができます。一般に生徒の制服は黒色で真ちゆうのボタンがついていますが，学帽，ボタンそれに校章を一べつすれば，その生徒の学校，校種及び校名が即座に区別できるのです。

アメリカでは，ヨーロツパの相等数の国々と同様に学生が制服を着用する価値を疑問視しております。大多数のカトリック系の学校では，生徒が独得の制服を着用することを希望していますが，生徒に対する一般的な規則では，同色のセーター，ブラウス，スカートを着用することになつております。著名な大学の制服としては，イートンの制服などが世界的に知れわたつ

ているようです。原則的に他の学校ではこのような条件は全くなく、生徒は常用の服装で通学しているのです。

西洋人は、もしも全生徒が同一の服装をすることになると、それは各自の個性をなくしてしまうという考え方をしており、また制服の着用は学生生活を統一化し或いは画一化することになるとも考えています。

生徒画一化になるだろうか

どのような学園に於ても、もしそこにある意志の働きがあれば、生徒の画一化は容易にでき得ることです。

しかしながら、もしもそのような生徒の画一化があり得るとするならば、それはどのような階層の生徒でも、制服を着用をしようがしまいが、そのような事とは無関係に、堕落させてしまおうとする、おとな達の策動によってなされるものなのです。

日本の青少年達は、学校の制服によって、各自が識別されることに誇りを持っており、誇らしげに制服を着用し、校章を付けることによって、自分達が参加し、また役立っていることを感じているのです。かの最も激しい全学連達のデモ等においてさえ、参加した学生達は慎重にも、それぞれの大学を識別する学帽や校章をつけないようにしたのです。彼等は、その行動がどこの学生によるものであるかを知られたくなかつたのです。制服を着用している学生に画一的な教育を施しているところは、厳しい規律と、団体訓練を必要とする防衛大学校だけであります。

制服を着用しようが、しまいが、おとな達によって青少年をどのようにでも画一化できるということについては多くの明白な事実があり、しかもこれは公然となされるということであります。それに引きかえ服装や作法を統一することが、大多数の生徒にとつて有害であるという証拠はありません。

日本人の非常に複雑な生活、しかもどちらかといえば冷淡な社会において日頃勉学に励む学生には、それぞれの学校を識別させることが必要であります。制服と校章はある程度の士気を表わすのであります。1964年以来大学生のなかには制服の着用について異つた態度を示すものがでてきていますが、大部分の学生は独得の学帽や色彩豊かな校章に何等かの誇りをもっているのであります。女子高校生は彼女等の学校のスカーフについて熱つぽいことばで語ることでしょう。

日本の豊かな家庭で、その子弟を将来立派な大学に入れるために、子どものときから特別の学校に入れるということはまぎれもないことであります。

これらの特別の学校の授業料やその他の学費はアメリカのどの学校よりも高いのであります。しかしながら制服は同じように指定されています。そうして校章には純銀が使用されることすらあるのです。校章は，生徒の家庭状況を示すものではなく，生徒の学ぶ学校を表示するものです。

制服と経済

制服を着用する主な理由は日本の経済事情に添うからであります。日本の教育者達が最初に制服に関する法を考えた理由は，貧富を問わずどの家庭でもその子弟に適当且平等に，同じ裁断簡潔なデザイン，単色の服装を整えさせ，真ちゅうのボタン，学帽，校章等のみによつて識別することのできるみなりを整えさせるためだつたのです。制服と襟に付けられた校章は最も貧しい家庭の子女も，最も富裕な家庭の子女も等しく学生としてのみ識別させるものであります。

学校管理者や教師や父兄が見落していることのひとつに，制服を着用させることが，彼等に生徒が校外で行なう行動を知る機会を拡げているという事です。学生の校外生活は常に見守られていなければなりませんが，制服は生徒の活動を社会に知らせているのです。このことは古くから知られていることでありますが，日本では他のどの国にも見られないほど，遠くからも通学しています。

そのためは私的機関さえも含む，バス，汽車，地下鉄等の運賃を割引されているのです。公立学校における正規の制服は長い消耗に耐えかつ汚れも目立ちません。制服は修理することによつて家族内で順々に誇りをもつてうけつぐこともできるのです。一般に弟は家族の帽子が一日も早く自分のものになることを希望しており，いずれは自分のものになるだろうことを知つていて非常に大事にとり扱うのです。

制服と個性

学生が学校の制服を着用することによつて，各人の個性が抑えられるという証拠は殆んどありません。個性を抑えるには単に制服を着用するという以上のことを要します。日本の偉人の殆んどは学校の制服を或る誇りをもつて着用してきました。多分，事実の裏付けもあるのですが，学者達は服装のスタイル等に気を使わないで学問に没頭出来ることに気付いたことでしよう。

西洋の学生は着ていく服装を決めるのに相当の時間を費しています。制服を着用する日本の学生はそのようなことに気をつかうことはないのです。ただし，制服を着ているからといつて，それだけでその学生が優秀だというわ

けではありません。しかしながら制服と校章はその生徒に自分の学校に対する誇りを感じさせるのです。

　さきに述べたように、制服を着用することだけでは生徒の画一化にはなりません。画一化が青少年にとつて、殆んど益のないことであるというのは誰しも否定することはできません。そのことは服従させるというのではなく、おとなになるまでに起るいろいろの問題を学び理解させることなのです。

　教師には青少年に知識の世界を伝え知らせる重大な責任があります。黒に統一された制服を着用することで、学生の美的感覚が平均化されていくことは容易に考えられることです。自分の身分を証明するものであり且永年着用してきた制服、制帽、校章のもたらす価値は、通学のためにとやかく最新の流行に気を使うことよりは、はるかに勝るものであります。制服を着用している学生には、西洋の学生達が、衣服の品質や靴のスタイルや、ズボン、シヤツ、ネクタイに気をつかい、仲間が着ているものに気をつかうなどということが理解出来ないのです。調査の結果によりますと、西洋では多くの学生達が、家庭で整えてくれる服装で通学することを恥じて、学校を中途で退学しております。洋服を着用している

と、自分達の仲間のなかで、家庭の身分をかくすのは非常にむずかしいことす。　日本の学生服は日本の社会では切るに切れないものとなつております。

　制服は学内学外をとわず学生としての身分をあらわしますが、それ以上に、制服に誇りをもつて着用することは学生にとつて大きな利点をもたらします。教師には自分の生徒に学校に対する誇り、ひいては地域社会、国家に対する誇りを持たせるという重大な役割があります。日本の教育機関にたずさわる人々や教師たちは、過去に日本の青少年に価値ある制服や校章を与えた先見ある指導者をもち、かつ、このことが伝統として育てられてきた事に対して大きな誇りをもつていることでしよう。また、占領期間中も守りつづけられてきた伝統に対して重大な責任を感じなければいけません。

伝統のシンボル

　学生服を着用することは日本的であり現代の活発な激しい社会に適したものであります。学生服が有益なものであり日本の社会で伝統的なものとなつていることは疑問の余地がありません。それが有益であるということは通学している学生を見ればわかります。彼等は幸福そうであり、学校に誇りを

もつており，たま，誇らしげに制服を着ているのです。入学する次代の学生は学校に対して誇りを持つべきです。制服と校章は学生をして伝統，学園，社会国家等と一体であるという意識を持たせます。

　教師に対する尊敬，学校の伝統そして校章等はすべて社会から尊敬されているところの制服を着用するこによって，誇らしく明確にされるのです。日本における学生服は学校と国の伝統のシンボルであり，よりよい日本を築いていく，新らしい世代が次々と誇りしげにその間をくぐつていくことでしよう。

【筆者紹介】　ゴードンワーナー博士は日本名「和名悟道」教育学博士でカリフオルニア州立大学教授。琉球列島米国民政府教育局長として赴任するまでは，東京にあるMaryland　大学極東部で教鞭を執つておられた。戦前からの筋金入りの親日知日家で，剣道六段，居合三段，泉夫人との間にもうけた男児には武蔵，女児には巴と名づけるほどの徹底ぶりは各地の新聞でも紹介された。

青い目の片足剣士

ゴードン・ワーナー（和名悟道）六段

ワーナー博士がシナイを握るようになつたのは32年ほど前、ロスアンゼルスにいた久保田豊四段と知り合つたときからである。

当時アメリカには剣道の防具などはなく、ス振りを繰り返すだけだつたが肉体的にも精神的にも大きく成長して行く自分を知つた。

海兵隊に入隊しても剣道への情熱はつのるばかりであつた博士は「そんなに剣道がやりたいなら日本へ行け」と上官にしかられ日本へ行く決心をした。

しかし、昭和12年、軍国主義華やかな当時の日本は博士にとつて住みよい所ではなかつた。「剣道を習いにきたのだ」なんど説明しても日本の警察は信用せず毎日のように憲兵に尾行されながら二年間の苦労のすえ外国人として初めて〃初段〃に合格した。

対米感情の悪化していく日本にいたたまれなくなつた博士は昭和14年帰国をよぎなくされた。

第二次大戦で応召した博士は、日本刀を背負つた大尉として勇名をはせたまたハシを持ち歩き、日本兵の残したタクアンをポリポリたべて、日本をなつかしむ大尉でもあつた。「第二の故郷である日本との戦いは実につらかつた。戦争はもうごめんだ・・・」としみじみ語る博士である。ブーゲンビル島の激戦で機関銃に左足をもぎとられたがタンカの上で日本刀を抜きゲキをとばしながらブーゲンビルの空に星条旗をひるがえした。

そして海軍最高の名誉である〃海軍十字章〃が贈られた。

その後も剣道修業を続け昭和30年の日米親善大会では日本代表に勝つている。

その時の喜びを「あんなにうれしいことはなかつた、勝つたということより、足のない不幸を克服できた喜びだつた。このとき、自分は不具でないことを知つた。」と表わしている

（写真は居合い抜きを披露する
　　　　　　　ワーナー教育局長）

歌う歴史年表

― リズムにのせて ―

琉球育英会　理事長　阿波根　朝次

まえがき

　学力向上対策の一環として，ドリル事項をどんなにして定着させるか，その方法についてのくふうが必要である。　ドリル事項には，技能的なものと掛算九九のような知識的なものが考えられ，知識的なドリル事項は，理解の段階からドリルの段階と入つたら，結局暗記が中心になると考えられる。この段階における仕事は，単調で，努力を要する仕事であり，しかもドリル学習は，正規の授業時間以外の，学習を中心とした教師の非管理下で行われ，子供の自主的学習に多くを期待しなければならないので，そこに困難がありドリルが不徹底になる理由もまた，ここにある。この非管理下における単調なドリルに興味を持つて自主的に努力させるにはどうすればよいかのくふうが必要であろう。

　次に述べることは歴史学習における年表の問題であるが，単なる年表の問題としてではなく「単調なドリル指導を，どうすれば効果的に行えるか」と言う問題の一環としてご検討を願いたい。

本　編

　歴史学習における年表の意義は，正規の歴史の時間以外に国語における文学史，美術における美術史，理科における科学史，体育における体育史等を含めて，

イ　史実を年表の上に位置づけて取り扱う事により，史実相互の時間的混乱をさけて総合的理解に役立てる。

ロ　提示された年代（例えば1789年と言うごとき）に対する時代的背景を巨視的に把握するに役立てる

ハ　世界史と日本史との時間的関係を把握させるに役立てる。

と言うような意義が考えられ，歴史学習には絶対必要な用具だと思う。年表には掲示用年表，白年表，巻末年表が考えられるが，このうち掲示用年表について年表いくつかの疑問を持つている。すなわち，

イ　年表は常に利用されてこそ意義があるので，教室の装飾ではない

年表の暗記とはとつぴな感じがするだろうが年表が歴史学習の用具として必要ならば暗記することにしてその方法を研究したらどうだろうか。ただし，この場合，年表を学習の目的として暗記するのではなく，学習の用具にするために暗記するのである。暗記を可能にするためには，

第一は簡略化が必要である。

第二にリズムにのせて覚える事を考えてみた。

リズムにのせてと考えた理由は小学校一年或はもつと小さい子どもが男女の情事を歌つた流行歌を，意味も分らずに歌つておとなを苦笑させる情景を時々見受けるが，これはリズムの効用であり，この効用を利用して年表をおぼえてしまおうと言うわけである。文末の歌と楽譜がそれである。これは筆者が本土である中学校の校長をしていた頃に社会科の先生たちと協力して作製したものである。その要旨を説明すれば，

　イ　世界史と日本史の簡略年表である。

　ロ　一つの史実を五，七，五，調の三節に読み込む。

　ハ　第二節の始めの数字にその史実の年代を読み込である。例えば，フランス革命の年代をヒナ焼く年にと読み込む（以上音いん的リズ
　　　　　　1789

はずである。常に利用するためには教室の最後列からでも記載事項が読み取れることが必要だと思うが市販の流布されている常掲年表は教室の後半の生徒には読み取れない事項が多いのではなかろうか。それは盛り沢山のためだ。

　ロ　同じ一世紀に割り当てられた，年表の巾が時代が新しくなるにつれて広くなり，例えば江戸開幕は，約350年前の事で歴史の学習の始点は，それよりもさらに，1500年以上もさかのぼるにかかわらず，江戸開幕が年表のほとんど真中あたりに位置し時間的観念に錯誤を来たさせないだろうか。

これらの観点から思い切つて簡略化した年表を作つたらどうだろか。（詳しい年表が必要な時には巻末年表を利用すればよい）簡略年表には次のような利点が考えられる。

　イ　歴史の流れを巨視的に捕えるのに便利である。

　ロ　教室の最後列からでも読み取れる年表が作れる。

　ハ　一世紀を等間隔に区切つた年表が作れる。

　ニ　思い切つて整理して簡略化すれば方法をくふうすれば暗記させる事が可能である。

ムの利用)
　ニ　第二節と第三節をよく知られた
　　　曲で歌わせておぼえさせる（歌唱
　　　のリズム利用)
　ホ　二番まで歌つたら次は曲を変え
　　　て歌う，これは歌と変化を変える
　　　ためであるが流行歌は多く二，三
　　　番までしか歌われないそうで，効
　　　果的に覚えさせるには同じ曲の歌
　　　は二番までに止めた方がよいと考
　　　えたからである。
　年表を歌でおぼえさせるために筆者らがやつた方法は，HR或は歴史の時間の最初の二，三分を取つて歌わせる外に，昼休みの時間には学校放送で流してムードを盛りあげる。流す方法は曲が変るごとに男声と女声を切り換えて歌わせ，これをテープに取つて置いてこれを昼休みに流したが生徒は興味を持つて歌つたものだ。
　最近聞いた話しで，当時中学校二年だつた子が現在大学5年生（医学）だが十年前におぼえたこの歌を今でもおぼえているそうである。
　クドイようだが最後もう一度繰り返します。
　学習の目的としておぼえるのではなく，学習の用具として使うためにおぼえるので言わば風が吹いても吹きはがされないような年表を，頭の中に掲示しようと言うわけである。
　なお年代は東書と学図の中学校会の教科書のとぢ込み年表によつた。
　　　注　記
　日本史の中のシャンと立ちたり大和朝とは東書，中学社会（歴史）P34に「おそくとも4世紀（300年代）の中ごろには東北地方や九州地方南部を除く全土の王たち（豪族）をほぼしたがえて大和朝廷を開いた」とある大和朝廷の確立を指す。
　シナの儒教と文字来り　（400年代)
好学社版日本史（坂元太郎編）
　応仁天皇のときのとき百済から王仁が論語，千字文を献上したとあるのは伝説にすぎない　とあり，
　清水書院　新編　日本史（P17）
「漢字は5世紀（400年代）には伝わつていらしく漢字によって国語がうつされだして記録も作られるようになり日本の文化を一段と進展させることになつた」と記されたような事態を指したのである。
　仏教伝来の年代には538年説と552年説があるのに　552年を取つたのはもつばら歌と読み込むにつごうがよいからで他意はない。
　クサクつくした将門が，
東書及び学図の中学社会の折込年表には将門の反乱を935年としているが　こう言う多年を要した事件についてどこを取つてその事件の年代とするか問題があると思うが，
　高校日本史（好学社）(坂本太郎編）に「平将門は 939年常陸の国府をおとし入れ」とありこれが歌に読み込みやすいので939年を取つた。
　西洋史とおいても例えばピューリタン革命は1942年一1950年と数年とわたる事件がここでは英王が処刑された1649年を取つたの歌と読み込むとつごうがよいからである。

年表

曲名はやし	世界 歌		曲名はやし	日本 歌
下り来て	ナー春秋よ ローマ立ち 一700年代	(中国は春秋時代 西洋でローマ建国)		
聖人の	御誕生だよ釈迦孔子 一500年代			
天ギリシャでは	惨たらシソクラ刑に死す 一300年代			
楽長城の	西も東も始皇帝 一200年代			
印度から	ベつセツの支那仏 67	(支那に仏教伝来)	はるばると	西に使をやるヒミコ 200年代
わ民族よ	みな来いローマへゲルマニア 375	(ゲルマン ローマ侵入)	国原に	シャンと立ちたる大和朝 300年代
れ東西に	錯誤でローマは二分され 395	(ローマ帝国二分)	汽笛伝わって	支那の儒教と文字来り 400年代
は海兵に	死なむ、南無阿弥陀他西ローマ 479	(西ローマ亡ぶ)	一百済から	ここに伝わる仏教も 552
のゲルマンが	弱わびローマにフランク立ち 486		声摂政となり	コツクさん太子が政治する（聖徳太子）593
子白大法典	呉服仕立てたローマ法 529	(ローマ法の集大成)	新日出づる国	群なすから始め遣隋使（小野妹子を隋へ）607
波隋亡び	緑一鉢だ唐興る 618		橋蘇我入鹿	虫五匹だよ改新だ（大化改新）645
のマホメット	浪人になりメジナ行き 622	(回教元年メジナ)	を集権と	名ねーつなり大宝令 701

日本史

語呂合わせ	出来事	年
ナーラの文化をよく学び（奈良遷都）奈良で		710
記紀万葉の花も咲き 国ぶりに		
鳴くようぐいす平安京（平安遷都江戸に移るまで）江戸までは		794
やれよ最澄 焼くよ空船（空海最澄の入唐と遣唐使の廃止）空海も		804・849
暮ごと歌う古今集（仮名書き）貫人が		905
苦策つくした将門が（平将門の乱）関東で		939
欠けたるも無き、藤原氏 ん望月の		
咸合は無限院の庁（院政始まる）上皇		1086
人々櫛子があぶ平家（平家滅亡）壇の浦		1185
一ヶ国を見る源氏（鎌倉開幕）関東で		1192
一文に盛る貞永の（貞永式目）武家の法		1232
人になしたる蒙古かな（蒙古来襲）時宗を		1274
いざ見よ建武中興で 人々よ		1334
いざ宮建てん尊氏も 花将軍となり		1338
年から空し応仁の乱（応仁の乱）京の町		1467
以後よさんかな鉄砲だ（鉄砲の伝来）戦争は		1543
以後よく祭れとザビエル言 キリストを		1549

世界史

語呂合わせ	出来事	年
なじむ偶像こわさせる 東ローマ		726
なごむサラセン西東（サラセンはイベリア半島に進出東西に分る）国ひろめ		756
八百年の西ローマ 京の再興だ		800
離れてフランクは仏、独、伊 五三分し		870
苦労人だよ神聖だ のオットーは		962
苦ももなく宋は統一し 唐のあと		979
入れろ無理矢理ノルマンディー 上英国に		1066
十字組む手に武器を取る（第一回十字軍）クリスチャン		1096
一色に染めて汗生まる 東西を		1162
人に一言大憲章 民ごとり		1215
言ふないつわりマルコポーロ（マルコポーロに謁す）る元帝に		1275
勇むは明の末元璋 も元を打ち		1368
十三、四なるルネサンス むハップラと		13〜1400年代
人読みは是グーテンさん（印刷所）おかげです		1438
意志つきるか東ローマ（東ローマ亡ぶ）ついに駄目		1453
石国見付けたコロンブス がアメリカで		1492
医師くやしがるガマ油（ヴァスコダガマ印度航路）ね印度航路の		1498

日本史

語呂	年号・出来事	(備考)
信長も天下取り	一期なみだの足利氏 1573	(足利氏滅亡)
清正に	肥後を具われたり秀吉は 1585	(秀吉天下統一)
鎧武者	千六百の関ヶ原 1600	(関ヶ原の戦)
天下取り	人群れさわぐ江戸幕府 1603	(江戸開幕)
異人は	一路サンキュー鎖国令 1639	
吉宗は	呑呑と享保で改革し 1717	(享保の改革)
蘭学に	非難なしとの解体新書 1774	
国学に	居なくばならぬ古事記伝 1798	
の蒸気船	いやでご参なれペリーさん 1853	
水戸浪士	いやひれ出でて大老死す 1860	
色江戸幕府	一夜むなしく明治へと 1867	(大政奉還)
世はかわり	いち早く布いた憲法で 1889	(明治憲法の発布)
万栄の	一躍清を打ち破り 1894	(日清戦争)
ゲンコツを	一呉れよう日露戦 1904	(日露戦争)
第一次	幾年もなく世界戦 1914	
の講和会議	一句一句を評議して 1919	

世界史

語呂	年号・出来事	(備考)
ルーテルが	一語否との免罪符 1517	(宗教革命)
彼死して	以後不自由ながらマジェラン船 1522	(世界一周)
無敵負け	以後はばさかず英艦隊 1588	
王殺し	人無欲なりやピューリタン 1649	(ピューリタン革命)
清国の	一路熊二なる康熙帝 1662	
許権利法典で	色は矢渡り明確だ 1688	(名誉革命)
発明で	人の名無防ワットさん 1769	(蒸気機関)
民の独立で	一つ呑となるろう十三州 1776	(米独立)
(フランスは)	人なく焼く年に革命し 1789	(フランス革命)
英雄と	言われし帝はナポレオン 1804	(ナポレオン帝位につく)
英国は	一夜指合で阿片戦 1840	(阿片戦争)
南北対立	日は向いたぞよ奴レイ止め 1861	(奴レイ問題で米南北に分る)
地中海	岩むく工事でスエズでき 1869	
清仏戦	一発夜しゆうで印度支那 1884	(仏領印度支那)
帝位から	退く日にあわれ宣統帝 1912	(清朝亡び共和制)
第一次	幾年もなく世界戦 1914	
革命で	逝く人なみだロシア帝 1917	(ロシア革命)

講和会議	行く行くみんなでベルサイユ 1919		
又ここで	いくさ来るぞよ第二次の 1939	満洲で	いくさ人野に充ちあふれ（満州事変） 1931
真珠湾	引くがよいのに仲間入り 1941	又ここで	いくさ来るぞよ第二次の 1939
		真珠湾	引くがよいのに仲間入り（日本参戦） 1941
幾日ごし	幾夜ごしとなる苦戦おえ（終戦） 1945	四年ごし	幾夜ごとなる苦戦終え（終戦） 1945
総会だ	行くよろしいで国連へ（第一回総会） 1946	小さい鉢の	行くよろしいで新憲法 1946
調印に	行くぞ委員はシスコへと 1951	花の パラ	行くぞ委員はシスコへと 1951
改めて	行くぞ吾人も独立し 1952	ーが改めて	行くぞ吾人も独立し 1952

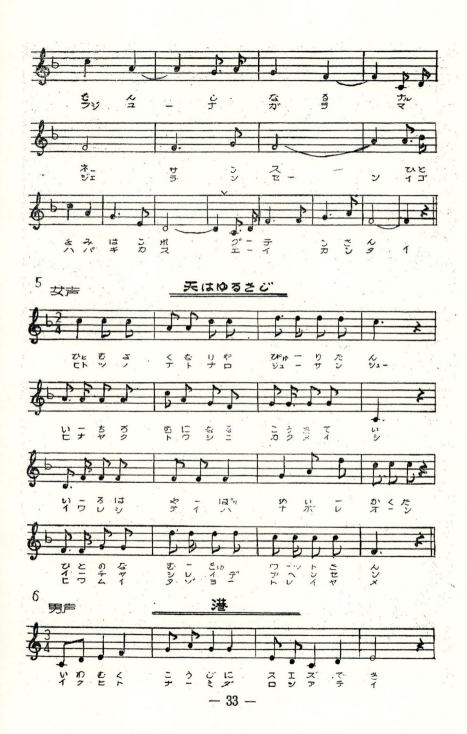

日本史

安谷屋調査計画課長
　　参事官へ昇任　　　　　　　（文教局課長移動）

転　出
　　　企画局参事官　　安谷屋玄信　（総務部調査計画課長）
　　　知念高校長　　　仲村　義永　（指導部保健体育課長）
転　入
　　　調査計画課長　　福里　文夫　（那覇高校教頭）
　　　保健体育課長　　翁長　維行　（宜野座高校長）

各種研究団体紹介 ＜4＞

沖縄生物教育研究会

会長　仲宗根　寛

1　会のおいたち

　沖縄は亜熱帯に位置する為に生物も日本本土と大変異り，生物教材はその儘使用できないものが多く従つて戦後いちはやく全島高校生物教師が集つて同好会を結成しており，その歴史は最も古くそして活動の盛んな研究会であります。主な沿革を次に列記します。

1951年1月　生物同好会結成準備会
　　　　　　　　（於宜野座高校）

1952年11月　第1回生物同好会（設立総会）開催（首里高校）会長　玉代勢孝雄　副会長　山城亀廷　書記　謝花暁

1954年10月　第1回生物標本展示会
　　以後毎年開催　今年で13回を数える

1956年4月　第5回生物同好会
　　本会を沖縄高等学校生物研究会と改称，会則可決，生物受講生を会員に包含した組織となる。

1956年12月　生物掛図「沖縄の生物」
　　第1集発行。

1957年1月　第1回高校生による生物研究発表会（以後毎年開催）

1957年4月　本会の名称を「沖縄生物教育研究会」と改称

1959年6月　沖縄産動物目録及び沖縄植物目録を発刊。

1959年7月　日本生物教育会全国大会（沖縄大会）開催（於首里高校）
　顧問　小波蔵政光氏，屋良朝苗氏，大会長　安里源秀氏，準備委員長　玉代勢孝雄，副委員長　山城亀廷，事務長　謝花暁，沖縄の教育界が戦後以来未だ混屯としていたその頃，全国的大会としては戦前戦後沖縄では始めての文字通り史上最大の大会行事だと言われ，政府は勿論教職員会，本会の全組織をあげての催しでした。そして沖縄の教育界に多大な影響を残して成功裡に終える事ができた。日本本土から参加した200余名の会員は今でも機会ある毎に沖縄大会をなつかしがりそしてそのすばらしさをほめたたえている。

1960年6月　原色図鑑「沖縄の生物」

ポケット版を発刊
1962年6月　文教局より科学論文集生物編を発刊
1962年7月　第1回八重山群島生物教材調査派遣
1963年1月　創立10周年記念大会開催
1963年3月　生物実験ノート発刊
1965 7月　第2回八重山生物教材調査団派遣
1966年5月　沖縄生物教育研究会誌発刊
1966年6月　第11回評議員会　会長　仲宗根寛　副会長　謝花暁　事務長　仲田稲造
1966年7月　第3回八重山調査団派遣

【Ⅱ】組　　織

本会は高校生物担当教師及び生物受講生，生物クラブ員その他賛同者により組織されている。会員約7000名，

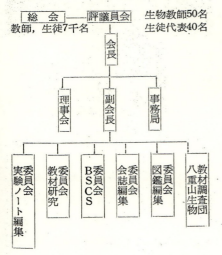

【Ⅲ】活動状況

① 生物展示会

生徒及び職員の作品（研究）を集めて毎年行われる本会の大行事である。今年で13回を迎えました。8～9回頃までは標本が中心でありましたが，本会の活動の充実と理科教育課程の改訂と相まって更に読売科学賞展への参加が刺激となり，単なる標本展示会から更にその資料を利用しての研究論文なるものが提出されるようになり今や豊富な資料と充実した論文が展示され，ざっと一覧するだけでも1日たつぷりかかるような展示と相成つた。読売科学賞展示会へは毎年参加しその都度入賞者を出している。

第13回　全島高校生物展示会

② 高校生物研究発表会

生物の研究論文を1人10分間の論弁大会形式で発表会を持つており，今年で10回を数えております。斯様な発表会は日本全国どの県にもその例がなく本会の誇りとする行事である。この発

表会により生徒達は科学的な研究の方法，態度，論文のまとめかた等を学びそれが大きな刺激となってその後生物学，医学，応用生物学の分野へ進学した生徒の数も多い。

高校生による研究発表会

③　実験ノート編集及び発刊

沖縄で得られる適当な材料及び沖縄の理科教室の設備等を考慮した上でできる限り多くの資料を揃えそして廉価で編集している。毎年改訂版が発行されたが来年は教科書大巾改訂に伴い新版の発刊を準備中である。

④　原色沖縄生物図鑑編集

沖縄の身近かに採集及び観察出来る生物を収録し，5冊分冊で1巻づつ発刊の予定である。資料準備ははぼ完了したものの，予算難で足踏状態である。

⑤　沖縄植物目録発行

著者鹿児島大学初島住彦教授「沖縄植物目録」を1966年11月発行の予定で準備中である。本書発行は本会々員の使用のみならず，生物教育の普及事業としてもできるだけ廉価で（1ドル程度，他の書店で刊行されれば2ドル位）普及するよう努力しております。

⑥　会誌編集

毎年行なわれている生徒の展示会及び研究発表会の最優秀賞受賞者の論文と職員の八重山調査団及び職員個人の研究論文の報告を収録し，それを生物関係者へ配布し広くご指導を仰ぐよう，今後毎年刊行の予定であります。

⑦　採集会及び鑑定会

毎年職員及生徒が集って行なっています。楽しい行事の1つであり，講師を依頼する事も多い。

⑧　教師による研究発表会

職員個人の研究発表，八重山の調査報告，研究教員の発表等がなされる。

教師研究発表会　普天間高校　謝花教諭

⑨　八重山生物教材調査団

本会が創立と共に取組んで来た事業は身近かな生物教材の活用であった。そして本島のみならず，先島の調査も計画しアジア財団の援助をお願いしたものの，なかなか得られず西表島が開

評議員会の協議風景

発されるや本会はもう一刻も猶予ができず，少い予算と会員の個人負担によつてとうとう調査団を派遣した。1962年7月に第1回，1965年7月に第2回，1966年7月に第3回を派遣し多大の成果をあげ，いずれも会誌に報告しております。

西表島のノヤシの群（天然記念物）

西表島のヤエヤマヒルギ（天然記念物）

⑩　日本生物教育会全国大会参加

1965年以来毎年代表者を派遣しており今年で約20名を数えております。

今年度は那覇高校の玉木拡教諭が「渡名喜島のシダの分布」について発表をし堂々銀賞を受賞し，沖縄生物教育研究会の活動のレベルの高さを示して呉れた。

⑪　BSCS研究委員会

Biology Science Curriculum Study（生物科学教育課程研究）は日本及び沖縄の大学入試によって歪められた高校の生物教育の行詰りを打開する1つの大きな手掛りとなりつつあり，本会でもその資料集め及び研究に力を注いでいます。

⑫　教材研究委員会

主に教科の検討，取扱い上の問題点の研究をやり，教科書の推薦もやつている。

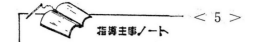

コミニケエイション

指導課主事　大城盛三

　コミニケエションにはいろいろな手段がある。コトバもその一つである。空港の税関の検査は人並み以上厳しく、シャツは脱がされ（こゝまではフンガイ）、パンツの中まで調べられた（こゝでニヤリ）。フンガイもするが税関の役人、パンツの中をのぞきこんでどんな顔をしたろうと思うとオカシー。コトバはロンリ的で説得性を発揮するときに生きてくる。「考え」がなつてない「切れ味」は言葉の「魔術」にテンラクする。知的感情も働けば、内言をかみしめることもある。占領軍を進駐軍、敗戦を終戦と呼んだ。退却を転進、「戦局日ニ非ズシテ」の原文を「必ズシモ好転セズ」といさぎよくない感じで公表する始末となつた。最近紀元節を危険説と呼び実にサデスチック（変態性と加虐症、つまり何かに害を与えて快感を感ずる精神病という意味）のコトバの切れ味である。「きれいな原水爆」をつくる運動がある。ストロンチユームとかセシユームだけに気がとられるので、きれいなというコトバにしびれさせられる。英国人は「キレイなオノで首を切るだけのことだ」とユーモアーで見破つている。クイズ・のど自慢・流行歌・演劇と次々と国民の頭をふやけさす番組で、家庭の中までもかき回されてくるラジオ、テレビを大宅壮一氏は「一億白痴化運動」と呼んだ。白痴番組のボタンを回すとその時国歌「君が代」がかなでる。側にいる子供に「あの歌わかりますか」とたずねると、あれは「野球のウタ」と答える。あきれたものだ。あいまいな共通理解からくる魔術の結晶だろう。つかうほうではある内容を含めても、受け手の方では含められない語をつかうのはつかう方が悪いのだ。勿論つかう人は社会一般に自分のつかう意味が通ずると自分だけで思っているだろうが、そうはいかない。「投げた球を、捕手一人がストライクと叫んでいて、審判がボールと判定」されるようなものだ。「チヤタレー夫人の恋人」のホンヤク、出版が芸術性かワイセツ性かの評定も異つているらしい。軍の払い下げの中古品のテープをもらい、学校に配布した。ある集会において抗議があった。曰く「文教局はテープコーダーも配布せずに、テープだけ配っているが政府の無策に憤りを感ずる」と感情をむきだしにしている。しかし此のテープは貰い物で、役に立つならばと思つて私的にやつたまでだが、思はぬサデイステツクの批判をうけた。

　1，正しく
　2，わかりやすく
　3，感じよく，

はコミニケエイションの三要素らしい。肝に銘じて………。

教育費講座 （第四回）

第三話　地方の教育予算

調査計画課　賀数　徳一郎

前回の政府の教育予算に続いて、今回は地方の教育予算と題し、教育区における教育予算の性格、編成手続、その内容について考えることにしましょう。

1　地方公共団体の予算

予算は一般の家庭や団体にとつても家計に見通しをたて、あるいは、経済活動を計画的に遂行する上で必要でありますが、政府や地方公共団体にあつては特に重要な意義をもつています。

教育予算は教育区の一定期間における教育計画を計数的に表言したものといえましよう。昨年まで教育区の予算は、区委員会が予算の編成、決定から執行まで全部を委員会自体で行なつていました。ところが教育委員会法の一部改正によつて、教育税がなくなり市町村税に含められて教育費が市町村の一般行政費の財源と一つになつたので、教育費予算についても市町村予算同様に市町村議会の議決を経ることになつたわけです。

ここで教育区と市町村に共通した、地方公共団体の予算を例に、予算の一般的な性格から話しを進めたいと思います。従来地方公共団体で予算という場合には歳入歳出予算を指していましたが、本土においては昭和37年に地方自治法が改正になり予算の内容が拡大されて地方公共団体の予算は、

① 歳入歳出予算
② 継続費
③ 繰越明許費
④ 債務負担行為
⑤ 地方債
⑥ 一時借入金
⑦ 歳出予算の各項の金額の流用

から構成されています。

琉球政府の予算も同様に

① 予算総則
② 才入才出予算
③ 継続費
④ 繰越明許費
⑤ 政府債務行為

からなりたつています。

予算は国や地方公共団体の経済活動全般の見積りであることからして，単に歳入歳出予算だけでなく，それと直接関連のあるものあるいは将来財政負担を伴うものまで予算の中で定めるようにその内容が拡大されております。本土の市町村においては上記の①から⑦までを条文の形式と表で示すようになつていますが，沖縄の市町村の場合には市町村自治法の改正が行われず，本土の改正前の予算制度のままでありますから，予算は才入才出予算だけを意味しております。

教育区の予算に関しては，「区委員会は，教育区の歳入歳出予算（以下「教育予算」という。）の見積りを調製し，これを年度開始前30日までに市町村長に送付しなければならない。」（教育委員会法第45条第1項）との規定から教育予算が歳入歳出予算だけであることは明らかであります。継続費，教育区債，一時借入金等は予算とは別にそれぞれ単独で議会の議決を経ることになつています。一般に予算という場合にはこの歳入歳出予算だけを意味しています。

次に歳入歳出予算について考えてみましよう。歳入歳出予算は，一会計年度の収入支出を見積つた計算書で，一定の様式により，執行機関が作成し議会へ提出され，議会の議決を経て成立します。

歳入歳出予算は，歳入予算と歳出予算とからなり，それらは相互にバランスがとれ，それぞれ単独では成立しません。歳入予算が歳出予算に見合う財源，単に歳入の見積りで執行機関を拘束するものでないのに対して，歳出予算の場合には予算によって執行機関に対して経費の支出を可能にし，そういう意味では執行機関を拘束します。

市町村税，使用料及び手数料，市町村（教育区）債等はそれぞれ法令，条例（教育委員会規則），議会の議決に基づいて徴収するものであり，歳入予算によつてその権限が附与されるものではないといわれています。したがつて収入すべきものは予算上たとえ受入科目がなくても収入せざるを得ないし，予算額以上に受入れてさしつかえないわけです。それに対して歳出予算は，計上された額以上に支出することは許されません。なお用語の意義ですが「歳」とは会計年度のことであり「歳入」とは会計年度における一切の収入，「歳出」とは一会計年度における一切の支出をいいます。一会計年度における一切の収入及び支出は，すべてこれを歳入歳出予算に編入しなければならないことになつており，このこ

とを「総計予算主義」といい予算原則の一つであります。
　しかし，一時借入金の収納及び支払は歳入歳出には含まれません。

　歳入歳出予算は，款項に区分され，項はさらに目に区分され，その予算の基礎を詳細に記載した説明を附することになつています。しかし本来予算として議会の議決の対象となるのは款項であるからこれを議決科目と呼び，目及び節はこれを行政科目と呼んでいるようであります。市町村の予算様式ではこれらの款項目節が一表に表示されているために議会における審議対象の限界について明確さを欠くものとして本土では自治法の改正にあたつて，予算は款項までを計上し，目節については予算の事項別明細書の方に移して議決科目と執行科目が明確に区分されました。教育区の予算様式は1967年度から統一した様式を採用していますが，予算書には款項目まで表示し，説明書では目をさらに節に区分して予算の積算基礎を記載することになつています。

2　教育予算の編成

　教育区における教育予算の編成手続はどうなつているでしようか。区委員会が予算見積りを調製しますが，編成に着手するにあたつて，まず教育長（委員会事務局）は管下の学校長に対して学校の重点施策に関する資料の提供又は意見を求めます，教育長は学校長からの資料又は意見を検討し，政府の予算編成方針を参考にして，予算編成方針を作成します。　区委員会は教育長から提出された編成方針案と助言に基づいて区委員会の予算編成方針を決定します。編成方針に従つて区委員会事務局（教育長）は学校から提出された資料を分折し，過去の実績を参考にして教育費需要のは握に努めます。法令の定めに従い，合理的な基準によつてその経費を算定し計上します。地方の財政は政府予算に依存する面が大きいから政府の予算編成の動きにも注意する必要があります。

　教育予算の財源は政府からの補助金以外の一般財源はすべてそれぞれの市町村が負担することになつていますから，市町村の財政を研究して財源の見通しをたてます。1967年度の予算編成は新らしい制度になつて初めての試みでしたので，市町村の教育費負担金の額に関しては，市町村の基準財政需要額のうち教育費分の需要額を上回る額を計上するよう局では助言しました。

　教育費にかかる基準財政需要額は，その額までは政府が教育区に対して一般財源による保証を与えている最少必

要な額であると考えられるからであります。市町村の教育費負担金（過年度の教育税による収入は除く）は教育費基準財政需要額だけを計上すればよいと考えるのは誤りで，その額を下るべきではないという一つの線を示したにすぎませんから，予算計上の際には市町村の財政力に応じた額を算出し計上します。事務局で予算見積り案ができあがつたら，委員会で審議して予算見積りを決定します。調製した教育予算の見積りは年度開始前30日までに市町村長に送付されます。市町村の予算については，長が毎会計年度歳入歳出予算を調製し，年度開始前に議会の議決を経なければならないとされ，予算の編成権と議会への提出権は長に専属する権限と解されています。教育予算については，長は区委員会からの予算見積りの送付を受けてはじめて予算案の調製ができるのであつて独自に調製することはできません。市町村長は財源難で区委員会が示した額の負担が困難であると判断した時には，減額の事由を記して文書で委員会の意見を求めます。委員会では減額の理由を検討し，積りできた場合には減額修正された見す。が予算案として議会へ提出されま書同意減額に同意できない場合には意見を長へ送付し，長は減額した教育予算案に意見書を添付して議会へ提出します。減額の場合とは反対に長が委員会から送られた見積りに新たな事項を加えて増額することはできません。教育予算は教育委員会が責任をもつて執行するもので，市町村長が勝手に事業をつけ加えることは教育委員会の自主性を侵害する結果になるからで，この点は議会においても同様であります。教育予算は議会の議決によつて成立し，その後の手続は特に教育委員会法で別段の規定がなければ市町村の場合と同様に取扱われます。

3　予算の内容

　教育区の歳入予算は次の7款から編成されます。

1款　市町村負担金
　　1項　市町村教育費負担金
　　2〃　教育税収入
2款　分担金及び負担金
　　1項　分担金
　　2〃　負担金
　　3〃　委託金
3款　政府支出金
　　1項　政府負担金
　　2〃　政府補助金
　　3〃　政府委託金
4款　使用料及び手数料
　　1項　使用料
　　2〃　手数料

5款　諸収入
　　1項　財産収入
　　2〃　寄付金
　　3〃　繰入金
　　4〃　預金利子
　　5〃　雑入
6款　繰越金
　　1項　繰越金
7款　教育区債
　　1項　教育区債
　教育区の財源はその使途によって次の二つに分類して考えることがその内容の理解に役立ちます。
　(1) 一般財源
　　市町村負担金
　　諸収入の大部分
　　繰越金等
　(2) 特定財源
　　政府支出金
　　分担金及び負担金
　　使用料及び手数料
　　教育区債
　一般財源は，その使途が制限されないで区委員会で自主的に使用できる財源であります。市町村税，市町村交付税その他からなる市町村負担金がその代表的なもので1967年度歳入歳出予算（当初）についてみると，約390万8千ドルで予算総額 2,284万4千ドルの17％にあたります。

　特定財源は，その使途が限定された財源でいわゆるひもつき財源といわれているものであります。政府からの教職員給与費，校舎建築費，その他30余の補助金がこの特定財源のおもなもので，これら政府支出金の占める比重は大きく，1967年度予算の場合には79％に達しております。
　歳出予算は次の5款に分類される。
1款　教育総務費
　　1項　教育総務費
2款　学校教育費
　　1項　小学校費
　　2〃　中学校費
　　3〃　幼稚園費
3款　社会教育費
　　1項　社会教育費
4款　諸支出金
　　1項　分担金及び負担金
　　2〃　委託金
　　3〃　公債費
5款　予備費
　　1項　予備費
　教育総務費には，教育委員の報酬，旅費，会議に要する経費等の教育委員会費，委員会事務局の人件費，管理費等の事務局費，どの款にも属しない経費が含まれます。学校教育費は公立小学校，中学校，幼稚園に必要な経費が計上されます。小学校費と中学校費は

教職員費，学校管理費，学校給食費，教育振興費，学校建設費の5つの目に区分されます。教職員費について説明しますと，この科目には「義務教育諸学校の学級編制及び教職員定数の基準に関する立法」に規定されている教職員の給与費，研修費等が計上されています。

同じ人件費でも委員会負担の学校世話人，事務補助員は学校管理費へ，給食従事者にかかる給与費は学校給食費にそれぞれ計上することになっており，経費は目的別に分類されています。社会教育費は，社会教育法に基づく教育委員会の社会教育活動に要する経費であります。

地方の教育予算は政府からの補助金と市町村の教育費負担金をおもな財源とし，それによってそれぞれの教育区の学校教育，社会教育，教育行政を運営しております。ところが〃予算は足りないもの〃と決めてしまつて，足らない分はなんとかPTA予算で・・・という考え方があるのも現実でありますが，それではいつまでたつても父兄負担の軽減は前進しないのではないかと思います。予算が本土に比べて少ないことは事実でありますし，その点は教育以外の分野でも同じであります。それだけに多額の資金を必要とする事業の場合には年次的にその実現をはかるように長期計画に基づいた予算の編成を行ない，経常経費を迫圧したり，父兄へ負担を転稼することのないように配慮しなければなりません。

市町村は教育費負担金の予算額を7月，10月，1月，4月の4回に分けて教育委員会に交付しますから，区委員会は市町村財務当局と調整して4半期ごとの資金計画をたてて，それに基づいて予算を適正に執行します。予算の調製後に生じた事由に基づいて，既定の予算に追加その他の変更を加える必要が生じたときは，補正予算を調製しますが，これも当然議会の議決を必要とします。さらに予算執行上の問題もたくさんあり，今回の話しでふれることはできませんが，特に予算の流用と予備費の支出について簡単に説明します。

歳出予算の経費は款と款との間で相互に流用することはできませんし，款内の項と項との間でも予め議会の議決で定めないかぎりできません。目，節の金額相互の増減は教育委員会の責任と権限で行なえるものと解しております。

予備費の充用については，教育委員会は市町村長と同じように，委員会で決定し執行できます。

教育区別、学校数、学級数、生徒数

1966年5月1日現在

教 育 区	小学校			中学校		
	学校数	学級数	児童数	学校数	学級数	生徒数
公　　　立	**237**	**3,708**	148.793	**151**	**1,810**	**80,777**
国　　　頭	9	58	1,749	7	28	988
大　宜　味	4	30	964	4	18	596
東	3	19	590	3	11	313
羽　　　地	4	41	1,439	2	20	881
屋　我　地	1	13	504	1	7	289
今　帰　仁	5	61	2,300	4	30	1,322
上　本　部	3	25	820	1	11	512
本　　　部	8	70	2,762	7	41	1,522
屋　　　部	3	20	692	1	9	421
名　　　護	4	75	3,033	2	36	1,691
久　　　志	5	32	1,066	5	18	558
宜　野　座	3	23	641	1	9	364
金　　　武	3	38	1,303	1	15	718
伊　　　江	2	37	1,582	1	15	721
伊　平　屋	4	19	645	2	10	343
伊　是　名	2	25	1,011	1	11	470
恩　　　納	5	39	1,402	5	22	784
石　　　川	3	60	2,477	1	31	1,483
美　　　里	4	85	3,397	2	40	1,837
与　那　城	5	75	2,839	3	15	614
勝　　　連	5	61	2,381	3	45	2,074
具　志　川	7	141	5,758	3	67	3,199
コ　　　ザ	6	175	7,657	3	91	4,338
読　　　谷	4	85	3,484	2	40	1,869
嘉　手　納	2	53	2,376	1	25	1,195
北　　　谷	2	44	1,821	1	18	833
北　　中　城	1	25	1,095	1	13	627
中　　　城	4	43	1,821	1	21	1,007
宜　野　湾	4	122	5,226	2	57	2.730
西　　　原	2	38	1,647	1	20	937

教育区	小学校			中学校		
	学校数	学級数	児童数	学校数	学級数	生徒数
浦　　　添	4	109	4,733	2	50	2,353
那　　　覇	22	773	33,724	11	395	19,046
（久）具志川	2	25	937	1	12	498
仲　　　里	5	47	1,732	3	22	928
北　大　東	1	6	184	1	3	94
南　大　東	1	14	569	1	8	308
豊　見　城	3	49	1,923	1	21	981
糸　　　満	7	150	5,927	4	72	3,145
東　風　平	1	39	1,629	1	20	921
具　志　頭	2	31	1,233	1	14	633
玉　　　城	3	45	1,688	1	20	914
知　　　念	2	27	1,058	2	14	589
佐　　　敷	1	31	1,345	1	15	729
与　那　原	1	31	1,365	1	18	838
大　　　里	2	33	1,197	1	14	640
南　風　原	1	37	1,626	1	18	861
渡　嘉　敷	2	8	223	2	5	98
座　間　味	3	14	323	3	8	157
粟　　　国	1	12	374	1	6	191
渡　名　喜	1	7	270	1	3	123
平　　　良	10	145	5,596	7	64	2,844
城　　　辺	4	75	2,913	4	36	1,475
下　　　地	2	25	954	2	12	531
上　　　野	1	20	840	1	11	461
伊　良　部	2	50	2,180	2	20	929
多　良　間	2	13	487	1	6	215
石　　　垣	17	186	7,005	9	93	3,969
竹　　　富	14	53	1,461	11	27	723
与　那　国	3	21	815	2	9	347
松　　　島	—	—	—	1	12	631
澄井・稲沖	2	1	9	2	4	18
私　　　立	2	6	139	1	2	20
全　琉　球	241	3,715	148,941	155	1,828	81,446

（注）　与勝中学校（学級数38,生徒数1,817人）は，勝連区教育委員会に含む。

中教委たより

第152回定例中央教育委員会
1　期日　1966年5月16～20日
2　会議録（抄）………可決
○　地方教育区公務員法立法案について（議案第1号）
○　教育公務員特別法立法案について（議案第2号）

第153回臨時中央教育委員会
1　期日　1966年6月20～30日
2　会議録（抄）………可決
○　小学校設置基準の一部を改正する規則について（議案第1号）
○　女子教員の出産休暇及びその補充教員に関する規則（議案第5号）
○　政府立学校の教職員の結核性疾患による休職及び出産休暇に関する特別措置法施行規則の一部を改正する規則について（議案第7号）
○　教育職員免許法施行規則の一部を改正する規則について（議案第14号）
○　教育職員免許に関する細則の一部を改正する規則について（議案第15号）
○　教育行政補助金による連合区事務局職員の定数算定基準の一部を改正する規則について（議案第21号）

第154回定例中央教育委員会
1　期日　1966年7月25～29日
2　会議録（抄）………可決
○　保険料補助金交付規則について（議案第12号）
○　地方教育行政補助金の交付に関する規則の一部を改正する規則について（議案第13号）
○　1967年度高等学校入学者選抜方法について（報告）

1966年10月25日印刷
1966年10月31日発行

文　教　時　報　（第103号）
非　売　品

発行所　琉球政府文教局総務部調査計画課
印刷所　セントラル印刷所　電話　099－2273番

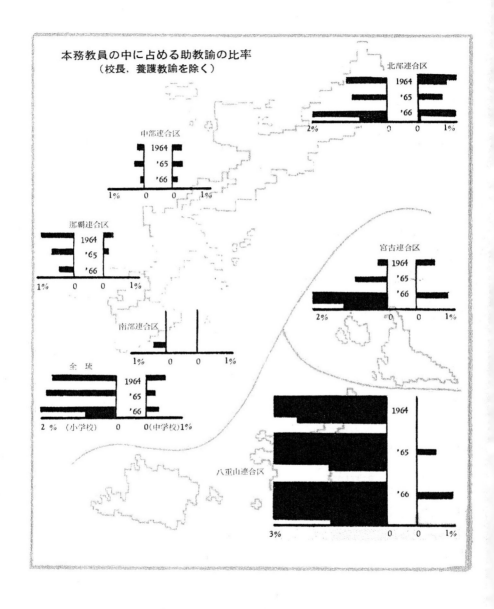

文教時報

特　集　　ＴＣ反応表示器を生かした学習指導　　1966/12　　104

104　琉球政府・文教局総務部調査計画課

今帰仁城跡

指定 { 特別重要文化財
       特別史跡　名勝

所在地　今帰仁村字親泊
　　　　ハンタ原1874番地

　今帰仁城は北山城ともいい、琉球三山の一つとして北山王が居城した歴史上に有名な城である。築城の形式は、構造上から見ると、琉球古城跡中で最も複雑な縄張りをもってきづかれ、八つの城郭のつらなつたいわゆる多郭式の城である。城壁の石垣はすべて古生期石灰岩をもつてつまれ、城壁の高さはおよそ5米から8米くらいあつてその上に更に高さ90センチ巾60センチの胸壁がつくられ、防禦や攻撃のための掩護壁がついている。石垣のつみ方は古成岩を無雑作に割つて平積みにつみあげる素朴な手法ではあるが、地勢により城壁の平面的構成は、弧状屈曲をなし、石垣は直線式で扇の勾配をとり、堅牢なかまえとなつている。地形上の構造形式は平山城の形式になつていて、山頂とそれにつづく平地をかこんできづいた城で、即ち山城と平城を合わせたようになつている。

　この城は三山分立以前にきづかれたと推定される古城跡で、当時の城としては琉球で最も広い規模をもつた城であつた。

　面積11,512坪

　　　　　　　　　　　（新城徳祐）

巻頭言……………………………安里盛市	

特集
　ＴＣ反応表示器を生かした
　　　学習指導……………黒島信彦…1

＜講演要旨＞
　学校教育と放送教育
　　　　　…………………細谷俊夫…8
　期待される人間像…………文部広報より…14

1966年度教育関係
　　　10大ニュース…………………30

＜教育行財政資料＞
　1967年度普通交付税の算定
　　　　　………………調査計画課…48
　学校設備調査の基準金額…調査計画課…50

＜教育費講座＞5
　第4話　市町村交付税………前田　功…32

＜指導主事ノート＞6
　主体性の確立…………比嘉敏雄…29
＜各種研究団体紹介＞5
　沖縄県高等学校数学教育会…山里政勝…25
＜沖縄文化財散歩＞6
　今帰仁城跡………新城徳祐……表紙裏
＜中教委だより＞………………総務課
＜統計図表＞………進路別卒業者数……裏表紙

＜表紙＞
　沖縄の屋根……………首里高校・末吉安久
　　　　朱の瓦
　　　　　屋根のかげろう
　　　　　　春の日に
　　　　　ものみな　よろし
　　　　　　我住める那覇
　　　　　　　　　　＜山城正忠＞

文教時報

No. 104　66/12

学習指導の近代化とは

　近年，視聴覚教育機器が普及し，新しい学習機器が導入されるようになつたが，なにかしらこのことが「学習指導の近代化」だと受け取られているふしがないでもない。

　全国教育研究所連盟主催の「学習指導の近代化」研究協議会全国大会の報告によれば，学習指導の近代化とは，「過去の教育に対する固定化からの開放が根幹でなければならない」とし，「伝統的な教育方法，教育組織，教育内容を合理化していこうとする動きである」としている。

　現代の社会は，科学技術の進歩によつて急速に変化しつつある。その中で依然として伝統的な手法に依存する学校教育は根本的に考え直さなければならないとする動きがおこつたのである。

　学習が成立するということは，ある刺激に対し，個々の生徒が積極的に反応し，その反応をすぐその場でたしかめそれを修正強化し次の学習のステップへ進んでいくことだと言われている。ところがおおかたの現状は，教師が一部の生徒の反応を中心に一方的に学習を進めていくといつた傾向にあるのではなかろうか。

　このような現状から脱出して，個々の生徒に学習の成立を図ろうとする試みがプログラム学習であり，教育機器の導入である。ＴＣ反応器もそのひとつである。

　小学校の一学級一担任制についても教育の効率上，真に子どもひとりひとりの持つ能力を開発するのに適した組織であるか再検討の要があろう。特に社会の進歩，科学技術の発達に伴なう教育内容の増大と質的変化ということを考えれば，ひとりの教師があらゆる教科を指導するということには当然，限界があるということを知らねばならない。ここから学年担任方式あるいは教科担任制，チームティーチングが考えられてくるのである。

　以上は，一，二の例をあげたにすぎないが，われわれは単に「学習指導の改善」という技術的解決だけで満足するのでなく，教育組織，教育内容教育方法の全般にわたつてより根本的な改革を意図しなければならない。その改革の視点が合理化，効率化，民主化であり，それらが統一的に表現されたのが「近代化」または「現代化」であると解したい。

（安　里　盛　市）

ＴＣ反応表示器を生かした学習指導

~研修会報告~

教育研究課　黒　島　信　彦

はじめに

　去る6月27日から13日間，文教局と沖縄視聴覚教育研究会の共催で，各連合区6会場でＴＣ反応表示器を生かした学習指導の研修会が開催された。この研修会は，アジア財団の援助資金によってＴＣ器(略称)の考案者，徳島県立教育研究所員楠根典年氏を招へいしてＴＣ器活用の公開授業と理論，実習が行なわれたのである。今後ともその結果を教壇実践に役だててもらいたいために研修会の状況をまとめ，所見を述べたい。

1　ＴＣ器の機能と特色

　ＴＣ器は，児童生徒各自が机の上に置き，教師の指導や質問に対し，あるいは児童生徒相互において自分の意志をＴＣ器の表示板を上げて表示することができるものである。したがって，教師は，児童生徒に挙手や指名によって答えさせなくても学級全員の反応がひと目でわかるので，それに応じた指導をすぐ行なうことができる。

　表示板は4枚あって，青・黄・赤・白に色別され，1・2・3・4の数字が記入されている。この色別と数字は使用上のパターン(型)として考えられている。例えば，青の表示板を上げると「先生の説明はわかりました。」とか，黄を上げると「質問があります。」赤なら「わかりません。」，また1を上げると「1の選択肢が正答です。」など前もって約束し，それに従って意志表示をする。4枚の表示板は，それぞれの下部がゴムバンドで結ばれているので支え木を押すと，ゴムバンドの弾力でパチンと音をたててはね上がるよう

になつているが，手かげんによつて音を出さずに上げることもできる。

またTC器には，表示板を上げるたびごとに下部にとりつけた紙テープに各自の学習反応がパンチ方式によって記録される仕組みになつているので選択肢によるテストや授業分析も可能である。

このように教師（Tティーチャー）側にも，児童生徒（Cチャイルド）側にも役だつことからTC反応表示器と名づけられたものである。

TC器は，学習指導の近代化に使う器具といつても，材料は板と釘やゴムなどであるから費用も安く，組立図によって指導すれば小学校高学年でも製作できるもので，電源も必要としないし，また，使用法もごく簡単である。つまり，いつでも，どこでも，だれでも使用できるのがその特色であるといえよう。本土では，へき地の多い県がとくに関心をもつてその活用につとめているようであるが，それは，TC器の特長である簡便さと，発表力を高めるうえで役だつからであろう。

2　公開授業と説明会

①公開授業　6会場とも小学校6年生を対象に理科の「まさつ」について仮説実験授業を楠根先生にしてもらつた。TC器は，活用の範囲が広いのでその一方法として理科の授業をしたのであるが，これは，授業そのものの公開ではなく授業中におけるTC器を生かした使い方の一例を紹介することがねらいであつた。その概況について述べよう。

楠根先生は，導入後「まさつ」についての話し合いを始められた。子どもたちは先生の質問に対して，全員各自の机の上にあるTC器を使って何か表示して答えなければならない。答えるためにはよく考えなければならないのである。先生が質問のあとで「表示板を上げた以上，責任をもつんだよ。」と注意をされると子どもたちはみな真剣に考える。教室は，水をうつたように静かになる。やがて，パチン，パチンとあちこちから表示板を立てる音が響く。

児童が立てた表示板の色別や数字はお互いに見えないのでカンニングはできないが教師にはひと目で見える。教師から見て，青・黄・赤・白と色とりどりの表示板が上がつていると，全体として理解がふじゆうぶんであり，また，ひとりひとりの理解についてもわかるのでそれに即した指導ができるのである。

先生は，子どもたちが上げた表示板が色とりどりであるのを見て具体的に説明をされた。そのあとで，「今上げた表示板をおろしなさい。今度はよく考えて上げなさい。」と言われると，子どもたちは表示板をおろして再び考え続ける。いねむり，いたずらなどできない。教室は，まさに静中の躍動といつたふんいきである。

やがてまたパチン，パチンと表示板が上がる。先生は，誰がどの選択肢に反応したか，前回と同じなのか，違つた反応か，全体の理解度はどう変化したか，その実態によって再びそれに即した指導を続けられる。つまりフィードバツク(刺激→反応→確認→強化)の回路をとりながら目標へ近づけていかれる。

授業が終つたあとで，先生が子どもたちの授業に対する感想を聞くために「きようの授業はおもしろくためになつた」と思うなら1の表示板，「おもしろくなかつた」なら2の表示板，「ふつう」なら3の表示板を上げなさいと指示されると，全員いつせいに1の表示板を上げた。それを見た先生は「ありがとう」と言われ，なごやかに公開授業が終了した。

②説明会　公開授業のあと2時間，学習指導の近代化とTC反応表示器の実践と題してその理論と各教科（国語算数，社会，学級会活動，音楽）における活用例の説明があつた。

TC器は，楠根氏を中心とする研究グループにより従来のいつせい指導の中に個別指導の理論を取り入れ，両者の結合統一をはかろうという考えから学校現場で創意くふうされ使用されてきたいろいろな表示具の機能を集約し記録，分析，集団テストマシンのはたらきを加味して製作したものである。

楠根氏は，学校現場で使われていた小旗型，箸型，杓子型，三角柱型などの表示具を袋の中から次々に取り出して示されたが最後の位牌型には全員大笑いした。しかし，こんなに多くの種類の表示具が実際に使われていたということに感心させられたのである。

各教科におけるTC器の活用例では研修員がTC器を使つて実習したが，研修員のアンケートに「TC器が音楽の授業にも使えるとは思わなかつたがとても参考になつた。」とあるように特に音楽は興味があつたようである。

3　子どもの感想と研修員の声
①子どもの感想文

　　　　　　　神原小学校6年　神村　博
「めずらしい機械をつかつて

6月28日，徳島県の先生が機械をつかつたじゆぎようをしてくださつた。ぼくは，はじめ電子ずのうをつかうと思つたが，その機械は簡単で，へんなうごくＴＣ反応器というものだつた。ぼくは，こんなものでじゆぎようをするとはゆめにも思つていなかつた。そのつかいかたは，長ほそい4枚の板を引くと赤や青などの板が飛び出すようになつている。それにはいみがあるそうだ。やつてみると，とてもおもしろく，一度やつたら何度もやりたくなりまた，その音がとてもいいきもちだ。
　ぼくたちは，じゆぎよう中にその機械をつかつているのがとてもおもしろく，いつものじゆぎようより楽しかつた。
　ぼくは，そのＴＣ反応器がつかわれたらきつと勉強が楽しく，よくできるようになるだろうと思う。でも，それは本土でしかつかわれていないと聞いてがつかりした。はやく沖縄でもつかわれたらと思つた。」
　次に感想文中，ＴＣ器の特徴をよくとらえたものを紹介しよう。
● 赤・黄・青などつぎつぎに上げていると，まわりに先生方はひとりもいないような気がして，いままでどきどきしてしていたのがすつかり楽しくなり，わたしと楠根先生とふたりだけで勉強しているような気がした。
● ＴＣ器はいい機械だ。手を上げなくてもすむし，びくびくしないで意見をいうことができる。だから，よいことを考えてもいえない人がいえるようになるのだ。
● 先生の質問に対してなにも考えずに色の板を上げるわけにはいかない。上げた理由を言わされるからしぜんに考えようとけんめいになりました。そこではじめてこの機械は，私たちに考えさせようとする物とわかりました。これをつかうと人々はきつと考えようと努力するでしよう。
● ＴＣ反応器は大へんよくできています。それを使うと私たちのどうさが早くなるし，考えることが深まつてくるのではないかと思う。
　②研修員のアンケートから
● ＴＣ器を使うと，児童の実態はあくができ，能力に応じた指導ができてほんとによいと思う。
● 子どもたちはとても楽しそうに授業をしていた。教師の質問に対して反応しなければならないのでいねむりやいたずらなどの防止ができ，また，反応した以上，それに責任をもたなければならないので真剣に考えて答えるよ

うになる。それを使うと子どもの思考力発表力が伸びると思う。
● 学習意欲のない子どももこれを使えば喜んで学習するのではないかと思う。ぜひこれをとり入れて授業をしてみたい。
● 児童の反応を即座に知り，次の指導のめやすがわかり効果的な指導ができる。学習指導の効率化，個別化のうえで画期的な創作品である。
● ＴＣ器はカネもあまりかからないし，使用も簡単で，しかも各教科にも使えるので便利な機械だ。今後とも数多くの研修会を開いてもらいたい。

4　ＴＣ器の長所と問題点

ＴＣ器の長所は，①いつせい指導においてどの子どももＴＣ器を使つて反応しなければならないので学習に全員参加させることができる。②子どもの理解状況をはあくしながら授業をすすめることができる。③反応の記録がなされることにより授業後学級全体および個々の児童生徒の学習状況がわかり授業改善に役だつなどあげられるが，残された問題もある。

その利用上の一般的な留意点をあげると，

ＴＣ器も道具であるから，その人の使い方によつて生きも死にもするので教科の特質や子どもの心理状態，疲労度などよく考えたうえで，学習指導の全体構造の中で適切な使用をすることである。特に，マンネリズムにならないよう一時間の授業中適切な位置づけが最も肝要なことで，そのための教材研究と指導案の作成が必要になる。

しかし，一面には形式にとらわれることなく，自然の授業の流れの中で気楽に使うこともできるのである。

ＴＣ器を中学校で使う場合には，小学校と違つて教科担任制からくる問題がある。例えば，教師間の連けいや器具の管理など考えられるがその点を留意して活用すればよいと思う。実際に徳島では中学校にも使つて効果をあげている。

次に，ＴＣ器が学校で着実に研究され，その活用の成果を期待するには，それをバックアップする研究組織や協力体制が必要であろう。

説明会で楠根氏から見せてもらつた手旗型，三角柱型などのいろいろな反応器は，だれが見てもおもちゃのようで，ちやちに見えたのである。しかしそれは，徳島の教師たちが学習指導を少しでも効率的なものにしようという熱意から生み出されたものであり，また，これらの多くのアイデアが集約さ

れてTC器が考案されたということは共同研究の成果であることを知らなければならない。このように，同職の者が考えたアイデアがたとえ小さなことであっても皆の力で育てていく協力体制は参考とすべきではなかろうか。

現在，徳島では，学習指導近代化研究会の一環として楠根氏を中心としたTC器信者会（研究協議会の意）が組織され，TC器の改善とその活用の研究が続けられているようである。沖縄でもTC器研究会だけでなく，それも含めた学習指導近代化研究会の組織づくりが必要ではないだろうか。

5　楠根講師の感想

沖縄の教師は，ひじように熱心です。私の講習内容を録音機におさめる教師，TC器の組み立て図をコピーする教師。音楽のテープを録音させてほしいと申し出る教師，掲示物をたんねんに記録する教師などすべて研修会に参加する教師は，時間など気にしないようで，まだ話してほしいとの声を聞き恐縮いたしました。これは，本土水準へのレベルアップという一つの大きな目標に向つてまい進している尊い姿で頭が下がりました。

児童たちは，各連合区の会場校によつて大きなひらきがあり，ある学校の児童などは，徳島市の中心校の子たちとなんらおとらない発言力と旺盛な学習意欲がありますが，一般的には発表力が弱いように思われます。

しかし，学習態度もよく，健康的で素朴で純情です。純朴なだけにいろいろな影響を受けやすいのではないかと感じました。

次に，ことばの問題ですが，どの県でも方言によるなまりやアクセントの違いがあつて聞き取りにくいところもありますが，会場校よつては，発言してくれた子どものことばの内容が私には理解しにくく，時には，校長先生に通訳してもらつて授業をすすめたことさえありました。

今後とも，ことばの指導には力を入れる必要があるのではないかと思います。

おわりに

近い将来，教育はすばらしく近代化され，従来の伝統的な学習指導は大きく革新されて，教師は機械化された教室で効率的授業をするようになるであろう。これは，実際にティーチングマシンの出現によって実現されようとしているのである。

しかしながらこのようなすばらしい教育施設は，ばく大な経費がかかるし

その利用面からいつても現時点では高根の花であると思われる。

ところが、このTC器は、学習指導を高根へ一歩前進させ、近代化させた画期的な教具であるといえるのではなかろうか。

徳島県立教育研究所長の十川氏は、TC器を評して、一見原始的な格好だが、この素朴な構造の中に近代科学技術の粋をあつめて作られた高価なティーチングマシンやアナライザーの持つている重要な機能を生かして取り入れた野心的なアイデアであると、言つておられるが、ほんとにそう思えるのである。

とにかく、TC器が徳島に生れて一年余の間にその効果は実証され、さらに効果的な活用も研究されつつある。しかし、残された問題もあるので今後は、沖縄での効果的活用の研究とともに普及につとめたい。

最後に、この研修会に協力くださつた関係者各位に謝意を表するとともにTC器が沖縄の子どもの学力向上に少しでも役だつことを念願して稿を終えたい。

(注) ① フィードバツク

本来、工学用語であるが教育用語として使われるようになつた。これは、学習成立の重要な原則で、学習者が反応の正誤を確認してそれを修正することで、次の図のようになる。

第1段階は刺激の提示である。第2段階はその提示に対して学習者の反応である。第3の段階はその反応結果についての確認である。そのためには反応結果の情報が提示されなければならない。通常、正答が示されるが、学習者はそれとてらしあわせて自己反応を吟味する。第4段階では、その確認を通じて自己反応が誤答であれば修正し、正答であれば正答として確認する。これが学習の強化になる。

このように、刺激、反応、確認、強化の四つの回路が成立したときフイードバツク回路が成立したという。

この場合、学習者が反応の直後に確認（即時確認）することが学習の強化でいちばん役だつ。

②アナライザー

集団学習反応測定装置といわれるもので授業中、子どもがどう考えたか、教師の説明がわかつたか、仲間の考えに賛成したかということが教師にはあくできる装置である。これを使うことによつて子どもの学習の実態に即した指導ができるし客観的判断で授業分析もできる。

【講演要旨】

学校教育と放送教育

記念講演する細谷教授

東京大学教授

細 谷 俊 夫

「20世紀に入つてから，授業の改造に対してもつとも大きな役割を担つたものは映画，ラジオ，写真であります。映画，ラジオ，写真がもつている教育的価値を正しく評価するのは時期尚早でありますが，映画をとり入れることが，今日の教授法をいちじるしく進歩させることになろうことには疑問の余地はありません。その功績はコメニウスの「世界図絵」がもつたそれよりもはるかに大きいものがあります。今世紀の中頃まで映画やラジオは主として娯楽のためのものでありました。したがつて映画，ラジオ，写真を利用することは，まだその緒についたばかりであります。もつとも映画は第二次大戦中に将兵を訓練するために，陸海軍によつてすぐれた方法とされていたので，教育的利用が緒についたばかりだといい切ることは正しくないのですが。」

これは，アメリカのエール大学の教育学教授であるブルーバッハが「教育問題史」のなかの「教育方法史」の章の最後に書いている文章であります。「教育問題史」は1947年に出版された本ですから，もちろん戦後の本であります。該博な知識をもつていることで有名なブルーバッハが視聴覚教具について述べているのはこの部分だけで，しかもこの文章でそのすべてとなつています。アメリカでも視聴覚教育は教育学ないし教育方法論の中で安定座をしめるまでに至つていないことが，こ

こに端的に示されているように考えられます。

ここで注目をひくのはブルーバッハが映画を学校教育に導入することによつて得られる効果を，コメニウスの「世界図絵」と比較していることであります。改めて説明するまでもなく，コメニウスはモラビア（現在のチェコスロバキア）の生んだ17世紀最大の教育者といわれる人で，言語を教えるために「世界図絵」という絵入りの教科書を書きました。彼の教授理論の根底にあったものは，知識は感覚を通じてえられ，したがつて学習は事物の観察に始まり，ついで思考に移り，最後にこれを言語で表現するという順序をとるべきであるという考え方でありました。

コメニウスは，科学研究の方法としての帰納法を確立したベーコンの影響を大きく受けていたのでありますが，その感覚論的教授理論はその著「大教授学」のなかに展開されたのでありますが，具体的な教授方法はこの「世界図絵」を通路として世界各国の教育実践に大きな影響を及ぼすことになつてきました。そしてその感覚をとおして現実に迫る教授の原理は，文化遺産を文字を通して学習する人文的教養に代つて，近代的な科学教育を促進する役割をも果たすことになつたのであります。動く写真としての映画が学校教育のなかに定着することになれば，それは三百年以前に「世界図絵」が果した以上の役割を果たすことになるだろうとブルーバッハは推測しているのでありますから，彼がこの映画という新しい「教授メデイア」をいかに高く評価しているかがわかります。

しかしながら教授の補助手段が教科書から教材映画に一足飛びにつながるのではありません。教授を具体化するための方便として生れた教具には多種多様なものがあります。

実物，標本，模型，機械器具，絵画図表，地図などいずれも学習者の直観的印象を明確にし，具体的経験に基づいて正確な観念を得させるための代表的な教具であります。これらはコメニウス，ペスタロッチ，フレーベルなどの教育史上の先覚者が唱道した直観教授の理念に基づいて，19世紀の前半から徐々に学校教育のなかに導入されたものであります。

教師から授けられる知識を単に記憶するだけに終始していた伝統的な教授方法が，こうした教具の導入によつて子どもの感覚や経験の範囲を拡大する

方向に向つて大きく改善されるとともに，読，書，算の3教科に限られていた初等教育のカリキユラムを，地理，歴史，理科などの新しい教科を含むものに拡大することにもなつていつたのであります。

各種各様の教具が，教授の補助手段として学校教育のなかに導入されつつあつたのに対しまして，今世紀にはいると，教授上に自発的な活動を取り入れて教授方法の局面を大きく転換させるような動きがみられるようになつてきました。この自己活動を教授上の原理として確立したのは，ドイツのフレーベルであつて，児童は自分自身の興味から発する自己活動によつてはじめてその精神の進化が生み出されものとしました。したがつて学校は児童が自己の個性を発見し，その人格を形成しかつ創意と実行力とを発揮すべき場所となつてきます。児童のもつとも有力な自己活動は遊戯でありますから，遊戯はもつとも有力な教育の手段となります。遊戯が教育の出発点となるのに対して，作業はその帰着点となります。こうした思想からフレーベルは幼稚園教育を計画し，かつこれを実践したのであります。彼が幼児教育の手段として創案した「恩物」は一種の玩具でありますが，それは同時に幼児の自己活動を誘導する教具でもありました。

このフレーベルの自己活動の原理を小学校教育に導入し，授業の改造に当つた代表者の一人がアメリカのデユイでありました。デユイは，その主宰したシカゴ大学の実験学校で，調理，裁縫，工作のような，幼児が日常生活のなかで親しんでいる活動に中心的地位を与えるカリキユラムを創始したのであります。学校は調理場でもあり，織物工場でもあり，また工作場でもあります。こうして学校は生産生活，家庭生活と直結し，これによつて学習と労働とが結びつけられるのであるが，こうした調理，裁縫，工作のような作業のための施設設備がいまや新しい教具として登場してきたのであります。児童生徒の自己活動によつて教授法の改善をはかることは単にアメリカの場合だけでなく，それは新教育運動の重要な一側面として世界的な風潮となつてきました。ドイツに展開された作業学校運動もその一つであり，その代表者の一人であるケルシエンスタイナーは従来の学校を「学習学校」「書物学校」とよび，知識の教育にかえるに作業の教育をもつてし，教室を一種の作

業場とすることをその理想としました。こうした作業学校のもとでは，作業室，農園，割烹室，裁縫室などの施設が設けられ，マニュアルな作業を学習活動として課すための教具が大幅にとり入れられたのであります。

ところで，知識を明確にし，事実や現象を理解させる手段として生まれた模型，標本，絵画といつたような伝統的な教具にもしだいに変化がみられてきました。これらのスタティツクな教具に対して，レコード，映画，ラジオのような近代的な機械を用いるダイナミックな教具の発展がそれであります。とくに映画は1900年代に，ラジオは1920年代にはいつて実用化され始めたのであるが，これらが教材映画とか学校放送とかいう形で学校教育のなかに進出してくると，教授の補助手段としての教具という意味は従来とくらべてかなり違つたものになつてきましたレコード，映画，ラジオのようなものは，もはや教具という概念では律し切れないものをもつています。それらは教師と児童生徒とのフエイス・トウ・フエイスの関係をはなれ，新しいコミュニケーションのメディアとして教育の機能を直接的に果たすことになるからであります。

ブルーバツハが映画やラジオのもつ教育的意義をコメニウスの「世界図絵」以上に高く評価したのはおそらくそのためでありましよう。ブルーバツハが1947年の時点で，将来性のある教授メディアとしてあげたのが映画とラジオに限られていたことは意味深いものがあります。彼は今日教授メディアの最先端にあるテレビ，ランゲージ・ラボラトリー，ティーチング・マシンのことについては一言も触れていないのであります。事実アメリカでテレビが実用化されたのは，1950年代にはいつてからのことであり，ランゲージ・ラボラトリーが語学教育に用いられるようになつたのもそれとほぼ前後しています。ティーチング・マシンがプレッシーによつて作成されたのは1920年代でありすまが，スキーナーによつて新しい機械がつくられ，それが実用化されるようになつたのは，テレビやランゲージ・ラボラトリーよりもさらにのちのことでありました。テレビ，ランゲージ・ラボラトリー，ティーチング・マシンはいずれも先端的な教授メディアであることは前述のとおりであるが，テレビとランゲージ・ラボラトリー，ティーチング・マシンとのあいだにはかなり基本的な差異がありま

す。すなわちテレビが映画やラジオの延長線上にある視聴覚教具として豊富な教材を提示するのに対し、ランゲージ・ラボラトリーとティーチング・マシンは教材を提示するという点では視聴覚教具と同様な機能をもっているのでありますが、提示した教材に対して児童生徒に適切な反応を起させる機能をもっている点で、単なる視聴覚教具ではありません。

このことが学習の形態にも影響してくるわけで、テレビや映画やラジオと同様に学級を基盤として集団的に視聴されるのに対し、ランゲージ・ラボラトリーやティーチング・マシンは個別学習を本体とするのであります。児童生徒はランゲージ・ラボラトリーやティーチング・マシンを随時に使用し、自分のテンポで学習を進めていくことができるのであります。このように児童生徒が能動的に反応し、それによって学習をすすめていくという点で、ラーニング・バイ・ドウイングをモットーとした自己活動の原理を知的教科の学習に導入したものということもできるのであります。したがつて、ランゲージ・ラボラトリーやティーチング・マシンは視聴覚のためのメディアというよりも、自己学習、個別学習のためのメディアという方が適切な表現なのであります。

さて、こうしたランゲージ・ラボラトリーやティーチング・マシンのような新しい教授メディアの登場に対処して、ラジオやテレビのような教授メディアを通して行われる放送教育がいかなる役割を担うべきかを論じてこの講演をおわることにいたします。

ランゲージ・ラボラトリーやティーチング・マシンが言語を主体としたメディアであるのに対し、ラジオやテレビの役割は音声を通して知識をリアルに伝達することのできる点にあります。このように事物や現象をその動的な姿で捉えさせるうえで、ラジオやテレビは絶大な威力を発揮します。そういうわけでこの二つのメディアの活用は、教師の言語的活動を中心とする伝統的な教授方式を打破し、児童生徒の具体的な経験内容を拡充するうえで、今後もますます研究されなければならないものであります。しかし放送という新しい教授メディアが音声なり映像なりを通じて、知識を伝達することだけに終始するならば、それはもつとも伝統的な講義の再現に終る危険性もあるのであります。

教具の発達が観察や実験という自習

法をもりあげたように，放送という新しい教授メデイアが児童生徒の自発的活動を誘発し，生産的思考を高めるように働くことになつてこそ，宇宙時代の新しい人間形成に貢献できるのであります。

　放送教育前進の指標はまさにここにあるといえるのであります。

　コミユニケーションの送り手としては書くこと，話すこと，見せることがあり，その受け手としては読むこと，聞くこと，見ることがあります。それらが新聞，雑誌，ラジオ，映画，テレビというマス・メデイアとなつてわれわれを包囲し，知識を氾濫させているのであります。教材もまたこのマス・メデイアに乗つて学習者を包囲し，彼らの知識内容を過度に膨脹させる傾向にあります。

　ところが教師は伝統的な観念に基づいて教材を絶対視し，これらを学習者に無批判に読ませ，聞かせ，見せる傾向を帯びがちであります。

　これからは，読むこと，聞くこと，見ることの内容をつねに能動的な態度で受けとめ，これらを批判的に評価する態度を形成することが必要になつてくるのであります。学習者の側に批判的評価の態度を形成することが放送教育の重要な目標の一つとなつてくるのであります。

　ラジオ，テレビのような教授メデイアが，ランゲージ・ラボラトリーやテイーチング・マシンと違う点は，それらが一方交通で，学習者の側からフイードバツクが得られない点にあります。放送教育のこうした限界をのりこえて，その教育的効果を高めるためには，原則的にいつて教師の事前後の指導が必要であり，その意味では放送は教師の負担を軽くするものではなく，むしろ重くするものといえるのであります。放送教育が教室内の教師を排除する方向に向つて発達すると考えることは短見であります。

　放送教育が教室内の教師の教授活動を援護するものとして，学校教育の中に正しく位置づけられることこそ教育の近代化というべきでありましよう。

「期待される人間像」

＝中央教育審議会＝

第19特別委員会が報告

　文相の諮問機関である中央教育審議会（会長＝森戸辰男日本育英会会長）は、9月19日文部省特別会議室で総会を開き、第19特別委員会（主査＝高坂正顕東京学芸大学学長）が審議を続けてきた「期待される人間像」の報告を了承した。

　こんどの報告は、昨年1月11日に発表された「期待される人間像」中間草案に対し、全国から寄せられた約2000件の批判や要望を基礎に再検討を行なったもので、命令形的な表現を改め、序論と本論からなっていたものが、第1部「当面する日本人の課題」、第2部「日本人に特に期待されるもの」と改められている。また、中間草案の序論でふれた「日本の象徴」は、「象徴に敬愛の念をもつこと」として全文書き改めて第2部第4章へ移すなど、表題を改めたり、内容の一部を加筆修正したほか、新たに付記として、全体のむすびおよび教育上の取扱いについての留意点を述べている。

　なお、第20特別委員会の「後期中等教育のあり方」と一本化した「後期中等教育の拡充整備について」の答申は、10月末に行なわれる予定。

第1部　当面する日本人の課題

　「今後の国家社会における人間像はいかにあるべきか」という課題に答えるためには、第一に現代文明はどのような傾向を示しつつあるか、第二に今日の国際情勢はどのような姿を現わしているか、第三に日本のあり方はどのようなものであるべきか、以上三点からの考察が必要である。

1　現代文明の特色と第1の要請

　現代文明の一つの特色は自然科学のほっ興にある。それが人類に多くの恩恵を与えたことはいうまでもない。医学や産業技術の発展はその恩恵のほどを示している。そして今日は原子力時代とか、宇宙時代とか呼ばれるにいたっている。それは何人も否定することができない。これは現代文明のすぐれた点であるが、それとともに忘れられてはならないことがあるそれは産業技術の発達は人間性の向上を伴わなければならないということである。もしその面が欠けるならば、現代文明は跛（は）行的となり、産業技術の発達が人類の福祉に対してそれにふさわしい貢献をなしがたいことになろう。社会学者や文明批評家の多くが指摘するように、人間が機械化され、手段化される危険も生ずるのである。

　またその原因は複雑であるが、現代文明の一部には利己主義や享楽主義の傾向も認められる。それは人類の福祉と自己の幸福に資することができないばかりでなく、人間性をゆがめる結果にもなろう。

ここから、人間性の向上と人間能力の開発という第一の要請が現われる。
　今日は技術革新の時代である。今後の日本人は、このような時代にふさわしく自己の能力を開発しなければならない。
　日本における戦後の経済的復興は世界の驚異とされている。しかし、経済的繁栄とともに一部に利己主義と享楽主義の傾向が現われている。他方、敗戦による精神的空白と精神的混乱はなお残存している。このように、物質的欲望の増大だけがあつて精神的理想の欠けた状態がもし長く続くならば、長期の経済的繁栄も人間生活の真の向上も期待することはできない。
　日本の工業化は人間能力の開発と同時に人間性の向上を要求する。けだし、人間性の向上なくしては人間能力の開発はその基盤を失うし、人間を単に生産手段の一つとする結果になるからである。
　その際、日本国憲法および教育基本法が、平和国家、民主国家、福祉国家、文化国家という国家理想を掲げている意味を改めて考えてみなければならない。福祉国家となるためには人間能力の開発によつて経済的に豊かになると同時に、人間性の向上によつて精神的・道徳的にも豊かにならなければならない。また、文化国家となるためには、高い学問と芸術とをもち、それらが人間の教養として広く生活文化の中に浸透するようにならなければならない。
　これらは、いずれも、公共の施策に深く関係しているが、その基礎としては、国民ひとりひとりの自覚がたいせつである。人間性の向上と人間能力の開発、これが当面要請される第一の点である。

2　今日の国際情勢と第二の要請
　以上は現代社会に共通する課題であるが、今日の日本人には特殊な事情が認められる。第二次世界大戦の結果、日本の国家と社会のあり方および日本人の思考法に重大な変革がもたされた。戦後新しい理想が掲げられはしたものの、とかくそれは抽象論にとどまり、その理想実現のために配慮すべき具体的方策の検討はなおじゆうぶんではない。特に敗戦の悲惨な事実は、過去の日本および日本人のあり方がことごとく誤つたものであつたかのような錯覚を起こさせ、日本の歴史および日本人の国民性は無視されがちであつた。そのため新しい理想が掲げられはしても、それが定着すべき日本人の精神的風土のもつ意義はそれほど留意されていないし、日本民族が持ち続けてきた特色さえ無視されがちである。
　日本および日本人の過去には改められるべき点も少なくない。しかし、そこには継承され発展させられるべきすぐれた点も数多くある。もし日本人の欠点のみを指摘し、それを除去するのに急であつて、その長所を伸ばす心がけがないならば、日本人の精神的風土にふさわしい形で新たな理想を実現することはできないであろう。われわれは日本人であることを忘れてはならない。
　今日の世界は文化的にも政治的にも一種の危機の状態にある。たとえば、平和ということばの異なつた解釈、民主主義についての相対立する理解の並存にそれが示されている。

戦後の日本人の目は世界に開かれたという。しかしその見るところは、とかく一方に偏しがちである。世界政治と世界経済の中におかれている今日の日本人は、じゅうぶんに目を世界に見開き、その複雑な情勢に対処することができなければならない。日本は西と東、北と南の対立の間にある。日本人は世界に通用する日本人となるべきである。しかしそのことは日本を忘れた世界人であることを意味するのではない。日本の使命を自覚した世界人であることがたいせつなのである。真によき日本人であることによつて、われわれは、はじめて真の世界人となることができる。単に抽象的、観念的な世界人というものは存在しない。

ここから、世界に開かれた日本人であることという第二の要請が現われる。

今日の世界は必ずしも安定した姿を示していない。局地的にはいろいろな紛争があり、拡大化するおそれもなしとしない。われわれは、それに冷静に対処できる知恵と勇気をもつとともに世界的な法の秩序の確立に努めなければならない。

同時に、日本は強くたくましくなければならない。それによつて日本ははじめて平和国家となることができる。もとより、ここでいう強さ、たくましさとは、人間の精神的、道徳的な強さ、たくましさを中心とする日本の自主独立に必要なすべての力を意味している。

日本は与えられる国ではなく、すでに与える国になりつつある。日本も平和を受け取るだけではなく、平和に寄与する国にならなければならない。

世界に開かれた日本人であることという第二の要請は、このような内容を含むものである。

3 日本のあり方と第三の要請

しかし今日の日本について、なお留意しなければならない重要なことがらがある。戦後の日本は民主主義国家として新しく出発した。しかし民主主義の概念に混乱があり、民主主義はなおじゅうぶんに日本人の精神的風土に根をおろしていない。

それについて注意を要する一つのことがある。それは、民主主義を考えるにあたつて、自主的な個人の尊厳から出発して民主主義を考えようとするものと階級闘争的な立場から出発して民主主義を考えようとするものとの対立があることである。

民主主義の史的発展を考えるならば、それが個人の法的自由を守ることから出発して、やがて大衆の経済的平等の要素を多分に含むようになつた事実が指摘される。しかし民主主義の本質は、個人の自由と責任を重んじ、法的秩序を守りつつ漸進的に大衆の幸福を樹立することにあつて、法的手続きを無視し一挙に理想境を実現しようとする革命主義でもなく、それと関連する全体主義でもない。性急に後者の方向にかたよるならば、個人の自由と責任、法の尊重から出発したはずの民主主義の本質は破壊されるにいたるであろう。今日の日本は世界が自由主義国家群と全体主義国家群の二つに分かれている事情に影響され、民主主義の理解について混乱を起こしている。

また、注意を要する他の一つのことがある。由来日本人には民族共同体的な意識は強かつたが、その反面、少数の人々を除いては、個人の自由と責任、個人の尊厳に対する自覚が乏しかつた。日本の国家、社会、家庭において封建的残滓（し）と呼ばれるものがみられるの

もそのためである。また日本の社会は、開かれた社会のように見えながら、閉ざされた社会の一面が根強く存在している。そのことが日本人の道徳は縦の道徳であつて横の道徳に欠けているとの批判を招いたのである。確固たる個人の自覚を樹立し、かつ、日本民族としての共同の責任をになうことが重要な課題の一つである。

　ここから、民主主義の確立という第三の要請が現われる。

　この第三の要請は、具体的には以下の諸内容を含む。

　民主主義国家の確立のために何よりも必要なことは、自我の自覚である。一個の独立した人間であることである。かつての日本人は、古い封建性のため自我を失いがちであつた。その封建性のわくはすでに打ち破られたが、それに代わつて今日のいわゆる大衆社会と機械文明は、形こそ異なつているが、同じく真の自我を喪失させる危険を宿している。

　次に留意されるべきことは社会的知性の開発である。由来日本人はこまやかな情緒の面においてすぐれていた。寛容と忍耐の精神にも富んでいた。豊かな知性にも欠けていない。ただその知性は社会的知性として、人間関係の面においてじゆうぶんに伸ばされていなかつた。

　ここで社会的知性というのは、他人と努力し他人と正しい関係にはいることによつて真の自己を実現し、法の秩序を守り、よい社会生活を営むことができるような実践力をもつた知性を意味する。それは他人のために尽くす精神でもあるのである。しいられた奉仕ではなく自発的な奉仕ができる精神である。

　さらに必要なことは、民主主義国家において多数決の原理が支配するが、その際、多数を占めるものが専横にならないことと、少数のがわに立つものが卑屈になつたり、いたずらに反抗的にならないことである。われわれはだれも完全ではないが、しかしだれでもそれぞれになにかの長所をもつている。お互いがその長所を出しあうことによつて社会をよりよくするのが、民主主義の精神である。

　以上が民主主義の確立という第三の要請の中で、特に留意されるべき諸点である。

　以上に述べてきたことは、今日の日本人に対してひとしく期待されることである。世界は平和を求めて努力しているが、平和への道は長くかつ険しい。世界平和は、人類無限の道標である。国内的には経済の発展や技術文明の進歩のかげに多くの問題を蔵している。今日の青少年が歩み入る明日の世界状勢、社会状勢は、必ずしも楽観を許さない。新たな問題も起こるであろう。これに対処できる人間となることが、わけても今日の青少年に期待されるのである。

　以上、要するに人間としての、また個人としての深い自覚をもち、種々の国民的、社会的問題に対処できるすぐれた知性をそなえ、かつ、世界における日本人としての確固たる自覚をもつところの人間になること、これが「当面する日本人の課題」である。

第2部　日本人に特に期待されるもの

　以上が今日の日本人に対する当面の要請である。われわれは、これらの要請にこたえうる人間となることを期されなければならない。

　しかしそのような人間となることは、それにふさわしい恒常的かつ普遍的な諸徳性と実践的な規範とを身につけることにほかならない。次に示すものが、その意味において、今後の日本人に特に期待されるものである。

第1章　個人として

1 自由であること

　人間が人間として単なる物と異なるのは、人間が人格を有するからである。物は価格をもつが、人間は品位をもち、不可侵の尊厳を有する。基本的人権の根拠もここに存する。そして人格の中核をなすものは、自由である。それは自発性といつてもよい。

　しかし、自由であり、自発的であるということは、かつて気ままにふるまうことでもなく本能や衝動のままに動くことでもない。それでは本能や衝動の奴隷であつて、その主人でもなく、自由でもない。人格の本質をなす自由は、みずから自分自身を律することができるところにあり、本能や衝動を純化し向上させることができるところにある。これが自由の第一の規定である。

　しかし、自由の反面には責任が伴う。単なる物には責任がなく、人間にだけ責任が帰せられるのは、人間はみずから自由に思慮し、判別し、決断して行為することができるからである。権利と義務とが相関的なのもこれによる。今日、自由だけが説かれて責任は軽視され、権利だけが主張されて義務が無視される傾きがあることは、自由の誤解である。自由の反面は責任である。これが自由の第2の規定である。

　人間とは、このような意味での自由の主体であり、自由であることがさまざまな徳性の基礎である。

2 個性を伸ばすこと

　しかし、人間に単に人格をもつだけではなく、同時に個性をもつ。人間がそれぞれ他の人と代わることができない一つの存在であるとされるのは、この個性のためである。人格の面では人間はすべて同一であるが、個性の面では互いに異なる。そこに個人の独自性がある。それは天分の相違その他によるであろうが、それを生かすことによつて自己の使命を達することができるのである。したがつて、われわれはまた他人の個性をも尊重しなければならない。

　人間性のじゆうぶんな開発は、自己だけでなされるのではなく、他人の個性の開発をまち相補つてはじめて達成される。ここに、家庭、社会、国家の意義もある。家庭、社会、国家は、経済的その他の意味をもつことはもとよりであるが、人間性の開発という点からみても基本的な意味をもつのである。家庭、社会、国家を通じて人間の諸徳性は育成されてゆくのである。

人間は以上のような意味において人格をもち個性をもつが，それは育成されることによってはじめて達成されるのである。

3　自己をたいせつにすること

　人間には本能的に自己を愛する心がある。われわれはそれを尊重しなければならない。しかし重要なことは，真に自己をたいせつにすることである。

　真に自己をたいせつにするとは，自己の才能や素質をじゆうぶんに発揮し，自己の生命をそまつにしないことである。それによつてこの世に生をうけたことの意義と目的とが実現される。単に享楽を追うことは自己を滅ぼす結果になる。単なる享楽は人を卑俗にする。享楽以上に尊いものがあることを知ることによつて，われわれは自己を生かすことができるのである。まして，享楽に走り，怠惰になつて，自己の健康をそこなうことがあつてはならない。

　健全な身体を育成することは，われわれの義務である。そしてわれわれの一生の幸福も，健康な身体に依存することが多い。われわれは，単に自己の健康をそこなうようなことがあつてはならないだけでなく，進んでいつそう健全な身体を育成するように努めなければならない。古来，知育，徳育と並んで体育に重要な意味がおかれてきたことを忘れてはならない。

4　強い意志をもつこと

　頼もしい人，勇気ある人とは，強い意志をもつ人のことである。付和雷同しない思考の強さと意志の強さをもつ人である。和して同じないだけの勇気をもつ人である。しかも他人の喜びを自己の喜びとし，他人の悲しみを自己の悲しみとする愛情の豊かさをもち，かつそれを実行に移すことができる人である。

　近代人は合理性を主張し，知性を重んじた。それは重要なことである。しかし人間には情緒があり，意志がある。人の一生にはいろいろと不快なことがあり，さまざまな困難に遭遇する。特に青年には，一時の失敗や思いがけない困難に見舞われても，それに屈することなく，常に創造的に前進しようとするたくましい意志をもつことを望みたい。不撓（とう）不屈の意志をもつことを要求したい。しかし，だからといつて，他人に対する思いやりを失つてはならないことはいうまでもない。頼もしい人とは依託できる人のことである。信頼できる人のことである。お互いに不信をいだかなければならない人々からなる社会ほど不幸な社会はない。近代人の危機は，人間が互いに人間に対する信頼を失つている点にある。

　頼もしい人とは誠実な人である。おのれの誠実であり，また他人にも誠実である人こそ，人間性を尊重する人なのである。このような人こそ同時に，精神的にも勇気のある人であり強い意志をもつ人といえる。

5　畏（い）敬の念をもつこと

　以上に述べてきたさまざまなことに対し，その根底に人間として重要な一つのことがある。それは生命の根源に対して畏（い）敬の念をもつことである。人類愛とか人間愛とかいわれるものもそれに基づくのである。

すべての宗教的情操は，生命の根源に対する畏（い）敬の念に由来する。われわれはみずから自己の生命をうんだのではない。われわれの生命の根源には父母の生命があり，民族の生命がある。ここにいう生命とは，もとより単に肉体的な生命だけをさすのではない。われわれには精神的な生命がある。このような生命の根源すなわち聖なるものに対する畏（い）敬の念が真の宗教的情操であり，人間の尊厳と愛もそれに基づき，深い感謝の念もそこからわき，真の幸福もそれに基づく。

しかもそのことは，われわれに天地を通じて一貫する道があることを自覚させ，われわれに人間としての使命を悟らせる。その使命により，われわれは真に自主独立の気魄（はく）をもつことができるのである。

第2章　家庭人として

1　家庭を愛の場とすること

婚姻は法律的には，妻たり夫たることの合意によって成立する。しかし家庭の実質をなすものは，互いの尊敬を伴う愛情である。種々なる法的な規定は，それを守り育てるためのものといえる。その意味において家庭は夫婦関係から出発するにしても，そこにはやがて親子の関係，兄弟姉妹の関係が現われるのが普通である。そして，それらを一つの家庭たらしめているのは愛情である。

家庭は愛の場である。われわれは愛の場としての家庭の意義を実現しなければならない。

夫婦の愛，親子の愛，兄弟姉妹の愛，すべては愛の特定の現われにほかならない。それらの互いに性格を異にする種々の愛が集まって一つの愛の場を構成するところに家庭の本質がある。家庭はまことに個人存立の基盤といえる。

愛は自然の情である。しかしそれらが自然の情にとどまる限り，盲目的であり，しばしばゆがめられる。愛情が健全に育つためにはそれは純化され，鍛えられなければならない。家庭に関する種々の道徳は，それらの愛情の体系を清めつつ伸ばすためのものである。道を守らなくては愛は育たない。古い日本の家族制度はいろいろと批判されたが，そのことは愛の場としての家庭を否定することであってはならない。愛の場としての家庭を守り，育てるための家庭道徳の否定であってはならない。

2　家庭をいこいの場とすること

戦後，経済的その他さまざまな理由が，家庭生活を混乱させ，その意義を見失わせた。家庭は経済共同体の最も基本的なものであるが，家庭のもつ意義はそれに尽きない。初めに述べたように，家庭は基本的には愛の場である。愛情の共同体である。

今日のあわただしい社会生活のなかにおいて，健全な喜びを与え，清らかないこいの場所となるところは，わけても家庭であろう。

大衆社会，大衆文化のうちにおいて，自分自身を取りもどし，いわば人間性を回復できる場所も家庭であろう。そしてそのためには，家庭は清らかないこいの場所とならなければならない。

家庭が明るく，清く，かつ楽しいいこいの場所であることによって，われわれの活力は日

々に新たになり，それによつて社会や国家の生産力も高まるであろう。社会も国家も家庭が健康な楽しいいこいの場所となるように配慮すべきである。

3 家庭を教育の場とすること

家庭はいこいの場であるだけではない。家庭はまた教育の場でもあるのである。しかしその意味は，学校が教育の場であるのとは当然に異なる。学校と家庭とは協力しあうべきものであるが，学校における教育が主として意図的であるのに対し，家庭における教育の特色は主として無意図的に行なわれる点に認められる。家庭のふんい気がおのずからこどもに影響し，健全な成長を可能にするのである。子は親の鏡であるといわれる。そのことを思えば，親は互に身をつつしむであろう。親は子を育てることによつて自己を育てるのであり，自己を成長させるのである。また，こどもは成長の途上にあるものとして，親の導きに耳を傾けなければならない。親の愛とともに親の権威が忘れられてはならない。それはしつけにおいて特に重要である。こどもを正しくしつけることは，こどもを正しく愛することである。

4 開かれた家庭とすること

家庭は社会と国家の重要な基盤である。今日，家庭の意義が世界的に再確認されつつあるのは，そのためである。

またそれだけに，家庭の構成員は，自家の利害得失のうちに狭く閉ざされるべきではなく広く社会と国家に対して開かれていなければならない。

家庭における愛の諸相が展開して，社会や国家や人類に対する愛ともなるのである。

第3章　社会人として

1 仕事に打ち込むこと

社会は生産の場であり，種々の仕事との関連において社会は成立している。われわれは社会の生産力を高めなければならない。それによつてわれわれは，自己を幸福にし，他人を幸福にすることができるのである。

そのためには，われわれは自己の仕事を愛し，仕事に忠実であり，仕事に打ち込むことができる人でなければならない。また，相互の協力と和合が必要であることはいうまでもない。そして，それが他人に奉仕することになることをも知らなければならない。仕事を通じてわれわれは自己を生かし，他人を生かすことができるのである。

社会が生産の場であることを思えば，そこからしてもわれわれが自己の能力を開発しなければならないことがわかるであろう。社会人としてのわれわれの能力を開発することは，われわれの義務であり，また社会の責任である。

すべての職業はそれを通じて国家，社会に寄与し，また自己と自家の生計を営むものとして，いずれも等しく尊いものである。職業に貴賎（せん）の別がないといわれるのも，そのためである。われわれは自己の素質，能力にふさわしい職業を選ぶべきであり，国家，社会もそのために配慮すべきであるとともに，重要なのは職業の別ではなく，いかにその仕事に打ち込むかにあることを知るべきである。

2 社会福祉に寄与すること

　科学技術の発達は，われわれの社会に多くの恩恵を与えてきた。そのことによつて，かつては人間生活にとつて避けがたい不幸と考えられたことも，技術的には解決が可能となりつつある。

　しかし，同時に近代社会は，それ自体の新しい問題をうみだしつつある。工業の発展，都市の膨張交通機関の発達などは，それらがじゆうぶんな計画と配慮を欠くときは，人間の生活環境を悪化させ，自然美を破壊し，人間の生存をおびやかすことさえまれではない。また社会の近代化に伴う産業構造や人間関係の変化によつてうみだされる不幸な人々も少なくない。しかも，今日の高度化された社会においては，それを構成するすべての人が，互いに深い依存関係にあつて，社会全体との関係を離れては，個人の福祉は成り立ち得ない。

　民主的で自由な社会において，真に社会福祉を実現するためには，公共の施策の必要なことはいうまでもないが，同時にわれわれが社会の福祉に深い関心をもち，進んでそれらの問題の解決に寄与しなければならない。

　近代社会の福祉の増進には，社会連帯の意識に基づく社会奉仕の精神が要求される。

3 創造的であること

　現代はまた大衆化の時代である。文化が大衆化し，一般化することはもとより望ましい。しかし，いわゆる大衆文化には重要な問題がある。それは，いわゆる大衆文化はとかく享楽文化，消費文化となりがちであるということである。われわれは単に消費のための文化ではなく，生産に寄与し，また人間性の向上に役立つような文化の建設に努力すべきである。そしてそのためには，勤労や節約が美徳とされてきていたことを忘れてはならない。

　そのうえ，いわゆる大衆文化には他の憂うべき傾向が伴いがちである。それは文化が大衆化するとともに，文化を卑俗化させ，価値の低迷化をもたらすということである。多くの人々が文化を享受できるようにするということは，その文化の価値が低俗であつてよいということを意味しない。文化は，高い方向にむかつて一般化されなければならない。そのためにわれわれは，高い文化を味わいうる能力を身につけるよう努力すべきである。

　現代は大衆化の時代であるとともに，その一面組織化の時代である。ここにいわゆる組織内の人間たる現象を生じた。組織が生産と経営にとつて重要な意味をもつことはいうまでもないが，組織は得てして個人の創造性，自主性をまひさせる。われわれは組織のなかにおいて想像力，企画力，創造的知性を伸ばすことを互いにくふうすべきである。

　生産的文化を可能にするものは，建設的かつ批判的な人間である。

　建設的な人間とは，自己の仕事を愛し，それを育て，それに自己をささげることができる人である。ここにいう仕事とは，農場や工場に働くことでもよく，会社の事業を経営することでもよく，学問，芸術等の文化に携わることでもよい。それによつて自己を伸ばすことができ，他の人々に役だつことができる。このようにしてはじめて文化の発展が可能となる。

　批判的な人間とはいたずらに古き慣習等にこだわることなく，不正を不正とし，不備を不

備とし、いろいろな形の圧力や権力に屈することなく、常によりよきものを求めて前進しようとする人である。社会的不正が少なくない今日、批判的精神の重要性が説かれるのも、単に否定と破壊のためではなく、建設と創造のためである。

4 社会規範を重んずること

日本の社会の最大の欠陥は、社会的規範力の弱さにあり、社会秩序が無視されるところにある。それが混乱をもたらし、社会を醜いものとしている。

また日本人は社会的正義に対して比較的鈍感であるといわれる。それが日本の社会の進歩を阻害している。社会のさまざまな弊害をなくすため、われわれは勇気をもって社会的正義を守らなければならない。

社会規範を重んじ社会秩序を守ることによって、われわれは日本の社会を美しい社会にすることができる。われわれは日本の社会をよりよくするためにじゅうぶんに努力しなければならない。そしてその根本に法秩序を守る精神がなければならないことはいうまでもない。法秩序を守ることによって外的自由が保証され、それを通じて内的自由の領域も確保されるのである。

かつ、われわれは、日本の社会をより美しい社会とし、われわれのうちに正しい社会性を養うことによって、同時によい個人となり、よい家庭人ともなることができるのである。われわれは社会と家庭と個人の相互関連を忘れてはない。

日本人のもつ社会道徳の水準は遺憾ながら低い。しかも民主化されたはずの戦後の日本においてその弊が著しい。

それを正するためには公共心をもち、社会道徳を守ることが必要である。われわれは公私の別を明らかにし、また公共物をだいじにしなければならない。このように社会道徳を守ることによって、明るい社会を日本に築くことができるであろう。

第4章 国民として

1 正しい愛国心をもつこと

今日世界において、国家を構成せず国家に所属しないいかなる個人もなく、民族もない。

国家は世界において最も有機的であり、強力な集団である。個人の幸福も安全も国家によるところがきわめて多い。世界人類に寄与する道も国家を通じて開かれているのが普通である。国家を正しく愛することが国家に対する忠誠である。正しい愛国心は人類愛に通ずる。

真の愛国心とは、自国の価値をいつそう高めようとする心がけであり、その努力である。自国の存在に無関心であり、その価値の向上に努めず、ましてその価値を無視しようとする者は、自国を憎むものである。われわれは正しい愛国心をもたなければならない。

2 象徴に敬愛の念をもつこと

日本の歴史をふりかえるならば天皇は、日本国および日本国民統合の象徴として、ゆるがぬものをもっていたことが知られる。日本国憲法はそのことを、「天皇は、日本国の象徴であり日本国民統合の象徴であつて、この地位は、主権の存する日本国民の総意に基く。」という表現で明確に規定したのである。もともと象徴とは象徴されるものが実体としてあつて

はじめて象徴としての意味をもつ。そしてこの際，象徴としての天皇の実体をなすのは，日本国および日本国民の統合ということである。しかも象徴するものは象徴されるものを表現する。もしそうであるならば，日本国を愛するものが，日本国の象徴を愛するということは論理上当然である。

天皇への敬愛の念をつきつめていけば，それは日本国への敬愛の念に通ずる。ただし日本国の象徴たる天皇を敬愛することは，その実体たる日本国を敬愛することに通ずるからである。このような天皇を日本の象徴として自国の上にいただいてきたところに，日本国の独自な姿がある。

3 すぐれた国民性を伸ばすこと

世界史上，およそ人類文化に重要な貢献をしたほどの国民は，それぞれに独自な風格を備えていた。それは，今日の世界を導びきつつある諸国民についても同様である。すぐれた国民性と呼ばれるものは，それらの国民のもつ風格にほかならない。

明治以降の日本人が，近代史上において重要な役割を演ずることができたのは，かれらが近代日本建設の気力と意欲にあふれ日本の歴史と伝統によつてつちかわれた国民性を発揮したからである。

このようなたくましさとともに日本の美しい伝統としては，自然と人間に対するこまやかな愛情や寛容の精神をあげることができる。われわれは，このこまやかな愛情に，さらに広さと深さを与え，寛容の精神の根底に確固たる自主性をもつことによつて，たくましく美しく，おおらかな風格ある日本人となることができるのである。また，これまで日本人のすぐれた国民性として，勤勉努力の性格，高い知能水準，すぐれた技能的素質などが指摘されてきた。われわれは，これらの特色を再認識し，さらに発展させることによつて，狭い国土，貧弱な資源，増大する人口という恵まれない条件のもとにおいても，世界の人々とともに平和と繁栄の道を歩むことができるであろう。

（文部広報第429号　昭和41年10月3日より転載）

1968年度文教局予算概算見積

5,200万ドルを提出

政府は，1968年度（次年度）予算の編成作業を急いでいるが，文教局では教育水準の本土並み引上げを目標とした必要予算規模を測定して，これに基づく概算見積書をこの程企画局へ提出した。これによると，総額は5,191万ドルで，内訳けは，**事業費4,350万ドル，運営費844万ドル**となつている。

各種研究団体紹介　＜5＞

沖縄県高等学校数学教育会

会長　山里政勝

一　沿革

1962年第1回文部省派遣指導員として来島された山形大学教授松岡元久先生を囲んで、その熱意ある御指導により設立準備委員会を結成し、翌63年第一回の総会を開くことになつた。

現在会員数197名、回を重ねること今年で4回目になり、確固たる歩みを続けている。

ふりかえつてみると、本会結成の機運は遠く、終戦後2年目の1947年那覇高校が天妃小学校跡にあつた頃数学科の研究会を開催したが、その折、参加された先生方の間で数学会結成の話合がなされ、「数物学会」の名称で発足したのである。会長に比嘉徳太郎先生副会長に岸本政智先生が就任された。

その頃の活動態勢は、交通事情の関係もあつて、南・中・北の三地区にわかれ各地区独自の行き方で活動していた。北部では小中高校を一体とする真摯な宿泊研究会を開催するとか雑誌LIFEに掲載された "ATOMIC BOMB" の輪読会が行なわれるとかまた、南部では自動車の運転技術講習会、天体観測あるいは、万有引力の学術的研究発表とか、実にバラエティに富んだのびのびとした会の運営がなされ会に出席するのが楽しみでもあつたが、この会も社会状勢の変動もあつて、二三年立つうちに沙汰やみになつてしまつた。

ところが1960年頃から63年を期して実施にうつされる数学科改訂指導要領が示され、いわゆる「新数学」の名で現代化の波がおし寄せ、本土の高校でも合同研究が活発に行なわれた。このことは世界的な趨勢で、ヨーロツパ、アメリカ等でも学者、教育者が真剣に取組んでいる。まさに数学教育の革命とでもいえるのである。

田島一郎先生による記念講演

あるアメリカの学者は"Traditional mathematics"は"Put down to fine museum"（伝統的数学は博物館へやってしまえ）といっている。私達はこの世界的流れに対処すべく、頭の切替を迫られた。そして、本土における日本数学教育会あるいは九州数学教育会等とのつながりも持ち、また直接権威ある先生の招聘のためにも強力で大きい組織体づくりの要望が盛りあがってきた次第である。

以下発会以来の状況を別記すると、

1963年1月　第一回総会
○役員選挙・会則決定
　会長　山里政勝、副会長　伊地柴保　森島薫祥
○記念講演「大学の理念とその使命」
　琉球大学学長　与那嶺松助先生

1963年12月　第二回総会・第一回研究大会
慶応義塾大学教授田島一郎先生を招聘することができた。
○記念講演「アメリカの数学教育見たまま」田島一郎先生
○講習会「新教材の取扱いについて」
　講師　田島一郎先生
○実施授業　指導者　田島一郎先生
　「集合」於興南高等学校
　「極限」於普天間高等学校
　「ベクトル」於名護高等学校
○研究発表
　「文字の値による場合分けの指導」
　　　　　　　名護高校　大城堅靖
　「集合教材の取扱について」
　　　　　　　首里高校　大城安功
　「方言と数学教育」
　　　　　　　コザ高校　大山朝栄
　「高校数学における問題解決の計画化に関する一方法」
　　　　　　　小禄高校　石垣博正
○役員選出　会長・副会長　留任

1964年12月　第三回総会・第二回研究大会
○研究授業
前原高校・蔵本秀吉，上原実治，照屋

寛吉，新垣安教
首里高校・安里昌男，小禄高校・山城充雄，那覇商業高校・池宮城陽三，沖縄工業高校・島袋勝夫

小禄高校山城先生の研究授業

○研究発表

「ベクトルの内積指導について」
　　　　　　辺土名高校　山城得昭
「ベクトル計算におけるつまづきについて」
　　　　　　読谷高校　島袋正栄
「ベクトル内積の指導」
　　　　　　宜野座高校　仲間輝久雄
「ベクトルの成分の指導」
　　　　　　名護高校　崎浜秀俊
「職家における数学指導」
　　　　　　石川高校　玉城盛一
「本校数学教育の問題点」
　　　　　　中部工業高校　名嘉原安秀
「ベクトルの内積指導の一試案」
　　　　　　糸満高校　奥間正信
「ベクトルの内積指導の一試案」
　　　　　　糸満高校　大城邑一

「ベクトル教材をとり扱つて」
　　　　　　普天間高校共同研究
「テストを通してのベクトル指導の結果の分析と反省」知念高校　共同研究
「ベクトル教材における理解度の診断」　　　　那覇高校共同研究
「水産高校における数学指導について」　　　沖縄水産高校　与那嶺良栄
「数学Ⅰにおける集合の考えの指導について」　　那覇商業高校　源河徳博
　以上の如く本大会は実に百花撩乱たる盛況でありました。

1965年8月　研究会

　再び田島先生を迎えて教材研究会を開き問題点の解明をしました。
○講演「数学教育の今日と明日」
　今回は特に高校生に対して南中北の数校で「数学の勉強法」の講演，また一般父兄のために「数学に強くなるには」の演題で文化講演をしていただきました。

1965年12月　第四回総会・第三回研究大会

○研究授業
那覇高校・外間盛栄，小禄高校・仲嶺朝之，商業高校・松田竹雄，工業高校宮城　力
○研究発表
「行列教材の導入について」

　　　　　　首里高校　森島薫祥
「三角関数指導上の一試案」
　　　　　　読谷高校　宮城盛英
「微分方程式の理解度の診断」
　　　　　　石川高校　山入端立栄
「学力診断テストについて（不等
式）」　　　知念高校　永吉盛達
○役員選挙　会長・副会長留任
　二　組　織
　会長　1名，副会長　2名，理事
若干名（各校1名，外会長の推挙により委嘱），幹事　若干名（各地区より1名），監事　3名
　会議は理事会・幹事会・総会
　三　事　業
　研究大会の開催，数学教育に関する研究調査・講習会・講演会の開催，会誌の発行（年1回），日本数学教育会・九州数学教育会への会員派遣，生徒学習書の発行（九州数学教育会発行学習用刊行物への編集参加）
　四　今後の課題
　冒頭にも述べたように「数学教育現代化」は緒についたばかりであつて，近々五六年後にはまたまた指導要領の改訂が行なわれる。変動のはげしい現代では停滞は退歩を意味するものと思われる。本土で盛んに行なわれておりますＳＭＳＧ（School matheatic

研究討議風景

stady group）にも取組みたいと思います。幸い沖縄では資料を得るのに便利だと思うからある。
　「何とか本土と出発の時点を揃えたい」あるいは意余つて力及ばずの歎がないのでもないが，これが私達の念願である。
　五　結　語
　結語として岡潔先生の語を引用させていただくと，
　「私は数学なんかをして人類にどう利益があるのだと問う人に対してはスミレはただスミレのように咲けばよいのであつて，そのことが春の野にどのような影響があろうとスミレのあずかり知らないことだと答えて来た。」

指導主事ノート ＜6＞

指導課主事　比　嘉　敏　雄

主体性の確立

主体性の確立ということばをよく耳にするが，一向に高まらないように思う。

ひとつ問題にしてみたいと思うのは「指示を待って初めて事を処す」という妙な態度を，われわれはふだん無意識のうちにとっていはしないかということである。「新年度の学校方針を早く発表してください」「来年度の予算編成の方針はどうなのでしょう」こんな質問がよく出る。そして，こういう質問を出して情報を得る必要のある場合もある。それならそれでよい。それでよくないのは，当然こうしてほしいという意見を申し述べるべき段階で，なお「おうかがいを立てる」という身構えでいることである。意見を申し述べる段階を見過ごしておいてあとでただご托宣のくだるのを得つにとどまるということである。しかも待ちかねたご托宣がくだると，あわてて「それではぐあいが悪い」などと今さらどうにもならない不満をいうことである。これに似たようなことに，講習会等で質疑の時間の発言を聞いていると「……ということはどいうことですか」「……とおっしゃいましたが，それをもっと細かく教えてください」などとくる。それでよい場合もやはりある。しかし「これこれさようということは，かようしかじかであるというふうに理解してよろしいか」というように自分のペースに巻きこんだたずね方をする人はきわめて少ない。これはみんな「指示待ち」という消極的な不勉強な姿勢から出てくることである。今に教育委員会が何とか指示するだろう文教局が何かいってくれるだろうなどとのうのうとしている。「何かいってくる」前になぜ何かといわないのだろう。こうでなければならないという真実は，ほんとうは現場でなければわからないのだと思う。「指示待ち」式のたずね方と主体性を確立してのたずね方のひらきがここにはっきりみえている。

教育は指示を待って初めて動き出すのではない。教師みずからの積極的な責任によってこそ偉大な展開をするものと信じたい。

1966年度教育関係

（調査計画課選定）

1 森総務長官による教育権の分離返還構想打ち出される

8月に森総務長官による沖縄の施政権のうち教育権を分離返還させることについてのいわゆる森構想が正式に発表され、引続き大浜先生を座長とする沖縄懇談会が設置され、分離返還についての研究がすすめられた。沖縄でも中央教育委員会をはじめ教育関係各団体が本土の動きに対応し、世論を結集してその推進をはかるべき旨の決議がなされ、教育界の将来への明かるい希望のきざしとなつた。

2 日米援助の大幅増加及び地方教育財政制度の改革により教育関係予算に大い伸びる

67年度の教育関係日米援助予算額は1,600万ドルで、前年度の380万ドルの4倍増となつた。この中には多年の懸案であつた義務教育諸学校教職員給与費の半額国庫負担をはじめ校舎建築費補助が含まれている。これにより教育関係の政府予算は前年度より1,000万ドルの大幅増加となつた。一方、地方教育区では教育税の市町村税への一本化による交付税制度の教育費への適用により、教育区の一般財源は前年度の50％増となり、地方教育財政水準の飛躍的向上をみた。

3 教公2法案、中教委で再び議決される

教職員の身分の確立及び民主的能率的な人事行政制度の基礎を定めるため文教局では地方教育区公務員法、教育公務員特例法の2法案を中教委に再び提案した。中教委では、その制度の必要性を認め、絶対多数で2法案立法勧告を原案通り可決した。同法案は5月28日立法勧告がなされ、現在、立法院で継続審議中であるが、教職員会では同法案の中の政治行為の制限、勤務評定、争議行為の禁止の条項に問題があるとして、同法案の立法阻止のかまえをみせており、今後のなりゆきが注目されている。

4 第2宮古島台風の教育関係被害に対する救援の手、続々とのびる

9月5日未明から30数時間にわたつて吹き荒れた18号台風は、莫大な被害を残してすぎ去つたが、教育関係にお

いても，教室の倒壊，設備，備品の消失等多大の被害をこうむつた。これに対して政府をはじめ，沖縄内教育関係団体，本土教育関係者，南方同胞援護会から，つぎつぎと救援の手がさしのべられ，宮古の教育界は，いま，明かるい再建への道をいそいでいる。

5 琉球大学政府立となる

琉球大学は52年4月に布令により設立され，以来16年沖縄の若き人材養成に多大の貢献をしてきたが，その性格があいまいであるため，たえず問題にされていたが，去年琉球大学設置法，同管理法が立法され，66年7月1日より正式に政府立大学として再発足した。

6 私立大学委員会設置される

私立学校の健全な発達を図ることを目的として私立学校法が立法されたがこれに基づく私立大学委員会が7月15日に設置され，9人の委員が行政主席から辞令が交付され，正式に発足した。

7 政府立各種学校開校される

産業教育の振興の一環として技能者技術者の養成を目的として政府立商業実務専門学校と産業技術学校が4月に開校された。共に後期中等教育の新しい分野としての性格をもつており，その成果が期待されている。

8 日米援助により社会教育施設（博物舘青年の家）新設される

政府立博物舘が米政府援助により首里尚家跡に新築され，11月3日に盛大な落成式が行なわれた。一方，青年の家は名護町に日米援助により建設され11月25日落成をみた。社会教育施設に乏しい沖縄において，これら2つの施設の建設は，極めて重要な意義をもつものであり，施設の有効な活用により社会教育の一段の振興が期待されている。

9 学童集団検診実施される

4月から6月にかけて中部の全小学校を対象に日政援助で本土医師団による学童の集団検診が行なわれた。検診の結果，特に，必蔵疾患が多数発見され，社会の暖かい援助による治療等も行なわれ，心暖まる話題となつた。

10 全国高校弁論大会に沖縄代表5連勝をかざる

昨年まで首里高校弁論部員による全国高校弁論大会の4年連続制覇の偉業がとげられたが，今年も11月に前原高校の名護さんが堂々一位を獲得し，沖縄代表の5年連続優勝の輝かしい金字塔をうち立て，弁論沖縄の名をほしいままにした。

教育費講座 （第五回）

第四話　市町村交付税

調査計画課主事　前　田　　功

　これまでの教育費講座の中でも、しばしば交付税制度という言葉が使われてまいりました。地方財政にとつてこの交付税というものは極めて重要な意義をもつものであり、交付税制度のじゆうぶんな理解を持たないで、地方の財政を云々することは無意味なことだとも極言できましよう。第四話では、市町村交付税について、その必要性や制度の内容や実際の算定方法などについて、できるだけ具体的な解説を試みてみましよう。

1　交付税とは何か

　政府や市町村・教育区などの、いわゆる公共団体は、住民の福祉の向上をはかるために、いろいろの業務を営んでおり、それに必要な財源を住民から租税という形で求めて、その執行に当つていることは既に前にも説明したとおりであります。

　このような公共団体の行なう業務をふつう行政と呼んでいますが、行政は中央（政府）の行なうものと、地方（市町村・教育区）の行なうものに区分され、それぞれ業務の分担が定められています。

　これらの行政は互いに密接な連けいを保ちながら行なわれることは勿論のことでありますが、特に、地方行政は地方のそれぞれの条件によりマッチした行政がなされるよう最大限の自主性と独立性が保障されており、中央行政機関は地方行政機関に対しては、より広い視野に立つての指導、助成こそすれ不必要ないしは過度の規制はできるだけ避けるよう配慮されています。これらのことは地方自治という言葉で表現されていますが、教育行政についてもその例外でないことは申すまでもありません。

　ところで、中央・地方の行政内容の分担が定まれば、それぞれの業務を遂行するための経費もある程度その比率が定まつてまいります。しかしながら

その経費の出所はいずれも同じ住民ということになりますので，経費の割り合いによつて財源も区分されなければなりません。従つて，住民から徴収すべき租税は，あらかじめ政府税と地方税に区分しておき，政府の行なう業務に要する経費は政府税で賄えるようにし，一方，地方の行なう行政に要する経費は地方税で賄なうというふうに，それぞれの税目が法によつて定まつてまいります。

しかしながら，中央の行政区域は一つですので問題はありませんが，地方の行政区域は細分されており，それぞれの地域はその立地条件や産業構造・経済基盤等が千差万別であります。従つて，そこに住んでいる人々ないしは地域の経済力も大きな差異がみられることもまた当然であります。このような状態にある地方公共団体が一つの政府下の同一行政区内にあつて，ともに平等な行政水準を保つていこうとすると，そこに幾多の財政上の問題が生じてきます。すなわち，住民の経済力の高い地方公共団体は，管下の住民に対し比較的軽い負担率（住民の負担能力に対し）で税金を賦課徴収しても，比較的高い行政水準を保持することができるのに対して，逆に，住民の経済力の低い地方公共団体は相当重い税金を課しても，なおかつ，相対的には低い行政水準しか保持し得ないことになります。そうかといつて富裕なAという市町村住民から徴収した税金をBという市町村行政経費として使つてもらうことはできない相談であります。これでは地方の独立性が保てないからであります。

このような問題を解決する一つの方法として，中央行政機関よりの補助金による財政措置があります。中央の行政機関は区域内のどの地方の行政もあらゆる点で平等に行なわれ，住民が住んでいる地域や場所にかかわりなく公平に，健康でより文化的な生活を享受できるようにしむけていく責任と義務を有しています。従つて，財政力の豊かでない地方公共団体に対しては，それらの団体の行政水準引上げをねらいとした積極的な補助金行政が行なわれてしかるべきであり，また，現実に政府は幾種もの補助金を地方に交付してその助成につとめています。

このように補助金は地方の行政水準の地均しという役割りのほかにもう一つ重要な意義をもつています。それは地方行政の望ましい方向への指向を助成することであります。中央の行政機

関は広い視野から地方行政はこうあつてもらいたい，このような方面に力を注いでもらいたいという行政の助成あるいは奨励のために補助金を有効に活用します。このような補助金行政はその特質ゆえに逆にいろいろの問題点や欠陥をも有しているといわれています。いま，これらの問題点を列挙してみますと，

①補助金の配分に当り，政府機関に対して，不当に地方公共団体の行政に干渉してしまう機会を与える可能性をもっていること。

②補助金の行政事務（申請・調査・交付・配分）に多くの無駄とも思えるような費用と時間をかけなければならないこと。

③補助金の交付対象は広汎にわたるのが普通であるため，それぞれの地域の実態には必ずしも則し得ないところの画一配分になりがちであること。

④補助金は当然その使途が明確にされており，いわゆる〝ひも付き財源〟であるため，全経費の中に占める比率が大きすぎると，実際的には中央よりの行政となんら変らない結果になってしまい，住民が自分たちの行政への積極的な参加の機会を失なわしめる結果となってしまうことなどが挙げられます。

このような補助金行政の欠陥を救い地方行政の自主性，独立性を確保しつつ，さきの問題点を解決していく第2の方法が交付税制度であります。さきほど，Aという市町村の税金をBという市町村の行政につかうことは市町村の独立性をおかすもので，このような方法での財源の平衡化は不可能であると申しましたが，市町村間の財源平衡化の操作ではなく，政府の方からひもの付かない財源を交付しようとするのがその解決法であります。すなわち，中央・地方の財源を区分するとき地方の財源の一部分をあらかじめ中央に繰入れて中央税として賦課徴収しておきこの財源を自己財源の乏しい地方公共団体に交付しようとするのが交付税の考え方であります。しかも，この交付税は補助金と全く異なり，政府は純粋の一般財源として地方に交付し，その使途は全く地方の裁量にまかし，政府の方で使途を限定してはならないようになっているのが，その特徴となっています。市町村は区域内の住民から市町村税を徴収し，それに加えて政府から交付税の交付を受けて，これを一般財源として地方自治を行なっているこ

とになります。このように，市町村の徴収する市町村税と政府の交付する交付税は，収入の経路が異なるだけで，性質のうえでは全く同じものであるという考え方が成り立ちます。すなわち市町村税は住民から直接市町村に収められる税金で，交付税は住民から政府を通じて市町村に入つてくる税金だということになります。交付税はその制度の創設の頃は平衡交付金と名付けられていましたが，これが交付税と呼び換えられたのは，これも普通の市町村税と同じ"税金"であるということを強調するためだと考えてよいでしょう。

このように交付税は地方公共団体の財源調整をはかる機能を果しているほかに，交付税額の算定基準を示すことによつて地方行政のあるべき姿や望ましい方向を示すことができます。このことは後でくわしくでてまいりますが基準財政需要額の積算を示すことにより，政府が地方に対してどの程度の行政水準を保障し期待しているかがわかります。

以上の説明で交付税というものはどんなものであるかについて，そのあらましが理解できたと思いますが，市町村交付税法（1957年立法第38号）には この制度のもつ意義が第一条に端的に表現されています。すなわち，同法第一条には「この立法は，市町村が<u>自主的にその財産を管理し，事務を処理し及び行政を執行する権能をそこなわずにその財源の均衡化を図り</u>，及び市町村交付税の基準設定を通じて<u>市町村行政の計画的な運営を保障する</u>ことによつて，市町村自治の本旨の実現に旨するとともに，市町村の独立性を強化することを目的とする。」とあります。このように交付税は全くの一般財源として市町村が運用できるところにその特色があり，これが補助金・交付金などと本質的に異なつている点であることをじゅうぶんに理解していただきたいと思います。

2 交付税の財源と種類

交付税は1に述べたように地方の一般財源として交付すべき政府税の一部でありますが，沖縄では，政府税のうち，所得税，法人税，煙草消費税，葉たばこ輸入税，酒類消費税の6つの税額の一定割合をふりむけるようになつています。一定割合いとは現行の交付税法では100分の22.6とするよう規定されています。因みに1967会計年度のこれら6税の歳入予算額は33,701,500ドルで，これの22.6%に当る7,645,600

ドルが市町村交付税特別会計に繰入れられ，各市町村に交付されることになります。

交付税は普通交付税と特別交付税の2種類に分けられており，普通交付税は交付税総額の85％がこれに当られ，残りの15％は特別交付税として市町村に交付されます。普通交付税は一定の方式で算出した基準財政需要額に対する基準財政収入額の不足分を交付することになつています。すなわち，

普通交付税額＝基準財政需要額－基準財政収入額

で，別の考え方をすれば基準財政需要額は基準財政収入額と普通交付税額でカバーされることになります。基準財政需要額とは何か？また，それはどのように算出されるか？基準財政収入額とは何か？その算定方法は？等については3以下で精説していきましょう。

次に，特別交付税は普通交付税の算定に用いる基準財政需要額の算定によつては補そくできたなかつた特別の財政需要や，災害等のための需要の増加や収入の減少等に応ずるよう財源の保障を与えるため交付されるようになつています。

なお，普通交付税と特別交付税の比率は本土においては94:6となつているのに対し，沖縄では前述のように，85:15で特別交付税の比率が本土に比べて高くなつていますが，これは，沖縄の市町村行政や財政制度が本土に比べて特殊性をもつており，市町村間の自己財源の内容において，かなりの差異があることから，これらの調整をも兼ねるという意味でこのような措置が講ぜられているのではないかと思われます。

3　基準財政需要額の算定方法

基準財政需要額とは，市町村がある一定水準における普遍性のある行政を行なうために必要な標準的な経費のうち，一般財源で充てられるべき経費をいいます。ここで一定水準ということは，行政水準の尺度をある方法で仮定して算出することを示し，この尺度は一応どこの市町村の需要額を算出する際にも共通に用いられるようになつています。普遍性のある行政経費とは千差万別である市町村の行政費のうちでどこの市町村でも必要とされる経費であることを意味しています。従つて基準財政需要額の中には市町村が任意に行なつている特殊な行政に必要な経費は含まれていないことになります。一般財源で充てられるべき経費というこ

とは，例えば半額が補助金で充てられる場合，残りの半額分が市町村の自己財源から支出されるべき経費で，これだけが基準財政需要額に算入されるということを意味しています。

具体的に基準財政需要額を算定する方法としては，市町村行政経費を6つの分野に分けて，それぞれの経費が数値の掛算方式で算定されるようになっています。6つの分野とは，1.消防費 2.土木費，3.厚生費，4.産業経済費，5.その他の行政費，6.教育費です。最後の6の教育費は1967会計年度から新たに算定されるようになったことはよくご承知のことと思います。さきほど掛算方式で基準財政需要額を算定すると申しましたが，これを式で表示しますと，

　基準財政需要額＝単位費用×測定単位×補正係数

という算式になります。ここに用いてあるそれぞれの用語を簡単に説明しますと，まず，測定単位とは，一つの行政分野の財政需要額を測定するための客観的な指標をいいます。例えば教育費のうちの小学校に必要な経費はその市町村（教育区）の学校数・学級数・児童数と定めるといった具合いであります。同様に，6つの行政分野のそれぞれにつき1～3の測定単位が法によつて定められています。測定単位が客観的なものであることを必要とするのは，誰が調査しても明確な数値が得られ，従つて交付事務の段階で主管庁や交付をうける市町村の作為やあいまいさを排除することができるからであります。

次に，単位費用とは，各行政項目ごとの経費を決定するため，測定単位の数値に掛けるべき1測定単位当りの金額をいいます。例えば，小学校費の学校数にかかる単位費用は1967年度においては＄1,075.60と定められていますが，これは1学校当りの標準的な学校経費はこの金額で算出することを示しています。同様に，小学校の学級数にかかる単位費用＄225.15，児童数にかかる単位費用＄3.00がそれぞれ交付税法によつて定められていますから，ある教育区の小学校の基準財政需要額を算出するのに，学校数3，学級数50，児童数2,000人の場合は

　3×＄1,075.60＋50×＄225.15＋

　2,000×＄3.00＝＄20,484.30　と算出されることになります。

このような単位費用はどのように算出してくるかについて簡単にふれてみましょう。

再び小学校費を例にとりますと，まず，標準規模の施設を想定します。67年において18学級，900人の学校を想定し，これの運営に必要な年間経費の積上げ計算を行ないます。例えばこの規模の学校では雇用人として，使丁1人，事務補助員1人，給食従事員3人が必要であり，これらの職員の給料・手当等の額がいくらになると積算していきます。小学校費・中学校費については，先ほど説明したように学校数・児童生徒数の3つの測定単位が用いられますので，必要経費を学校にかかる経費と学級・児童にかかる経費に区分します。雇用人の例ですと，使丁は200人の学校であつても，2,000人の学校であつても1人は是非必要ですので使丁の給与費は学校経費になり，一方事務補助員や給食従事員は学級・児童生徒数によって必要数が異つてきますので，これらの職員の給与費は学級・児童経費に区分されるといつた具合であります。小学校費・中学校費の投資的経費については消費的経費のように学校経費，学級・児童生徒経費に費目毎には，はつきりと区分できませんので一括して積算し総額の10％を学校経費に，90％を学級児童生徒経費に分けるようになつています。学級経費と児童生徒経費は投資的経費の90％に消的経費にかかる学級・児童生徒経費を加えたものを6:4に区分し，6を学級経費，4を児童経費に充てるようになつています。このように学校経費・学級経費・児童生徒経費が出てきましたらこれを標準規模の測定単位の数値，例えば小学校ならば学校経費は学校数の1，学級経費は学級数の18，児童経費は児童数の900で割つて算出されたのが具体的な単位費用となります。

このような単位費用は基準財政需要額を決定するたいせつな要素でありますので「市町村交付税法」の中にその数値が定められるようになつています。単位費用はいうなれば行政水準の量的な表示ということになります。社会は年とともにに進歩発展してまいりますので，当然この単位費用も年々改善していかなければなりません。事実単位費用はほとんど毎年立法院で法の改正により修正増額されています。現在の教育費にかかる単位費用は，本土に比べて実質的に70％の水準にしかなく，漸次改善していき，地方の教育行政が1年でも早く本土水準に到達できるよう財政措置を講じていかねばならないと考えています。なお，1967年度の教育費にかかる単位費用については

文教時報102号の69ページ以下に表示されていますが、さきほど説明をふえんする意味で経費の項目だけを本土と比較して表で示してみましよう。

(表) **単位費用積算の標準経費**―本土比較―

(市町村教育費分)

区分		A 小学校		B 中学校	
		沖縄 1967年度	本土 昭和41年度	沖縄 1967年度	本土 昭和41年度
標準規模	学校数	1	1	1	1
	学級数	18	18	15	15
	児童生徒数	900	846	750	705
	職員数	5	6	3	3.5
	使丁	1	1	1	1
	事務補助員	1	1	1	1
	給食従事員	3	4	1	1.5
学校経費	消費的経費 給与費	$705	$1,094.44	$705	$1,094.44
	報酬	100	150	100	150
	通信運搬費	120	138.89	100	147.22
	備品費	90	175	90	200
	投資的経費の10%相当	60.60	396.39	70.30	368.33
	計	a 1,075.60	1,955.55	1,065.30	1,961.11
児童・生徒経費	消費的経費(歳出) 給与費	$2,075	$3,513.88	$1.393	$1,847.22
	庁費	1,553	2,688.88	1.806	3,008.34
	需要費	807	1,094.44	682	1,205.56
	原材料費	69	158.33	300	583.33
	備品費	500	650	600	1,075.00
	負担金交付金	507	1,172.22	422	1,097.22
	衛生費	90	—	75	—
	旅費	460	—	500	—
	小計	6,691	9,277.75	5,778	8,816.67

区　　　　分		A　小　学　校		B　中　学　校	
		沖縄 1967年度	本　土 昭和41年度	沖縄 1967年度	本　土 昭和41年度
学校児童及び生徒学級経費	(歳入) 政府補助 （国庫支出） そ　の　他	482	908.33	460	1,083.33
	差引一般財 源充当額	6,209	8,369.42	5,318	7,733.34
	投資的経費の 90％相当	545.40	3,568.60	632.70	3,315.00
	計	b 6,754.40	11,938.02	5,950.70	11,048.34
	(歳出) 投資的経費 建築費	$ —	$ 3,913.88	$ —	$ 4,369.45
	設備費	1,164	1,255.55	1,266	1,675.00
	小　計	1,164	5,169.43	1,266	6,044.45
	(歳入) 政府補助 （国庫支出）	558	1,205.55	563	2,361.11
	差引一般財 源充当額	606	3,963.88	703	3,683.34
単位費用	学校当り	a $ 1,075.60	$ 1,955.55	$ 1,065.30	$ 1,961.11
	学級当り	b 6,754.40× 0.6÷18 ＝225.15	11,938.02× 0.6÷18 ≒397.78	5,950.70× 0.6÷15 ＝238.03	11,048.34× 0.6÷15 ≒441.94
	児童生徒当り	6,754.40× 0.4÷900 ＝$3.00	11,938.02× 0.4÷846 ≒$5.64	5,950.70× 0.4÷750 ＝$3.17	11,048.34× 0.4÷705 ≒$6.28

C　その他の教育費

	区　　　分	沖縄 1967年度	本　土 昭和41年度	区　　　分	沖縄 1967年度	本　土 昭和41年度
標準規模	行政規模	人 15,000	人 100,000	図書館数	—	1
	教育委員数	5	5	図書館職員数	—	8
	事務局職員数	3	19	幼稚園数	1	4
	公民館数	10	1	幼稚園教員数	4	16
	公民館職員数	—	7			

区 分		沖縄 1967年度	本土 昭和41年度	区 分	沖縄 1967年度	本土 昭和41年度
教育委員会費	給 与 費	$4,611	$36,383.36	通信運搬費	$60	97.22
	人 当 庁 費	60	472.22	借 料・損 料	48	33.33
	旅 費	295	363.89	備 品 費	35	22.22
	報 償 費	100	308.33	原 材 料 費	98	527.78
	賃 金	20	138.89	負担金・補助金・交付金	2,300	183.33
	需 用 費	285	1,413.89	計	7,912 a	39,944.48
社会教育費（公民館費）	給 与 費	$—	$12,530.57	借 料・損 料	94	144.44
	人 当 庁 費	—	166.67	備 品 費	24	11.11
	その他の庁費	—	50	負担金・補助金・交付金	210	833.33
	修 繕 費	—	194.44	公民館建設費	—	697.22
	旅 費	150	441.67	施 設 費	300	80.56
	報 償 費	60	244.44	設 備 費	—	55.56
	賃 金	30	152.78	歳 出 計	1.255	16,338.91
	需 要 費	375	730.56	歳入県補助	—	27.78
	通信運搬費	12	5.56	差引一般財源充当額	1,255 b	16,311.12
図書館費	給 与 費	$—	$12,708.34	需 要 費	—	91.67
	人 当 庁 費	—	188.89	通信運搬費	—	8.33
	その他の庁費	—	36.11	備 品 費	—	2,430.56
	修 繕 費	—	280.56	図書館建築費	—	533.33
	賃 金	—	72.22	施 設 費	—	47.22
	旅 費	—	83.33	計	—	16,480.57
幼稚園費	給 与 費	$4,036	$26,866.69	備 品 費	40	744.45
	その他の庁費	—	200	原 材 料 費	13	33.33
	修 繕 費	133	1,244.44	建 築 費	—	2,800
	報 酬	50	244.44	設 備 費	—	1,611.11
	旅 費	80	400	歳 出 計	4,540	35,455.57

区　分		沖縄 1967年度	本土 昭和41年度	区　分	沖縄 1967年度	本土 昭和41年度
〃	需　用　費	$164	$1,200	歳入・補助金 手　数　料	3,459 d	11,377.79
	通信運搬費	24	111.16	差引一般財 源充当額	1,081	24,077.80

単位費用 人口1人当り	沖　縄	$(7,912 + 1,255 + 1,081) \div 15,000 = \$0.68$ (a) (b) (d)
	本　土	$(39,944.48 + 16,311.12 + 16,480.57 + 24,077.80) \div 100,000 = \$0.97$

　上記の単位費用の積上げにおいて，本土の場合，小・中学校の建築費が積算されているが，沖縄では校舎の建築費は全額政府負担であるため積算の中に含められておらず，従つて名目上の単位費用は本土の60%以下になつているが，実質的には前に述べたように70%台となつています。

　次に，補正係数について説明しましよう。単位費用を算出するため，標準規模の施設や団体を考えてこれに要する経費から求める訳ですが，実際の場合学校の規模は全琉237校のうちには児童数4人から2,521人（1966年5月1日現在）まで及んでいます。その他の教育費の標準団体の人口は15,000人ですが59の教育区が小は962人から大は257,177人と多様に及んでいます。このような色々の態容をもつている測定単位の数値に一律に共通な単位費用を掛けて基準財政需要額を算出するということは，実態にそぐわない結果になつてきます。その他の教育費の人口1人当り68¢をどの教育区にも一律に人口に乗じて算出すると，人口の少ない教育区では，これだけの経費では到底行政ができないことになるし，一方人口の多い教育区では余裕がありすぎるということになります。人口千人たらずの教育区でも教育委員は5人選出されており，これの25倍以上の教育区でも教育委員は7人しかおりません。このことだけを考えても，経費は人口当り一律に何¢と画一的に決めて算出することは不合理だということがおわかりのことと思います。このような不合理を是正するため，実際上は単位費用を増減させるべきですが，便宜上，測定単位を補正して結果において単位費用を増減させたと同じ結果になるようにする訳です。このように人口による経費のてい減・てい増や立地条件等

による経費の割高・割安等に応ずるよう需要額を補正するため、測定単位の数値に掛けるべき数値を補正係数といいます。現在の市町村の基準財政需要額の算定に用いる補正係数の種類としては種別補正・段階補正・態容補正があります。これらの一つ一つについて説明していくと、やや専門的になりますので省略しますが、特に、教育費の基準財政需要額に用いる人口段階補正と態容補正についてごく簡単にふれてみましょう。まず、人口段階補正についてですがその他の教育費における標準団体人口15,000人をもとにして単位費用68￠を算出しましたが、これと同様に15,000人以上、以下についても、いくつかの人口段階に区分して、それぞれの段階区分において、標準規模の団体と同じ水準の行政を行なうためいくらの経費がかかるかを算定します。その他の教育費において、標準規模15,000人の教育区の経費が 15,000×68￠＝＄10,200かかるのに対して25,000人の教育区では＄15,300と算定されれば 25,000×α×68￠＝15,300 α＝0.90ということになります。このαが補正係数で、いいかえれば 25,000人のところでは 68￠×0.9＝61￠で標準規模と同じ行政水準が保てることを意味する訳です。しかしながら、先に説明したとおり、単位費用は一定の68￠とし、人口を補正して

25,000人×0.9＝22,500人　算出しても結果は同じになりますので、通常補正係数は測定単位を補正するためにつかわれます。このように人口段階補正係数は標準規模以下では1以上の数値となり、逆に標準規模以上の団体では1以下になってきます。

次に態容補正は教育区（市町村）の産業構造によって人件費等に差異がみられることを補正するためのもので具体的には都市地区の需要額が他に比べて割高になることを補正するために用いられます。

　結局、その他の教育費の需要額は
　　需要額＝補正人口×単位費用
で算出され、補正人口は、
　　補正人口＝実人口×段階補正係
　　　数×態容補正係数
で求めるというややこしい計算になる訳です。

教育費のうち学校教育費については補正係数を用いないことになっていますが、これは測定単位が学校・学級・児童生徒と3つに分れて算定されるようになっているため、この3つの測定単位の使用が補正の役目を果すことが

できるという考え方によるものです。なお，これら補正係数の算定方法などについては規則で定められることになつています。

以上で基準財政需要額の算定方法についての説明を終りますが，教育区の予算のうち，市町村の教育費負担金についてはこの基準財政需要額を一応のめどとして予算を調製することになりますので，各教育区でも新年度の予算を見積る場合は，どうしてもこの額をある程度予測しておかねばなりません単位費用については新年度の予算案が立法院に送られる4月末までには，政府参考案としての数字が固まつてきますし，測定単位については学校関係は5月1日の学校基本調査で数字が確定しますから，5月の初旬あたりまでには各教育区では教育費の需要額を算出しておいて，予算案の編成にそなえなければなりません。

4 基準財政収入額

市町村は自らの行政を執行するため住民から租税を徴収していますが，これらの租税が地域の区別なく，公平に課税されるよう，市町村税法によつて課税の対象や方法等が定められています。現在，法で規定されている市町村の普通税は市町村民税・固定資産税・事業税・不動産取得税の4つでありますが，これらの各税について課税対象と課税対象金額のいくらを課税するかについての標準税率が定められています。例えば市町村民税の個人均等割は45¢とする旨の規定があります。しかしながら，これはあくまでも標準であつて地方の自主性を重んずる意味から具体的には各市町村は条例によつて税率を定めることができるようになつています。従つて，各市町村では45¢を標準として，場合によつては財政需要の関係上60¢として定めてもよいし，或いは他の財源（税以外の）を見越して30¢に定めてもかまわないことになつています。といつていくら財政需要があるからとして，これを1ドル，2ドルにすると条例で定めれば，それに基づいて住民から徴税できるとしたら全体の均衡上，好ましい結果にはなりませんので，どの税目でも法に標準税率の外に制限税率が設けられこれ以上に税率を上げることができないように規制されています。結局，市町村税はこの制限税率以下において自主的に条例の定めにより，課税ができるということになります。

話しが横道にそれたようですが交付税の算定に用いる基準財政収入額は市

町村の普通税について当該年度において標準税率で課税した場合の税額の70％を算定することになつています。本土の交付税制度では75％（市町村）となつています。何故100％にしないで70％に定めてあるかと申しますと、これも交付税制度の面白いところでありますが、収入額のまるまる100％をとると、地方の税収は全く基準財政需要額に対応するものとなり、中央の定めた標準行政の枠内の行政しかできないことになります。このような欠陥を除き、市町村財政の弾力性と自主性を保障するため30％を残して税収の70％を基準財政収入額とするようになつております。この残りの30％を留保財源と呼び、地方の自主性に基づく各市町村独自の計画による需要等に当てられる財源として有効に使われることになります。市町村の歳入・歳出の財源・需要別構造図を示すと次のとおりになります。

（図）市町村の歳入・歳出にかかる財源・需要別構造

5 交付税制度の活用について

本講座で1から4まで交付税制度のあらましについて解説してまいりましたが、市町村の方々はこの制度については数年来なじみのことですが、教育関係者にとつては初めての経験でいろいろのとまどいや考え方が制度の趣旨とマッチしないところがあるように見受けられます。それでこの節では交付税制度の正しい運用について4つ事柄について説明や希望を加えて全体のまとめとしたいと思います。まず、教育委員会あたりで一番話題になることは、今年度の交付税の中に含まれている教育費はいくらかということのようです。もちろん、前年度までは教育費に対しては交付税制度が適用されていなかつたので、今年度の交付税の増額分は教育費需要の積算によるものだと簡単に割切つてしまえばそれまでですが、いろいろ考えた場合、教育税が市町村税に一本化されたといつても、税制度そのものが改革され、単に2つを寄せ集めたものではありません。また交付税は基準財政需要額と基準財政収入額との関連で決まるものですし、従来の一般行政の需要額についても、伸びがあることであるし、基準財政収入額の元になる税収の伸びにしても、市

町村によっていろいろの条件が内在するはずであります。このように考えると，交付税の中の教育費分という考え方は全く無意味に近いということです。もちろん，政府が市町村に交付税を交付する場合，いろいろの資料を同時に提供することになつています。この中には基準財政需要額については，市町村行政のそれぞれの分野ごとに細かい積算結果が示されていますが，交付税にはそれがありません。交付税というのは基準財政収入額と合せて基準財政需要に応ずるよう交付されるだけであります。このことは交付税法の本旨からも云えることであります。即ち同法の第3条第2項には「政府は，交付税の交付に当つては，市町村自治の本旨を尊重し，条件をつけ，又はその使途を制限してはならない」とあります。交付税はあくまでも市町村の一般財源であつて，交付税から回るべき教育費はいくらかという質問は，例えば市町村民税から回る教育費はいくらかとか，事業税から教育費にはいくら使われるかという質問と同じであると考えてもよいということになります。夫と妻の2人の収入によって生活を維持している家庭の今晩のおかず代の財源を探究してもはじまらないことと理く

つは全く同じであります。

理論は成程それでいいが，実際問題としてどのように教育費を定めるかが問題だといわれる方には答えはきわめて明快であります。前から再三申し上げたように教育費負担金予算額のめどは基準財政需要額であり，これに留保財源やその他の税外収入の大きさ，教育費の特別需要額，特別需要の緊急性の他の一般行政との関連等を考慮して市町村当局と誠意をもつて調整すれば必ず妥協点がみいだせるものと考えるところであります。

次に，基準財政需要額の積算についてでありますが，この積算は交付税を交付するための需要額の算定に用いる単位費用を出すためのものであります。もちろん，その内容は政府として市町村行政の望ましい方向を指示はしていますが，決して補助金みたいに拘束力のあるものではななく，極端に云えば，一つの資料にすぎません。従って，そこに積算されている項目について予算の計上がなかったからといつて違法もなんでもありません。積算は標準規模を仮定してのものであり，それぞれの教育区や学校に適合することはないし，また，仮りに規模が一致しておったとしても，全くその通りの予算

内容では教育区や学校等の特色がかえって殺される結果になります。例えば67年度の単位費用の積算基礎の中に給食従事員の給料が月額40ドルと示されているからといつて前年度まで30ドル支給していたのを，いきなり40ドルまでもつていくことは或いは周囲のバランスから不合理が生ずる場合も考えられるし，逆にいままで45ドル支給していたところでこれを40ドルに引下げる必要も毛頭ないわけです。ただし，標準ということは望ましい線だということでありますので，これらの職員の給与についてもこの線まで達していないところでは，できるだけ改善していくような態度で望むことは必要なことがらであります。

第3に単位費用の積算基礎は単なる資料であるとは申しましても，これに積算された分については財源の確保が可能であることを意味します。例えば小規模の併置校で事務職員の配置がないが何とかして呉れと申し出があつたとします。政府は「この点については交付税で財源の保障がなされているから教育区の問題である」と回答するでしょう。すなわち，いくら規模の小さい学校でも併置校であれば，小・中学校のそれぞれに使丁が1人づつおけるよう積算されており，併置校では使丁を2人も置く必要がないから，そのうちの1人は事務補助員として採用すれば問題は解決する訳です。もちろん，この方式をとるかとらぬかは教育区の全くの自由採量でありますから，政府としてはただ財源については保障されているのだと答える以外はないことになります。

最後に，単位費用は現実的なものではないにしても，究極的には基準財政需要額を算定する重要な数字であり，これによつて教育費の額がある程度定まり，ひいては教育の水準が定まることになる訳ですから，教育関係者はじゅうぶんに関心をもつて貰いたいいうことであります。現実と遊離した積算については，できるだけ事実に近づけるよう政府としても毎年その改善に努力をすることは当然でありますが，教育委員会の職員や学校の管理者の皆さんも交付税制度の研究と深い理解のもとに沖縄の地方教育の水準の向上のために単位費用の増額・本土水準まで引上げのめに側面的な協力や援助を希望するとこころであります。

<教育行財政資料>

1967年度普通交付税の算定資料

教 育 区			A 基準財政需要額 $	B 基準財政収入額 $	C 交 付 決 定 額 （A－B）$	D Aのうち教育費分 $
全	琉	計	10,699,439	4,248,343	6,451,096	3,058,829
国		頭	133,966	9,952	124,014	53,028
大	宜	味	91,811	5,700	86,111	30,715
	東		63,212	2,502	60,710	20,557
羽		地	108,198	11,173	97,025	34,981
屋	我	地	54,582	2,789	51,793	14,247
今	帰	仁	151,512	73,898	77,614	50,782
上	本	部	76,153	4,910	71,243	22,573
本		部	177,181	31,173	146,008	64,928
屋		部	79,801	35,374	44,427	20,204
名		護	209,597	130,568	79,029	59,517
久		志	91,527	11,004	80,523	33,642
宜	野	座	70,626	4,695	65,931	20,354
金		武	105,999	23,760	82,239	30,397
伊		江	94,020	15,347	78,673	29,076
伊	平	屋	64,299	3,336	60,963	20,941
伊	是	名	73,456	5,695	67,761	21,858
恩		納	102,403	12,177	90,226	38,621
石		川	161,369	34,413	126,956	48,536
美		里	208,341	57,689	150,652	65,448
与	那	城	156,242	22,204	134,038	49,704
勝		連	145,310	12,537	132,773	55,784
具	志	川	325,196	124,087	201,109	106,393
コ		ザ	511,878	268,487	243,391	137,951
読		谷	195,786	37,489	158,297	64,498
嘉	手	納	145,680	55,483	90,197	42,456
北		谷	114,360	33,243	81,117	34,028
北	中	城	100,292	20,024	80,268	24,014
中		城	116,365	15,791	100,574	36,878
宜	野	湾	298,279	133,781	164,498	92,166
西		原	112,807	40,442	72,365	32,290

教 育 区	A 基準財政需要額 $	B 基準財政収入額 $	C 交付決定額 (A-B) $	D Aのうち教育費分 $
浦　　　添	272,050	210,396	61,654	83,217
那　　　覇	2,725,910	2,089,450	636,460	600,858
(久)具志川	83,819	10,574	73,245	22,567
仲　　　里	110,817	15,971	94,846	39,878
北　大　東	36,226	2,702	33,524	8,456
南　大　東	57,993	11,240	46,753	14,563
豊　見　城	129,724	89,110	40,614	37,777
糸　　　満	448,164	72,614	375,550	121,013
東　風　平	108,290	16,956	91,334	31,411
具　志　頭	86,062	8,378	77,684	26,022
玉　　　城	109,911	14,165	95,746	35,079
知　　　念	83,083	5,595	77,488	25,148
佐　　　敷	93,781	10,122	83,659	26,335
与　那　原	107,031	22,373	84,658	28,138
大　　　里	90,815	12,013	78,802	26,408
南　風　原	112,038	37,447	74,591	30,453
渡　嘉　敷	36,916	686	36,230	11,681
座　間　味	45,378	976	44,402	16,513
粟　　　国	44,903	1,736	43,167	11,783
渡　名　喜	34,728	705	34,023	9,134
平　　　良	330,900	91,854	239,046	111,189
城　　　辺	169,663	32,452	137,211	57,453
下　　　地	83,418	35,301	48,117	23,508
上　　　野	73,071	8,166	64,905	19,200
伊　良　部	125,570	8,633	116,937	38,020
多　良　間	55,348	3,543	51,805	14,070
石　　　垣	493,671	170,422	323,249	152,491
竹　　　富	136,331	16,262	120.069	58,725
与　那　国	73,580	8,778	64,802	21,172

（注）総務局の資料より

学校設備調査の基準金額

学校設備調査のなかの理科設備調査および教材調査の基準額を学校種別に算出したので、「学校設備の調査結果一覧表」に利用してください。

学校図書館設備調査の基準額は各学校で算出してください。なお、「Ⅰ図書」の基準単価は小学校および中学校が1冊1ドルに、高等学校が1冊1ドル50セントにしてください。

Ⅰ 理科設備調査

(イ) 新基準による基準額

区分		小学校 学級数			中学校 学級数			高等学校 生徒数		
		Ⅰ 1~5	Ⅱ 6~23	Ⅲ 24以上	Ⅰ 1~5	Ⅱ 6~17	Ⅲ 18以上	Ⅰ 1~300	Ⅱ 301~1,200	Ⅲ 1,201以上
0	計量器	$242.77	$399.05	$447.28	$596.12	$732.24	$1,265.31	$1,846.39	$2,317.44	$3,581.72
1	実験機械器具	1,395.65	1,948.38	2,667.95	2,516.11	2,999.61	4,049.33	6,958.77	8,062.22	9,202.17
従前品目	小計	1,638.42	2,347.43	3,115.23	3,112.23	3,731.85	5,314.64	8,805.16	10,379.66	12,783.89
2	野外調査用観察具	304.23	503.84	674.35	231.22	277.01	439.88	587.56	732.29	964.12
3	標本	95.57	95.57	95.57	239.16	239.16	239.16	599.48	635.04	650.60
4	模型	226.39	226.39	226.39	374.48	385.60	424.52	529.69	568.57	588.01
	小計	626.19	825.80	996.31	844.86	901.77	1,103.56	1,716.73	1,935.90	2,202.73
	計	2,264.61	3,173.23	4,111.54	3,957.09	4,633.62	6,418.20	10,521.89	12,315.56	14,986.62

	品目									
追加品目	0 計量器	83.35	83.35	83.35	298.08	309.20	348.12	1,851.40	1,906.96	1,906.96
	1 実験機械器具	203.92	272.00	398.08	1,017.53	1,073.37	1,293.67	3,331.69	3,453.91	3,558.08
	小計	287.27	355.35	481.43	1,315.61	1,382.57	1,641.79	5,183.09	5,360.87	5,465.04
	2 野外調査用器具	27.79	37.52	37.52	111.12	111.12	111.12	198.62	198.62	198.62
	3 標本	43.05	61.38	61.38	202.30	258.16	481.60	109.79	148.71	148.71
	4 模型	22.22	22.22	22.22	25.00	25.00	25.00	13.89	13.89	13.89
	小計	93.06	121.12	121.12	338.42	394.28	617.72	322.30	361.22	361.22
	計	380.33	476.47	602.55	1,654.03	1,776.85	2,259.51	5,505.39	5,722.09	5,826.26
計	0 計量器	326.12	482.40	530.63	894.20	1,041.44	1,613.43	3,697.79	4,224.40	5,488.68
	1 実験機械器具	1,599.57	2,220.38	3,066.03	3,533.64	4,072.98	5,343.00	10,290.46	11,516.13	12,760.25
	小計	1,925.69	2,702.78	3,596.66	4,427.84	5,114.42	6,956.43	13,988.25	15,740.53	18,248.93
	2 野外調査用器具	332.02	541.36	711.87	342.34	388.13	551.00	786.18	930.91	1,162.74
	3 標本	138.62	156.95	156.95	441.46	497.32	720.76	709.27	783.75	799.31
	4 模型	248.61	248.61	248.61	399.48	410.60	449.52	543.58	582.46	601.90
	小計	719.25	946.92	1,117.43	1,183.28	1,296.05	1,721.28	2,039.03	2,297.12	2,563.95
	計	2,644.94	3,649.70	4,714.09	5,611.12	6,410.47	8,677.71	16,027.28	18,037.65	20,812.88

注 小学校の理科設備調査票A-3の上から4行目=アクアリウム=の基準単価8.61を8.33に訂正する。

(ロ) 旧基準による基準額

区分	小学校				中学校				高等学校		
	I 学級数 1〜5	II 6〜23	III 24以上	分校	I 分校 2学級以下	II 3〜5	III 6〜17	IV 18学級以上	I 生徒数 1〜299	II 300〜1,349	III 1,350以上
0 計量器	$142.69	$226.69	$280.48	$97.11	$227.24	$428.78	$510.42	$800.29	$1,380.15	$1,661.99	$2,206.38
1 実験機械器具	1,085.09	1,587.80	1,745.50	641.35	1,500.56	2,011.63	2,326.68	2,975.87	5,708.84	6,574.55	7,556.20
小計	1,227.78	1,814.49	2,025.98	738.46	1,727.80	2,440.41	2,837.10	3,776.16	7,088.99	8,236.54	9,762.58
2 野外観察調査用具	203.43	298.91	341.11	132.71	168.88	225.66	271.00	428.76	605.07	740.07	981.63
3 顕本	95.57	95.57	95.57	95.57	239.16	239.16	239.16	239.16	552.80	582.80	628.36
4 模型	226.39	226.39	226.39	226.39	352.24	352.24	352.24	352.24	458.87	458.87	465.81
小計	525.39	620.87	663.07	454.67	760.28	817.06	862.40	1,020.16	1,616.74	1,781.74	2,075.80
計	1,753.17	2,435.36	2,689.05	1,193.13	2,488.08	3,257.47	3,699.50	4,796.32	8,705.73	10,018.28	11,838.38

II 教材調査

区分	小学校			中学校				高等学校			
	I 5学級以下	II 6〜23	III 24学級以上	I 5学級以下	II 6〜17	III 18学級以上		I 24学級以下	II 25〜36	III 37学級以上	
共通教材	$1,633.87	$2,189.14	$2,863.13	$653.07	$2,036.21	$2,286.76		—	—	—	
国語	187.65	480.56	551.66	21.96	65.04	80.88		$641.00	$974.00	$1,217.00	
社会	165.71	346.39	688.19	304.44	702.50	702.50		1,305.35	2,016.60	2,604.24	
算数・数学科	—	—	—	155.47	290.69	514.76		543.44	763.83	982.21	
音楽	1,137.69	2,429.59	3,597.72	1,667.99	2,815.19	3,356.89		6,398.70	7,946.90	9,067.10	

科目									
図画工作・美術科	1,744.26	2,430.34	2,430.34	280.68	469.87	481.72	1,677.00	2,774.00	2,774.00
保健体育科	1,011.54	1,478.11	1,979.51	2,260.06	2,780.61	3,568.66	5,430.00	7,964.70	7,964.70
家庭科または技術家庭科 栽培	—	—	—	115.13	150.49	150.49	—	—	—
製図	—	—	—	145.76	231.82	430.32	—	—	—
木材加工	—	—	—	1,071.88	2,223.51	3,167.51	—	—	—
金属加工	—	—	—	801.06	1,414.93	1,761.68	—	—	—
機械	—	—	—	218.84	401.82	620.66	—	—	—
電気	—	—	—	140.78	247.92	388.70	—	—	—
被服	—	—	—	1,332.32	2,051.90	3,809.26	—	—	—
食物	—	—	—	1,023.52	1,842.34	3,353.60	—	—	—
調理	—	—	—	—	—	—	—	—	—
小計	832.88	1,130.23	1,130.23	4,849.29	8,564.73	13,682.22	—	—	—
外国語・英語科	—	—	—	233.34	727.82	766.74	3,704.17	3,842.88	3,977.24
進路指導用	—	—	—	22.22	55.55	88.88	—	—	—
視聴覚備品	…	…	…	…	…	…	7,065.50	9,445.50	12,125.50
合計	6,713.60	10,484.36	13,240.78	10,448.52	18,508.21	25,530.01	26,765.16	35,728.41	40,711.99

注1　小学校、中学校の視聴覚備品は次頁のとおりで、外数である。

注2　高等学校の視聴覚備品のなかのラジオ、テレビ受像機の基準は学級当りであるので、この欄には算入してない。その額だけ加えて視聴覚備品の基準額とする。

注3　高等学校の国語科のなかのテープの基準単価、基準数量はないので、この欄には算入してない。

—53—

小学校・中学校の視聴覚備品

区　分	1～12学級	13～24	25～36	37学級以上
小　学　校	$4,850.00	$5,760.00	$6,460.00	$6,530.00
中　学　校	4,950.00	5,930.00	6,590.00	6,730.00

注　ラジオ、テレビ受像機の基準は学級当りであるので、この欄には算入してないので、その額だけ加えて視聴覚備品の基準額とする。

Ⅲ　特殊教育諸学校

(ロ) 教材調査

| 区　分 | 盲 | ろう | 養護 | | 区　分 | 盲 | ろう | 養護 | |
			肢体不自由	精神薄弱				肢体不自由	精神薄弱
共 通 教 材	$3,914.27	$3,330.72	$2,539.58	$2,261.78	金 属 加 工	$948.17	$948.17	$948.17	$948.17
国　語　科	52.30	112.02	42.54	42.54	機　械	303.45	303.45	303.45	303.45
社　会　科	774.15	496.37	496.37	496.37	電　気	189.28	189.28	690.67	203.17
算・数・数学科	521.92	351.36	351.36	351.36	被　服	1,366.20	1,366.20	1,366.20	1,366.20
音　楽　科	2,983.31	1,129.93	2,794.35	2,794.35	調　理	1,287.41	1,287.41	1,287.41	1,287.41
図画工作・美術科	268.59	268.59	268.59	268.59	小　計	6,274.34	6,274.34	6,775.73	6,288.23
保 健 体 育 科	1,942.86	1,919.26	3,796.80	1,942.86	外国語・英語科	261.14	261.14	261.14	261.14
技　栽　縫	148.73	148.73	148.73	148.73	進 路 指 導	22.22	22.22	22.22	22.22
製　図	106.07	106.07	106.07	106.07	視 聴 覚 備 品	4,070.00	4,070.00	4,070.00	4,070.00
術・木 材 加 工	1,925.03	1,925.03	1,925.03	1,925.03	合　計	21,085.10	18,235.95	21,418.68	18,799.44

(ロ) 理科設備調査

区	分	甲	ろう
0	計 量 器	$2,167.79	$1,253.48
1	実 験 機 械 器 具	5,742.59	4,997.13
	小　　計	7,910.38	6,250.61
2	野外観察調査用具	258.18	414.77
3	標　　本	582.78	553.58
4	模　　型	590.84	816.66
	小　　計	1,431.80	1,785.01
	計	9,342.18	8,035.62

注 養護学校の理科設備調査の基準額は、「Ⅰ理科設備調査」の「Ⅰ新基準による基準額」の中学校のⅠ規模をとる。

中教委だより

第155回定例中央教育委員会
1　期日　1966年9月20〜26日
2　会議録（抄）……可決
○　1967年度・政府立高等学校入学者選抜に関する実施要項について
　　　　　　　　（議案第5号）
○　地方教育区に交付すべき教育補助金の交付額の算定に用いる測定単位及び補正係数に関する規則について（議案第10号）

第156回臨時中央教育委員会
1　期日　1966年10月26〜27日
2　会議録（抄）……可決
○　理科備品補助金交付に関する規則の一部を改正する規則について
　　　　　　　　（議案第12号）
○　真和志高等学校敷地について
　　　　　　　　（議案第2号）

第157回定例中央教育委員会
1　期日　1966年11月15〜21日
2　会議録（抄）……可決
○　理科教育振興法施行規則の一部を改正する規則について
　　　　　　　　（議案第2号）
○　幼稚園教育振興法案について
　　　　　　　　（議案第3号）
○　義務教育諸学校の教科用図書の無償に関する立法案について
　　　　　　　　（議案第4号）
○　高等学校教職員定数の算定基準に関する立法案について
　　　　　　　　（議案第7号）
○　教育権返還について
　　　　　　　　（議案第26号）
○　教育権返還問題について大浜信泉先生を囲んで懇談会

1966年12月20日印刷
1966月12月25日発行

　　　文　　教　　時　　報　　（第104号）
　　　　　　　　　　　　　　　　非　売　品

　　　　発行所　琉球政府文教局総務部調査計画課
　　　　印刷所　セントラル印刷所　電話　099−2273

進 路 別 卒 業 者 数（中 学 校）

年　　月	総　数	進学者	就職者	就職進学者	無業者	その他
	人	人	人	人	人	人
1957年3月	16,852	6,865	6,279	154	2,824	730
1958 〃	15,644	7,738	5,310	143	1,890	563
1959 〃	15,932	7,452	4,817	152	3,004	507
1960 〃	13,816	7,043	3,927	119	2,498	229
1961 〃	10,304	5,598	3,286	114	1,129	177
1962 〃	12,948	7,660	3,723	228	1,063	274
1963 〃	23,803	13,301	6,898	468	2,736	400
1964 〃	23,313	12,281	6,063	513	3,771	685
1965 〃	25,826	13,250	6,413	347	5,079	737
1966 〃	28,115	14,582	6,258	456	6,075	744

進 路 別 卒 業 者 数（高 等 学 校）

年　　月	総　数	進学者	就職者	就職進学者	無業者	その他
	人	人	人	人	人	人
1957年3月	5,604	1,109	2,659	17	978	841
1958 〃	6,420	1,323	2,930	81	1,271	815
1959 〃	7,142	1,079	2,840	47	2,550	626
1960 〃	7,592	1,368	3,312	153	2,301	458
1961 〃	8,403	1,177	4,356	55	2,324	491
1962 〃	8,254	1,178	4,342	70	2,305	359
1963 〃	7,754	1,272	3,761	78	2,221	**422**
1964 〃	6,509	1,175	3,309	123	1,743	**159**
1965 〃	7,599	1,610	3,718	151	1,802	**318**
1966 〃	12,361	2,608	4,932	161	3,921	**739**

文教時報

特 集　高校入学者選抜方法の改善　　1967/3　　105

琉球政府・文教局総務部調査計画課

天然記念物

「米原のノヤシ」

指定年月日　1959年12月16日
所　在　地　石垣市字米原

　ノヤシは琉球列島では八重山にだけ自生する大型のヤシである。

　若芽は美味で食用になり，葉や茎は建築用につかわれたため大部分なくなつて，今は西表島の星立部落の御嶽山，仲間川畔のウブンドルとこの米原の3カ所のみとなつた。

　米原のノヤシは部落から東南方1,000メートルの附近に母樹が150本くらい残り，みごとな発育をとげているが，市当局の管理よろしきを得て2,000本位の増殖を見ている。

　管理者の適切な保護と施設によって文化財が活用されているよい例をここに見い出すことができる。ノヤシの学問上の位置，並びにその命名等については今後なお研究すべき余地を残しているが，沖縄独特のものであり，天然記念物として重要な存在であることはいつになつても変らないであろう。

（多和田真淳）

巻頭言 ……………………福里文夫

＜特集＞
高校入学者選抜方法の改善
　　　　　……………又吉慶次… 5

沖縄における
　農業と農業教育に思う
　　　　　……………庄山一夫…24

家庭クラブ連盟十周年記念大会から
　　　………国吉静子・亀谷末子…36

＜研修報告＞
本土における教頭実務研修報告…新垣博…40
本土の学校給食を訪ねて………照屋善一…45

＜随想＞ 正月雑感………嶺井百合子…51

教員給料の改善要請 …………………29
教育懇談会開催について ……………54
日本古美術誌上展 ……………………1

＜指導主事ノート＞7
体育実技研修会 ……………王城幸男…44
＜理科教育センターコーナー＞
望ましい理科学習環境をつくろう
　　　　　……………松田正精…55

＜沖縄文化財散歩＞7
米原のノヤシ ………多和田真淳……表紙裏
＜中教だより＞ ………………………58
＜総計図表＞………
　　公教育費生徒1人当り額推移…裏表紙

＜表紙＞ 沖縄の屋根…・首里高校……末吉安久

文教時報

No. 105　67/2

首 里 風 景

よりよい高等学校入学者選抜方法を見い出すために

特集「高等学校入学者選抜方法の改善」は，1967年3月に実施される選抜方法が改正されるまでの経緯について解説したものであります。

新制高等学校が発足した昭和23年以降の日本における選抜制度の変遷をたどると次のようになつています。

昭和23年2月　中学校長の報告書による選抜
仝　24年2月　アチーブ・テスト（国社数理の4教科）
仝　24年11月　仝上　　　　　（全教科が望ましい）
仝　26年9月　例外的に学力検査を認める（全教科）
仝　29年8月　定員超過の場合学力検査を認める（仝）
仝　31年9月　仝上　　　　　（学校長の責任）
仝　36年6月　仝上　　　　　（数学英語の範囲を明示）
仝　38年8月　学力検査の完全実施（全教科）
仝　41年7月　実施教科は都道府県の判断にゆだねる

この問題がたえず検討され改善されながら，結局，万人の賛同を得るような解決策を見い出すことがいかに困難であるかは僅か20年の間に9回の改正が行なわれたことからもお分りになると思います。従来の制度や方法を改めてみても今度の方法が従来のそれよりも，よりすぐれているとは限らず極端ないい方をすれば，たえず試行錯誤をくり返しているだけかも知れません。したがつて，今の時点でいえることは，「もつとも短所の少ない解決策を見い出す」ということに外ならないのであります。時代と共に更に反省と検討が加えられ，よりよい選抜制度と方法を見い出す努力が続けられるでありましようが，今後も，なお相当の紆余曲折をへなければならないでありましよう。

　教育関係者各位におかれても，この困難な問題について，たえず関心をよせられ，高等学校入学者選抜が安定した軌道に乗るよう一層のご協力をお願い致します。

（福　里　文　夫）

赤嶺文教局長あいさつ

日本古美術誌上展

琉球政府立博物館の落成を記念して、**本土文化財保護委員会**と琉球政府の共同主催によつて日本古美術展が1月20日から2月19日まで首里の博物館で開催された。展示された品目は絵画・彫刻・工芸・書跡・考古資料など96件で、なかには国宝7件、重要文化財22件、重要美術品6件がふくまれている。品目の選択も縄文時代から江戸時代まで数千年にわたる日本文化の流れが概観できるとともに日本美術の美しさを観賞できるように配慮された。日頃、写真などによつてしかみられなかつたわれわれ祖先の残した日本文化の真髄を実物によつて十分理解できるよう配慮がされたが、ごらんになれなかつた方々のために、以下誌上展として簡単に紹介する。

村山事務局長あいさつ
（本土文化財保護委員会）

テープカット

会場スナップ

（国宝）白糸威鎧（鎌倉時代）
剣道六段の腕をもつワーナー教育局長は日本武道についての造けいも深い

日本文化の美にうっとりする米人

無銘菊紋（鎌倉時代）

古 代

縄文式土器

弥生式台付土器

（重要文化財）銅造菩薩立像（奈良時代）

（重要文化財）
埴輪武装男子像

木造阿弥陀如来坐像（平安時代）

中　世

（重要文化財）日本書紀神代巻上下　（鎌倉時代）

梅図雪舟筆（室町時代）

（重要文化財）清水寺縁起（室町時代）

近　世

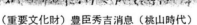

（重要文化財）豊臣秀吉消息（桃山時代）

亀山図（東海道五十三次のうち）
安藤広重筆（江戸時代）

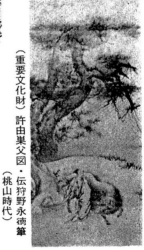

（重要文化財）許由巣父図・伝狩野永徳筆（桃山時代）

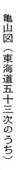

（三～四ページの写真資料は日本古美術展案内パンフレットより）

高等学校入学者選抜方法の改善

指導課指導主事　又　吉　慶　次

1　選抜方法改善への動き

　東京都小尾教育長の通達に端を発した選抜方法改善への動きは、ここ数年来選抜に伴う弊害の増大を憂慮して来た教育界の空気を反映し、たちまち日本全土に波及した。各都道府県の教育委員会は競つて諮問機関を設け改善のための研究に着手した。また、全国都道府県教育長協会、全国中・高校長協会などもそれぞれの立場から意見を発表した。文部省においても、「高等学校入学者選抜方法に関する会議」に検討を求め、その結論を得て、「公立高等学校の入学者選抜について」という新しい通達（41・7・18）を出すにいたつた。

　こうした本土の動きは、マス・コミによつて沖縄にもじかに伝わり、一般社会の関心をおおいに集めた。いつぽう文教局においては、かねてより本土の動きに、注意と関心をはらいつつ、独自の研究を進めていたのであるが、文部省の新しい通達も出され、本土における改善の動きも新しい局面を迎えるようになり、それに沖縄でも世論がようやく熟して来たので、文教局長の諮問機関として「高等学校入学者選抜方法に関する研究委員会」（委員長赤嶺利男）を設置した。同委員会は小学校長1名、中学校長5名、高等学校長5名、連合区教育次長2名、同指導課長2名、琉球大学4名の計19名の委員で構成され、第1回の会合が1966年6月28日に開かれた。文教局長より諮問された事項は、「現行の選抜制度によりいかなる弊害が生じているか。もし弊害があるとするならば、これが解決のための方途を承りたい。」であつた。この諮問に対し、委員会では初会より熱心な討論が行なわれ、全体会3回、起草委員会1回の計4回の会合によつて結論が出され、1966年7月23日文教局では、研究委員会と平行して、局内に3部長、関係課長7名、関係主

事9名計19名の委員よりなる「高等学校選抜制度検討会」を設け，選抜方法の改善について研究を進めていたのであるが，研究委員会からの報告書についても，各面より研究，討議が加えられた。その結果，1967学年度の政府立高等学校入学者選抜実施要項の原案は研究委員会からの報告を尊重して作成することとなつた。こうして作成された原案は1966年9月20日中央教育委員会で審議，決定され，すでに1966年10月14日付で「1967年度政府立高等学校入学者選抜実施要項および学力検査の時間割について」として，各高等学校・中学校その他関係者に通知された。

2　選抜に伴なう弊害とは何か

本士において，選抜に伴なう弊害が世上を騒がしているが，それは次の2点である。(1)中学校教育が入試準備教育に傾き，中学校本来の教育が阻害されている。(2)受験勉強のため生徒の身体的，精神的な負担が大き過ぎる。この2点をさらに詳しく説明する。

中学校の教育は，各教科，道徳，特別教育活動および学校行事等の4領域が調和的に行なわれてこそ，その目標が達成されるのであるが，入試を目あてとした教育は，この4領域の中の教科指導を極端に重視し，他の領域を軽視する。教科指導も詰め込みと暗記を主としたものとなつている。こうした教育により，生徒たちは，精神面において，利己的，打算的で協調性に欠け情操もひからびがちである。また，身体においても，持久力に乏しく，肥満児や近視が多くなつている。肝心の教科の力も，断片的な知識の集積だけで，思考力・創造力が弱くなつている。生徒の負担過重というのは，学校だけの受験勉強では不足だというので，家庭に帰つてからも，家庭教師についたり，学習塾へ行かされたりして勉強を余儀なくさせられている。これが伸び盛りの中学生の心身に大きな負担をかけているのである。こう書いてくると，選抜に伴なう弊害がいかに憂慮すべきことであるかがわかる。この弊害を除去するための対策として，一般的に言われていることは次のことである。(1)中学校での入試偏重教育を是正する。（正規の時間における授業の充実，補習の中止，テストを教育的な配慮で実施する。特活の重視）(2)学力検査の実施教科を減らす。(3)学力検査出題の研究（記述式の併用，実技試験の実施等）(4)調査書の重視（学校におけるふだんの学習活動の重視）(5)高等学校の学校格差の解消（総合選抜制の

実施等）。以上が，中学教育の正常化のため，一般的に言われていることであるが，文部省もこの憂うべき事態を正常にもどすために，昭和38年に出した通達の中の「学力検査の実施教科は中学校の必修教科の全体にわたつて出題することが望ましい」を改めて，「学力検査の実施教科は，各都道府県において，従来の入学者選抜の実施状況とその中学校教育への影響を考慮し，高等学校の種類と実情に応じて適切に定めるものとする。」という新しい通達を昭和41年7月に出したのである。要するにこれまで必修全教科にわたつて検査を実施していたのを，都道府県の実状に応じて教科を減らしてもよいとなつたわけである。このねらいは，言うまでもなく，検査教科を縮小して，生徒の負担を軽減すると共に，中学校教育を正常化しようとするものである。

はじめに書いたように選抜に伴なう弊害はたしかに憂慮すべきことであるが，このような事態が沖縄も含めて，日本全土に同程度に見られることかというと，決してそうではない。地方によって実情はさまざまなのである。文部省の新しい通達が，学力検査の教科を都道府県の実状に応じて定めようとしたのもこのへんの事情を物語るものである。当地において，研究委員会への諮問が「現行の選抜制度によりいかなる弊害が生じているか，もし弊害があるとするならば，これが解決のための方途を承りたい。」となつたのも，いくら本土が騒いでも，沖縄は沖縄として，実状に即したものでなければいけないという見地からなされたのである。

3 研究委員会で論議されたおもな内容

(1) 学力検査は9教科を全部実施するのがよい。

おもな理由

(ア) 沖縄においては本土で見られるような入試に伴なう弊害はまだ生じてない。（入試一辺倒の学校経営，生徒の負担過重，補習の行き過ぎ，塾での学習，家庭教師の利用等は見あたらない。）

(イ) 実施教科を3教科～5教科にしぼつた場合，はずされた教科は生徒，父兄からも軽視され，正常な中学校教育をゆがめるばかりでなく，全人教育の面からも望ましくない。）

(2) 学力検査の実施教科は国・英・数の3教科か，国・英・数・理・社の5教科がよい。

おもな理由

(ア) 3教科～5教科は基礎的なものでこれ

らの学習がなされていれば，高校の教科も履修できる。
- (イ) 実技教科はペーパーテストでは正しい評価ができない。また検査の教科になつているためにかえつて正常な授業が行なわれていない。
- (ウ) 個性を伸ばすためには，3教科は共通検査教科とし，2教科は選択の検査教科にする。
- (エ) 中学校の教育課程は，質は高く量も多いので生徒の負担は大きい。この上，9教科もテストされたのでは，生徒の負担は，ますます増大する。

(3) 学力検査は**9教科で行ない，配点には差をつけない。**

おもな理由
- (ア) 配点に差をつけると，差をつけられた教科は軽視され，せつかくの9教科実施の精神が生かされない。

(4) 学力検査の**教科は9教科でよいが，配点には差をつけよ。**

おもな理由
- (ア) 中学校3か年で履習する単位数に差があるので，配点も当然差をつけるべきである。
- (イ) 同一配点では，能力のある生徒と，ない生徒の差がはつきりしない。

(5) 学力検査の**教科は9教科とし，配点も同一にするが，検査時間や問題数は中学校での時間数を考慮して，適当に差をつけてよい。**

おもな理由
- (ア) 中学校での学習した量は差があるから，時間数と問題数に差をつけるべきである。
- (イ) これまでの学力検査を見ると，無理して分量を減らした教科があるかと思うと，逆に無理して，分量を多くした教科も見受けられた。
- (ウ) 中学校での時間数の多い教科は，検査教科数を増すことによつて，評価の妥当性が増す。

(6) **実技教科の問題は，実技をやつた生徒でなければできないような内容のものにしてもらいたい。また，記述式に適した教科は，努めて記述式の出題を出してもらいたい。**

おもな理由
- (ア) 歌わない音楽，動かない体育，描かない美術の授業が行なわれないようにするため，記述式にすると，詰め込み式の授業がなくなり，生徒の思考力，創造力，総合力がついてくる。

(7) **指導要領は従来どおり原本を高校に提出する。**

おもな理由
- (ア) 抄本を高校へ送つた場合，高校側は，原本のようには重視しないであろう。それでは，内申書の重視（ふだんの教育活動の重視）に反することになる。
- (イ) 抄本は送つても事務的負担は軽減されない。

(8) 指導要録は抄本を高校に提出したほうがよい。

おもな理由

(ア) 指導要録は秘密を要するものであるから,中学校外に出してはならない。また,入試に利用されるとなると,生徒の真実の姿は記入しなくなる。

(イ) 事務的に繁雑であり,途中で紛失のおそれもある。

(9) 推薦入学制をとつたらどうか。

おもな理由

(ア) ふだんの教育活動の中ですぐれた生徒は,無試験で入学できるようにすれば,中学校もことさらに受験指導をする必要もなく,教育の正常性がいつまでも保たれる。

(10) 推薦入学制は多くの問題を含んでいるから実施しないほうがよい。

おもな理由

(ア) 生徒間に特に特権意識や差別感が生じ,教育的に好ましくない。

(11) 都市地区(あもに那覇市を中心とするところ)においては,高校別志願者の学力に大きな格差があるため,種々の弊害が見られるので,早急に解決しなければならない。

おもな理由

(ア) ひとり1校しか志願できないので,A高校の合格者の得点よりは,B高校の不合格者の得点が高いつまり,力のある生徒が落ち,力の低い生徒が合格するという現象が見られる。

(イ) 高校の生徒の学力に学校差があるため,生徒が不必要な優越感・劣等感を持ち,教育上このましくない。

(ウ) 志望校を決めるのに,生徒,父兄とも不安感が大きい。(ひとり1校しか志願できないため)

(12) 選抜制度全般についての継続的な研究機関を設置する必要がある。

おもな理由

(ア) 選抜制度については,実証的資料や科学的研究が必要であることをこの委員会の討議の中でも痛感した。

(13) 都市地区の場合を除き,現在のような小学区制がよい。

おもな理由

(ア) 中学区制,大学区制にすると,高校の学校格差が大きくなる。また,現在の制度で,別に弊害は生じていない。

(14) その他,論議されたおもなこと。

● 沖縄の子どもは,負担過重どころか,勉強不足であるから,もつと勉強させるような方法を考えなければならない。

● 中学校において,高校に入学してからの生徒の類型を決定するのは早すぎるので高校2学年で決めたらどうか。

● 選抜に伴なう弊害は本土に比べて少ないのであるが,弊害が皆無とは言えない。したがつて現状を甘く見てはいけない。

- 沖縄の中学校で，入試があるから勉強する，無ければ勉強しないというのは問題である。中学校の教育は入試とは別のものである。
- 高校は準義務教育化しつつある。今後は適性をいかに見分けるかが高校選抜の大きな仕事となるであろう。
- 中学校卒業生の大多数が高校へ進学する傾向にあるが，これらの生徒は能力に大きな個人差があるので，これに応じた高校の多様化がぜひとも必要になってくる。
- 都市地区における学校格差を無くするために，総合選抜制や，志願校の変更期間を設けたらどうか。
- 学力検査に実技テストも実施したらどうか。
- 本土では，内申書重視が叫ばれているが，沖縄では以前から内申書重視を実行してきた。
- 越境入学は沖縄でも少数ながらあるので，起きないようにしなければならない。
- 学力検査問題は合格，不合格の境い目の生徒を目やすにして作成したらどうか。

4 研究委員会の報告書はどう生かされたか。

　研究委員会からの報告書（全文）と1967学年度高等学校入学者選抜実施要項（抜粋）を比較対照すればわかるように，報告書の内容は，全面的に生かされている。また，選抜制度の研究機関の設置についても，1968年度予算の概算要求に計上してある。高校入学者の定員増，後期中等教育の拡充と教育課程の多様化などについても，真和志高校・本部高校・八重山商工高校の新設，産業技術学校の充実等で着々と成果をあげつつある。

　一つだけ報告書の趣旨を，現時点においては，生かすことのできないのがあつた。報告書は，那覇を中心とする都市の各高等学校においては，志願する生徒の学力に大きな学校差があつて，種々の弊害を生じているので，早急に解決のための具体策をたてよということである。これに対しては，局内の検討会も資料を集め，各面より検討を加えたのであるが，現時点においては，次のような理由で，現状のままがよいという結論になつた。

(1) 総合選抜制にし，生徒の成績の順に希望する高校に入れた場合，現在のように，成績の良い生徒が落ちるようなことは防げるが，ある高校では，第2希望の生徒が多数入つてきたりして，これまでより以上に，学校差を表面化させ，弊害も大きくなる。

(2) (1)と同じく総合選抜制ではあるが，生徒の学校配置は，各高校の生徒の学力や男女比が均等になる範囲内において生徒の希望も加味して決定する。（成績上位の生徒でも希望する学校に配置されるとはかぎらない。）この制度では，学力による学校格差は無くなるが，施設・設備に学校差のある現状で，生徒・父兄の希望を無視して入学校を指定することは問題である。

5 1967学年度選抜実施要項と従来の選抜方法のおもな相違点

	1967学年度の選抜実施要項	従来の選抜制度
学力検査の時間	国語・社会・数学・理科・英語の5教科はいずれも40分，音楽；美術・保健体育・技術家庭の4教科はいずれも30分	9教科いずれも30分
学力検査の配点	9教科いずれも40点満点	9教科いずれも30点満点
郵送の場合の入学願書の締切	2月21日までの消印を有効とする。（願書締切の日）	2月17日までの消印を有効とする。（願書締切日の4日前）
健康診断証明書の検査項目	寄生虫卵を加えた。	寄生虫卵はない。

6 今後の課題

制度の改善は，単に学力検査や，内申書の問題等を解決すればできるというものでもなく，また，或る時期に妥当であつた制度がいつまでも良い制度であるとは限らない。常に反省と検討を加えて，より良い選抜制度を見い出す努力が必要である。こうした視点から，現時点における今後の課題を次にあげて結びとする。

(1) 現在の制度が，学校における正常な学習に対する意欲や努力を失わせるようなことはないか。
(2) 内申書をこれまでより以上に効果的に判定の資料とする方法はないか。
(3) 学力検査の教科数，配点，実施時間は現在のままでよいか。
(4) 客観的で，しかも思考力・創造力を測定できる出題形式の研究
(5) 学区制，総合選抜制の研究
(6) 実技テスト・実音テストの研究
(7) 高校進学率の問題
(8) 後期中等教育の多様化の問題。

参 考 資 料

〔1〕　42年度本土公立高校入学試験科目および配点調べ

	教　科　と　配　点								
	国　語	社　会	数　学	理　科	英　語	技・家	音楽	美術	保・体
北海道	100	100	100	100	100	60	60	60	60
青森	100	100	100	100	100				
岩手	100	100	100	100	100				
宮城	100	100	100	100	100				
秋田	100		100		100				
山形	100		100		100				
福島	○	○	○	○	○				
茨城	80	80	80	80	選60	選60	60	60	60
栃木	50	50	50	50	50				
群馬	100	100	100	100	100				
埼玉	○	○	○	○	○				
千葉	100	100	100	100	100				
神奈川	50	50	50	50	50	30	30	30	30
富山	○	○	○	○	○				
石川	100	100	100	100	100				
福井	100	100	100	100	100				○
山梨	○		100		○				
長野	100		100		100				
岐阜	○	○	○	○	○				
静岡	○	○	○	○	○	½○	½○	½○	½○
愛知	15	14	15	14	14	7	7	7	7
三重	25	25	25	25	25	15	15	15	15
京都	未定								
大阪	75	70	75	70	70				
奈良	未定								
和歌山	20	20	20	20	20	20	20	20	20
鳥取	50	50	50	50	50				
島根	100	100	100	100	100				
広島	40	30	40	30	30	25			
山口	50	50	50	50	50	50	50	50	50
徳島	100	100	100	100	100	50	50	50	50
香川	30	30	30	30	30	15	10	10	15
愛媛	50	50	50	50	50	50	50	50	50
高知	100	100	100	100	100	80	80	80	80
福岡	30	30	30	30	20	17	14	14	15
佐賀	50	50	50	50	50	50	50	50	50
長崎	100	100	100	100	100				
熊本	10	10	10	10	10				
大分	60	60	60	60	60				
宮崎	○	○	○	○	○				
鹿児島	100	100	100	100	100	100	100	100	100

「注」ア，数字は実施する教科の配点を示す。
　　イ，○印は実施する教科の配点を公表しない府県
　　ウ，静岡県の場合の○印に付した½は，その教科の配点が他の
　　　教科の二分の一であることを示す。

時事通信（昭和41年12月20日）内外教育版より

〔2〕 中卒者の高校進学率

	41年度	42年度見込み	44～45年度目標		41年度	42年度見込み	44～45年度目標
	%	%	%				
北海道	71.2	72.6		京都	88.8	93.8	95.0
青森	54.3	58.5	65.7	大阪	78.3		
岩手	60.0	64.3	71.1	兵庫	75.1	75.5	78.0
宮城	65.4	67.7	70.0	奈良	76.4	78.4	
秋田	64.3	68.0	73.0	和歌山	68.6		79.3
山形	69.6	71.0	75.0	鳥取	78.5	79.1	
福島	63.5	65.0	72.0	島根	64.3	66.8	75.0
茨城	62.4	64.6	71.2	岡山	79.6	82.0	85.0
栃木	67.6	69.0	73.2	広島	86.8		
群馬	72.6	75.0	80.0	山口	75.4	77.0	79.0
埼玉	71.3	73.8	81.2	徳島	66.2	69.0	75.0
千葉	68.5	70.0	75.0	香川	83.8	84.0	84.0
東京	81.5			愛媛	67.6	70.2	80.0
神奈川	80.4		83.0	高知	65.6	67.1	73.9
新潟	68.2	70.0	75.0	福岡	77.0	78.5	80.0
富山	80.6	82.0	86.5	佐賀	70.9	72.0	75.0
石川	74.8	75.6	77.0	長崎	61.5		
福井	71.3	72.0	76.4	熊本	63.6	65.6	72.8
山梨	76.0	76.8	77.5	大分	74.7	76.4	78.0
長野	76.0	77.5	80.0	宮崎	62.7		78.2
岐阜	69.7	73.8	80.0	鹿児島	60.9	61.0	65.5
静岡	71.8	73.1	77.9				
愛知	81.7	82.0	84.0	沖縄	**53.5**	**60.5**	
三重	69.3	73.6	76.9				
滋賀	69.6	72.5	80.0				

（注）1，空欄は未定と報告された部分である。
　　　2，本土の資料は時事通信内外教育版（昭和41年12月20）より

〔3〕 選抜方法に関する協議会・委員会等の設置状況
　　　　　　　（文部時報1966年9月号より）

(一) 昭和42年度公立高等学校入学者選抜の方針に関する協議会・委員会等を新たに設置し、もしくは既存のものを再開し、または設置していない都道府県はつぎのとおりである。

新　　設	青森，宮城，秋田，山形，栃木，群馬，埼玉，千葉，東京，神奈川，福井，山梨，長野，岐阜，静岡，愛知，三重，滋賀，大阪，兵庫，和歌山，鳥取，島根，岡山，徳島，香川，長崎，大分，鹿児島（計29県）
既　　存	北海道，岩手，福島，新潟（昭和43年度以降の選抜方法を審議する委員会は新設），石川，京都，福岡，佐賀，熊本（計9県）
不　設　置	奈良，広島，愛媛，高知（計4県）
そ　の　他	茨城（昭和43年度以降の選抜方法についてのみ審議する），富山（既存1，新設1），山口（新設予定），宮崎（既存1，新設1）（計4県）

（注）（富山）既存の協議会のための研究調査委員会の新設。（宮崎）既存の諮問委員会のほかに選抜制度改善についての意見を聞く会を新設。

(二) 協議会・委員会等を設置している場合，それらの会の構成（判明分）はつぎのとおりである。（欄内の数字は人数をあらわす。）

	小学校関係者	中学校関係者	高等学校関係者	教育行政関係者	PTA代表者	学識経験者	その他	計
北海道		5	5	8	2			20
青森		3	3	2	2	2		12
岩手		4	4	2				10
宮城		13	15	7				35
秋田	1	6	6		3	1	5	22
山形	1	3	3	2	3	4		16
福島	2	11	8	2		1		24
茨城		5	5	4		13		27
栃木	1	9	8	9	7	3		37
群馬	1	6	7	4	2	7		27
埼玉	1	3	2	4	2	3		15
千葉	1	6	6	2	2	3		20
東京	1	4	4	15	3	11	1	39
神奈川	1	2	2	5		8	4	22
富山		8	8	16				32
石川		2	1		3	4	2	12
福井		5	5	8	1	2		21
山梨	1	3	3	7		2		16
長野	1	4	4	3		1		13
岐阜		5	6			8		19
静岡		10	10					20
三重		8	8					16
大阪		3	3	4	2	5		17
和歌山		4	4	2	2			12
鳥取	1	5	5	8	4	2		25
島根	1	7	6	3	3	6		26
岡山		7	7	7	2	3		26
山口		5	5			5		15
徳島	1	7	9	1	2		3	23
香川		3	3			1		7
福岡		8	8					16
佐賀		2	5	3	2	1	2	15
長崎	1	10	10	9	2	2		34
熊本		5	5	9	1	2		22
大分		7	7	4	2	3	3	26
宮崎		8	9	3	5	2	1	28
鹿児島	1	7	8	3	3	3	2	27

（注）（富山）研究調査委員会の委員の数は含まない。

〔4〕 入学者選抜に用いる資料（文部時報1966年9月号より）

(一) 昭和42年度公立高等学校入学者選抜に際して用いる資料を各都道府県別に示せばつぎのとおりである。（8月22日現在）

	個人調査書	学習成績一覧表	学力検査の成績	面接	健康診断	その他	備考
北海道	○	○	○	○(行なった場合)	○(行なった場合)	結核の健康診断書	
青森	○	検討中	○	○	○(農・水・工のみ)		面接，健康診断の結果は，特別の事情のない限り重視しない
宮城	○	○	○	○(職業高校で過年度卒業生のみ)	○(職業高校で過年度卒業生のみ)		職業高校における選考及び過年度卒業生にかかる選考等において，特に必要があると認められる場合高校長は所属教育委員会の承認を受けて面接，健康診断を実施し，その結果を選考の資料に加えることができる。
山形	○	○	○			適性検査の結果（音楽科のみ）	
福島	○		○				
茨城	○	検討中	○				
栃木	○	検討中	○				
埼玉	○	○	○				（予定）
東京	○	○	○				
石川	○	○	○				
福井	○	○	○		○(必要な学科)	家庭調書（必要な学科）	
山梨	○	○	○				
岐阜	○	検討中	○				
静岡	○	検討中	○				
愛知	○	○	○				
三重	○	検討中	○				
京都	○	○	○				
兵庫	○	検討中	○	○(必要な学校について行なう)			
奈良	○		○				
島根	○	○	○			学習成績概要表，観察の記録概要表	
広島	○		○	○	○		
香川	○	検討中	○				
佐賀	○	検討中	○			志願者調書（農業高校）	

㈡ つぎに，入学者選抜に用いる資料相互の比重関係を，これについて回答のあつた都道府県についてみると，下記のとおりである。

北　海　道	すべての資料を総合的に評価する。学習の記録と学力検査の成績とは同等に評価し，学習の記録については第三学年の評定を重視する。
青　　　森	調査書を従来以上に重視する。特に，学力検査不実施教科については調査書の評定を十分重視する。面接，健康診断の結果は，特別の場合を除き重視しない。
岩　　　手	学習の記録と学力検査の成績を同等に扱う。
宮　　　城	調査書と学力検査の結果とは同等に扱う。入学者の選考は，高等学校ごとに選考委員会を設けて行なう。
山　　　形	学習の記録と学力検査の成績とは同等に扱い，調査書中のその他の記録も重視する。
福　　　島	調査書の評定と，学力検査の成績を同等に扱う。学力検査不実施教科について学習の記録中に特記事項欄を設けて重視する。
茨　城　埼　玉　東　京　新　潟　山　梨	学習の記録と学力検査の成績を同等に扱う。
栃　　　木	学習記録と学力検査の成績を同等に扱い，これに「行動および性格の記録」その他を総合する。
石　川　福　井	調査書を従来以上に重視する。
岐　阜　静　岡　愛　知　三　重　京　都　兵　庫　奈　良　広　島　香　川　長　崎	調査書の評定と学力検査の結果を同等に扱う。
鳥　取　島　根	調査書の評定を主たる資料とし，学力検査の成績を副資料として選抜を行なう。（鳥取は予定）

〔5〕 1967学年度政府立高等学校入学者選抜実施要項（抜粋）

一 方　針
　政府立高等学校入学者の選抜は，高等学校および中学校教育の正常な発展を期し，公平かつ妥当な方法で，高等学校教育を受けるに足る資質と能力ある者を選抜するために，次の方針に基づいて実施する。
1. 選抜は，入学を志願する高等学校長が，学校教育法施行規則（1958年中央教育委員会規則第24号）第49条に基づき，中学校長から送付された報告書その他必要な書類，選抜のための学力検査の成績を資料として行なう。
2. 選抜は，入学志願者が募集人員を超過すると否とにかかわらず行なう。
3. 選抜のための学力検査は，中学校における九教科について，全琉一斉に行ない，それに要する問題は，文教局長が任命する問題作成委員で構成する問題作成委員会によって作成する。

二 出願資格
　次の各号の一に該当する者は，政府立高等学校の通学区域に関する規則（1960年中央教育委員会規則第11号）により定められた学区の高等学校に出願することができる。
1. 中学校卒業者
2. 1967年3月中学校卒業見込みの者
3. 学校教育法施行規則（1958年中央教育委員会規則第24号）第53条に該当する者。

三 募集人員
　各高等学校の募集人員は別に定める。

四 出願期日
1. 入学願書の受付けは，1967年2月18日（土曜日）2月20日（月曜日）2月21日（火曜日）の三日間とする。
2. 受付け時間は，毎日午前9時から午後5時までとする。ただし，土曜日は正午までとする。
3. 郵送は2月21日（火曜日）までの消印を有効とする。

五 出願手続き（以下省略）

六 選抜の方法
1. 省略
2. 各高等学校の選抜委員会は，出身中学校長から提出された報告書と学力検査の成績を資料にして，選抜を行なう。
3. 選抜にあたつての学力の評定は，報告書中の学業成績を重視し学力検査の成績を資料として総合的に行なう。
4. 各高等学校長は，選抜のために必要と認める場合には，面接を行なうことができる。

七 学力検査
1. 教科時間及び配点
　　国語，社会，数学，理科，英語の5教科は40分，音楽，美術，保健体育，技術・家庭

の4教科は30分とし，配点はいずれの教科もそれぞれ40点満点とする。
2 検査の場所
(1) 原則として志願先の高等学校とする。
(2) 学区域が広域にわたる高等学校への志願者および特別に指定する地域からの志願者のために，次のように，委託検査場および出張検査場を置く。
　ア　委託検査場
　　　名護高等学校　久米島高等学校　宮古高等学校　八重山高等学校
　イ　特別に指定する地域および出張検査場

地　域	検　査　場	地　域	検　査　場
伊平屋村	伊平屋村役所ホール	渡嘉敷村	渡嘉敷小学校
伊是名村	伊是名小学校	座間味村	座間味小学校
伊江村	伊江小学校	多良間村	多良間小学校
北大東村	北大東小学校	西表	西表小学校
南大東村	南大東小学校	与那国町	与那国小学校
粟国村	粟国小学校	波照間	波照間小学校
渡名喜村	渡名喜小学校		

3 検査の期日
　　1967年3月18日（土曜日）および同3月19日（日曜日）の二日間とする。
4 検査の実施（以下省略）
八 面　接（以下省略）
九 報　告　書
1 省　略
2 中学校長の提出する報告書は，指導要録（原本），健康診断証明書，および第三学年における学級の学習成績一覧表である
(1) 指導要録（以下省略）
(2) 健康診断証明書（以下省略）
(3) 学習成績一覧表
　ア　学習成績一覧表は，指導要録中の第三学年の「学習の記録」によって，学級全員について作成する。ただし1956年以前の卒業者については，旧指導要録中の，教科

ごとに分析された各目標の評定を平均（小数点第一位で四捨五入）したものを，その教科の評定として記入する。なお，学習成績一覧表の作成が困難な者についてその理由を附記して個人成績を提出する。
　　イ　学習成績一覧表は，「第4号様式」により謄写印刷または複写紙により作成する。
　3，4（省略）
十　合格者の発表
　合格者発表の日は，1967年3月25日とし，各高等学校長が，志願者が入学志願書を提出した中学校長に通知する。

〔6〕　高等学校入学者選抜方法について（報告）

　本研究委員会は，高等学校入学者選抜方法について研究協議を行なつた結果，下記の結論に達しましたので報告します。

　　　　　　　　　　　　　　　　　　　　　　　　1966月7月23日

文教局長
　　赤嶺義信殿
　　　　　　　　　　　　　　　　　　高等学校入学者選抜方法に関する研究委員会
　　　　　　　　　　　　　　　　　　　　　　委員長　赤嶺利男

　本委員会は，現行の高等学校入学者選抜方法が果して
　1　高等学校の教育課程を履修できる能力を適正に査定しているか否か。
　2　中学校教育の本来の目的性格を歪めることがないか。
という二つの基本的角度から，高等学校入学者選抜法の問題点を吟味し，改善すべき事項を検討した。この問題を研究するに当り，委員会としては本土における高等学校入試改善の動向についても充分の考慮を払つた。
　その結果，委員会は，従来の入試選抜方法が高等学校の教育課程の履修能力の査定及び中学校教育に及ぼす影響の2点で完全に近い理想的なものではないにしても，その欠陥弊害は直ちに根本的な改正を決行すべき程重大なものではなく，来春の選抜を目前に控えた現在の時点においては，若干の具体的事項についてのみ部分的改善が必要であるという結論に達した。
　そこで，さしあたつて来春の高等学校入学者選抜方法については，下記の通り勧告する。
　　　　　　　　　　　　　　　　　　記
一，学力検査について
　1　学力検査の実施教科は9教科とする。
　　　実施教科を3教科或いは5教科に縮少するとそれ以外の教科が軽視される恐れがある。又教科数を縮少することによつて生徒の負担が軽減されるとは思われない。

2 学力検査の実施教科（9教科）の配点比重については，従来通り，差をつけないがその実施時間や問題量については中学校における各教科の時間配当を考慮して適当な差をつけることが望ましい。
 3 出題の方法は客観テストのみならず記述式のテストも併用することが望ましい。記述式のテストを併用することによって単なる知識の記憶に偏せず，創造的思考力や判断力などをも判定することが必要である。
二，内申書について
 1 従来沖縄の高等学校入学者選抜においては内申書の内容が重視されてきたが，将来もなおこの方針を維持することが望ましい。
 2 この内申重視に基いて，指導要録は従来通り原本を高等学校へ提出する。
三，学区制について
 1 都市地区の場合を除き現在の小学区制は適当と思われる。
 2 那覇を中心とした都市地区においては各高等学校の入試得点の分布に著しい隔差が見られるが，これは教育の機会均等の原則に反する。そこで，この問題の解決についての具体的対策を早急にうちたてなければならない。
四，研究機関の設置について
  高校入試のあり方が中学校の教育に及ぼす弊害を防ぐばかりでなく，進んで積極的に中学校教育の進展向上を図るには選抜方法に関する科学的資料の蒐集や継続的な調査研究を必要とする。
五，その他
  推薦入学の可能性についても検討したが，その実施については多くの問題があり，委員会としては結論をうることはできなかつた。
  なお，高等学校入学者選抜方法の改善策はより高度の文教行政の重要問題，すなわち高校入学者の定員増，後期中等教育の拡充と教育課程の多様化等の問題が抜本的に解決されない限り決定的な選抜方法の改善は困難である。

〔7〕 高等学校の入学選抜方法の改善について（報告）……（全文）

 本会議は，高等学校の入学者選抜方法の改善について調査研究を行なつた結果，下記の結論に達しましたので，報告します。

昭和41年6月18日

文部省初等中等教育局長
　斎　藤　　正　殿

高等学校入学者選抜方法に関する会議
　議長　三　輪　知　雄

記

 最近の中学校教育をみると，地域により，学校によっては，その教育が受験準備によつてゆがめられ，知育偏重におちいり，中学生の心身に必要以上の学習負担を与えているところ

がみられる。すなわち，教科の授業は実技，実験，実習等からはなれ，理解の伴わない記憶のみの学習となり，創造的思考力のかん養，情操の陶冶，実践的態度の育成，体力の向上などは軽視される傾向がある。

　このような事態を是正するには，中学校における本来の教育を充実するための各様の施策が必要であるが，さしあたつて，高等学校入学者選抜方法について，次のような改善を図る必要がある。

I 基本方針

(1) 高等学校の教育課程を履修できる資質と能力のある者を入学させるため，入学者の選抜を行なう。

(2) 中学校教育をゆがめることなく，その充実に資するよう配慮することが望ましい。

(3) 受験者に受験準備のための過度の負担を生じさせないようにするとともに，反面，中学校における正常な学習に対する意欲や努力を失わせることのないよう配慮する。

(4) 受験者の適性・能力をできるだけ合理的に判定しうるよう配慮する。

II 具体的方法

　選抜は原則として，中学校長から送付された調査書その他必要な書類，選抜のための学力検査の成績等に基づいて行なう。

1 調査書について

(1) 調査書は，従来，ややもすると，じゆうぶん活用されていないきらいがあるが，調査書は，本来中学校における学習，行動，性格等の記録であるから，これをよりいつそう重視し，じゆうぶん活用しなければならない。

(2) 調査書の活用度をさらに高めるため，その記載内容および取り扱い等については，今後じゆうぶん研究されなければならない。

(3) 調査書の客観性を高める方法として，信頼度の高い標準学力検査等を実施して，その成績を調査書に記入させる方法が考えられるが，他面，その実施については，検討すべき問題もあるので，実施する場合は，じゆうぶん研究してから行なうべきである。

2 学力検査について

(1) 学力検査の実施教科は，従来，中学校の必修教科の全体にわたることが望ましいとされていたが，その定め方と実施方法は，中学校教育の正常性の確保および受験者の学習負担とも関係があるので，各都道府県において，従来の入学者選抜の実施状況とその中学校教育への影響を考慮し，高等学校の種類と実情に応じて適切に定めることが必要である。

(2) 学力検査の問題は，各教科の目標に則し，内容の基本的事項について出題するものとし，理解力，応用力，考え方などを検査することができる問題とする。

(3) 出題の方法は，客観テストのみなず記述式テストを併用することに努める。実技を伴う教科について学力検定を実施する場合には，その方法は，じゆうぶん検討され

なければならない。
 3 推薦入学について
 推薦入学は、推薦される生徒の選定の技術的困難や推薦に伴う弊害も予想されるので、一部の学校におい実施することはともかく、全面的に実施することについては研究を要する。
 4 面接について
 受験者の進路に対する意思の確認等、調査書の記載事項とも関連して、受験者に対する理解をいつそう深めるため必要ある場合には、面接を実施することはさしつかえない。
 5 その他
 (1) 学力検査の実施教科を限定する場合、学力検査の対象としない教科を固定しないで、状況により、適宜、これを実施教科とするようなことも考えられる。
 (2) 私立の高等学校の多い都道府県においては、検査期日、調査書の取り扱い等について、関係者の間でじゆうぶん連絡調整を行なう必要がある。
 (3) 将来における高等学校入学者選抜方法の改善をはかるために、今後、先に述べた標準学力検査をはじめ、中学校における進学適性能力テスト等についての研究を促進する。

(8) 公立高等学校入学者選抜についての文部省通達

文初中第 411 号
昭和41年7月18日

各都道府県教育委員会 殿

文部省初等中等教育局長
斎 藤　　正

公立高等学校の入学者選抜について（通達）（全文）

 このことについては、昭和38年8月23日付文初中第341号「公立高等学校の入学者選抜について」をもつて選抜方法の大綱を示しましたが、その後における各都道府県の実施状況等にかんがみ、高等学校入学者選抜方法の改善について関係者の協力を求めて検討を加えてきました。その結果、今後、公立高等学校の入学者選抜に関しては、下記の趣旨によることといたしたいので、貴教育委員会におかれては、この趣旨にのつとり高等学校入学者選抜の適正な実施に努められるようお願いします。

記
1 高等学校の入学者の選抜は、中学校長から送付された調査書その他必要な書類、選抜のための学力検査の成績等を資料として、高等学校教育を受けるに足る資質と能力を判定して行なうものとする。心身に異常があり修学に堪えないと認められる者その他高等学校の教育課程を履習できる見込みのない者をも入学させることは適当でない。

2 選抜にあたつては，調査書をじゆうぶん尊重することとし，調査書の信頼性と客観性を高め，記載内容および取り扱い等については，各都道府県において，じゆうぶん研究して適切に定めるものとする。

3 学力検査の実施教科は，各都道府県において，従来の入学者選抜の実施状況とその中学校教育への影響を考慮し，高等学校の種類と実情に応じて適切に定めるものとする。

　なお，学力検査の実施教科を限定する場合には，学力検査の対象としない教科を固定しないで，状況により，適宜，これを実施教科とすることを考慮すること。

4 学力検査の実施教科の決定および問題の作成にあたつては，中学校ならびに高等学校関係者の相互の理解と協力に基づき，中学校教育をゆがめることなく，その充実に資するよう配慮するものとする。

5 学力検査の問題は，中学校学習指導要領に示されている各教科の目標に則し，内容の基本的な事項について出題するものとし，解答が偶然性に支配されたり，単なる記憶の検査に偏したりしないようにし，できるだけ理解力，応用力，考え方などを検査することができるような問題を作成すること。

　実技を伴う教科について学力検査を実施する場合には，その方法についてはじゆうぶん検討すること。

6 入学者の選抜にあたつては，受験者の進路に対する意思の確認等，調査書の記載事項とも関連して，受験者に対する理解をいつそう深める必要がある場合には，面接を実施して，その結果を選抜のための資料に加えることができる。

7 入学者の選抜にあたり，特に必要がある場合には，健康診断を実施して，その結果を選抜のための資料に加えることができる。

8 都道府県教育委員会は，高等学校に進学しうる資質と能力がある者に対して，適正な機会が与えられるよう適切な入学調整の措置をとることが望ましい。

　なお，公立高等学校の通学区域特に普通科の通学区域の定め方については，前記昭和38年8月23日付通達において示したところによる。

沖縄における農業と農業教育に思う

文部省農業教育指導員

庄 山 一 夫

煙草の灰が落ちないままになつている未だ蒸し暑さの残る9月に那覇に着き，今では，国頭も島尻もキビ畑が銀色の薄化粧をし師走も後幾日もなくなつている。思えば永いようで短かい90余日の沖縄での生活であつた。

この間，関係高校を北部から八重山に至るまで歩いたわけであるが，私は三つの美の発見をし今浦島になろうとさえしている。その美とは八重山の自然美，北部の自然と人文とが調和した美しさ，みやらびの美しさ，エキゾチックな眼，今一つは公私共に交誼を願つた各高校職員の友情 "It's delightful to have friends. coming from distant quarters. Isn't it ?" そのものずばりである。混とんとした中で沖縄の友たちはさぞ困難な教育活動を続けているのであろうと考えた先入観は美事に打破られ，沖縄の将来を考え現代をどのように生き，次代を荷なう青年をどのように育成するかを真剣に考え悩んでいる実態にふれ心強さを感じ，この生き方に私の持てる全てを捧げて明るい夢と希望の持てる雰囲気をつくろうと終始一貫配意して来た。がしかし微力のため何等役にたちえず友情の厚さに応えることの出来なかつたことを申訳なく思つている。

沖縄の高等学校農業教育は実感として難しいの一言につきる。なぜならば沖縄の基幹産業である農業は難しい曲り角に来ているからである。各地の農家を訪ね，圃場を見て，スコップで耕

す農夫あり，トラクターを駆使する若者あり，水牛で耕す老人あり，耕耘機で働く農高生を見る。馬の背に乗るあり，古ジープに乗るありで，まさに前代と近代と現代が混とんとした中で，物心両面から如何に現代的な営農に進みゆこうか，全くもつて方途を見出せぬ現在の沖縄農業，将来どう成長すればよいのか予測出来ない農業，勿論誰かこれを予測しうる人は居まいかと思うがそれにしても余りにも難しい農業であるからである。

即ち農業が難しいから農業教育もまた難しい所以は，今日の時点における農業教育は国の経済の急速な発展による農業者の生活水準乃至所得の低位の顕著な様相から，これが是正のために農業の構造改善がすすめられ，いわゆる企業農業，近代農業を担当しうる人物の養成を目途としてすすめられるべく教育環境の基盤整備がなされつつあるわけで，このように今日の農業教育の体質改善は教育思潮の変化に伴つて生じて来た問題ではなく，産業構造の変化と，その急速な発展に伴う農業部門のあり方から体質改善を余儀なくされているのであると考えてよい。

農業教育をすすめる基盤というべき沖縄農業がはたして農業教育の体質改善を余儀なくするほど産業の一部門として近代企業として進みつつあるかと云うと少くとも私の見たところ近代的な営農形態に触れることが出来なかつた。そういう意味で本士の農業教育体質改善の進みつつある次元と，沖縄のそれと次元を異にすると思う。沖縄では農業高校唯一人が農業の近代化を叫び，その荷ない手の養成に孤軍奮斗している形であると思うものである。

農業実習にはげむ農校生

今日の沖縄農業は極言すれば農政不在である。農業教育における自立家族経営農家の後継者養成という主目標は唯単に農業高等学校のみがその責の全てを負うべきものではない。それは先ず，明日の沖縄農業のあるべき姿の指標が政策として打出され，地域農家の営農形態が近代的な営農形態による魅力ある農家として生れ変らねば，いかに農業高校において近代的営農に対する自信と抱負にみちた青年教育を実施

しても，受け入れる母体がなければ，それを育成することは出来まい。と言つてこれを鶏が先か卵が先かの論議をしていても前向きにはならないから，どこかで新しい沖縄農業の育成をしてゆこうと云うことになる。農業高校の

八重山農林高校

先生方が貧弱極まる施設々備の中で，懸命に農業こそ国民生活の安定に寄与する産業であるという高い次元から農業を考え，その荷ない手の養成に努力しておられるところもまた，ここにあると思うのである。

　沖縄の農家はある意味において現代的なセンスを持つているといえる。それは主食である米作りを止めて，キビ作りに切換え，キビとパインでもつて米を買い，着物を買い，子供を教育しているからである。このことを表面的に見れば企業農業として申し分のない形を示していると思はれる。がしかし果して沖縄農業は企業農業であり近代農業なのであろうか。農業の近代化ということは，ある程度の資本装備を持ち，生産性の高い農業をすることにある。決して規模の大きいことや，機械農業のみが近代化ではない、このように考えるとき10aで10屯のキビを収穫しても160＄25￠，その生産費が160＄と云うから，もうかつていると思うのは家族労働は無償であるという前近代的な労働価値観であつて，こうした低生産性のキビ作りを平気で行ないつつあるところに沖縄農業の未分化がある。資本主義経済下の農業がどういうものであるかという未知が地域によつては6～7屯ものキビ作りで平然としている不労の農家をつくりあげたのではないだろうか。

　特恵措置によつて，かろうじて生きているキビとかパインを沖縄の農業人は基幹作目だと考えているのであろうか。その生産性においてキユバや台湾のそれに比べ甚だしく低位である。この作目が世界の農業の中の日本農業，日本農業の中の沖縄農業という視野から眺めたとき果してキビとパインは農業経営の恒久的安定を基礎づける作目と云うことが出来るであろうか。私には基幹作目らしいという表現しか出来ない。従つてさしあたり沖縄農業の基

幹作目たらしめるためには少くともキビ20屯，パインの土地生産性の向上という点に農業の施策の全てが集注されるべきであろう。他の作目なり畜目については流通機構が近代化され確立されれば自ら近代化されてくると思う。市場の未発達，流通機構の未分化が農業生産に惰眠をむさぼらしているのである。山東菜の間引菜が大手を振つて市場を歩き世辞にも美味と云えぬ豚肉がレストランであぐらをかいている。生体取引という市場の機構が豚でありさえすればよいという生産体制を作りあげているのである。

　沖縄農業を低生産性に位置づけさせている原因の今一つに営農体制における協同体制の欠除にあると思う。島尻の野菜園を見ても，なるほどモザイツク模様で見た目には美しい。国頭のパイン畑やキビ畑，又先島のキビ一色を見ても，なぜ協同体制を確立しないのだろうか不思議な感がする。畑潅漑の施設がありながらその活用もせず，めいめい勝手な方向で耕している地域の農家，もしこのままの姿を続けるならば永久に沖縄の農業は世界農業から取り残されてしまうであろう。協同防除協同出荷，キビ畑の協同耕起，せめてこれくらいでも協同体制が確立すれば現在の生産性の2倍の生産性を確保出来るのではないだろうか。協同精神の欠除が島全体を如何に方向づけているか静かに考えてみる必要があろう。このことから高等学校における生産指導の中核を協同精神の涵養ということにおくべきであると提言するものである。

　一方近代農業は相当の資本装備を要する。即ち農業も産業であり企業であるからである。資本装備もせず利潤追求のみに走つたらそこに何があるだろうか，過重労働以外に何も残るまい。近代社会において，投資せずに利潤追求の出来る職業はあるだろうか。こうした農業に対する投資の考え方が極めて乏しいのではないかと思う。農業高校を廻つて夏は何を作りますかとたずねるとサアーとしか答えないのは，夏の高温障害で夏野菜がつくれないのか，昼夜の温度較差が栽培を困難にするのか。台風が多いからなのか，いろい理由はあろうが，出来ないのではなくろやらないから出来ないのであると私は考える。もし台風で作られぬものなら何故台風に弱いモクマオやソウシジュの防風林でよしとしているのか。フクギ，イヌマキをなぜ恒久防風林として育成しないのか。夏の高温なり較

差の少ない気温が栽培を困難にするのであれば，本土の業者は今重油ボイラーを燃やして正月用トマトを作つているではないか。冬暖房して果菜や観葉植物の経営をし高い利潤追求をしているではないか。なぜ沖縄で冷房して果菜や夏野菜を作ろうとしないのか。採算がとれないと云うのであれば航空機に乗つてくる本土の切花はどう採算を合せているのか，人間が船に乗つて菊が航空機に乗つて那覇に着いても本土の菊業者は儲かつているのではないか。このような意味から産業としての投資を根本的に考えてみる必要があろう。

又今一つの問題は恵まれた太陽エネルギーの活用が不十分であるということである。クロトンやアンスリユウムやフエニックスなどが何の加温も必要なく露地で周年栽培が出来る恵まれた自然を，なぜもつと活用しないのだろうか。人の心をなぐさめてくれる花木や鉢物で金をもうけるのは人道に反し教養がじやまをするとでも思うのか。本土の観葉業者と比して極めて生産費が少くてすむことが明確でありながら，この量産を考え本土移出をなぜ考えないのか。そんなにコセコセしなくとも生活は豊なのだろうか。究極は農業に対する企業観の不足がこうした幾多の問題を残して今日の姿になつていると判断するものである。

このように沖縄農業事情の下で行なう農業教育は問題が多く，且つ難しいが，しかし問題があるだけに，その1つ1つを解明する方向が考え出され農業教育のたのしさ，農業教員としての職業観が確立されてくるのであると思う。沖縄の農業高校の全職員は曲り角にきている当地の農業の中で地域の農業センターとして，又パイロツトフア

整備されつつある農業施設

ームとして懸命の努力を続けられている。その姿に心から敬意を表するものである。僅か3か月の沖縄見聞で浅薄な知識で沖縄農業を私なりに分折し農業教育の難しさ，転じてたのしさについて論じたのであるがどうぞ沖縄の農業教育の友が益々健斗されんことを祈念し暴論の稿をとぢる次第である。
　(1966.12)　　（先生のご住所は
　　三重県一志郡白山町岡103です）

教員給料の改善要請

文教局

まえがき

　文教局では，かねてから教員給与の本土との一体化が検討されていたが，去る7月に関係課を中心に教員給与改善委員会を設けて本格的に研究をすゝめた。その結果，いきなり本土水準なみに引き上げることは諸般の事情から困難な面が考えられるので，さしあたり，教員給料の号差是正によつて，教員給料を本土水準に一歩近づけることに結論が出された。これらの結論にもとづいて，〝教員給料の号差是正について〟の陳情書が作成され，1966年11月16日に文教局長から松岡行政主席，人事委員会あてに送付された。以下，陳情書の概要を紹介する。

教員給料は
(1) 行政関係給料表との号差を1号引き上げ3号差とする。
(2) 調整号差は，常に頭初の3号差があるよう処置する。

（理由）

1，教員の職務の特殊性の上から

　教員の職務は，児童・生徒の教育を掌ることにある。もちろん教員も学校の職員として，校務を分掌する立場にあるがその主たる職務は教育活動に従事することにあることは疑いない。

　一般行政職員が「住民の生活の保護や便益を計ること」を目的としているのに対し，教員は次代をになう青少年の人格の育成，人間性の開発というきわめて影響の大きい職責を持つている。

　このことから教員には，他の職業人や一般行政職員にはない特別の地位が附与されている。

(1) 教員は，国民全体に対し直接の責任を負つて職責を遂行している。教員は，国民全体に対し直接の責任を負うという教育の性格から全体の奉仕者であつて，このような自己の使命を自覚し，その職責の遂行に努めなければならない（教育基本法第六条）という理念の下に一党一派に偏することなくまた，一部の利害に奉仕することなく常に国家的使命を持つて教育活動に従事しなければならないとされている。

(2) 教員は常に児童生徒の生命を守る

責任を負わされている。教育基本法第一条に「心身ともに健康な国民の育成を期して行なわなければならない」とある。これは，国民全体の責任であることは当然であるが，直接的な責任は教員に負わされていると解すべきであろう。即ち，「心身ともに」とあるのは，教員が単に知識をじようずに切り売りするのではなく，児童生徒との触れ合いの中から児童生徒個々に持つ特質を導き出すと同時に，生命の安全と身体を強健にする責任を負っていると考えられる。

そのために，教員は学校内における児童生徒の遊びは勿論学校外における行動にも常に目を配り，児童生徒が危険にさらされることがないよう，ささいなことにも注意をおこたらない。

このような特殊性は，他のいかなる職種にも見られない責任があると思料される。

(3) 教育の専門家であることが要求されている。

いかなる職業においても，ある程度の専門性は要求されるであろうが教育においては，特にそれは，必要条件である。国語の教員が国語教育についての専門的知識技能を有しないならば期待する教育効果は望めないであろう。

(4) 教員には免許状が要求されている。

教育職員免許法は，教員になる条件として，学校区分に応じ，あるいは教科区分に応じて，それぞれの相当免許状を要求している。

(5) 教員の採用，昇任は，選考任用制度がとられている。一般公務員の採用昇任等は競争試験によることを原則としているが，教員は，すでに免許状を有することで教員として必要な形式的実質的な要件を備えていると考えられるばかりでなく，教員が専門家であることも前提として，競争試験よりも選考という能力実証方法が適当であると判断されるからにほかならない。

(6) 教員は，その職責遂行のため，絶えず研究と修養を要求されている。

一般公務員の研修が「勤務能率の発揮及び増進のため」に行なわれるのに対し，教員の研修は，「その職責を遂行するため」に行なわれるという法律の規定の仕方（日本の教育公務員特例法）は教員の職責と研修の関係を端的にいいあらわしている。

以上のような教員の職務の特殊性に応じた待遇の適正を図ることが必要である。

2，教員の勤務量の上から

教員の勤務は1に述べたようにその特殊性から他の一般公務員のように定刻から定刻までというようにきちんと時間を区切つて勤務すればよいという性質のものではない。

　勤務の主体である児童・生徒の人間形成への努力という業務は，定められた勤務時間内で処理すれば事足りるというものではなく，また，実際上到底処理できないことは周知の事実である。

　特に個人的な学習指導や生活指導，グループ活動の指導等の分野においては，むしろ勤務時間外に行なわれる場合が多く，ときによつては，指導の効果の上からその方がより望ましいケースさえ多い。

　このような教員の勤務の特殊性や勤務量の上から現行給料表においても一般行政職との間に2号の調整号差をつけられてはいるが，この処遇も教員の勤務量の面のみから見ただけでも決して妥当なものでないことは，次の調査結果からも明らかである。那覇教育研究所が1965年10月から66年1月にかけて実施した「教師の勤務量調査」の結果によると，小，中学校における教師の勤務量は次表のとおりとなつており1週間にに規定の勤務時間を10時間以上もオーバーしていることが明らかとなっている。

小，中学校教師の勤務量（1週間）

学別＼業務内容	授業	授業準備及び授業後の処理	その他の学年，学級業務	学校関係業務	休息	計
	時間 分					
小　学　校	23.47	9.50	10.00	7.57	2.26	54.00
中　学　校	23.44	14.05	7.57	7.06	2.46	54.37

　これらの超過勤務時間を仮に月間40時間としても，給料月額105＄60￠の教員の超過手当額は 69.22￠×40時間＝27＄69￠となり，これを給料額に加えると，133＄29￠で105＄60￠の7号上位の給料月額である 105＄60￠を上廻わる額となつている。

　しかし，超過勤務手当が支給されていない現時点においては，これらの勤務量にでき得る限り応ずるような調整号のアップは当然取るべき行政措置と考えられ，さらに，教育が理想を要求

してその実現をめざすという業務の特殊性の上から業務の内容は異つても全体の勤務量は決して減少しないと考えられることを思うとき、調整号給をさらに1号引き上げることは、他の業務との均衡の上からも、ぜひ必要であると考える。

3，教員給与の過去の実績の上から

教員と一般公務員との格差の変遷は次のようになつている。

(1) 1959年7月1日の給与改訂で教員給与の2号調整が実施された。

(2) 1961年7月1日に給与改訂が行なわれ、従来の1本建給料表が種別7本建給料表に改正され、人事委員会規則で定めた調整号給制は廃止、教育関係給料表に移行された。

(3) 移行の際、教員は2号調整の号給を横すべり1号増の号給を与えられた。

(4) 1962年7月1日の給与改訂で教員は横すべりとなり、一般公務員は、1号増となつて、教員との格差は2号となつた。

以上の経過を見ると教員と一般公務員との間には、1962年6月30日までの1ヶ年は、3号の格差があつたことが判明する。このように短時間ではあつたが3号の格差があつた事実からも決して無理でないと考える。

4，本土における行政職と教育職の給料格差の面から

本土における行政職俸給表㈠と教育職俸給表㈡及び㈢との比較及び沖縄におけるそれの比較をしてみると次のようになつている。

(1) 大学卒の初任給

	本土	沖縄
行政職	20,500円（$56.94）	$67.60
教育職 小・中校	23,000 （63.89）	72.10
高校	23,000 （63.89）	72.10
行政職，教育職の給与の格差及び給与差	2,500 （6.94） 2.3号差	4.50 2号差
本土行政職俸給表による給号格差	2.3号差	1.5号差

(2) 大学卒業後10年目の給料

	本　　土	沖　縄
行　　政　　職	34,800円（$96.67）	$115.10
教育職　小・中校	39,100　（108.61）	123.60
高校	40,000　（111.11）	123.50
行政職，教育職の給与の格差及び給与差	小・中校　4,300（11.95） 高校　　　5,200（14.44）	7.50 2号差
本土行政職俸給表による給号格差	小・中校　3.9号差 高校　　　4.3号差	2.1号差

　即ち，上記の表から見ると，初任給において，本土においては2.3号であつたものが，10年後においては，中校において3.9号差，高校において4.3号差となつている。これらのことは，既に先に述べたように，教育職員は「専門家であること」及び「絶えず研究と修養を要求されること」を証明するものであろう。

　ところが，沖縄においては，これらのことに対して配慮されていないのみならず，逆に年数が経るにつれてその号差は0になつている。

5．本土との格差是正の上から

　本土と沖縄の教員給与を比較すると基本給においては差はないが，本土においては諸手当（扶養手当，勤勉手当管理職手当，通勤手当　暫定手当等）が支給されており，沖縄はこのような手当は支給されないから，実質的にかなりの開きがある。

　義務教育費国庫負担法の趣旨にそつて現年度から沖縄にも義務教育諸学校の教職員給与の二分の一を日本政府が授助するようになつたが，できれば給与制度の構造及び額においても，本土と同一にすることが望ましい。教員給与の格差は，教員の質と量とに作用しそのまま児童，生徒の学力の格差となつてはね返つてくることが懸念されるからである。

　しかし，沖縄の場合，現給与制度の構造をすぐ本土と同一にすることは困難であろうから，先ず基本給においても号給を引き上げ諸手当で生じた格差の埋め合わせを実施して，格差を縮めることによつて，沖縄の教育水準の向上を計ることがきわめて肝要であると

思う。
6，公社等の職員給与との格差上から

郵政庁，電々公社及び土地住宅公社等の職員給与と教育職員の給与を比較すると，次のとおりとなつている。

教育職員と公社職員との給料比較表

○ 初 任 給

区 分	教育職員	公社(A)職員	公社(B)職員	公社平均	差 額	号 差
高 校 卒	$ 49.30	$ 56.40	$ 56.40	$ 56.40	$ 7.10	5.4号
短 大 卒	61.40	69.10	69.30	69.20	7.80	3.8
大 学 卒	72.10	81.40	81.70	81.55	9.45	3.8

○ 5 年 目

高 校 卒	$ 63.40	$ 73.70	$ 73.80	$ 73.70	$ 10.30	4.7号
短 大 卒	82.00	95.80	96.10	95.80	13.80	4.9
大 学 卒	99.10	110.40	111.30	110.85	11.75	3.4

○ 10 年 目

高 校 卒	$ 87.30	$ 90.00	$ 102.10	$ 96.05	$ 8.75	3.0号
短 大 卒	112.50	119.60	124.20	121.90	9.40	2.6
大 学 卒	123.60	133.10	134.50	133.80	9.50	2.5

　上記表で見るとおり，教育職との比較は，初任給において大学卒で3.8号，高校卒で5.4号の格差があり，10年後においては大学卒で2.5号，高校卒で3号差となつている。

　給料格付の根本条件である職務の複雑，困難及び責任の度，勤労の強度，勤務時間，勤労環境等を比較考察した場合，教育職の調整号差を更に一号引き上げることは当然なことと思料する。

　以上の理由から，教育職給与の一号引き上げを早急に実施して頂くようお願いしたい。

　調整号差は，常に頭初の3号差があるように措置してもらいたい。

(1) 現行の給料表の教育職関係及び行政職関係を比較してみると，昇給期間が12月期に移行する際の両表の格差はそれまで2号差であつたものが1号差に縮まり，更に15月期に移行する際には0となつている。

このことは，教育職の「特殊性，専門性が経験を経るにしたがつてより深まるものである。」ということを考慮に入れていない現実を無視した考え方である。本土においては，教育職は，経験年数が増すにつれて，その号差を増していることから，教育職の「特殊性，専門性」を充分に配慮したものといえよう。

このような矛盾は，1964年2月1日の改正の際（昇給期間が金額差による昇給から，等級号による昇給に改正された時点）から始まつているので，過去のこれらの期間に見合う昇給期間の短縮を逆つて実施できるよう特別な措置を講じてもらいたい。昇給号差比較は次のとおりである。

昇 給 号 差 比 較

職種 昇給期間	行　政　職	税　務　職	公　安　職	教　育　職
9か月	$ 99.10	$109.00（3号）	$109.00（3号）	$105.60（2号）
12か月	144.60	158.90（3〃）	158.90（3〃）	149.20（1〃）
15か月	186.20	198.40（2〃）	198.40（2〃）	186.20（0〃）

(2) (1)に述べたことは，現行給料表の矛盾についての改善方を要請したものであるが，この陳情に基づいて3号差が認められた場合においても，本土と同様に経験年数が増すにつれてその号差も増すよう配慮してもらいたい。

全沖縄高等学校

家庭クラブ連盟十周年記念大会から

全沖縄高等学校家庭クラブ連盟顧問教師

国 吉 静 子（沖縄女子短大）
亀 谷 末 子（小禄高校）

　全沖縄家庭クラブ十周年記念式典及び第十回研究発表大会が12月27〜28日の両日にわたつて新装なつた博物舘ホールで開催された。

　寒さの訪れが早くぐつと冷えこみ小雨のパラつく中を大勢の会員がつめかけた。

　研究発表会場にあてられたホール中央正面には日章旗と並んでクラブマークがかかげられ「十周年記念式典」と「第十回全沖縄高等学校家庭クラブ研究発表大会」の文字がくつきりと浮き出て本大会の規模と盛会が早くも予想された。

　文部省の金原先生をはじめとして全国成人副会長，全国生徒会長，副会長益田産業高等学校の生徒さんたち，その他総勢38名と地元側役員が出そろつた定刻二時，連盟旗樹立式をかわぎりに式典は挙行された。

　本土役員の紹介がひとりひとり行なわれ拍手で歓迎され，あいさつのあと

連盟旗樹立式

引き続き,「高校生として私はこうありたい」というテーマの下に5高校の積極的な生活意見の交換があつた。古屋令子さんと西村三郎先生のお礼のことばに耳をかたむけ本土会員との強いつながりを再認識した。記念品贈呈(首里高等学校染色科作品の紅型)が本土会員ひとりひとりにおくられた。つぎに宇都宮女子高等学校長小紫先生のお話があつた。先生は家庭科教育に造詣の深い先生で女子教育の第一人者である。先生は家庭科の使命の重大さをわかりやすく話された。

特に今大会が本土代表参加のもとに行なわれた事は,教育権返還,本土教育との一体化の呼び声が高まつている折柄,参加者のひとりひとりに深く肝に銘ずるところがあつたであろうし,祖国復帰の念を新たにするものがあつた点で注目に価いする式典であつたといえよう。

質疑応答に入つてさすがに本土代表だけあつて洗練された応答ぶりで会場の拍手を受けた。

沖縄側は場馴れしていないせいか要領を得ない面がしばしば見受けられた。自分のうちにひそむ生活信条をいかに整理して表現するか,つまりことばや態度について工夫することも今後の課題の一つだと思われる。前日までぐずついていた空も久し振りにすつかり晴れ上がり,全沖縄家庭クラブ員の願いがかなえられたような気がする。昨日大会前に成人会長の仲田先生が晴間に顔をのぞかせた太陽を仰いで,「天わが心を汲みせり」と満面笑みをうかべでおつしやつた一言も印象深い。2～3日前からグット冷えこんでいるが,本土からのお客様には寒くなるより,南国沖縄の快適な冬の気候を味わつてもらいたいと思うのだが。ご招待の来賓の方々や,本土代表の方々も開会前に席に

つかれ，会場は昨日より一段と活気が感じられ，午前9時首里高校のバンド部の君が代合奏により強い開会の挨拶がなされた。本土代表の方々は異民族の支配下にある沖縄の地で聞く国歌にどのような感じをもたれたのであろうか。引き続いて家庭クラブの誕生より十年を迎えるまでにご指導，ご協力下さった方々への感謝状並びに記念品贈呈が行なわれた。とりわけ，前全国連盟家庭クラブ事務局長の大和マサノ先生，首里高校の源ゆき先生，名護高校高尾野タマ先生の受賞は感激を深くした。先生方は，沖縄家庭クラブの生みの親であると同時に育ての親でもありここまで育てて下さったその裏には，多くの犠牲とご苦労があった事を忘れてはならないのである。琉球政府副主席の小波蔵政光氏の祝辞がありましたが，副主席に10年前，沖縄の家庭クラブが誕生した時の文教局長であり，その喜びは格別なものであったと思われる。又全国連盟生徒会長の古屋令子さんは，全国の会員を代表して心からお祝いを申し上げたい。十周年を迎えるまでにはいろいろの困難があったことでしょう。私達クラブの活動が，世界平和，人類の幸福となるよう，共に考え実践して行きましょうという祝辞が読み上げられた時，会場はシーンとなり，クラブの全国的組織の一体感をますます強くしたように思われた。

10時30分より各地区代表の11校の研究発表が行なわれ，最後に模範発表として第14回全国大会の最優秀校の島根県立益田産業高校の「若い力とアイデアで園児の昼食を楽しく」が井上恭子，水津佐知子さんによってされた。

全国連盟生徒会長あいさつ

さすがは，全国大会二回連続最優秀賞の実績を持つ学校の発表だけに，内容，発表共にすばらしく，沖縄の家庭クラブ員に深い感銘を与え，今後の研究活動に何らかの方向を示してくれたものと信ずる。10年を契機に将来への前進と向上のために意義深い計画であった事はいうまでもない。

審査委員の先生方のまとめる間，しばらくの幕合を利用して司会の方では

会場の雰囲気を楽しくさせるために工夫をこらしている点，やはり家庭クラブだという感じがした。飛び入り希望者を募つた所，徳島県立小松島西高校の校長多田伝三先生が元気よく舞台に現われ，昭和8年京都大学在学中，柳田先生と来島し，沖縄の民俗文化にうたれ，沖縄への愛情は無限であつたというお話しをなさり，阿波の民謡をユーモアたつぷりに歌われ，会場一杯に笑いを与えて下さつた。27，28日の2日間の大会で，それぞれ家庭クラブ員であることの誇りと自覚を新たにしたであろう。

5時10分，審査委員長の吉田トミ先生から研究発表の講評があつた。今年は全部スライド発表になつてよかつた。改善点としては，もっと内容をほり下げて研究すべきであると同時に経済的に裏づけも必要であるとの指示をいただいて最優秀賞に那覇高校の仲吉栄子さんの「わが家を住みよく」が選ばれアジア財団賞を獲得し，賞品授与が行なわれて，2日間の大会日程が無事終了されることになつた。

刺激の少ない沖縄の会員にとって，今度の十周年記念式典及び研究発表大会は，本土大会での雰囲気と緊張をもたらし意義深いものであつた。また本

会 場 風 景

土の最優秀校の模範発表を見せてもらつて，私達が工夫すること，研究することが多く残されていることに今さら考えさせられたことである。さらに私達クラブの活動をもつと地域社会に紹介する機会をもつべきであることが痛感させられたが，このようなすばらしい二日間の大会を，全会員に見てもらつて，私達が工夫すること，研究することが多く残されていることを考えさせたらと思うと惜しい気がしてならない。今年はあまりにも参加人員の制限をしたためか例年より会場がまばらな感を受けたのは残念である。しかし小さな失敗が今後の成功に結びつくものである事を考えれば，2日間の大会は上出来であつたといえるのではないだろうか。

本土における教頭実務研修報告

豊見城高等学校教頭　新　垣　　博

琉球政府の研修計画に基づく，1967年度技術研修生として1966年11月4日から12月5日までの32日間，埼玉，茨城，千葉，宮城，東京，愛知の各都県立，20の高等学校において，実務研修の機会が与えられ無事帰任しましたので，研修中に見聞したこと，また感じたことなどを訪問校別にあげて報告します。

学　校　名	生徒数 男	生徒数 女	特　記　事　項　の　要　約
埼玉県立 大宮高校	1,016	790	① 一週間勤務して実務研修　② 今年から家政科廃止　③ 3年生だけの後援会あり　④ 体育館150坪（県と団体で6：4の負担）　⑤ 毎年体育祭，文化祭をもつ　⑥ 事務職員の数8人　⑦ 進学講座あり　⑧ 図書館　⑨ 県下一斎テスト（入学時に）
〃 浦和西高校	825	706	① 進学講座あり　② サッカーは国体で優勝　③ 図書館　1,600万円（県と団体6：4の負担）　④ 体育館（1,400万円）　⑤ 更衣室 952万（県内から150万円）
〃 浦和高校	1,515	―	① 学業とスポーツの両立による人格形成，健康教育，環境の整備が教育目標　② 男子だけの学校　③ 進学は県下一国立（195人）都立（24人）私立（380人）　④ 進学指導は授業中心　⑤ 浦高祭（3日間）は毎年行なう　⑥ 競歩大会45km　⑦ 神奈川県の湘南高校と交歓会　⑧ 新入生歓迎 1万mマラソン　⑨ 特別教室は新築（70周年記念）　⑩ 臨海教室，4泊5日　⑪ 県体で総合優勝している。

〃 戸田高校	425	680	① 40年に開校1ケ年中校の校舎をかりる，2年目に校舎落成　② 地元戸田市が準備金100万円と土地13,000坪，建築費2億1,000万円負担
〃 鴻巣高校	734	810	① 普通科と商業科あり　② 相談室を自力で建築して効果をあげている　③ 体育祭と文化祭は毎年行なう
〃 朝霞高校	512	695	① 新設校で施設がすばらしい　② 校風～創造，地域の役に立つ生徒をつくる
茨城県立 土浦二高	—	2,043	① 女子教育では水戸に次ぐ　② 視聴覚教育は県内一でよく資料が整理されている　③ 家庭科教室は県下一の施設　④ 50m水泳プールあり　⑤ 納入金は10日までに銀行に納入　⑥ 体育祭は毎年1回，文化祭，音楽祭は3年に1回

水泳プールのシヤワー室

〃 土浦一高	1,320	—	①殆んど進学で進学要覧を出している　②生活の手引（学年別に）　③ ベルと同時に授業開始　④ 図書館はよく利用されている（7:00～17:00まで開館　1,500万円6割団体負担　⑤ 新入生テストを3月22日に行なう
〃 水戸三高	—	1,139	① ホームルームの実験学校3ケ年で成果をあげている　父兄参加のホームルームもある。ホームルーム活動の手引（1～3年用）　② あおい会館で合宿訓練　③ 保健室はすばらしい　④ 歩行会

学校名			
〃 水戸一高	1,363	98	① 学間第一の学風　② 3年生は12月からの組かえ授業　③ 文化祭毎年　④ 歩行会, 75K約24時間歩き通し, 完歩率95％（甲府一高で100K歩く会）水戸名物　⑤ 理科教育は施設よし, 7,400万円の中2,700万円は自己負担　⑥ 進学状況国立（225人）
千葉県立 千葉東高校	883	534	① 男女共学で自律的活動　② ホームルーム活動は活発　③ 生徒のリーダー研修会　④ 体育館は県費だが一時借入れ（建築期成同盟）
〃 千葉女子高校	—	1,460	① 教育課程の研究校　② 校長は全国高校長協会の常務理事　③ 体育館500坪水泳プール25m　④ 音楽教室は大学並みピアノ5台の練習室　⑤ 松籟会館（2,447万円）
宮城県立 仙台二高	1,294	—	① 授業は37～38時間　② 躾教育に力を入れる入校訓練1週間　③ 仙台一高との定期戦野球は仙台名物　④ 体育館607坪 5,000万円（半額は自己負担）⑤ 英, 数は学力別編成授業…夏休みの宿題テストの結課組分けをする　⑥ 進路資料（学年別に発行）
〃 第一女高	—	1,405	① 殆んど進学　② 職員朝会はない　③ 入試5科目100点満点　④ 期末手当48割
〃 仙台一高	1,274	—	① 学業とクラブ活動の両立を目標としている　② 先輩がクラブをバックアップしている, 各クラブの後援会　③ I.Hにも数種目出場, 県体で総合優勝　④ 進学状況東北大80人, 国立大入学全国1～2位　⑤ 3年の後半からカリキュラムを変える　⑥ 校務分掌に委員会制度　⑦ 体育館, グラウンド7,000坪　⑧ 一高祭3日間　⑨ 強歩大会32K 6時30分集合　⑩ 国立入学（291人）
〃 第三女高	—	1,315	① 実力増進5ヵ年計画　② 教育計画をたて, 授業時数は変更しない　③ 文部省の研究推進校, 「生徒指導」　④ 相談室(3)がよく利用されている　⑤ 校長, 教頭との面接あり　⑥ 同窓会館あり　⑦ ホームルームノートあり

東京都立 武蔵高校	620	770	① 1週間の実務研修　② 職員の朝礼なく授業 8：45　③ 男女別の定員がある　④ 東京都では毎週研修日がある　⑤ 図書の蔵書1万冊　⑥ 地理の学習法についてたずねる　⑦ 合唱コンクール　⑧ 校外施設　⑨ 理振法の達成率45％
〃 立川高校	936	301	① 職員朝礼なし，連絡は校内放送を利用，夏の授業は 8：15　② 1年間前後期の2期制　③ 毎週木曜日は全体集合，1～2時間の間に　④ 防音装置，冷暖房完備　⑤ 校外施設館山市と長野県にあり　⑥ 臨海学校1週間　⑦ 視聴覚ライブラリー　⑧ 進学状況国立大（174人）公立（41）私立（250人）
〃 久留米高校	400	415	① 40年開校，現在2年次 1ヵ年は仮校舎，41年10月開校祝典　② 男子は背広　③ 生徒用のロッカーあり　④ 柔剣道部室はPTAでつくる　⑤ グランド工事1500万円　⑥ 塀も出来ていた　⑦ 渡廊下巾4.5m
愛知県立 旭丘高校	1,615	429	① 学習活動と特活を両立　② 県体で総合3位　③ 毎週各教科各部研究打合せ会　④ 1～2年は全員クラブ参加　⑤ クラブ室2階建　⑥ 毎週金曜日にはL, Hと全生徒集会　⑦ 耐寒マラソン～寒けい古　⑧ 学校寮3,000万円を建築中　⑨ 施設のため入学時1万円父兄から借用　⑩ 国立入学（468人）

※ まとめ

① 学校独自の計画をもっている　② どの学校も進学に熱を入れている　③ 体育祭等の学校行事を毎年もっている　④ 体育館，図書館はどの学校にもある　⑤ 保健室は1教室をとついる　⑥ 定数法によつて教員，講師，事務職員，準備員が確保されている　⑦ 靴箱，ロツカーもある　⑧ 生徒は自主的によく勉強している　⑨ 納入金は大体　入学時6,000円毎月2,000円　⑩ 放送室，クラブ室がある　⑪ 教員の授業時数が18時間平均（沖縄で21時間）　⑫ 教師の研究意欲が旺盛である　⑬ 東北で沖縄への認識が少ない。

指導主事ノート <7>

保健体育課主事　玉　城　幸　男

体育実技研修会

　職務がら、あちこちの学校の訪問をしますが、予定外の学校の側を通る時でもついグラウンドに目をやることが多い、その時楽しそうに充実した授業を見て子供のしあわせをよろこぶこともある。しかし時には「ラジオ体操」ではじまり、それがすんで、ボールを与えて「ドッヂボールをやり」やがて終りのかねが鳴ると、「止め、誰かボールをかたづけなさい」と言つて先生は職員室か教室にひきあげていく姿を見る場合もある。このような姿を見ると「体育科」は各教科の中で、列外におかれているのかな、と考えさせられる。

　ほとんどの教科は教師自身が、児童生徒、学生であつた頃、学習経験のある内容とごく似たものか、関連したもので、例えば算数の分数指導で、教師は過去に学習経験もあつて自分で充分理解していてさえもそれを効果的に指導するということはなかなか骨のおれることである。体育の場合は、小・中高校、大学において経験のなかつたような、サツカーや、マツトの開脚前転やハードル等と多くの実技をきめられた基準まで指導しなければならないことになつている。経験もない、充分理解もできない実技もできないのを児童の実態に即して効果的に指導しようなんてことは大変なことである。しかし指導要領の内容は教師ができるできないにかかわらず指導しなければならないので前向きの教師は、どのように指導してよいか困惑してしまう。

　よいプレイヤー必ずしもよい指導者とは限らない、よい技能を身につけていることは指導力の一要素かも知れないが、指導のためのプレイは技能の構造を知り、その要点を理解し留意点を肥握するために必要である。そうでなかつたら炎天下で先生方が、関節や筋肉は硬くなり、鈍くなつた運動神経でぎこちない動作で、ふうふういいながらやる体育実技研修会は意義がない。それで「実技研修会では、できない人もどの程度、どこができないか、やつて見てください」とすすめている。教師がやつてむつかしいところやできないところはその技能のポイントのひそんでいるところで研究すべき点である。体得こそは学習結果最大の成果でありそれこそは教師の自信となるものである。

本土の学校給食を訪ねて

― 栃木の学校給食 ―

保健体育課主事　照屋善一

　かねてから本土の学校給食の状況をこの目で確めたいと云う念願が叶えられ、昨年10月琉球政府研修生として本土へ旅立つた。文部省、日本学校給食会など東京での日程が一応終つたので栃木県へ向う。

栃木県　健康教育課

　10月11日、東京上野発8時34分の里磯行普通電車に乗ると広々とした関東平野を北へ走ること2時間後に宇都宮市へ着く。かねて県教委が指定した宿泊所に旅装を解くと午後1時健康教育課へ伺う。給食係りの古川、早目両先生と栃木での日程を打合せた後、資料により栃木の学校給食の現状について説明を受ける。

　昭和41年5月現在の実施状況は、完全給食を実施している学校の比率は小学校で 89%、中学校で24%である。児童生徒数の比率では小学校で22%となつている。小学校は全国水準より高く、中学校は普及の出足がおくれていて、低い状態である。

　これは中学校が進学問題をかゝえ、給食を考える余裕がなく教科担任制で生活指導も困難であること、給食事務の繁雑による負担過重の心配が強く、父兄の関心も高まつていない状態のためだと云われ、県教委としても、進学の実状も承認しつゝも学校給食が人間形成、成長期の体位の向上等教育的意義が大きいので、その普及に努力しているが、学校側の心配を解消し、市町村教育委員会の負担を軽減するための方策として共同調理方式も一つの方法であると説明された。この事は、沖縄にもあてはまることである。

　その晩、私が沖縄から研修に来たと云うことで、健康教育課の肝入りで、課長始め古川先生、県給食会の森山常務理事、小磯さんなど観迎の宴を設け

て下さり，身に余る光栄に浴したが，栃木を去る日のその時刻まで親身に勝るご好意を受け誠に感謝に堪ない。

財団法人栃木県学校給食会

10月12日午前8時半学校給食会から迎えの車が来る。給食会は宇都宮市一の沢町にある。その近くには，過年甲子園球場で春秋連続優勝の決挙をなしとげた作新学院がある。

給食会は小麦粉，脱脂粉乳を取扱つている点は沖縄と変りないが，一般給食用物資を大量に取扱つている点で他の追従を許さない。

森山常務さんは，今朝早く長野県経済連から来た，リンゴ満載の大型車や学校へ向う物資運般車の前で説明して下さる。

給食会は学校の要望にこたえ，昭和36年から一般物資を取扱つて来た。

最初は一般業者，県議会で反対の動きもあつたが，県教委，学校の協力があり，供給事業が本格化し，今日では180種以（生鮮魚，肉類，生野菜を除く）の物資を取扱い，内容を大別すると次のとおりである。

水産缶詰類，調味料，砂糖類，油脂類，カレー，スープ類，マカロニー類ジャム類，ミルク添加物，強化剤，洗剤消毒剤類，乾物類，豆・穀類，乳製品で県下の学校給食用物資の全需要量の64％を取扱いその価格は利潤を求めず，業務上必要経費のみ（任入れの7％）のみであるので，全品目平均15％は市価より割り安となつている。学校には毎月始め価格一覧表を配布し，注文書に品目，数量，輸送希望日を記入し発注する。急ぎの場合は電話でもよく，又配送に行つた運転手に注文書を手渡すなど，発注，配布が確実しかも円滑に行なわれている。

輸送は県内をA・B・C地区に分け週2回曜日を定めて行ない，2屯車を5台年間チャーターし，外に給食会のライトバン2台が活動している。

なお価格表は，一般業者の価格を引下げる大役も果し，学校給食の内容向上に役立つている。

なお，昭和40年度は16,800万円の黒字となり，この剰余金を学校の購入額に応じ全額還元したと云う。

今後は冷凍庫，冷凍車を設置し生鮮食品の配布を考えているということだつた。森山常務の案内で，ダンボールに小型2個の物資を積んだライトバンに同乗，鬼怒川の渓谷美を満喚しながらその上流のへき地校へ向つたのは，氏のご好意によるものであつた。

宇都宮市立桜小学校

11月13日午前10時健康教育課の中目先生の案内で桜小を訪問する。

　北条校長は桜小に赴任して12年その学校経営、社会教育の業績は著しく、校長室に陳列されて健康優良校、優良PTA、学校給食優良校など文部大臣賞感謝状、表彰状など枚挙いとまなしである。更に桜町公民館長も兼ね敏腕を振つておられる。

　早速桜小の給食指導の重点目標について質問をする。

　桜小では栄養指導と習慣形成の二本の柱とし、食べることをとおして栄養指導をほり下げ、児童自身の一生の問題として食生活を理解させ、家庭や地域の食生活の改善にも努力している。

　白ネズミの飼育によつて、バランスのとれた栄養がいかに大切かを知らしめ、極度の偏食児童を矯正した事例、手洗いの習慣は衛生の第一歩で、手の汚染状態を種々調査しその結果を視覚に訴え、手洗いの意欲をおこさせていることである。

　この学校はランチルームがあり、各クラス曜日を定めて使用する、こゝでは食事が一品多く付き、校長を中心として給食をいただく、2、3分の校長の話に、しらずしらず子供たちは栄養の勉強をする、その効果は大きいようである。

　この学校の自慢の一つは給食室である。これは北条校長の労作で、設計に当つて東京など県外の施設も調査をし設計図を数回も設計士に訂正させるなど、使う身になつて平均身長を考え器具の高さ定め、安全、保健、疲労度を考慮に入れ、最終的な設計には、校庭に縄を張り、調理台を実際に動かして検討し平面計画を決定したと云うことである。

　話がミルク給食になると、北条校長は、桜小では脱脂粉乳を飲用しており、牛乳は脱脂粉乳に比べ価格が6円も高く、栄養価もカルシウム等で劣るので問題である。よいミキサーを使用し、不足するビタミンACと油脂を脱脂粉乳に添加しても1.2円でとまる。

　給食費は月額700円であり、会計は黒字だと云う。脱脂粉乳の飲用指導ができず、牛乳を用い赤字で苦しむ学校もあると云う。北条校長は、資料を展示して説明して下さる給食主任の宇賀神先生を「他校の給食主任の五倍の仕事をして下さつていますよ。」とその功績を讃えられる事も忘れない。

　案内の中目先生が、予定の時間が来たことを注意され、深く謝して帰る。

南那須村給食センター

桜小を辞して県庁へ戻り，案内が古川先生に代る。宇都宮市から東方烏山町方向への車を飛ばすこと約1時間村落のはずれに給食センターがある。

南那須村は全村このセンターにより完全給食を実施している。4年前は小中校12校のうち，小学校4校が完全給食で，他の8校はミルク又は補食給食を実施し給食の型も，まちまちであつた。

南那須村の児童生徒3,000人の体位は栃木の平均を遙かに劣弱で，給食実施も校区毎に差がある状態が憂慮され，村当局，村教委，村内各機関，団体が協議の結果，村財政を考え給食センターを設立し，一きよに完全給食を100％実施に踏切つたと，若い菊池主任は語つた。

給食センターの長所は，単独校に比べ学校差を解消（栄養・給食費）学校の給食事務を軽減し指導に専念できる。経費の節減と集中管理による安全確保ができるなどの効果がある。反面衛生上事故が発生した場合は問題が大きいので，水道，環境衛生，従業員の衛生管理に細心の注意と，外来者の衛生的配慮が必要である。又輸送と保温が問題があるが，ここでは専用輸送車によりコンテナー輸送をする。2台の車で2区に分け，10時に始発し11時50分までに学校に届けられている。学校で適温でいただけるために二重食缶と，コンテナーによる為，センターと学校の温度の差は2°で問題がない。なお，センターの自慢の一つは，牛乳殺菌処理機をもち，新鮮な牛乳を1人分1合2円75銭で飲んでおり，年間1人780円割安で，この分を食事内容の充実に廻していることであつた。

矢板市立新高原小・中学校

昭和41年度全国学校給食優良学校70校のうち本校がある。本校は市立と云うものの児童生徒あわせて76人の三級へき地の小規模併置校である。

この日は，健康教育課長，古川先生給食会の森山常務理事さんも同行，宇都宮市を北へ，車で3時間，河原のような悪路を600～700米の高地へ進む。この村落は，戦前陸軍の軍馬放牧場であつたが，戦後は解放され開拓民が入植した。高冷地であり土地はやせ，酪農以外は期待されるものもなく，児童生徒の弁当も塩かけの麦飯が多かつたと云う。

パン給食を開始したのは昭和37年2月頃で，パン屋に交渉したが，学校名を聞くだけで業者は二の足を踏んだと云う。窮余の一策としてパンのリレー方式をとり，パン屋がA地まで，集乳車がA地からB地まで，生徒がB地から学校まで運搬したが，集乳車の時間差で延着，未着と云つた日が多く失敗，教頭先生の発案で小型のパン焼機を購入し自家製パンに切換えた。子供達はパンは固かつたが，その時のパンの味は忘れられないと語つていたという。

今では本格的なパン焼釜をもち，パン，ミルク，おかずと完全給食を実施し，パンは隣校の塩谷町高原分校の分も造つている。

本校では，2人の調理員さんが，パン，ミルク，おかずと分担協力して造つている。そのパンの品質は素人とも思えぬ素晴らしさで，沖縄のパン屋ももつて銘すべきである。

江口校長は文部大臣の表彰状を手にしながら，今は故人となつた前教頭のお陰ですよと，在りし日の教頭の苦労を追憶しながら語つておられた。

高度へき地の新高原小中学校の学校給食

←給食準備の風景

↑ 学校給食パンを造る小型のパン焼釜

↑ 文部大臣の表彰状を手にする江口校長

桜小学校

→ 給食時の手洗い風景

桜小学校の給食準備室
北条校長の苦心作

運搬車で一階の各教室へ
用務員によつて運ばれる

栃木県学校給食会

180種以上の給食用
物資の山（倉庫内）

長野県経済連から直送されたリンゴ貨物車（倉庫前）

― ずいそう ―

正 月 雑 感

(新生活運動推進ノートから)

社会教育課主事　嶺 井 百 合 子

　お正月を間近かにひかえたある日,お隣りの開南小学校では,生徒たちを校庭に集めて「新年の歌」の練習をしていた。私は思わずペンをおいて庁舎の四階から校庭の生徒たちの様子にみ入つた。そうしてこの生徒たちの家庭が学校の方針をよく理解して,新正月を実行してくれたらと深く念じました。

　年の瀬が押しせまってくると頭に浮ぶのは新正月実施の事であり,今年は全琉で何パーセントの家庭が正月を祝うのであろうかということでありま

1. 新正月を実施しましたか
実施
新旧 5.7%　新正 8.6%
旧正 85.7%
(1960年度調査)

2. 将来新正月にしたいと思いますか
将来
一本化はこまる 19.9%
新正にしたい 80.1%

△ 八重山
◤ 宮古
◣ 南部
◢ 中部
◥ 北部

――― ずいそう ―――

す。

　行事改善の一環として，新正月を祝う運動が提唱されたのは1960年からであります。戦争中にもこれと同じようなことがあつたようですが1，2回ほど実行したきり，敗戦によつて途絶えてしまつたのであります。あの時は上からのいいつけでなされたのでありますが，今回は住民との話合いの上でよく納得してもらいながら進めていきたいと思つたので，運動以前に二次の経済実態調査を当時の経済局農務課に実施してもらいました。そしてこの実態調査をふまえて次の観点から運動をすすめることにしたのであります。

1，世界の文化国家と歩調をそろえて全住民が太陽歴による新正月を祝つてもらいたい。
2，学校教育と実生活と関係からも
3，時期的にも冬休みでゆつくり祝える

　この運動推進のために，地域の機関団体や職場での懇談会を催したり，マスコミによる啓発，資料の作成配布等，いろいろの方法で多くの指導者の方々が懸命の努力をしたのであります。

　その結果が

○　1961年度　　47％実施
○　1962年度　　35％
○　1963年度　　32％

　このように一時盛り上つたかのようにみえた新正月運動が年々後退して，現在継続的に実施しているのは全琉で，八重山（これは明治41年から実施），南北大東島，金武村伊芸，浦添村小湾，玉城村仲村渠等，その他地方の一部と都市の約50％位であります。

運動最初の年の各地区懇談会での問題点として

1，甘蔗の搬入が一般的にゆきわたらないために，正月の費用が得られない。
2，豚が小さくて正月用にはならない。
3，野菜が少くて正月用には足りない。

等があげられました。

　私たちは次の年の運動推進のため，全琉共通の大きな反対理由である経済面からの調査を南部連合区がやつたのでそれを参考にしました。南部地区の専業農家と兼業農家の比率は兼業農家75％で専業

―52―

ずいそう

農家はわずかであり、戦前のように農業一てんばりでなく、一家のうちだれかが現金収入の仕事についていることがわかったのであります。第2第3の反対理由も、農業改善や食生活の改善によってその気になればできる可能性があり具体的に一つ一つ打開策について話合つてみたらあまり困難な理由もみあたらず、結局永い間の習慣からの脱皮が容易なことでないとがわかったのであります。

或る人々はこのようにむつかしい新正月実施を奨励するよりは、むしろ旧正実施にまとめた方が住民の賛意をえ苦労もなくてすむのではないかというのでありますが、今日世界の情勢の変貌ははげしく近代化の方向にむかいつつあるのに、世界の大勢である太陽歴に沖縄全体が背をむけていつまでも古い習慣になじんでいたのでは、沖縄の前進、近代化もおくれるのではないでしようか。

枚数が限られているのでこまかい点にはふれられませんが、太陽歴と教育との関係だけから考えてみることにしましよう。

「邑に不学の戸なく、家に不学の人なからしむ」、これは明治天皇のおことばであります明治5年日本の国を世界の文化国家なみにするには「1般ノ女子男子ト均シク教育ヲ被ラシムヘキ事」という趣旨からのその年の8月2日はじめて学制がしかれました。そのとき教科書は何を基準にしてつくるべきかということにな

り、当時の内務卿大久保利通は平田という有名な学者に調査を命じたところ、世界の文化国家の教科書は太陽歴を基準にしてつくられていることがわかったので日本でもそのようにつくったらということであります。

日本では、むかしからずつと「太陰歴」というこよみをもちいていました。太陰歴はいまでは「旧歴」といつているもので、月のみちかけによって月日をかぞえていくものです。しかしこのこよみでは、いろいろの不便があるので、明治5年（1872年）11月9日、太政官布告第337号をもつて太陰歴をやめ、現在もちいている「太陽歴」にあらためることにきまりました。当時都布の人々には大分賛成者が多く、地方では反対者が多かつたようですが、日本の将来の事を考え改歴を行なつたようであります。これでやつと日本もヨーロツパの国々やアメリカと同じこよみをもちいることになつたのであります。

では教科書との関係の1例として低学年の国語の教科書には、年賀状の書き方、すすはらいをはじめ、女の子がはねつきをしている絵、男の子がたこあげをしている絵、お父さんが門松をかついでいる絵、その他音楽理科、社会科等にも元日に関係のある教材が取り入れられています。或る中学生の正月に関する作文を引用してみましよう。

「僕たちは、学校で習う教科書の内容と社会で行なわれている実際のことに大きな矛盾を感じます。

―53―

―― ずいそう ――

　学校では新歴によるお正月の儀式をやりますが、家庭では旧歴によるお正月をやっていますので、不自然な感じをもつものです。新正月にも旧正月にも感激はあまりありませんのでみんながそろって新正月を祝いたいものです」この作文以外に小学生、高校生からもこれと同じ意味の作文がよせられております。

　申しあげるまでもなく、生活化されない教育は画餅と同じものでありお正月が単なる飲み食いでなく、生活のくぎりをつけ新しい年に対する姿勢を正す意味からも、家庭、学校社会が三位一体となり、歩調をそろえて新正月を実行、こどもたちの人間形成に大きな意義をあたえてやりたいものであります。

　今年は明治百年、新聞、雑誌その他のものに明治から今日まで日本の急速な進歩発展についての記事がありますが、私たちも過去を省み、たえず理想をかかげて、沖縄の近代化のために努力していきたいものであります。

教育懇談会実施要項

1　旨　趣
(1) 沖縄教育の現状を理解し、文教政策がどのように実施され、将来、どのような政策が計画されているかについて、指導、管理、財政等にわたり説明を行ない文教政策の現場への浸透を図る。
(2) 教職員が、文教政策をどのように理解し、どのような政策的措置を望んでいるかを、この懇談会をとおして理解し、今後の文教政策に反映させていく。

2　日時及び開催学校（会場校）
　各会場とも午後2時から5時までとする。

日程及び会場校

月　日	曜日	会　場　校　名	月　日	曜日	会　場　校　名
2月2日	木	西原小校	4月18日	火	石田中校
2月6日	月	座間味小・中校	4月20日	木	神森小校
2月7日	火	嘉数中校	4月21日	金	美東小校
2月15日	水	平敷屋小校	4月25日	火	伊良部小校
2月17日	金	普天間中校	4月26日	水	佐良浜中校
2月20日	月	垣花小・中校	4月27日	木	伊平屋小・中校、田名分校、島尻分校
2月21日	火	知念小・中校	5月4日	木	大原小・中校、小浜小・中校、富野小
2月23日	木	東風平小校	5月19日	金	伊是名小・中校
2月24日	金	粟国小・中校	5月23日	火	嘉手納中校

「理科教育センター」コーナー

望ましい理科学習環境をつくろう
～施設・設備の活用～

理科教育センター　松　田　正　精

　ご承知のように，理科の学習は自然を対象にして，自然に親しむ態度を養うとともに，事実に即した見方，考え方，扱い方を養うことにある。環境の整備，施設設備の充実は理科指導，とくに実験観察には欠くことのできないものである。たとえば，校舎外の理科環境として，自然観察園，露場，教材園，飼育舎，理科ニュース掲示板，教室側の観察台，準備室側にサイエンスコーナー，簡単な工作台，科学文庫，小鳥の飼育かご，児童の研究物，記録などの展示の場などを設置し，児童の自主的，積極的な学習態度が育てられるよう配慮する必要がある。実験器具については，使用頻度の高いものから購入し，じゅうぶん活用を考えること，なお低学年の学習には教師のくふうにより製作した器具がねらいをはたすのに大きい効果をあげている。
　また三学期の文教局の主催する学校美化コンクールも望ましい学校環境の整備活用がねらいで，これら具体的に充実計画をどのような観点から進めたらよいか，屋内外の施設と活用についてのべることにしよう。

1　理科室の整備
　○　児童が自由に使えるようにする。
　○　既存備品の整理
　○　交直両用の電源設備
　○　教師のための実験観察台の設置
　○　理科薬品の系統的な整備
　○　視聴覚スライド等の整理

2　教室掲示
　○　正面……学校学級の目標的なもの
　○　側面（廊下側）……年代表等
　○　側面（窓側）……指導関係資料や時期的移動資料
　○　背面……クラブ生徒会
　　　　　　　結果的な展示作品（平面及び立体作品）
　※　過去―現在―未来へと発展性のあるもの。また子どもの人格を尊重し，全人教育を配慮した掲示。

3　理科工作室の設置
　○　児童の製作活動をうながす。

○ 各班ごとに 必要な工具を準備する。
○ 一目でわかるように整理し、保管できるくふう。

4 普通教室や廊下
○ 全教室に電源の設備をする。
○ 栽培ごよみの作製と表示（職員室の出口と学級園横）

5 滑車，ふりこ，音の実験施設
○ 階段の廊下利用。
○ 自由に実験ができるようにする。

6 簡易プラネタリウムの設置
○ 自由に操作させ、星座に関心をもたせ星の動きがわかるようにする。

7 こども科学コーナーの設置
○ 電気センター
○ 物理センター
○ 地学センター
○ 生物センター等
※ これらのセンターには各種標本，生徒の作品等を陳列。

8 理科実験観察の機械，器具の充実
○ 理振法設備基準の細目（公報83号1966年12月12日）により，頻度数の多いものから年次的に 充実計画をすすめる。
○ 堅ろうな器具をえらぶ。

9 教材園（屋外施設）
○ 学習に必要な植物をあつめ、植物に対する観察眼や思考力を働かせ、比較分類の力をつけるため播種植付栽培管理など生育の過程，収穫処理まで一貫して体験させる。
この過程で 実験，観察，勤勉，協力奉仕など科学的，道徳的な学習ができるようにしたい。
○ たとえば、教材園として，
標本園，山林園，水生植物園，温室（フレーム）苗床，さし木床……
○ ラベルのくふう色分
海辺の植物～青　平地の植物～緑
山林の植物～白　温地の植物～黄

10 観察池の設置
○ 観察の便を考え水深30cm位
○ 渡り廊下の見やすい位置に階段式に区画して水源から つぎつぎと下段に流され 魚類の習性に合わして

二階より見おろした階段状に区切られた観察池。

広島県理科教育センター考案

水位が保てるようにくふうする。

なお年間を通して水温変化が大差ないよう池の一部を地平面下に掘り危険防止の金あみをおう。
※ 側面ガラス張り水槽は、アオミドロの発生で中の魚が見えにくくなる。
またセノアラガイでもなかなかその繁殖を喰いとめることができないので上図のような親池を奨励したい。

11 水辺植物
○ 水田、むつかしければ防火用水槽を利用していねの栽培、できたら校地の斜面を利用して、階段式の水田を設置して、環境条件と生育の関係を取りあつかう。
○ 排水溝を利用した水草園
水にうくもの。水中に生育するもの。根をおろし水面に生育するもの。

12 必須の動物飼育施設
○ にわとり・はと・うさぎの飼育舎（4年）
○ 小鳥小屋
○ 昆虫飼育箱（学級で）（テラリウム）
○ 魚類飼育水槽（アクアリウム）＜子池として、観察期間中＞
○ 水きん飼育場
※ 飼育舎の金あみに多額の費用がかかりすぎないよう必要面積を考慮し、習性のちがいをみて雑居飼育をさける。

13 露場の設備
○ 生徒に親しみやすい場所
○ 気温、水温、地温（4年測定用）
○ 風向、風速（5年）
○ 湿度、雨量、雲の観測（6年測定用）
○ クラブ員の参加。

14 吹き流しの施設
○ 国旗掲揚台の利用
○ 2年の風しらべに利用する

○ 風の向きや強さをしらべる
○ 校舎側に風の強さを図示する

15 具体的に気象告知板の設置
○ 気温、水温、地温、湿度は捲取式棒グラフ
○ 風向は時計式の方位盤
○ 雲形と風の強さは絵画でさしかえ式
○ 天気記号は、記号円板をさしかえ式

16 方位と影の長さをはかる施設
○ 直径4mで高さ80cmの円形コンクリート台。
○ 北極星にあわせて、正しい方位を示し、1mのビニールパイプを立てて、影の長さを測る。
○ 日時計も固定しておく。

17 日の出、日の入りの観測場
○ 一定の位置で観測できるように。
○ 建物の屋上で太陽位置が記入できるようにする。

18 正門前に学校所在地点の緯度、経度、標高を測定し標柱を立てる
○ 方位も示すとよい。
○ 琉球政府法務局発行5万分の1地形図からよみとつた数値でよい。

19 その他
○ 岩石教材園を築山と結びつけ単なる風致用として施設してはその活用が無視される。
要は校内の環境施設をフルに活用して実験観察や観測をとおして、貴重な観測資料を学習にとり入れ一般化したり法則化したりする科学的思考訓練に活用してはじめてこれらの環境施設が生かされたと言えよう。
なおこのため記録や掲示誘導板のくふうも大切である。

中教委だより

第158回臨時中央教育委員会
1 期日　1966年12月19～21日
2 会議録（抄）……可決
○ 学校保健法の一部を改正する立法案　　　　（議案第2号）
○ 教育委員会法の一部を改正する立法案について（議案第43号）
○ 1967学年度政府立学校教職員の異動及び採用方針（案）について　　　　（議案第12号）
○ 1967学年度公立学校教職員の異動及び採用方針助言（案）について　　　　（議案第13号）
○ 社会教育法の一部を改正する立法（案）について（議案第19号）

第159回定例中央教育委員会
1 期日　1967年1月17～22日
2 会議録（抄）……可決
○ 委員長及び副委員長の選挙について　　　　（議案第1号）
○ 私立学校振興法の一部を改正する立法について　（議案第3号）
○ 高等学校の教育課程（基準）の類型の改訂について（議案第3号）
○ 私立学校審議会委員の任命について　　　　（議案第7号）
○ 1968年度，概算見積について　　　　（議案第8号）

1967年2月25日印刷
1967年3月1日発行

文　　教　　時　　報　　（第105）

非　売　品

発行所　琉球政府文教局総務部調査計画課
印刷所　セントラル印刷所　電話 099—2273

公教育費生徒1人当り額推移の本土比較

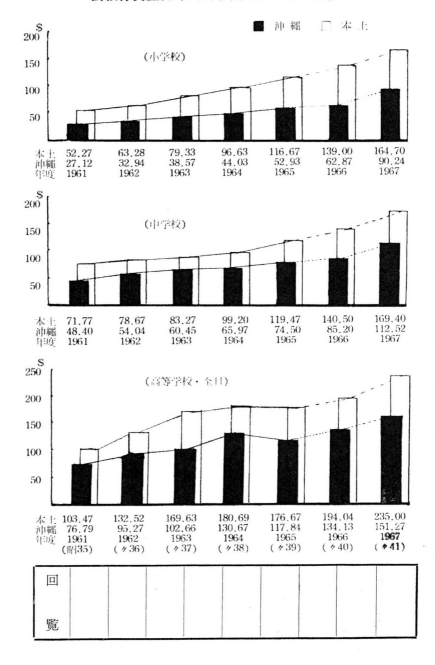

文教時報

特集　第一回理科教育地区モデル校中央研修発表大会　　1967 / 106

琉球政府・文教局総務部調査計画課

天然記念物

奥武島の畳石
（久米島仲里村）

1967年3月10日指定

　久米島仲里村字謝名堂と一衣帯水の間にある小島，奥武の南西海岸に露出した奇観を呈する岩石で，地質学者で千葉大学の前田四郎教授は調査の結果を次の如く報じている。

　「奥武島の南側の海浜に露出している珍らしい石の一群。直径1メートルから1.5メートルの5角または六角柱の頭部が露出したもので，その数1,000個余り，亀の甲のようにたんねんに接ぎ合わされて並び奇観である。これは火山の溶岩が冷却する際にできたもので，私の知る限りでは東洋には二つとはない貴重な天然物である。云々」

　前田氏の記載の通り東西250メートル・南北50メートル・面積125,000平方メートルに渉つて青黒色の輝石安山岩の柱状節理の露頭が白砂に囲まれている有様は，はるかに人力を超えた大自然の美の表現であり，こんな天然の記念物が身近にあることに誇りを覚える。

　　　（文化財保護委員会　多和田真淳）

＜巻頭言＞理科教育地区モデル校に期待するもの

＜特集＞

第一回理科教育地区モデル校中央
研修発表大会 …………金城順一…3

 Ⅰ 研修発表大会のあらまし…（3）
 Ⅱ 小学校……………………（5）
 Ⅲ 中学校……………………（13）
 Ⅳ 次年度研究計画…………（24）

文教時報

No. 106　67/4

政府立博物館の新設にあたり
　　　　　………………外間正幸…31
農林高等学校におけるパイロットフア
ーム教育　………………和宇慶朝隆…26

＜随想＞
婦人会活動を通して得たもの
　　　　　　………………山元芙美子…48

＜教育施設拝見＞1 中部農林高校………29
＜教育行財政資料＞
 1 学校基本調査結果表…………42
 2 1967年度教育費負担金の状況……46
＜教育関係法令用語シリーズ＞　1
  休暇……………祖慶良得…40

＜各種研究団体紹介＞6
 琉球商業教育研究会…………金城英一…36
＜沖縄文化財散歩＞8………奥武島の畳石……
＜統計図表＞
  過去10ヵ年間の学校概況………裏表紙

＜表紙＞　沖縄の屋根……首里高校……末吉安久

斉場御嶽

理科教育地区モデル校に期待するもの

　理科教育の振興をはかるという趣旨のもとに，各連合区に理科教育地区モデル校が指定されたのは，たしか1961年であつたように思う。指定当初は，理科教育に必要な施設，備品の充実に主眼がおかれ，施設・設備のモデル校としての性格が強かつた。その後，備品の充実とともに，実験，観察や実習が広く行なわれ，現場の関心もその方面に漸次向いてきた。それにともなつて，モデル校に対する考え方も多少変つてきた。すなわち，理科施設のモデル校という面と，連合区の理科に関する各種研修の会場校としての役割と研修活動の中核としての使命が新たに加つてきたように思われる。この事は時間の推移にともなう必然的な結果であると同時に，施設・備品のもつ教育的意義が，明確に把握されるにつれ，学習指導の改善，指導の現代化という面にまでその役割が進展してきた事に起因するようにも思われる。このような新たな使命，期待にこたえるためには，学校独自の経営方針に立脚しながらも，その地域全体の理科教育に関する問題点を共々に研究し，解明していくという使命感に徹する事が必要であろう。単に指定を受けた学校のみの問題解決にとどまらず，地域ぐるみの研究態勢の確立と強力な研究活動の推進が望まれる。さらにそれを止揚して，全琉的視野に立つて，共通の研究テーマを設定し，全琉のモデル校が歩調をそろえて同一の研究テーマに取り組み，深く問題を掘り下げる事によつて理科教育に対する共通の理解をもつという事が期待される。
　このような見地から，本年初の試みとして，モデル校の中央研修発表大会がもたれた。その成果の概要を集録し，今後の研究活動の足がかりにするとともに，広く関係学校に紹介し，共通の広場に立つて理科教育の諸問題の究明に努力を続けていきたい。
　ひとりよがりの研究に堕することなく，お互いの討議を経た確実なものを成果として取りあげ，教壇実践の強化に役立てることができれば，本研究発表大会の使命の大半は果されたものと考えてよかろう。この特集号が，現場教師の理科教育に関する今後の研究や討議のきつかけをつくり，明日の理科教育への橋渡しともなれば幸いである。

中央研修発表大会　スナップ

祝辞　石原委員長

分科会（小学校）

中学校研究発表

授業研究会（小学校）

南風原小学校 教材園の一部

授業研究会（中学校）

公開授業（小学校）

大山マーシースクール

第一回全琉理科教育
地区モデル校中央研修発表大会

理科教育センター所長
金　城　順　一

1 研修発表大会のあらまし

(1) そのねらいは

　これまで理科教育地区モデル校を中心として過去一カ年間にわたる研究成果を全琉的な視野から研究討議を重ね、理科教育の本質にそうた学習指導法の改善をねらいとして「理科教育地区モデル校中央研修発表大会」がもたれた。

(2) 研究テーマ

　「効果的に理科の学習指導をすすめるためにはどのようにすればよいか」の主題テーマを掲げ第一年次の研究は広範囲にわたる理科の学習活動の中から実験，観察の指導法に焦点をしぼり研究が進められた。

　　研究題材

小学校

電磁気教材の中から1年「じしやくあそび」，3年「じしやくの性質」，5年「電磁石と」学年の発達段階による系統をおさえ
　○どういうことに気づいたか
　○どういうことがわかつたか
　○どういうことがいえるか
などをはつきりさせるための実験，観察指導の過程を実践をとおして発表した。

中学校

化学領域を中心にした粒子的なとり扱いのできる教材について生徒の実態を把握しその上にたつて効果的な指導過程を実践をとおして研究し，反省してさらに修正された指導案によつて授業が進められその成果を集録したものである。

理科の学習指導において，実験・観察が重要であることは今更論ずるまでもない。

これまで実験技術や実験方法の研究はかなり進められてはいるが，これらの実験によつて指導目標を達成することができたかについての研究はふじゆうぶんのように思われる。

科学的能力・知識・態度を養うためには，実験・観察のもつ価値をはつきりつかんで指導にあたらなければならない。

そこで実験技術や実験方法の研究を指導目標にてらして効果的に展開しようということである。

この成果をモデル校のみにとどめず広く各学校に紹介して，さらに次年度の研究の足がかりにするとともに，モデル校設置の趣旨にそい，当該地区における理科教育の推進校たらしめようとするものである。

中央大会は昨年11月26日から3日間の日程で全琉18校の各モデル校代表者によつて小・中二分科に分かれ，研究発表や公開授業がもたれた。

とくにこの研究発表では1校当たり20分間の限られた時間内に各種の視聴覚教材を利用した研究成果の具体的な資料に基づいて発表がもたれたこともその特色の一つであつて多くの会員から賞賛をあびた。

なお理振法基準細目の改訂の年にあたり，理科実験器具，新基準品目の展示や説明会がモデル校主任会と取扱い社の協催でもたれ一層の内容の充実ができたものと思われる。

さらに大会3日目は米人学校の授業参観や理科教育地区モデル校施設，優良校まわりを計画したところ，よろこんで承諾くださつた軍・民・関係学校に深く感謝いたしたい。

Ⅱ 小学校

1 公開授業

　　　学習指導案　　　　　　　　　　　神原小学校　指導者　宮城景子

1　単元　じしやく
2　指導目標
(1)　ぬい針をじしやくでこすつて、それがじしやくになることに気づかせる。
(2)　針じしやくを自由に動くようにすると、南北をさしてとまることに気づかせる。
(3)　じしやく（棒・U）を自由に動くようにすると、南北をさしてとまることに気づかせる。
(4)　じしやくの北をさした方をN極といい、南をさした方をS極ということを知らせる。
(5)　じしやく（コンパス）の使い方に慣れさせる。
(6)　同じ極はしりぞけ合い、ちがう極は引き合うことに気づかせる。

3　関連
　　1年……「じしやく」　　5年……「電磁石」　　（省略）

4　指導計画
　　第1次　磁石つくりと磁石のさす向きをしらべる。　1時間　（本時）
　　第2次　磁石（棒・U）でさす向きをしらべる。　　1時間
　　第3次　2極の性質をしらべる。　　　　　　　　1時間

5　本時の目標
(1)　ぬい針を磁石でこすると、そのぬい針が磁石になることに気づかせる。
(2)　針じしやくを自由に動くようにすると、南北をさしてとまることに気づかせる。
(3)　ぬい針が磁石になつたことを磁石のはたらきを通して気づかせる。
(4)　ぬい針で磁石を作ることができる。

6　準備
　　棒じしやく（24個…各グループ2個）　フトン針　原紙　洗面器

7　展開

段階	学習内容	学習活動		指導上の留意点
		教師の活動	予想される児童の活動	
導入	1. 1年の学習経験を再確認させる 2. じしやくを作つた経験を想起させる。	1. 1年で学習した経験について話しあわせる。 ・じしやくはどんなものを、どこがひきつけたか。 2 じしやくを作つたことがあるか。経験を想起させる（省略）	1. 1年で学習した経験について話しあう ・砂鉄・くぎ・あんぜんぴん・とめはり・りようほうのはし 2 じしやくを作つた経験を想起させる。（省略）	1. 磁石はくぎ，砂鉄などを引きつけた，磁石の両端がよく引きつけたことを想起させる。 2. くぎをじしやくでこすつたらじしやくになつていたという事実に気づいている児童も多少いる。教師は児童に磁化現象を気づかせるような演示物を準備する。

－5－

予想	3. じしやくになるか予想させる。	3. はりをじしやくでこすつたら本当にじしやくになるだろうか。	3. じしやくになる。なるかもしれない。作つてみなければわからない。	3. じしやくに一度引きつけられたくぎがじしやくになつていた経験から予想させる。
製作計画	4. 予想に従つてはりでじしやくを作る計画を立てる	4. はりを使つて，じしやくを作つてみよう。 ・作り方を説明する。（よいこすり方 わるいこすり方）について	4. はりでじしやくを作つてみよう。 ・じしやく作りの説明をよく聞く。	4. 児童の実態では，じしやくの正しい製法をわかつていない児童がかなりいるので，こすり方（極，方向）を徹底させるために図示，演示で充分指導する。
問題提示	5. じしやくの両極でこすつても，じしやくになるだろうかと疑問をもたせる。	5. じしやくの両方のはしではりのどこ（先，頭）をこすつてもじしやくができそうか。	5. できるかもしれない。 ・よくわからない ・やつてみなければわからない。	5. N，Sどの極でこすつても，はりの先や頭のどこをこすつてもじしやくができることを証明するために4人グループを2人ずつ条件をかえて実験させる。
製作	6. はりじしやくの作り方を理解させる。	6. じしやくを作らせる。 ① はりの先をS極でこすらせる。 ② はりの頭をN極でこすらせる。	6. じしやくつくりをする。 ① はりの先をS極でこする。 　　S （N極になる） ② はりの頭をN極でこする。 　　N （N極になる）	6. ② はりの先をS極でこすると，はりの先はN極になる。 ② はりの頭をN極でこすると，先がN極となる。 （このこすり方にしておくと，何れもはりの先がN極になつているので方位を調べる実験に混乱しない。）
検証	7. はりがじしや	7. こすつたはりがじしやくになつた	7. こすつたはりがじしやくになつたかど	7. 1年で学習したじしやくのはたら

	くになつたか，たしかめる方法を考え出させる。	かたしかめさせる。 ・こすつたはりがじしやくになつたかどうかたしかめるにはどうしたらよいか。 ・1年で学習したじしやくのはたらきを想起させる	うかたしかめる。 ・はり，くぎ，砂鉄などをひきつけてみるとよい。 ・1年で学習したじしやくのはたらきを想起する。	きを想起させる。
実験① 考察	8. ぬい針の磁化を砂鉄がついた事実から確認させる	8. じしやくになつたかたしかめさせる。 ・普通のじしやくと同じようにこすつたはりの両端にたくさん砂鉄がついているか。 ・このことから，はりをじしやくでこすると，じしやくになつたことを確認させる。 ・じしやくの両端で，はりの先と頭をこすつてもじしやくができたか。	8. じしやくになつたかたしかめる。 ・こすつたはりの両はしに砂鉄がついていた。（はりの一方だけこすつたのにどうしてだろう。） ・この実験から，はりをじしやくでこすると，じしやくになることがわかつた。 ・じしやくの両はしで，はりの先と頭のどこをこすつても，じしやくができた。	8. 児童はこすつた箇所だけが砂鉄を引きつけるとあやまつた考えをもつている。その考えを取り除くために，磁化したぬい針の両端に砂鉄をつけて見るように指示をしないと一方だけ（こすつた箇所だけ）に砂鉄をつける。 ・板書をとおして①の目標のねらいをはつきり理解させる。
	9. 磁化したぬい針を水にうかべる実験の方法を説明する。	9. いま作つたはりじしやくでおもしろい実験をやつてみよう。 ・実験の方法を説明する。（原紙に磁化したはりをさして水にうかべさせる。）	9. 先生の説明を聞く ・実験の方法がわかる。（実験の方法と順序を理解する。） ①洗面器（鉄製はさける）に水を半分ほど入れる。 ②原紙に磁化したはりをさす。 ③水にうかべる。	

実験②	10. はりじしゃくの動きや静止したときの向きをよく観察させる。	10. こすつたはりを水にうかべてしらべさせる。 ・はりじしゃくの動きや、静止の状態を注意深く観察させる。 ・はりじしゃくの両端はどこをさしてとまつているか、その向きをよくみよう。	10. こすつたはりを水にうかべる。 ・はりじしゃくの両端がさして止まつている向きをよく観察する。	10. こすつたはりを水にうかべる。 ・はりじしゃくの両端がさして止まつている向きをよく観察する。	10. はりを原紙にさして、水にうかべるとぐるぐるまわるので子どもたちは興味をもつ。しばらくすると、はりは静かに止まる。 その時友達どおし、はりの両端がさしてとまつている方位を比較させる。
	11. はりじしゃくの両端が同じ方向を向いて止つていることに気づかせる。	11. いまの実験②で気づいたことを発表させる。 ・はりじしゃくの両端はどこを向いて止つているでしょうか。 ・同じ方向はどこの方位か、方位盤でたしかめさせる。	11. 実験②でわかつたことを発表する。 ・自分のもの、友だちのものもみんな同じ方向に向いてとまつている。 ・北と南をさして止つている。（方位盤でたしかめる）	11. 方位を知る手がかりとなる方位盤を事前に教室の天井にはりつけておくとよい。
整理	12. はりじしゃくのさした向きから南北の方位を理解させる。	12. はりじしゃくは自由に動くようにすると、南北をさして止まることをわからせる。 13. ぬいばりをじしゃくでこすると、じしゃくになることや、はりじしゃくを自由に動くようにすると、南北をさすことをまとめさせる。	12. はりじしゃくを自由に動くようにすると南と北をさしてとまることがわかつた 13 はりじしゃくでこすつたらじしゃくができた。 ・はりじしゃくを水にうかべたら同じ方向（北と南）をさしてとまつた。 ・はりじしゃくで北と南のほういをしることができた。	12. 板書を通して実験②の目標をはつきり理解させる。 13. 本時の実験,観察でわかつたことや気づいたことをまとめさせる。

> 板書

じしゃくつくり

はりをじしゃくでこすつたら ───→ じしゃくになるかもしれない

1 どうしてたしかめたらよいか
 ○こすつたはりのりようはしに,さてつを
  つけてみたらよい。 ───→ さてつがついた
                    ↓
                  はりじしゃくができた ←───

2 うごくようにすると,はりじしゃくのりようはしはどこをむいてとまるか。
 ○みんな おなじほうこう にむいてとまつた。
         ↓
       北と南 をさしてとまつた。

児童のまとめ
1 はりをじしゃくでこすつたら,じしゃくができた。
2 はりじしゃくを水にうかべたら,同じほうい(北と南)をさしてとまつた。
3 はりじしゃくで,北と南のほういをしることができた。

2 研究発表の概要

研究討議題 (磁気教材について)
1. 1授業時間のねらいはどうおさえるべきか。
2. 指導の過程はどうあるべきか。
 (1) 指導の順次性の問題
 (2) 教師の発問について
 (3) 予想される児童の反応
 (4) 指導内容の程度
3. 実験操作と材料について
4. 事前事後の実態について
5. モデル校の成果

研究討議のまとめ
1. 1授業時間のねらいについて
 ① 児童の実態に即した,その時間内に達成できるもので,焦点をはつきりさせた具体的なねらいであること。

② 1年のじしゃくあそびで,鉄板をへだてゝも,くぎなどを引きつけるかどうかの実験は児童の発達段階からして無理な点があるので,目標におりこむ必要はない。

③ 用語について「気づかせる,知らせる」などと指導案にあるが,児童を主体にして「気づく,知る」としたほうがよい。

2 指導の過程はどうあるべきか。
(1) 指導の順次性
 ・指導内容の構造化を考えてから指導の順次性をきめる。
 ・小学校の学習指導では,遊びや製作活動から原理や法則の発見へと進める方法をとる場合と,逆に論理性や

法則性から演繹的に指導して製作活動におよぶ場合があるが，低学年としては前者のいき方（帰納的）がのぞましい。
(2) 教師の発問について
○指導内容の構造から生みだされた指導のしかたにあう具体的な発問であること。
○実験観察学習においては，できるだけ教師の発問を精選して，児童に充分考えさせる時間を与える。そのためには発問回数も考慮する必要がある。
○一部の優秀児だけに対する発問に終らないで，能力に応じた発問をとり入れて理科の学習では遅進児も喜んで参加できるようにしたい。
○実験観察中に児童の思考活動や操作が中断されることがないように留意すること。
(3) 予想される子どもの活動
　児童に反応がない場合は，教師の発問の意図がわかってないことや児童の表現のしかたに抵抗があったり，その他いろいろな要因があるので，児童の発達段階や思考の過程に応じた発問をもっと具体化する必要がある。
　反応がない場合にはグループで話しあわせることや教科書を調べさせたりすることなども，それを解決する一方法である。
(4) 指導内容の程度
　児童疑問について
　「磁石のN極でこするとなぜS極ができるか」「なぜ磁石は北と南をさすか」「銀や銅はなぜひきつけないか」
　実験観察を中心とした理科の学習指導で，単なる現象的な変化だけに終らず，子どものもっている疑問に対して，その子どもの知識経験をもとにして子どもの能力の範囲内で解決できる程度の指示を与えてやることがのぞましい。

3　実験操作と材料について
(1) 実験操作
○どの児童も実際に器具を手にとって経験させるとともに，屋外施設を学習に活用する工夫が必要である。
○教師は理論研究と予備実験をして，効果的な実験観察の方法を見出して，考えたり，気づかせたりすることが容易であるようにする。
(2) 実験材料について
○実験材料は学習効果を高めていくものでなければならない。ねらいや実態に即するように，材料を集めたり，購入したりしなければならない。
○実験セットの利用についてできあがったものを利用して原理を学びとらせることにねらいがあるときは，短時間で製作できて，児童の興味も高まるのでセットがよいこともある。
○製作過程を通してねらいが達成されるような場合は，身近かな材料を利用することがのぞましい。
○セットの中には，小型化されてねらいを達成させるのに適切でないのもあるので，大型化して取扱うことがのぞましい。

4　実態について（事前・事後）
○効果的な学習指導をおこなうには，児童や環境の実状に即して指導計画をたてる。
○児童の実態をはあくする方法

○低学年では面接や具体物を示して調査する。高学年でのペーパーテストだけによらないで，面接・学習中の活動・記録などを通して実態をはあくする。
○事前調査によつて指導計画をたて，授業中の児童の反応から変容する認識過程をとらえる。さらに事後調査によつて学習指導の改善につとめる

5 モデル校の成果について
(1) 教師の面から
○教材の見方がわかり，指導のステップが細くなつた。
○児童の実態のとらえ方，考えさせ方，気づかせ方がわかつた。
○どの教師も理科の教壇実践に自信をもつことができた。
(2) 児童の面
○公開授業をするとき，いきいきとして実験観察をやるようになつた。
○施設・設備が整つてくると，関心が高まり自覚するようになつた。
○実験器具機械の操作が身についてきた。
(3) 施設・設備の面
○実験・観察学習が充分おこなえる。
○児童教師父兄のモデル校としての自覚と関心が高まり，理科教育の向上に期待がもてる。

3 指導班助言
1 研究発表について（要点のみ）
(1) 辺土名小学校
○全職員が協力して理科の授業研究を多くもつている。
○教師・児童活動について授業後の研究がよくおこなわれている。
(2) 本部小学校
○効果的な理科の学習指導は，実態に即応した指導でなければならいという考え方で，事前事後に実態をはあくして学習指導計画を立て実践している。
○企画する能力を養う指導がよくなされている。
○実験器具によつておこる誤解を除くための研究がよくなされている。
　例　電磁石のコイルと鉄心がとりはずせるようにする。
○研究集録は説明不充分である。
(3) 宮前小学校
○学習指導について深く掘り下げていくと，そこには重要な問題があることを確認している。　例，電流の流れを具体的に示す指導法
○実態調査における問い方や用語等を研究してもらいたい。
(4) 島袋小学校
○内容と各学年・他教科との関連をよく研究している。
○目標を達成するための効果的な実験方法の研究が特にすぐれている。
○指導過程の研究がよくなされている
　例，針を磁化させる前の条件の吟味
○指導後の研究もすぐれている。効果的な実験・観察は実態に基く教師の発問・行動が重要な役割を占める等。しかしその詳しい記録や例がほしい。
○児童の疑問を大切に育てなければならないことをとりあげている。
(5) 神原小学校
○事前事後とも実態をはあくして，実態に即した指導がなされた。
○指導前後の研究を深くおこなつて修

正指導案をつくり，公開授業をとおして発表された。実態調査の解釈や研究結果の考察について個々の小さい問題点はあるが，研究成果は高く評価してよい。
(6) 南風原小学校
○指導前に実態をとらえてから指導計画が立案されるまでの過程がすぐれている。例，調査問題の研究，ペーパー調査，面接，解釈，指導，計画
○磁化を気づく展開のしかたがすぐれている。
(7) 下地小学校
○児童の実態をあくして，各学年にわたり広く研究している。
○低学年の実態調査は，具体物を示しての発問，個人面接によるなど，よく研究している。
○実践指導後反省をして改善指導計画をたてゝもらいたい。
(8) 石垣小学校
○教師の発言を深く研究している。
2 研究発表の総合
(1) 目標を達成するための効果的な理科学習指導の研究方法をモデル校の全職員が体得した。
(2) 効果的な実験・観察指導は児童の実態に即しておこなわなければならない
(3) 効果的な実験・観察指導をするには施設々備の活用，実験方法，器材の選択等が重要である。
3 今後研究を深めてもらいたいこと
○児童の実態はあくのしかた。
○基本的な科学的方法の指導
科学的思考にもとづいて具体的に研究を進めていく方法
○研究集録のまとめ方
4 児童の疑問について
「どうしてN極，S極ができるか」「なぜ同極はしりぞけあうか」「銅や木石はなぜ引きつけないか」「なぜ南北をさすか」等次の時代を背負つて立つ子供達のたのもしい芽生えであり，科学的な見方が育つている姿であるから子供達の発達に応じて説明して，大切に育てゝいきたいものである。磁性については，「物をつくつている小さい粒のはたらき」による（原子の中の電子の軌道運動による電流と電子の自転による，詳細については省略）。

地磁気については「地球は大きい磁石のような性質がある」（天体の影響と，地球自体の中にその原因があるという説があるが，後者が主原因とみられている），と児童の発達に応じた説明をしてもらいたい。

Ⅲ 中 学 校

1 公開授業

1 学習指導案

日　時　11月27日（日）AM9.10～10.00
学　級　那覇中学校2年10組（男26名，女23名　計49名）
指導者　那覇中学校教諭　新　垣　和　子

1 単元名　酸，アルカリ，塩

2 提起

　化学変化は普通極めて急激に行なわれ，その変化は，原子・分子の状態で行なわれるので，その過程を視覚でとらえることはできない。従って，化学変化を扱うときは，反応前後の現象をとらえて，変化のようすを推論し，現象と理論とが統一された理解にもつてくるのがその基調になる。「酸・アルカリ・塩」の学習は，その意味で前単元で学んだイオンと電離理論をつかつて物質の本質的つながり，物質の化学反応の解明がなされるのに最適の教材であろう。

　この期の生徒は，自我意識が高まり，正しいものを求め，真理を追求しようとする純真な気持ちを強くもつている。従って，物質の変化を「こうすれば，こうなる」というような提示では満足しない。子供たちの驚きが，そのうらにひそむ因果関係の解明に根ざしているからには，現象をとらえて「なぜそうなるのだろうか」と，いう吟味が十分できるようにしなければならない。

　そこで，この単元では，前単元で知つた電解質を，酸・アルカリの具体物を通して学び，それぞれの共通性と同時に，酸やアルカリの個性とその相互関連性をまとめてみる。そのあとで，これらの化合物族の相互作用として，酸・アルカリの中和反応を，その化学的な過程の機構に関連させながら考察していく。これにより，イオンの概念をいつそう深めていく。更に，中和反応を定性的観察から半定量的観察へと深めていき，また，酸と金属との反応では，単に新しい塩の生成ということだけでなく，イオン反応とはちがつた機構の化学反応として取り扱い，化学変化の多様性を知らせたい。

3 単元の目標

(1) 塩酸，硫酸，硝酸など，おもな酸の水溶液の性質，および金属に対するはたらきを理解する。
(2) 酸の性質について理解する。
(3) 水酸化ナトリウム，水酸化カルシウムなど，おもなアルカリの水溶液について理解する
(4) アルカリの性質について理解する。
(5) 酸とアルカリが中和すること，および中和によつて塩ができることを理解する。
(6) 金属と酸によつて塩ができることを調べる。
(7) 塩の色，塩の水溶液の色や性質などを理解する。
(8) 化学実験の基礎操作を深め，化学変化を慎重にみる態度を養う。

4 本単元の指導計画
(1) 酸 ・・・・・・・・・・・・・・・・・・・・・・・・・・・・ 6時間
　① 塩酸 ・・・・・・・・・・・・・・・・・・・・・・・・ 1時間
　② 硫酸 ・・・・・・・・・・・・・・・・・・・・・・・・ 2時間
　③ 硝酸 ・・・・・・・・・・・・・・・・・・・・・・・・ 1時間
　④ 酢酸 ・・・・・・・・・・・・・・・・・・・・・・0.5時間
　⑤ そのほかの酸 ・・・・・・・・・・・・0.5時間
　⑥ 酸のうすい水溶液の性質 ・・・・・・1時間
(2) アルカリ ・・・・・・・・・・・・・・・・・・・・・・ 4時間
　① 水酸化ナトリウム ・・・・・・・・・・・・2時間
　② 水酸化カルシウム ・・・・・・・・・・・・1時間
　③ アルカリの水溶液の性質 ・・・・・・1時間
(3) 塩 ・・・・・・・・・・・・・・・・・・・・・・・・・・・・ 5時間
　① 酸とアルカリの中和 ・・・・・・・・・・ 3時間
　　塩酸と水酸化ナトリウムの中和
　　　・・・・・・・・・・・・・・・・・・・・・・・・・・・・ 1時間
　　硫酸と水酸化バリウムの中和(本時)
　　　・・・・・・・・・・・・・・・・・・・・・・・・・・・・ 1時間
　　酸とアルカリの濃度と量的な関係
　　　・・・・・・・・・・・・・・・・・・・・・・・・・・・・ 1時間
　② 酸と金属との反応 ・・・・・・・・・・・・ 1時間
　③ 塩の性質 ・・・・・・・・・・・・・・・・・・・・ 1時間
(4) まとめ ・・・・・・・・・・・・・・・・・・・・・・・・ 2時間
　　　　　　　　　　　総時数　17時間

5 主題「硫酸と水酸化バリウムの中和」
(1) 主眼
　① 硫酸と水酸化バリウムの中和反応を理解する。
　② 中和の現象によって，その生成物としての塩ができることを理解する。
　③ 酸とアルカリの中和反応を視覚でとらえ，その機構をイオンの反応で理解する能力を養う。
　④ イオン反応式を活用して中和反応を理解する。
(2) 指導過程
　　〇準備　。電気を通す装置（自作教具）・ビーカー（250cc・4コ）スポイト
　　　　　　。水酸化バリウム（水100ccに対して2g）
　　　　　　。硫酸（水100ccに対して1cc）

段階	学習内容	学習活動		留意点	時間
		教師の活動	生徒の活動		
導入	前時の復習	1 酸・アルカリによって生成する物質を確認する。	。塩と水ができる 。$H^+ + Cl^- + Na^+ + OH^- \rightarrow \underline{Na^+ + Cl^-} + H_2O$ 　　　　　　　　　　↓ 　　　　　　　　　NaCl		5分
	硫酸と水酸化バリウムの反応	2 H_2SO_4 と $Ba(OH)_2$ との反応を化学式より予想させる。 。H_2SO_4・$Ba(OH)_2$ が電離するとどのような状態になるか。電離式であらわし，2つを混合することによって，$BaSO_4$ ができることを予想させる。	。$BaSO_4$ という塩と水とができる 。$H_2SO_4 \rightarrow 2H^+ + SO_4^{2-}$ 。$Ba(OH)_2 \rightarrow Ba^{2+} + 2OH^-$ 。$BaSO_4$ という塩ができる。		5分

	実験(演示)	3 実験によってしらべる。		生徒を演示台のまわりに集める。
展		○電気を通す装置で H_2SO_4 水溶液, $Ba(OH)_2$ の水溶液に電極を入れると電気がつくか, つかないかを考えさせる。	○電球がつく	
		○電球のついた理由について考えさせる。	○電子の流れがある。	
		○このことから水溶液中のイオンの存在に気づかせる。	○イオンの状態で存在する。	
		○ $Ba(OH)_2$ の水溶液に 希 H_2SO_4 を滴下するとどうなるか実験をする。	○ $BaSO_4$ の白色沈殿が生じてくることに気づく。	
		○新しい物質 (H_2SO_4) ができたことから考えさせる。	○自分たちの予想が一歩ちかづいていることに気づく。	
開		○希 H_2SO_4 を滴下するにつれて白色沈殿はどうなるか。また電球の明るさはどうなるか考えさせながら実験する。	○白色沈殿が多くなるにしたがって電球が暗くなることからイオンが少なくなったことに気づく。	25分
		○そのわけを電球が消えたことから考えさせる。更に希 H_2SO_4 を滴下するとどうなるか予想をさせ実験をする。	○電球がつく。	
		○なぜ電球がついたか考えさせる。		
			○電球がつくことから H^+ と SO_4^{2-} が存在することを知る。	
		○再び電球が消えるにはどうすればよいか考えさせる。		
		○最初に予想した $BaSO_4$ の確認ために試薬の $BaSO_4$	○ $Ba(OH)_2$ を滴下する。自分たちの予想が正しかったことがわかる。	
		4 実験の結果から話しあいをしながら板書してまとめをする。		生徒を席にかえす。

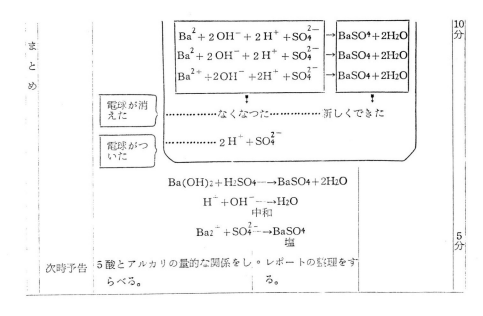

2　研究発表の概要

中学部会における研究内容は,「効果的な,実験観察の指導は,どのようにすればよいか。」という小・中学校共通テーマを,本年度は化学分野を中心にとりあげ,その中でも特に,生徒の既有生活経験と直接関係の少ない項目としての,分子,原子,イオン等の微小粒子の取り扱いならびに化学反応式の教材等が有する生徒の側の抵抗には,どのようなものがあるかを調査し(生徒の実態はあく),その抵抗をとり除き,効果的に学習を展開させる指導上の留意事項をつかむことに研究の焦点がむけられた。

大会第1日目は,午前9時30分より北部地区代表,名護中校を皮きりに地区モデル校10校の1ケ年間の研究成果がそれぞれ発表されたが,その発表内容を詳細にこゝに掲載することは紙面の都合上できないので,それらの概要を次に示すことにする。

イ　北部(名護辺土名地区)代表【名護中】

A:研究のすすめ方

1年教材「水と溶液」の学習を通して,物質の粒子的構造の概念を理解させるには,どのような指導をしたらよいかを生徒の実態にそつて研究する。

B:名護中校における水と溶液に関する知識理解の生徒の実態

【指導以前の調査】

(1) 沖縄とアメリカで,井戸水をとつて,ろ過,蒸留などして純粋な水をつくつても,気候や土質が異なるためその性質はちがうのではなかろうかと考える生徒が2割近く存在し,純粋な物質は同じ物質からできていることがじゆうぶんに理解されていない。

(2) サトウ溶液をろ過したときその溶液が,一様にあまいことの理由として,溶液の中に

溶質が目にはえないが，溶媒と均一にまざりあっていることを理解している生徒は6割程度で，残り4割程度は，その理由説明については表現不能である。

【指導期間中の調査】
(1) 分解，単体，混合物，化合物等の定義はほぼ正解されているのに反し，身近かに存在し，しかも小学校の教材にもしばしばでてくる二酸化炭素，亜鉛，食塩水，空気などの具体的な物質に対する適応が不じゅうぶんである。

(2) 水素・酸素の1原子はよくわかっているが，3原子，4原子となると分子と混同する。

原子記号カード，化学式カードや原子模型を使用して，各自配列組かえなどをとおして，自然に結合手の考え方を会得させるようにした方が，時間の上ではやゝ不経済のようにみえるが，定着や適応の段階で効果的である。

ロ 北部（宜野座地区）代表【金武中】
A：研究題材と研究のすすめ方
　1年教材「水と溶液」の中「溶液」，2年教材「電気とイオン」中の「イオン」，3年教材「化学変化」中の「イオン反応」について，既習後の概念調査と，授業時における生徒の動き，応答反応等から，指導の内容や，教師の発言等が，物質の粒子的構造概念を育てるに適切であったかを判断し，今後の指導のめやすをつくりあげる

B：金武中校における溶液に関する生徒の実態
　【既習後】
(1) 水にとけた食塩も時間がたつとだんだん沈でんするかもしれないと考え，食塩水の濃度はその各部分（表面近く，中部，底部）により異なると思っている生徒が，1年に23%弱，2年に26%弱，3年に25%強も存在している

(2) にごったり，ちんでんができたりするのは，その溶質が溶媒より重く，とけて透明な溶液をつくるときは，その溶質は溶媒より軽いためであると考えている生徒が全体の23%前後存在する。

(3) 実験の操作は全生徒ともに非常によろこび，かつ楽しく行なっているが，実験ノートの操作指針を盲目的に追従するのみで，自分で企画したり，データの処理をする段になると，半数程度が手のほどこしようがないといった現状である。

　これは，実験の操作方法に熟知していないこと，その操作目的が不明なまま実験にとりかかるためであるように解される。

C：指導の留意事項
1　溶液，溶媒，溶質，溶解，溶解度，濃度，溶解度曲線，飽和結晶，再結晶などと科学用語かぞく出し，その用語の解釈に気をとられ，基本的な指導がやゝともするとおるすになりがちである。事実の正しい認識のさせ方と用語の理解利用について常に意識して指導計画をなすよう留意すべきである。

2　実験指導の際には，その操従の意味をじゅうぶん理解させた後に行なわなければ，いかに実験回数を重ねても，変化の度合のみに興味がはしり真の科学的な知識・理解や思考のたかまりはのぞめない。

3　金属のイオンになりやすさ（イオン化傾向）については，中学ででてくる金属原子全部について指導した方がよいように思われる。

4 乾電池・蓄電池等のような化学変化によっておこる電子の流れと，導線の中での電子の流れとの関係は，生徒にとって理解しにくいのであるが，あまり深入りしすぎると，よけいに迷うように思われるので，あまり深入りしないよう気をつけるべきである。

5 教師の発問の形式によって，生徒の理解度は随分異なるようである。各生徒に適した発問形式を研究してかゝる必要がある

6 事実をもとに推論していく能力を訓練していくためには現在使用している教科書以外から実験項目や操作をえらび出しそれによって，教科書の指導内容を深めるようにすると，生徒は，その結果を，自らの実験をもとにして考えるようになる。

3 化学式や化学反応式について

(1) 化学変化の文章を化学反応式におきかえたり，化学反応式を文章表現にすることに困難を感じていることより，化学反応式は現象をぬきにして棒暗記しているように思われる

C；指導の留意事項

1 化学式，化学反応式を効果的に，正しく理解させるには物質の粒子性とエネルギー性を2本の柱とし，この2つを関連づけて指導しなければならない

2 粒の考え方としては，小学校の過程において，「とけているもの」のような教材をとおし，素朴な粒子概念を導入し，これを中学校において助長して原子，分子およびイオンの概念に生長させ定着させる方法が最も自然であり，有効な方法であると考えられる。つまり，物質を構成しているものとしての粒子→粒の大小→水の粒子性→粒子の運動（相変化）→粒と粒の混合や結合→水の分解や化合→化学式・化学反応式のような系統をもって，各段階の完全理解に立つた指導を考えるべきである。

八 中部（石川地区）代表【石川中】

A；研究題材と研究のすすめ方

2年教材「中和」を中心に，生徒の実態調査の結果から，化学変化としての中和反応を，粒子という物質の構造，性質変化を単なる観念の上で概念のつみ重ねでなく感覚的な実験観察をもとにしておしすすめていくための効果的な実験観察の研究をすすめていくことにした

B；石川中校における生徒の実態

(1) 物のとけかたについては溶液は時間がたてばだんだん溶質の沈でん物がたまると解している生徒が48％程もいる。又石けん水に油を入れ，攪はんして乳液状にすることをとけたと解しているのが10％前後もいる。これらのことより溶解についての理解はほとんどされていないと解される。

(2) 中和について，小学校5年教材「中和」の既習内容について調査したが，その結果は，リトマス紙は酸やアルカリで色が変化するがその色と酸・アルカリとの関係については4割の生徒はあいまいであり知識の定着度がよいとは云えない。
また，中和と中性については，50％近くの生徒が混同しており中和することが中性であると解している。

(3) 分子，原子と，単体，元素と関係があいまいな生徒が多い

(4) 化学反応式の意味や，係数がほとんど理解されていない。

(5) イオン記号の表記しかたに困難を感じている。

C：指導の留意事項

1　中和の実験の際に液の呈色反応にのみ興味をうばわれ，反応の本質を見失いがちであるのでその点じゆうぶんに警戒する必要がある。視覚的教具（スライドや8mmなど）を併用することにより，その本質をじゆうぶんはあくさせる必要がある。

2　「とける」ということは，単に小さいつぶになつてまざることとか，「化学変化」ということは，成分が変わることだけの指導では，1つ1つの分子や原子のゆくえについてはあまりわからない。

　各々の生徒に，粒子という概念を指導するためには，まず中和反応における原子のくみかえを，模式図や，カードをつかつて，指導し，化学変化の機構や粒のやりとりという形で，理解させるようにつとめるべきである。

　このことは，中和現象が，液の濃度や量的な相違の中でも起るということを理解できる生徒がその指導役にぞく出していることからも効果があつたことがうかがえる。

ニ　中部（コザ地区）代表【越来中】

A；研究題材と研究のすすめ方

1年教材「燃焼」の中の「木炭の燃焼」について，生徒の実態をはあくし，実験や観察から導ける結論を明確にし，物質の成り立ちに対する，諸概念を形成していく過程を理解させるための効果的な指導過程を重視した研究のすすめ方をとりあげることにした。

B：越来中における，「燃焼」に関する生徒の知識・理解の実態

(1)　一般的に小学校5年教材「燃焼」の内容の定着度合が高いためか，燃焼には，空気中の酸素が必要であをこと，二酸化炭素は水にとけるということなどについてはよく理解されている。

(2)　$C+O_2 \rightarrow CO_2$ の場合，O_2 は分子で，Cは原子だと考えている。

(3)　化子反応の結びつきの場合の結合手について，困難を感じている。

C；指導上の留意事項

1　この教材については特に，マグネチック黒板等を利用して，分子模型をつくらせたり，化学反応における，各原子間の結合を，模式的にとりあつかつたりして結合の手を，重点的に指導し，化学式と対応させながら指導過程をくみたてた方が，諸概念を形成させるのに効果的である。

2　一酸化炭素と二酸化炭素の安定性も総合の手を通して指導すると効果的である。

3　原子価を結合の手でのみ考えると，NO_3基やCO_3基などやFe^{+2} Fe^{+3} などのときの説明が困難なのでその指導方法についてはあらゆる角度からの研究を必要とする。

ホ　那覇地区代表【那覇中】

A；研究題材と研究のすすめ方

昨年度は，「学習の深化をめざす理科の指導」というテーマを，化学教材にしぼり系統的，関連的に教えやすく，又有機的にわかりやすい指導のすじみちを研究してきたが，それらの研究成果が，どの程度達成されたかを確認することと，更にその改善策を確立するために，本年度

は，「正しい生徒の実態を，どうとらえるべきか」という問題を研究してみることにし，その研究の方針を次のように定めた。
(1) 指導目標の再確認と評価観点の明確化
(2) 教材内容の基本概念の抽出とその検討
(3) 学習指導過程時の生徒の理解困難個所および内容の摘出

再にその方法としては，知識，理解度の測定を，授業直後に行ない，授業反省の視点をとらえることと，次学年の同一系統分野教材指導の直前に再測定し，定着度合をたしかめることにより指導案作成の視点をとらえることにした。

B；那覇中校での生徒の実態
(1) 模型図から記号化（化学式）への理解
一種類の元素からできている分子（O_2 や H など）は理解しやすいようだが二種以上の元素から成りたっている分子（例えば，H_2SO_4 など）は理解されにくい。
(2) 現象⇄模型図⇄記号化への理解

現象→模型図→記号化への説明をできてもその逆の説明ができない生徒や，記号化→模型図→現象の説明はできても，その逆の説明ができない生徒が意外に多い。
(3) 電解質溶液について
電解質溶液の実験の際，生徒は電気を流したときのみ，電離して，イオンになると誤解している生徒が，随分多く存在する。

(4) 一般的に電離式の応用の段階においては，男子が優位を示す。
(5) 原子模型について
ボアーの原子模型的イメージは生徒にとつて理解困難であり取り扱う意義なし，

C； 指導上の留意事項
1 教科書中の化学反応式は
$2H_2O \rightarrow 2H_2 + O_2$
$2H_2 + O_2 \rightarrow 2H_2O$
$2H_2O_2 \rightarrow 2H_2O + O_2$
$2CO + O_2 \rightarrow 2CO_2$
$2Mg + O_2 \rightarrow 2MgO$

のように，その係数はすべて2である。つまりどんな化学反応式でも，H_2 の入つた化学物の係数は2であると生徒は誤解して，暗記しているためか，とかく化学反応式の係数は，2と無条件で書き入れがちであるので，現象を通してて問題解決にあたる場合，充分に題意をはあくすることと，記号化された化学式や反応がもつ意味を充分納得させてかかる必要がある。
（棒暗記の排除）

2 電離やイオン等に対する指導は，反転による指導のくふうと，生徒の修得した知識が転移されるような指導をとくに考慮する必要がある。尚，電離式については，ドリルで電離のパターンを身につけさせ，ボアーの原子模型等による深入はあまり効果はないように思われるのでさけた方が無難である。

ヘ 久米島地区代表【具志川中】
A；研究題材と研究のすすめ方
化学分野教材の内容はとかく，生徒にとつて理解困難である。
その主な理由は，現象は日常生活の中

に常に経験していながらも，彼等の生活経験の範囲内で，細かく筋道たてて考えるのには不むきな面が多すぎるためかもしれない。以上の事から，本校では，1年教材「酸化」についての効果的な実験観察指導を，物質不滅の概念を中心にして分子，原子の粒子的な見方を導入した考え方による指導の方法を研究することにした。

B；具志川中校における生徒の「燃焼」および「化学反応式」の実態
1　燃焼によつて，もえる物がなくなると考えている（原子がなくなる）生徒が圧到的に多い
2　実験用具（るつぼ等）の名称や使用方法はほとんど分からない。
3　ものが燃焼すると，常に二酸化炭素もでると思つている生徒が案外優秀児と思われる生徒の中にもみうけられる。

C；指導上の留意点
1　物質不滅性を理解させるためには，実験操作はやゝ複雑であつても，生徒実験を多くする以外に効果的な方法はない。
2　重量増加の原因については次の思考過程が効果的である
【実験の結果重くなつた】→【多くなつた】→【何かにくっついた】→【酸素と化合した】
3　二酸化炭素→燃焼，燃焼→二酸化炭素という一連の固定した考え方をだ破するためにも，イオウ等をもやして二酸化炭素のできない燃焼を生徒に納得させる必要がある。

ト　南部（知念）地区代表【大里中校】
A；研究題材と研究のすすめ方

2年教材「電気とイオン」の「めつき」について，次に示す方法で効果的な理科の学習指導のすすめ方を研究することにした。
1　実態調査を行なう。
2　実態調査にもとずいて第1の指導案をつくる。
3　第一の指導案で授業を行ないその結果を評価する。
4　3の評価にもとづき第二の指導をつくる。

B；大里中校における生徒の実態
1　1年で学習した範囲の元素記号も，生徒の過半数は忘れている。
2　イオン式についても，1年次で学習した内容は，ほとんど半数が記憶に残つていない。
3　実験は喜んでやつているがその現象に気をつけ，何故にそうなるかという，原因を追求する態度に欠けている
4　$Ni \to Ni^{2+} + 2e$
　　$Ni^{2+} + 2e \to Ni$
の理解が困難である。

C；指導上の留意点
1　元素記号，イオン式，価数等の基本的なことがらは徹底的に憶えさせる必要がある。
2　イオンは目に見えないので，めつきの学習を，生徒実験で行ない，イオンについて体験を通して十分に理解させる必要がある

チ　南部（糸満）地区代表（豊見城中校）
A；研究題材と研究のすすめ方
1年教材「酸化」の教材をとおして，生徒の実態に則した，効果的な実験観察指導のあり方を次のような計画で，研究をすすめた。

1　教材の構造化をはあくする。
2　その教材内容に対する，生徒自体のレデイネス調査を主体とする生徒の実態調査を行なう。
3　その調査の上に立つ指導法のくふうをする。
4　授業後における実態調査をとおしての指導技術の再検討を行なう。

B；酸化に対する，生徒の実態
1　木炭をもやすと残つた炭がらはもとの木炭より軽くなる。その軽くなつた分の物質は，
「空気中にとける」
「もえてなくなる」
「けむりとなつてなくなる」等と答える生徒が，随分存在し，燃焼に対する小学校時代の学習内容は頭の中に残つていない。
2　炭素，水素，マグネシウム等の燃焼については，炭素については，酸素との化合と考えても他のものについては酸素との化合としてとらえているものが案外少ない。
3　上皿天びんの計量能力については，ほとんど身についていない。

C；指導上の留意点
1　実験の結果については，もう1回確認させ，じつくりとその原因を考察させなければ，何度その教材に類した実験を行なつても，生徒の理解定着は望めない。
2　実験観察に際しては，特に目標概念を細かく分析し，各ステップごとに，理解させながら進めていかないと，実験の目的意識をもたない単なる遊びに化してしまう。
3　実験の技術については，小学校で指導されているからやらなくてよいという考はあらためるべきで，身につくまで計画的に技能訓練を，授業の中に組みこむべきである。

リ　宮古代表【平良中校】
A；研究題材と研究のすすめ方
1年教材「燃焼」を中心に「効果的な実験観察の指導」という中央共通研究テーマを，「理科学習をおし進めるために，有効に働く〻実験観察の方法や内容〻と解釈」し，その条件として，次のようなことがらを設定して研究をおし進めた。
1　目的が容易に達せられること
2　生徒の能力に適していること
3　簡単な，実験装置で，実験結果が明瞭に得られること。
4　危険性がないこと

なお，その実施にあたつては，教師の一方的なおしつけによりはじまり，生徒の機械的な操作に終らないよう，特に次の点に留意しておこなつた。
○実験の目的をはつきり，生徒に理解させる。
○目的にかなう実験方法を考えさせる。
○生徒のアイデアを十分にいかす。
○適当な助言を考える（量と質）。
○学習の流れをくふうする。

B；燃焼に対する生徒の実態
1　分子の組み合せの規則（原子価）や模型から記号化への転移が相当理解困難である。
2　ものがもえるには，酸素又は空気が必要であると答えている生徒の中に，その酸素又は空気がもえていると誤解している者がいる。

C；指導上の留意点

1 化学変化のメカニズムである分子・原子の組みかえは視覚的にとらえることはできないがそれを推論できるような実験をなるべく多くとりいれ，化学変化の事実に対応するうらづけを多く与える必要がある．

2 目に見えないものの変化としての分子・原子の組みかえに対する指導は，模型や図表等をなるべく多く導入し，直観的に理解できるような方法を初期段階で使用していくようにする。

3 物質の指導は，最初よく観察させ，感覚的に知らせ，次にその特性をつかませ，最後に，物質名とその記号を示す。

特に，物質の組成と記号との関係，物質名との関係は，くわしく指導する必要がある。

ヌ　八重山代表【石垣中校】

A；研究題材と研究のすすめ方

「物質の性質と化学式，化学反応式について効果的な学習指導法のすすめ方を，月末テストの誤答分析をもとにして研究をすすめることにした。

B；主題に対する本校生徒の実態

1 「物質とは何か」という質問に対する生徒の物質観はきわめてあいまいである。（物体，物質の概念が不明瞭）

2 化学変化に対する生徒の注意関心が色の変化，発光，爆発等の現象のみに集中し，その基になる物質の変化にまでは注意が深まらない。

3 化学式，化学反応式の理解が特に低い。

C；指導上の留意点

1 化学分野教材については，特にみかけの現象にまどわされずに，その変化の前後の状態や条件等に，気をつけさせるとともに，その原因を考えさせることなどのきめの細かい指導計画をたてる必要がある。

2 化学式や，反応式は，結合の手を用いて，説明をし，原子価についての，ごく初歩的な考え方を導入する程度にとどめ，分子模型を使ったり，図を書かせたりして納得させたほうが効果的である。但し，多くの原子の「結合の手」の数を記憶させたりすることは，極力さけるべきで，特に化学反応式は化学変化について，考えるための道具であり，化学反応式を単独に記憶することが，目的にならないよう留意して指導にあたるべきである。

IV 次年度研究計画
主題テーマ

「効果的に理科の学習指導を進めるためには，どのようにすればよいか」について前年度に引続き同一のテーマで進めることを決定した。

研究主題の「効果的に」という概念規定を統一するために小学校学習指導要領の一般方針の7項目をとりあげ，一層掘りさげた研究を進めることにした。

研究領域や小，中学校別教材等については，各モデル校よりのテーマ報告後中央で決定し，新学年度頭初から研究が進められるようにしたい。

理科教育地区モデル校主任会（1967年1月28日）において話しあつた事項はつぎのとおり。

1 運営要項と研究期間

1965年3月31日付文指第86号モデル校候補校推せんの原議により特定期間を3～4ケ年とするということについて現在の18校中4校は期間が満了につき新指定の学校に引き継がれる。

2 地区ならびに中央での発表

地区発表では中央のまとめもかねて学校独自のテーマも加えた。

3 中央大会

時期 11月24，25，26の3日間
場所 北部連合区

4 研究集録

部数 100部宛，提出10月31日

○研究計画

4～6月の間に各モデル校の研究内容および方法を具体化して中央よりの指導をうける。9～10月の2ケ月にわたり研究のまとめと中間指導をおこなう。

～おわりに～

ここに理科教育地区モデル校の第一回中央研修大会の成果をまとめ全琉の各学校にご紹介できたことをうれしく思う。

紙数の都合で研究経過ならびに方法等については省略し，過去一年間にわたる特色ある研究の実績をまとめた。

神原小学校と那覇中学校には公開授業を進んでひきうけ本大会に一層の花を添えていただき厚くお礼申しあげたい。

なお18校の研究の成果を各地区内に還流し相提携して理科教育振興のため一層のご精進をお願いする。

〔参考資料〕

(1) 理科教育地区モデル校設置運営要項

1 趣　旨

理科教育の振興をはかる目的をもつて，連合区内に，理科教育地区モデル校を指定し，理科教育に必要な施設，備品を早急に充実させ，地区内の理科の各種研修の中核となり，学習指導の充実改善をはかり，当該地区における理科教育のモデルとなるように育成する。

2 名　称

「理科教育地区モデル校」と称し，以下「モデル校」という。

3 指　定

「モデル校」の趣旨を推進するのに適当な学校を，連合区教育長の推薦により，文教局で

決定する。
4 補　助
(1) 「モデル校」には，科学教育振興費，理科備品特別補助金として毎会計年度予算の範囲内で，理振法基準に達するまで継続して補助する。
(2) 地方教育区は，政府補助に対し，対応費を負担し，その外に必要な器具，消耗器材等の費用を負担するようにつとめる。
(3) 補助金を受けたものが，次の各号の一に該当するときは，補助金の全部又は一部を返還させるものとする。
　イ　使用目的以外に使用したとき。
　ロ　補助金の交付の条件に違反したとき。
　ハ　虚偽の方法によつて，補助金の交付を受けたことが明らかになつたとき
5 「モデル校」の事業
(1) 理科教育に必要な学習環境の整備，備品の充実をはかる。
(2) 理科の学習指導の充実，改善をはかる。
　イ　テーマを設定し，テーマに即した研究を行なう。
　ロ　研究成果は，中央ならびに地区において，年度内に発表する。
(3) 理科教育の各種研修会の会場とする。

(2) **理科教育地区モデル校一覧表**　　（1967年3月現在）

連合区名	学校名	学校長名	理科主任名
北部	辺土名小学校	宮城　久勝	新里　重雄
	本部小学校	日高　清善	仲宗根　正明
	名護小学校	宮城　清一	与那嶺　伝旭
	金武中学校	安富祖　義徳	山城　利正
中部	宮前小学校	野島　武英	知花　義信
	島袋小学校	安里　昌真	東　佑禎
	石川中学校	当間　嗣昌	外間　伊正
	越来中学校	島袋　良繁	細原　一雄
那覇	神原小学校	大見謝　恒義	金城　久祐
	那覇中学校	大城　真太郎	仲村　朝豊
	具志川中学校	上江洲　仁清	伊礼　青勝
南部	南風原小学校	翁長　朝義	津波　松夫
	豊見城中学校	新垣　助次郎	国吉　真勝
	大里中学校	前川　守皎	知念　安信
宮古	下地小学校	安谷屋　盛良	儀保　正吉
	平良中学校	与那覇　寛長	久具　清吉
八重山	石垣小学校	前新　加太郎	上原　章
	石垣中学校	桃原　用永	新垣　憲男

—25—

農林高等学校における
パイロットファーム教育

高校教育課主事　和宇慶　朝　隆

1　パイロット・ファームの意味と目的

　農業が近代化への変革を迫られているとき，農業を専業として自立できる農業経営者の育成をはかるために，農林高等学校の農場内に「将来の農業経営とはこんなものだ」という典型的なものを指導する農業教育の施設・設備を設けて，生徒に，個人的には「将来の農業経営者の資質を」社会的には「地域的農業の改善に中核的役割を果しうる資質」をそれぞれ養うことが目的である。このような将来の農業経営とはこんなものだという典型は地域農業の中に少ないので，農林高等学校内に設ける教育施設にパイロット的性格を持たせる意味でパイロット・ファームと名付けるものである。

2　パイロット・ファームによる教育の目標

a，　生徒が卒業後個人として農業所得だけで自立できる力を養い次に家族経営の一員として一農家として農業所得だけで自立できる力を養なう。

　　　この農業所得で経済的に自立できる力とは次のように考える。

　5～6人家族の2・5人の可働者の一農家として年間農業所得を3,000弗以上をあげ1人当の平均所得を1,200弗（毎月100弗）をあげうる能力と考える。ここで教育をうける生徒は将来の農業経営主となるのであるから月にして100弗以上の所得をあげうる力が望ましいわけである。

この力はおよそサラリーマンの中堅クラスと考えたい。そこでこの施設で教育をうけた生徒たちは何才位でこの力を完成すればよいのか，法律的には一応満20才で成人となり人権的にも自立するので，理想としてはこの年令で，この力を完成した方が望ましいであろう。しかしながら特に複雑化した農業経営に従事する高校卒では20才でこの力の完成を期待するのは無理である。

　高校を卒業して農業自営に成功している人たちの経済的自立ないし安定は24～25才以後が多いし又他産業に従事するものといえどもほぼ同様であろうと推定されるのでここでいう経済的能力の完成は一応25才位をめどにするのが適当のようである。そこで農業自営を志して農林高校の自営者養成学科に入学し卒業後就農して25才をめどに100弗以上の農業所得をあげうる力を養なうために農林高校卒業直後ではどれくらいの力があればよいだろうか，一般的に高校を卒業して商工業の職場に就職した場合，月40～45弗程度のサラリーを得ているので農林高校の自営養成学科卒業生にもこの力を養成すべきであると考える。

　農高卒業直後父母の経営に参加し，家族経営の一員として月40～45弗の農業所得をあげうる力を養成し，更に6～7年後には月100弗以上の所得をあげうる資質の養成を学校教育の中で行なわなければならない。

　次にこれらの卒業生はこのような経済的資質を養成されて父母の経営に参加していくわけであるが社会の進化する過程においては夫婦単位の家族制度即ち多世代家族から一世代家族単位の方向に進化しやがて農村に及ぶであろうことを考えて父母の農業経営に参加したこれら若者は唯マンゼンと親の農業経営を祖先伝来の家業としてゆずりうけるのでなく，先に述べた経済的能力を身につけて，親の経営内に入り，次第に能力を高めて25才位の年令に達したら親の経営を買いとつて経営権を獲得するというような考え方を持たせたいものである。このような考え方をもたせることがやがては自立心の養成にもなるからである。したがつて親はこれら若者が自信と希望をもつて自家の農業経営に参加できるような経営部内の拡大ないしは経営改善を計画して自分の後継者としての新しい可働者を迎え入れる準備が必要であろう。このようにして学校教育の中で経済的な力や農業経営にとりくむ心構え教育をしたいと考えるがこのような若人を就農に成功させるためには親の考え方，営農条件その他分野において改善がなされるべきである。この項では一応将来の農業自営者像を経済的な面と精神的な面からとらえて目標をあげたわけである。

b，農業界のフレツシユマン（新人）となる者の教育に徹底して自立の精神を養成する。

　農業の近代化が叫ばれている今日，近々のうちに農業基本法も立法されて政策的にも強力に農業近代化が進められるであろう。しかし半面統計によれば農業面における20～30代の優秀な青年が漸次減少していく傾向が強くやがて農村における社会問題にまで発展するすることが考えられるのである。このときにあたり将来農業を近代化し推進していくためにはどうしても中核的役割を果しうる人材が必要であるし，その確保は緊急を要する課題である。このような意味における農高卒業者を農業界の新人として養成する。

3　パイロツト・フアーム教育の性格
(1)　基礎学習（基本農場と基礎学習）との関連において専攻学習をする。

農業の学習には次のようなa〜cまでの基礎学習とd〜eにわたる応用学習があるがそれが相関連して行なわれる必要がある
 a 自然科学に基く応根用科学的根拠を探る学習
  たとえば生産対象，生産環境の性質，生産技術の根拠となっている科学的知識，原理を知る学習および実践をとおして技能を習得する実習等である。
 b 技術基礎実習
  たとえば生産手段としての農機具の使用法，農薬，肥料，飼料の使い方，整枝せん定等の管理技術のうち予め訓練を要するものについての基礎学習をする段階の学習である。
 c 知識応用，技術応用における応用基礎実習
  科学的根拠としての知識と訓練をした技能を使つて各作目の１生産サイクルについて技術的要素を学びかつ技能を反復して習熟度を高める教育等である。
応用生産実習，総合経営実習には
 d 応用生産実習
  a〜cまで学んだ技術要素のうち最良のものをえらび各作目ごとに最高の生産をあげる目的で１生産サイクルについて行なう実習
 e 総合経営学習，純経営学習
  与えられた条件のもとで最高の農業所得をあげる経営方針に基いて最良の技術要素及び経営要素を選択して組合せて経営計画を充てこれを実践する学習である。
以上のようにa〜cの基礎学習を基本農場で行ない，d〜eの内容をパイロツト・フアームで相関連して行なう必要がある。
(2) 生徒が将来営むであろう農業自営計画に直接役立つ内容を指導する。
 生徒が将来営むであろう営農類型は個人個人によつて多様であろう。生徒が希望する営農類型を全部学校内に準備することはできないので，地域農業の方向を推定して代表的作目を組合せていくつかの営農類型を設けて最高の技術要素と経営要素をとり入れ生徒に希望する類型を選択させ専攻的に学習させようということである。
  パイロツト・フアームに設けられるこれらの営農類型を畜産部門を主体にした例をあげると次のようなものが考えられる。
    イ，養豚経営   100頭　飼料園２〜３ヘクタール
    ロ，養鶏経営   1000〜1200羽
    ハ，作物に養豚を加味した経営
          豚20頭　甘蔗，　さつまいも1.5ヘクタール
    ニ，園芸に養鶏を加味した経営
          園芸0.5ヘクタール　　鶏300羽
(3) パイロツト・フアームでは経営者主体の教育であり，農業経営が家族中心であることから農業生産並びに経営が家族中心であることから農業生産並びに経営実務にわたる実習の外に衣食住に至る生活面等の実習を含む時間割外の（放課後，夜間，早朝，休日等）の管理実習を行なう。

＜教育施設拝見＞　1

中部農林高校

パイロットファームを見る

1,500羽飼育できる養鶏場

農業が近代化への変革を必要とされる現在、「将来の農業経営とはこんなものだ」という典型的な農業教育の施設、設備を設け、生徒個人に対しては「将来の農業経営者の資質を」社会に対しては「地域的農業の改善に中核的役割を果しうる資質」を与える必要から農林高校内に設けるこれら教育施設にパイロット的性格をもたせる意味でパイロットフアームと名付られた。このほど農業教育近代化の一還として日政援助、及び琉政負担によつて中部農林高校にその一部が完成した。

↑飼料給与・鶏糞処理が自動式になっている。

生徒宿泊訓練所

豚の運動場？

養豚場施設

←みごとに育つた鉢植

←↑ グリーンハウス
　　とその内部

キユーリが豊かに成育
している。

政府立博物館の新設にあたり

琉球博物館主事 外間正幸

はじめに

琉球政府立博物館の新舘は、1966年10月3日、由緒ある尚家跡に総工費37万ドルで完成した。うち32万1千ドルは米国援助、残りの5万8千ドルと土地購入費の19万6千ドルは琉球政府の負担である。

建物は、3千4百坪の敷地に980坪の鉄筋コンクリート造りの近代建築で、一部地階、地上一部二階になつている。設計は我那覇昇氏と米本国から派遣された博物舘専門官のゼラルド・オーバー氏の共同によるもので、工事は国場組が請負つた。そして、DEと琉球政府建設局の監督の下に、着工以来1年有余を経て竣工した。建築の特徴としては、地震等を考慮して、一つの建物を三つに区分し、各々うまく結合して設計されている（一見しては判らない）ことと、外観にローカル的な美しさがとられていることである。たとえば講堂の石壁（宮古産トラバーチン）は首里城の城壁をかたどり、玄関正面の大柱や右側の手摺は、首里城正殿正面の柱と正殿の勾欄をイメージにとつて造られたものである。それだけに外観には設計に一層の苦心が払われている。

開舘式テープカツト

内部は平常陳列室と臨時陳列室、ロビー、講堂、舘長室、事務室、資料室図書室、倉庫、機械室、燻蒸室、地下室、便所、宿直室等に区分されている陳列室と講堂は冷房装置が施され、常時22度の温度と60％の温度を維持するよう、温度計や湿度計が設備されてい

る。その他，照明や換気，自動扉，電気冷水機，観客用水洗便所等あらゆる施設が完備されている。これだけの豪壮な建築と内部施設の完備した博物舘は，日本全国に800近くある博物舘の中でも上位の部に属する。

琉球博物舘の創設及びその性格と使命

琉球博物舘は，戦災によつて焼滅の危機に瀕していた文化財を，焼土の中から発堀収集してそれを保管し，また展示して民衆を啓蒙することを目的として創設された。そのため歴代の舘長は変つても，舘の基本的な性格は変ることなく，沖縄島内は勿論のこと，離島や日本本土までもおもむき，古文化財の蒐集に尽力し，博物舘の使命達成につとめた。

したがつて，このような状況下に出発した琉球博物舘は，内外の人々の協力による資料収集の集積によって今日の発展を見，今日のような性格のものとなつた。すなわち，純然たる歴史博物舘というよりも，人文科学系の総合博物舘的性格をもつ歴史，美術，民俗，考古資料を一緒にした博物舘である。そして，このような性格は新舘落成後も従前通り持続され，今後は立派な施設を益々充分に活用して，社会教育の助となる事業を行なうことが琉球博物舘に果された使命であると思う。

収蔵品と陳列

収蔵品には首里城や円覚寺，その他一千年の歴史をもつ旧都首里の処々の焼跡から発堀されたものや，或は遠く海外から贈られた，我々の祖先の残した古器，宝物のかずかずの外に，一般庶民の使用した民具類や，方々の貝塚や遺跡から発堀された考古遺物等も沢山ある。このように専ら琉球の歴史，古美術に関するものを主として，現在の博物舘運営方針の基礎が作られた。そしてさらに，年々寄贈品や購入品もその数を増し，今や琉球博物舘の収蔵品が質的に非常に優れているということは，広く内外の専門家に知られている。

陳列品に観いる人々

それらの文化遺産も，陳列ケースや場所によつてはじめて一段と真価を発揮するものである。それゆえに陳列には細心の注意を払わねばならない。と

くに今度の開舘に当つては、民衆の啓蒙と琉球文化の高さを顕彰する意味から、平常陳列室にはできるだけ美術の鑑賞に値する琉球王朝時代の高度の美術工芸品や、おもろさうしをはじめ、混効験集や中山世鑑、中山世譜等歴史上価値の高い遺品を主にして陳列した。その順序も、琉球が世界的に優れていると高く評価される染織類からはじめて、漆器、陶器、書画の順に、種類別による系統的陳列をなした。時代別の陳列よりは、この方が文化史的にも一般大衆にわかりやすく、かつ利用価値をはつきりさせるためである。しかし、さればといつて美術観賞的陳列のみかたよつてもいけないので、書画、風俗図等はつとめて歴史資料に重点をおいて陳列するように配慮した。説明札は品名にふりがなをほどこし、いずれも和英両文で製作年代と簡単な用途を記しておいた。これは琉球の人々は勿論、日本本土や外国の人々にもわかりやすくするためである。陳列替は年一回行なう方針であるが、日本古美術展開催期間中は倉庫に格納し、終了後再び元に復すことにしている。

地下室は現在、旧舘から移動した3千点余の文化財を収めてある。これから遂次これらの品物を分類整理し、燻蒸倉で殺虫して本倉庫に納め、地下室には民具、考古類の陳列をなす計画である。

事業

当舘は1947年開舘以来度々展覧会を催してきた。そしてこれらの展覧会は年を重ねるごとに多彩をきわめ、これを契機に琉球文化の高さが世に紹介せられた。また海外においても度々琉球文化展を催して絶讃を博した。

現在行つている事業としては、陳列については平常陳列と臨時陳列室において、日本古美術展を開催し、講堂ではそれに関連する日本古美術の映写会を催して観客を魅了している。そして古美術展開会以来今日までの参観者の数は、10万人を突破している。

日本古美術展を熱心に見学する高校生

これは日本の地方におけるこの種の催しに比べて、まさに驚異的な記録だとされている。この展覧会はこの度の博物舘の落成を祝つて、日本政府の好意

によつて催されたものである。日本政府ではこれまでにアメリカやフランスでも古美術展を催したが、今回はそれにもまさる大がかりなものだといわれる。すなわち古代は縄文時代から、中世、近世と江戸時代までの優れた古美術を展示するために，96件(うち国宝7件，重要文化財22件，重要美術品6件を含む)の古美術品をはるばる輸送してきたのである。このために日本政府は1万5千ドルの費用を投じ、また目録1千冊を琉球政府へ贈与された。このような催しは琉球にとつても、戦前戦後を通じてかつてない画期的な催しである。それゆえに沖縄の一般大衆はもとより、若い学徒に大きな感銘を与えたものと思う。

博物館ではこの展覧会を一人でも多くの人に見て貰うべく、予め全琉の学校や各種団体に通知状を発送し、団体見学や目録の申込みを受付け、また新聞やラジオ、ポスター、横断幕等で盛んに宣伝した。一方警察本部に警備方を依頼する等、受入れにも万全を期した。それで輸送中は勿論、開催期間中も警察の警備をはじめ、首里高校のユネスコクラブ員(毎週土、日曜に奉仕)や琉大学生の応援もあり、お蔭で何の事故もなく、予想以上の大盛況を博した。また去る13日には文救局と博物館の共催で、全琉小中校社会科担任教師と中校美術科担任教師、指導主事等に対する日本古美術研修会が催され、日本文化財保護委員会主任調査官尾崎元春先生の説明と講演、映写会が行なわれ約400人の教師が参加した。この会に参加された先生方の、今後の社会科や美術の教育面に及ぼす影響は大きなものがあると思う。

博物館ではこれまで首里市の古典舞踊大会を皮切りに、各種の劇団や学校の演劇発表会或は全琉弁論大会、国立劇場出演者のけいこ、全国家庭クラブ大会等々と各種の催しが活発に行なわれてきた。こんども講堂ではいろいろな行事を催し、普及活動を盛んにする計画である。

学術研究活動

博物館は陳列品を通じての、いろいろな知識の普及教育を行うが、同時に学術研究のための重要な機関でもあるこの両者は平行して進めることが博物館の使命と思われるが、当館はこれまで職員が不足で専門の職員も雑務に追われて学術研究や博物館本来の仕事に専念する時間がなかつた。近く職員も増員になるので、琉球大学や文化財保護委員会その他各種の機関とも提携し

て学術研究活動を行なうべく計画している。

観覧人

博物館観覧者統計表を見ると，年々観覧者の数が増加している。特に新館開館後は急激に増えている。それと同時に観覧者の態度も，以前に比して頗る行儀よくなつている。また日本古美術展開催中は特に学生生徒の団体見学が多く，博物館が青少年の教育に，いかに深いつながりをもつものであるかを如実に物語つている。しかしながら沖縄の学生生徒の見学態度は米国や日本本土のそれに比して，まだまだ遠く及ばない。これは，この種の催し物に不馴れのせいでもあろうが，せめて博物館を参観する時だけでも，昔の人にならつて守礼の民らしくして貰いたいものである。今後はこの立派な殿堂で行われる種々の催し物によって，古美術品　鑑賞の仕方も漸次訓練されていくことであろう。同時に博物館が文化活動を活発に行うことによって，次々と多くの人々に宣伝され，沖縄島内は勿論国際的にも博物館の果す役割りは少なくないと思われる。事実このように博物館が大衆に親しまれることによつて，このたびの新館を建設する由縁となつた。

顧りみれば戦後汀良区に阪のトタン葺の建物を利用し，石彫の残欠等乏しい収蔵品のときから，この壮大な施設の中に，日本の国宝の数々さえ持ち運んで陳列され10万余の観客に展覧するに至つた経過を考え併せると，琉球博物館の進歩の跡の著しいのに感概深いものがある。それにまた，博物館には日本本土や外国から琉球を訪れる貴賓の殆どどが必ず訪れている。これは琉球が国際的になつたことを示す何よりの証こといえよう。

外国では他国を旅行したら，まず最初にその国の博物館を訪問するのが常識とされている。琉球博物館には，開館以来それら内外の一流文化人のサイン帳が保存されている。この芳名録も幾年か後には博物館の歴史資料となることであろう。博物館は参観人あつての博物館であり，文化の殿堂たるのみでなく，民衆の生活につながる生きた博物館でなければならない。その意味でも我々は参観人を大切にせねばならない。

館外庭園や周囲石垣の整備

庭園の整備や周囲石垣の構築等も具体的な計画案を樹てている。新博物館は正面に昔ながらの龍潭をのぞみ，後には末吉の丘を眼下に眺める風景絶佳の場所に位置している。そして西北裏の丘には植物園を作つて熱帯植物を繁茂せしめ，処々に高倉や古い民家を移築し，屋外陳列や休憩所を設置する計画である。こゝからは那覇の町や泊，牧港に至るまで一望の下に見渡せる。こうして3千坪の広々とした構内に外観内容ともに東洋に誇るに足る大博物館になる日も遠くないことと我々は確信している。

各種研究団体紹介　<6>

琉球商業教育研究会

会長　金城英一

一　沿革

1958年11月，金城英一会長を選出して発足した。設立にあたつては当時職業指導課長として八面六臂の活躍をされた比嘉信光氏，同課砂川宏氏，及び商業教育に精進された那覇商業高校々長宮島長純先生の御教示により，全琉の商業科担当教師が集まり，商業教育の振興を願つて結成したものである。爾来10年，各面に亘つて活動を続け今日に至つている。

1958年には教育課程が改訂され，各高校に商業科が併置されて，総合高校としての歩みを始めた時であつた。従つて那覇商業だけの問題でなく，全琉に亘り商業教育のあり方が問題になつた年であつた。そこでは教育課程の研究，教師の急増対策と資質向上策，施設設備基準設定と充実計画等の問題が山積していた。総合高校制度には異論もあつたが，既に同年4月より軌道に乗せられている以上，それに対処すべき商業教育のあり方，その研究体勢は当然の要求であり，これに答えるための共同研究の場として，この研究会は結束したいとえる。

二　活動状況

10年間の活動は多面に亘り枚挙にいとまないが，大要次のものがある。

I　諸研究活動

最初は専ら文教局指定の研究課題についてのみ研究してきたが，最近では，会自体により課題を設けて，一年に亘り，或は必要に応じて2年継続して研究を重ね，これを発表するという状況である。

1　(65年度研究発表大会)
　　北部地区「英文タイプ」
　　　発表者　知花徳三　仲西健二
　　中部地区「販売促進」
　　　発表者　仲里　弘
　　　　　　「教育課程」

発表者　塩浜義江
　南部地区「商業実践」
　　発表者　我那覇一男
　（66年度研究発表大会）
　北部地区「英文タイプ管理指導」
　　発表者　砂川清吉
　中部地区「商事科指導について」
　　発表者　新垣友勝
　南部地区「文実科の学習指導法」
　　発表者　山城昭夫
2　（留日研究教員研究発表大会）
　1959年以降の発表は次の通り
　　○事務機械教育について
　　　　島袋由博　（那覇商）
　　○英文タイプ指導法について
　　　　座間味栄徳（普天間）
　　○商業実践科指導について
　　　　本田富男　（那覇商）
　　○経営管理の取扱いについて
　　　　塩浜義江　（那覇商）
　　○英文タイプ指導法について
　　　　砂川清吉　（北山高）
　　○沖縄における商事の指導法
　　　　仲里　弘　（普天間）
　　○販売管理について
　　　　新垣友勝　（那覇商）
　　○実務科目えの事務機械導入
　　　　饒平名知康（那覇商）
　　○商店経営のありかたについて

　　　　仲宗根保雄（那覇商）
　　○貿易実務と関係書式について
　　　　井口恭市　（那覇商）
3　（教科資料研究会）
　沖縄の地域的特殊性を考慮し，教科学習指導上の問題点，沖縄の資料等の研究を行なつた。
　64年，簿記指導用ワークブツクの
　　　編集
　65年　商事指導用資料（広告）
　66年　商業一般科学習資料集
4　（教育課程の研究）
　1958年商業科の類型を審議して以来約10年教育上の根本問題として常に教育課程は研究され続けてきた。社会の近代化に応ずる商業人の養成を目標にした改正案を一応65年に申請した。これも，64年中部商業の教育課程設定のための研究に端を発し，65年の商業実務専門学校の教育課程設定により，遂に既存の教育課程も俎上にのせられたものである。

Ⅱ　諸検定の実施
　商業教育を効果的にし，社会には評価の基準となり，生徒にとつては努力目標となる次の各検定を実施してきた。
1，当研究会主催

簿記実務検定　（9月，2月）
英文タイプ検定（2月　　　）
2，全商協会主催
簿記実務検定　（1月　　）
珠算実務検定　（6月　11月）
タイプ実務検定（11月　　）
尚最近の受験者数・合格者数は次の通りであり，年々増加を示している。

		全商協簿記	琉商研簿記	全商協珠算	全商協タイプ	計
1962年度	合格者	431	310	1,303	411	2,455
	受験者	3,305	1,830	2,953	595	8,683
63	〃	717	630	1,760	496	3603
	〃	4,712	1,929	3,649	811	11,101
64	〃	1,142	466	2,242	600	4,450
	〃	5,019	2,480	5,737	1,128	14,364
65	〃	1,428	811	3,103	825	6,167
	〃	6,100	4,135	6,808	1,752	18,795
66	〃	1,250	1,050	3,975	1,159	7,434
	〃	7,331	4,832	10,307	1,857	24,327
計	〃	4,968	3,267	12,383	3,491	24,109
	〃	26,467	15,206	29,454	6,143	77,270

Ⅲ　諸競技大会開催

毎年6月商業実務競技大会を開催する。那覇商業体育館に全島の学校代表選手が集まり覇権を競つている。
　　珠算実務競技大会
　　英文タイプ競技大会
尚全国珠算競技大会，及び全国タイプ競技大会には，沖縄予選大会の勝利校を毎年8月に派遣してきたが，1961年には山田親昭(那覇商)が全国一の優勝旗を持ち帰えつている。

三　年間行事

66年度の行事は次の通りであつた

5月　定期総会，全商協珠算実務検定審議会，全国珠算競技沖縄予選大会審議会，全国タイプ競技沖縄予選大会審議会，研究課題審議会主事会

6月　第4回商業実務競技大会　全国珠算・タイプ競技沖縄予選大会，全商協珠算実務検定，研究課題研究委員決定

7月　地区別研究委員会，年間研究計画及収支予算書提出，

8月　全国珠算競技大会沖縄代表選手派遣，全国タイプ競技大会沖縄代表派遣，全国商業教育研究発表大会参加，地区別研究委員会

9月　琉商研簿記実務検定審議会，地区別研究委員会

10月　琉商研簿記実務検定，地区別研究委員会，全商協珠算実務検定審議会，全商協タイプ検定審議会

11月　地区研究中間発表，全商協珠算実務検定，全商協タイプ検定

12月　地区別研究委員会，　全商協
　　　簿記実務検定審議会
1月　地区別研究委員会，　全商協
　　　簿記実務検定
2月　中部商業研究発表大会
　　　研究発表大会（地区課題）
　　　留日研究教員研究発表大会

四　会　員

会長（金城英一）　副会長（本田富男・塩浜義江）　常務主事（伊礼勝，金城克則，我那覇一男，東良則，座間味栄徳，伊佐常位）　地区主事（山城昭夫，与志平清，砂川清吉）　監事（饒平名知康，狩俣幸男）

全琉商業科担当教員全員

五　**今後の課題**

　先づ研究組織の検討であろう。研究会活動を益々活発にするためには，会の内部組織は勿論，会の外郭団体，或は組織との連繫を密にし各面の支援を受けることである。社会の要求に応じ役立つ人間教育を願うためにも産業界との連絡を充分にとることである。又一方校長部会に産業教育委員会を設け，その指導のもとに研究会活動を進めるのも一案である。そのことにより特に併置校での活動は一段と飛躍するであろう。産振法の早期立法と共に産学一体を押し進めることは研究会活動の脱皮となるであろう。

　次に教育課程の問題である。全商協会でも商業教育体質改善が叫ばれている。中学よりの進学が70％を超え，生徒の適性や態力は幅を広げていく傾向と共に，社会の進歩と職業の分化専門化が進められている今日，類型の強化は当然である。高校教育の多様化は商業科においてもその例にもれず，「教育課程において，類型の強化か小学科制か」が論議されている。沖縄でも既に経理，貿易につづき販売経営等が類型の名のもとに実質的な小学科制の観を呈してきた。「これならばできる」という強さを育てるような教育課程，所謂専門化をねらう教育課題の研究をするためにも，その教科内容の再検討が必要である。各科目やその内容の拾捨選択，或は新しく科目を設けることもあろうが，それによつて効果的な小数科目，大単位制の教育課程も考えられる。「商業教育で期待される人間像」を生みだすには，産業技術革新に応じ得る商業教育の近代化は常に研究課題である。

　商業高校において女子の増加が全国的傾向となつている。女子の特性を生かした商業教育は如何にあるべきか。これは遅すぎた感じであり，本年の課題である。

　その他種々の課題があるが，常に前向の姿勢で問題と取組み，研究会活動が沖縄の商業教育の推進力となることを信じている。

＜教育関係法令用語シリーズ＞　1

休　暇

総務課法規係長　　祖　慶　良　得

はじめに
　法令と普通一般に使用されている用語についていま一歩その意図する所を理解していただくためにこのシリーズを続けていきたいと思います。とりたててかたくるしく体系だてるつもりはありませんが、適宜時期にあつた関心度の高い題材をとりあげ、どの号から読んでも理解いただけるよう進めていきたいと思います。

1　休暇の意義及び種類
　休暇とは、公務員がその所属機関の長の承認を得て、ある期間勤務を要しないことをいう。有給休暇と無給休暇とがある。＜休暇（1953年人事委員会規則第3号）第1条＞。ここに「休暇」という人事委員会規則を引用しこが、これは政府公務員の場合を予想したもので、この講を進めるに当つては、政府公務員である教職員について主として述べることにしたい。公立学校の職員については、制度上大体において、これに準じられているからである。したがつて、公立学校職員については、特に制度上ちがいのある場合のみに指摘したい。

　有給休暇というのは、法令の規定にもとづき、職員が任命権者の承認を経て正規の勤務時間中に給料の支給をうけて勤務しない期間をいう（上記規則第2条）。その手続については後に述べることにし、有給休暇の種類についてみると、年次休暇（年休）病気休暇（病休）及び特別休暇がある。出産休暇などは特別休暇である。従来承認休暇と呼ばれていたのが、現在では、職専免と呼ばれ、人事委員会規則で定める場合においては勤務を欠いても給料を控除しない場合として、任命権者が承認できるように定めている。これは法令上「休暇とはいつていないが、任命権者又は所属長の承認によつて、給料を控除されずに勤務しないでもよいので、実質的な意味における休暇である。有給休暇の内容については、公務員法の規定は、労働基準法の最低基準をはるかに上回るものである。
　無給休暇とは、公務員法第67条の2の規定にもとづいて、職員が教育の目的その他正当な理由がある場合において、一年をこ

えない範囲内で任命権者が許可する勤務しない期間である。専従休暇などは、これに該当する。

2　休暇の承認手続

休暇の手続について、中教委は、文教局務処規程をもつて定めている。それによれば、休暇を受けようとするときは、あらかじめ、所属長の承認を受けなければならない（10条2項）。無給休暇については所属長の許可を受けるものとしている。（同条3項）。ここにいう所属長とは、校長の場合は文教局長で、その他の職員の場合は校長である。しかし、文教局委任規則によれば、60日をこえる休暇の場合には、任命権者に保留されており、さらに政府立学校の管理規則によれば校長に委任されるのは7日までとされている。休暇願の様式については、処務規程の定めるところによる。

3　休暇の承認

有給休暇は、一時間を単位として与えることができる。任命権者は、休暇の請求があつた場合に、これを拒否できるかということが問題とされている。これについて、請求権説とか形成権説などとむつかしい議論がなされているが、それはさておき職員が休暇を請求した場合、任命権者は、公務に支障のない限り、これを与えなければならない。

労働基準法40条2項によれば、事業の運営を妨げる場合においては、その時季に年次休暇を与えることを要しないとされている。したがつて、任命権者は、校務の正常な運営を妨げる場合には他の時季に与えるよう申し出ることができ、休暇請求権の行使が違法性を帯びる場合にも承認しないことができる。校務の正常な運営を妨げる場合については、学校の規模、当該教職員が学校において占める職務上の地位、その担任する職務の内容、休暇時期における学校事務の繁簡、代替要員確保の難易等が判断の基準となる。その詳しい取扱いについては、文教局長通達（1967年1月12日付文高57号）で高校長あてに発せられ、同旨は公立学校の任命権者に対しても助言されている。公立学校の職員については争議権の禁止規定及び政治行為の制限条項がないので、休暇の行使が違法目的となる場合について、政府立学校とは多少の違いがでてくる。

4　休暇不承認と賃金カツト

賃金カツトは給与法上の処置であつて懲戒処分ではない。職員が正規の勤務時間中に勤務しないときは、その勤務しないことについて任命権者の承認があつた場合を除くほか、当然に給料の控除（賃金カツト）が行なわれる（同法9条）。

一斉休暇の請求が年休として承認されなければ無屆欠勤として扱われるので、当然に給料の控除が行なわれるのであつて、2割年休や3割年休の場合には賃金カツトできないというような議論は生じない。2割年休であつてもそれが年休として受理されなければ、当然に賃金カツトされることになる。

学校基本調査結果表 (1966学年度)

1 教科等週担当時間数別教員数

区分		総数 計	総数 男	総数 女	授業をもたない 男	授業をもたない 女	1～10時間 男	1～10時間 女	11～20 男	11～20 女	21～25 男	21～25 女	26～30 男	26～30 女	31～35 男	31～35 女	36以上 女
小学校	全琉	4,379	1,344	3,035	326	91	49	21	48	41	51	363	463	1,900	407	618	1
	公立	4,371	1,343	3,038	326	91	49	20	48	41	51	361	462	1,897	407	617	1
	北部	710	228	482	52	16	16	8	11	12	8	47	55	270	86	129	—
	中部	1,226	376	850	90	24	9	5	11	11	12	110	151	560	103	140	—
	那覇	1,118	312	806	70	19	3	1	13	11	18	132	130	506	78	136	1
	南部	614	180	434	46	17	9	3	6	4	5	23	49	269	65	118	—
	宮古	387	132	255	35	9	2	1	6	1	6	41	45	160	38	43	—
	八重山	316	115	201	33	6	10	2	1	2	2	8	32	132	37	51	—
	政府立	1	-	1	—	—	—	—	—	—	—	—	—	—	—	1	—
	私立	7	1	6	—	—	—	1	—	—	—	2	1	3	—	—	—
中学校	全琉	3,036	2,208	828	227	39	89	9	327	119	1,024	460	528	201	13	—	—
	公立	3,002	2,182	820	225	38	89	7	315	117	1,015	458	525	200	13	—	—
	北部	508	409	99	51	3	17	—	52	22	187	46	101	28	1	—	—
	中部	803	610	193	48	6	18	1	91	38	293	110	155	38	5	—	—
	那覇	778	505	273	13	13	13	—	59	25	253	145	126	90	1	—	—
	南部	422	293	129	29	9	23	1	35	13	127	78	79	28	—	—	—
	宮古	255	202	53	22	3	6	—	49	9	90	34	31	7	4	—	—
	八重山	236	163	73	22	4	12	5	29	10	65	45	33	9	2	—	—
	松島	25	21	4	2	1	—	—	11	2	8	1	—	—	—	—	—
	政府立	5	3	2	—	—	—	—	1	—	—	1	1	1	—	—	—
	私立	4	2	2	—	—	—	2	—	—	—	—	—	2	—	—	—
高等学校	全琉	1,950	1,681	269	64	6	63	8	1,223	214	329	41	2	—	—	—	—
	政府立全日	1,538	1,324	214	57	6	33	6	942	167	290	35	2	—	—	—	—
	政府立定時	183	169	14	1	—	16	1	152	13	—	—	—	—	—	—	—
	私立全日	215	176	39	—	—	6	4	127	33	39	6	—	—	—	—	—
	私立定時	14	12	2	—	—	—	—	10	1	2	1	—	—	—	—	—

2 勤務年数別教員数

区分		総数 計	総数 男	総数 女	5年未満 男	5年未満 女	5～10 男	5～10 女	10～15 男	10～15 女	15～20 男	15～20 女	20～25 男	20～25 女	25～30 男	25～30 女	30年以上 男	30年以上 女
小学校	全琉	4,379	1,344	3,035	189	631	133	464	195	413	393	719	149	416	106	164	179	228
	公立	4,371	1,343	3,028	188	628	133	463	195	412	393	719	149	414	106	164	179	228
	北部	710	228	482	37	141	21	73	35	69	70	66	28	67	15	22	22	44
	中部	1,226	376	850	58	153	48	154	47	121	111	240	41	100	22	36	49	46
	那覇	1,118	312	806	37	100	26	83	41	110	88	222	41	144	27	62	52	85
	南部	614	180	434	24	104	16	73	25	39	60	109	11	51	22	20	22	38
	宮古	387	132	255	16	58	2	41	22	44	40	51	20	35	12	18	20	8
	八重山	316	115	201	16	72	20	39	25	29	24	31	8	17	8	6	14	7
	政府立	1	—	1	—	1	—	—	—	—	—	—	—	—	—	—	—	—
	私立	7	1	6	1	2	—	1	—	1	—	—	—	2	—	—	—	—
中学校	全琉	3,036	2,208	828	774	385	569	238	190	66	296	32	147	54	88	38	144	15
	公立	3,002	2,182	820	769	382	563	235	186	66	292	32	143	53	87	38	142	14
	北部	508	409	99	155	53	86	29	27	9	60	1	33	3	12	2	36	2
	中部	803	610	193	259	93	150	53	59	15	60	10	37	9	22	9	23	4
	那覇	778	505	273	159	101	143	70	40	27	88	19	30	34	17	16	28	6
	南部	422	293	129	96	64	81	44	22	11	37	1	15	2	14	6	28	1
	宮古	255	202	53	53	27	48	18	21	3	32	1	21	2	10	2	17	—
	八重山	236	163	73	47	44	55	21	17	1	15	—	7	3	12	3	10	1
	松島	25	21	4	3	—	5	2	4	—	4	—	3	1	—	—	2	1
	政府立	5	3	2	—	1	1	1	—	—	—	—	1	—	1	—	—	—
	私立	4	2	2	2	2	—	—	—	—	—	—	—	—	—	—	—	—
高等学校	全政	1,950	1,681	269	711	124	563	90	206	31	71	8	39	8	28	3	63	5
	政府立全日	1,538	1,324	214	499	84	481	76	183	30	60	8	36	8	20	3	45	5
	政府立定時	183	169	14	88	10	43	4	17	—	9	—	3	—	3	—	6	—
	私立全日	215	176	39	113	28	39	10	6	1	2	—	—	—	5	—	11	—
	私立定時	14	12	2	1	2	—	—	—	—	—	—	—	—	—	—	1	—

3 担当教科数別教員数

区分	本務者 計	担当数科なし	1教科	2教科	3教科	4教科	5教科以上	兼務者 計	1教科	2教科	3教科	4教科
全 琉	3,036	266	1,995	555	158	50	12	103	77	17	6	3
公 立	3,002	263	1,971	554	158	48	8	102	77	16	6	3
中学校 北部	508	54	249	134	49	21	1	39	34	2	1	2
中学校 中部	803	54	631	98	16	3	1	21	12	6	3	—
中学校 那覇	778	66	635	65	10	1	1	1	—	1		
中学校 南部	422	38	269	87	18	9	1	19	14	5	—	—
中学校 宮古	255	25	106	97	25	—	2	3	2	—		
中学校 八重山	236	26	81	73	40	14	2	19	15	2	1	1
中学校 松島	25	3	22	—								
政府立	5	—	—	1	—	2	2	1	—	1		
私 立	4	—	2	—			2					

4 校舎の種別室数（建築目的別）

校舎種別 / 校種別	普通教室	特別教室	準備室	図書室	給食室	保健室	職員室等	便所洗面所	その他	計
小学校	(410) 3,482	(2) 63	(7) 46	(12) 56	(67) 125	(6) 11	(5) 14	(68) 309	(60) 60	(637) 4,166
中学校	(239) 1,684	(11) 195	(2) 66	(4) 30	(27) 48	(8) 7	(4) 12	(14) 172	(95) 52	(434) 2,266
高等学校	(53) 683	(1) 228	(2) 110	(7) 17	(4) 20	(2) 4	(10) 16	(37) 90	(116) 47	1,215
盲ろう学校	37	6						2		45
養護学校	12	1	—	—	—		1	2	1	17
計	(702) 5,898	(13) 493	(10) 222	(18) 103	(101) 193	(18) 22	(11) 43	(122) 575	(192) 160	(1,187) 7,709

注1　（　）内の数字は「鉄筋・ブロック」以外の「木造・その他」で外数である。
注2　私立を除く。

5 図書の冊数（和漢書）

区分		総数	総記	哲学	歴史	社会科学	自然科学	工学	産業	芸術	語学	文学	未分類
小学校	全琉	244,709	19,094	5,875	33,055	15,526	25,110	6,446	4,326	9,877	15,573	93,764	16,063
	公立	244,310	19,062	5,871	33,013	15,513	25,071	6,444	4,326	9,869	15,522	93,577	16,042
	北部	44,891	3,594	1,045	5,900	2,943	4,582	1,317	851	2,025	3,441	17,374	1,819
	中部	65,503	4,798	1,553	8,877	4,224	6,663	1,559	1,278	2,561	3,304	24,982	5,704
	那覇	70,069	4,630	1,873	10,083	4,391	7,645	2,243	1,259	2,950	5,061	27,785	2,150
	南部	30,340	2,589	808	4,173	1,901	2,984	665	433	1,161	1,721	10,918	2,987
	宮古	18,307	1,406	286	2,167	1,018	1,617	371	288	640	1,243	6,212	3,059
	八重山	15,200	2,045	307	1,813	1,036	1,580	289	217	532	752	6,306	323
	政府立	147	11	—	11	9	8	2	—	6	45	42	13
	私立	252	21	4	31	4	31	—	—	2	6	145	8
中学校	全琉	136,662	10,768	4,004	17,253	10,736	12,246	4,453	2,700	6,542	11,215	45,451	11,294
	公立	135,353	10,670	3,957	17,039	10,607	12,169	4,423	2,696	6,467	11,154	45,110	11,061
	北部	28,541	2,143	967	3,537	2,295	2,667	913	679	1,291	2,827	10,033	1,189
	中部	34,542	2,450	1,125	4,809	2,760	3,157	1,231	669	1,725	2,853	10,992	2,771
	那覇	32,451	2,344	895	4,081	3,133	2,898	1,160	672	1,682	2,261	9,837	3,488
	南部	18,739	1,756	521	2,348	1,298	1,775	629	392	1,104	1,592	6,674	650
	宮古	11,147	819	243	1,077	490	829	289	155	350	684	4,607	1,604
	八重山	9,933	1,158	206	1,187	631	843	201	129	315	937	2,967	1,359
	松島	1,072	61	24	190	115	68	28	4	68	15	279	220
	政府立	155	12	3	12	9	9	2	—	7	46	42	13
	私立	82	25	20	12	5	—	—	—	—	—	20	—
高等学校	全琉	154,139	6,925	5,347	13,938	15,484	18,486	7,686	5,267	7,453	10,959	50,851	11,743
	政府立	149,055	6,689	5,101	13,023	14,912	17,822	7,584	5,196	7,012	10,527	49,446	11,743
	私立	5,084	236	246	915	572	664	102	71	441	432	1,405	—

（注）沖縄高校，中央高校は，それぞれの大学と共用のため，大学の票に算入した。なお沖縄女子短大は冊数なしである。

1967年度 地方教育予算における市町村の

教育区			166年度 予算額(A)	1967年度(市町村負担金)			1967年度 基準財政 需額要(D)	比率 B/D	率 C/A
				教育費負担金(B)	教育税収入	計(C)			
全	琉	計	2,617,404	3,630,123	277,964	3,908,087	3,058,603	1.19	1.49
国		頭	23,531	54,300	246	54,546	53,028	1.02	2.32
大	宜	味	13,338	30,100	200	30,300	30,715	0.98	2.27
	東		10,190	20,223	200	20,423	20,557	0.98	2.00
羽		地	21,892	32,386	150	32,536	34,981	0.93	1.49
屋	我	地	7,881	14,900	250	15,150	14,247	1.05	1.92
今	帰	仁	33,845	50,658	300	50,958	50,782	1.00	1.51
上	本	部	13,118	21,000	151	21,151	22,573	0.93	1.61
本		部	33,236	58,000	3,060	61,060	64,928	0.89	1.84
屋		部	19,727	25,100	300	25,400	20,204	1.24	1.29
名		護	83,995	82,259	7,800	90,059	59,517	1.38	1.07
久		志	24,640	33,000	300	33,300	33,642	0.98	1.35
宜	野	座	22,700	24,138	20	24,158	20,354	1.18	1.06
金		武	21,384	30,000	130	30,130	30,397	0.99	1.41
伊		江	25,263	31,000	412	31,412	29,076	1.07	1.24
伊	平	屋	10,129	20,597	1,551	22,148	20,941	0.98	2.19
伊	是	名	13,048	21,874	1	21,875	21,858	1.00	1.68
恩		納	22,810	37,500	1	37,501	38,621	0.97	1.64
石		川	38,768	47,525	4,300	51,825	48,536	0.98	1.34
美		里	38,813	73,058	3,364	76,422	65,448	1.12	1.97
与	那	城	31,223	48,510	14,470	62,980	49,704	0.98	2.02
勝		連	31,736	54,431	2,656	57,087	55,784	0.98	1.80
具	志	川	64,170	111,467	11,350	122,817	106,393	1.05	1.91
コ		ザ	119,019	144,817	12,000	156,817	137,951	1.05	1.32
読		谷	50,922	75,000	300	75,300	64,498	1.16	1.48
喜	手	納	48,757	44,741	9,000	53,741	42,456	1.05	1.10
北		谷	25,486	33,247	1,500	34,747	34,028	0.98	1.36
北	中	城	14,981	25,000	600	25,600	24,014	1.04	1.71
中		城	17,758	35,892	486	36,378	36,878	0.97	2.05
宜	野	湾	72,199	97,372	10,805	108,177	92,166	1.06	1.50
西		原	20,016	32,442	417	32,859	32,290	1.00	1.64

負担状況（当初予算による）

教育区	1966年度 予算額（A）	1967年度（市町村負担金） 教育費負担金（B）	教育税収入	計（C）	1967年度 基準財政需要額（D）	比率 B/D	率 C/A
浦　　　添	73,590	73,900	16,500	90,400	83,217	0.89	1.23
那　　　覇	863,050	1,022,340	129,722	1,152,062	600,858	1.70	1.33
(久)具志川	13,535	23,639	2,200	25,839	21,965	1.08	1.91
仲　　　里	21,751	38,870	3,192	42,062	39,878	0.97	1.93
北　大　東	5,760	8,300	100	8,400	8,456	0.87	1.46
南　大　東	11,473	12,000	—	12,000	15,165	0.79	1.04
豊　見　城	41,878	44,000	2,593	46,593	37,777	1.16	1.11
糸　　　満	84,126	124,313	5,681	129,994	121,013	1.30	1.55
東　風　平	22,090	35,000	500	35,500	31,411	1.11	1.61
具　志　頭	15,561	27,000	1,900	28,900	26,022	1.04	1.86
玉　　　城	21,380	34,804	1	34,805	35,079	0.99	1.63
知　　　念	12,234	26,537	1,000	27,537	25,148	1.06	2.25
佐　　　敷	17,230	28,700	1,320	30,020	26,335	1.09	1.74
与　那　原	23,152	30,360	2,000	32,360	28,138	1.08	1.40
大　　　里	19,631	31,131	1	31,132	26,408	1.18	1.58
南　風　原	32,711	36,700	596	37,296	30,453	1.21	1.14
渡　嘉　敷	4,501	11,927	100	12,027	11,681	1.02	2.67
座　間　味	5,050	16,620	20	16,640	16,513	1.01	3.30
粟　　　国	5,071	11,475	400	11,875	11,783	0.97	2.34
渡　名　喜	4,195	9,164	200	9,364	9,134	1.00	2.23
平　　　良	94,327	144,500	5,000	149,500	111,189	1.30	1.58
城　　　辺	37,416	77,947	—	77,947	57,453	1.36	2.08
下　　　地	19,459	27,968	4,500	32,468	23,508	1.19	1.67
上　　　野	11,487	20,700	16	20,716	19,200	1.08	1.80
伊　良　部	19,048	40,500	—	40,500	38,020	1.08	2.13
多　良　間	8,030	17,000	354	17,354	14,070	1.21	2.16
石　　　垣	117,941	162,225	9,000	171,225	152,265	1.07	1.47
竹　　　富	22,451	57,822	4,097	61,919	58,725	0.98	2.76
与　那　国	14,701	24,144	651	24,795	21,172	1.14	1.69

(注)　1966年度は教育区の教育税収入，市町村補助，政府からの財政調整補助金の合算額である。

―――― ずいそう ――――

婦人会活動を通して得たもの

社会教育課主事　山 元　芙 美 子

　遺族年金が沖縄にも支給されるようになつた頃のある日，婦人連合会に用事で行つていたら，そこへの60年配の老女が尋ねてきた。やせこけて身なりもよくない，話しもしどろもどろで聞きとりにくい。やつと理解できたが，何でも若い頃結婚して娘と息子ができたが，夫は妻子を捨てて大阪に出稼ぎに行つたきり送金もなく音信不通になつてしまつた。2人の幼児をかかえて途方に暮れたが仕方がないので，子どもたちを実家に預けて食堂の下働きをしてやつと子どもたちを一人前に育てあげた。ところがホッとした間もなく去る大戦に一人息子を召集され，外地で戦死してしまつた。戦後は結婚した娘一人を便りに細々生きているが，長年の過労がたたりリウマチになつて体は動かなくなる，おまけに栄養失調で視力も衰えて廃人同様になつてしまつたが，さいわい，遺族年金が貰えるようになりやつと老後の心配もなくなつて孫たちを相手に安らかに暮していた。そこへ，20年振に，夫が若い女を連れて帰郷し，妻を打つのけるのの暴力沙汰で離縁状に捺印させ，息子の年金証書も取りあげられて全く無一文になり生きる望みをなくしてしまつたそうだが，村の婦人会長から婦連の法律相談にお願いしたらとすすめられてきたとのことだつた。60才位に見えたが実は50才をすぎたばかりだと聞いてびつくりした。婦連の法律相談の弁護士の事務所へ案内したが，残念なことにその結果を知ることはできなかつた。

　新民法で男女同権が認められたとはいえ　婦人問題はまだまだ多いようである。

　この事例をある婦人会で話したところ，2，3日たつたある晩，見知らぬ中年婦人がうちに見えた。

　友だちのAさんが男の子一人を残して夫に死に別れたが，自活の能力がなく妻をなくした子持の男と結婚してしばらくは幸福な生活をしていたが，Aさんの息子が大きくなり高校に入つた頃から主人は帰宅が遅くなり，酒くせも悪くなり，しまいには息子の勉強の邪魔をするようになつた。

―ずいそう―

息子もがまんしていたが、何しろ感じやすい年頃なのでしまいには義父に口答えをするようになり、毎晩家庭争議が続くようになつた。夫は家をあけるようになり生活費も入れなくなつてしまつた。とうとう酒乱になり勤務先も解雇されてしまつたそうである。息子はこの家をでて、学校もやめて働いて二人で暮そうといつているがなかなかふんぎりがつかないうちに最近息子が勉強しなくなり外出ばかりするので息子の将来が案じられ悩んでいるのを見かねて相談にきたとのことだつた。

こういう問題は第三者ではどう判断してよいか難かしい。何しろ他人の一生を右か左に決めることであり、一歩判断をあやまると不幸にしないとも限らない重大事である。しかも本人から直接の相談ではなく友だちを通してのことである。本人の意志が全然わからないので何と答をだしていいものか困つてしまつた。婦人会ではこういつた身近な問題はよく取りあげられるが、婦人会にも入会していないらしい。家庭裁判にでも頼んだらと話してみたが本人は息子の将来のこともあるので自分たちだけで解決したいとの気持であるとのことで、いろいろ考えた結果、もう一度夫とじつくり話し合つてみて反省をうながして、もしその反省の色が見えたら今度こそ親子5人が生活の建て直しに努力しなさいと答えた。そ

れでも失敗するようなら最後の手段として家庭裁判所で法的に解決して貰う以外に道はないことを助言した。

その後、この件はすつかり忘れていたところ ある日新聞に、ある高校の実習生が実習中事故死をとげたことが報じられた。同じ字内に住んでいるとのことで、お葬式にいつたところ意外にもその母親は前にわたしのところに友だちの件だといつて相談にきたあの婦人であつた。彼女は自分自身のことを友だちだといつて相談にきたのであつた。息子にすまないと泣きくずれる姿は全く慰めようもなかつた。周囲の人たちの話しをきくと、夫は相変らずの不行績を繰り返して毎日暗い生活を送つているが二人の義理の子を捨てるにしのびず、それに息子もすぐ卒業することだし内職をしながら生計を立てているとのことだつた。その後息子の死にさすがの夫も改心して真面目に働くようになつて喜んでいたところが、それも束の間、長年の大酒がたたつて脳溢血であつけなく死んでしまつて今は義理の娘2人を育てて一生懸命働いているが、区の婦人会長をつとめて婦人の悩みの相談相手になつている。

その外、婦人会の集まりに行くとよくいろいろの相談を受ける。嫁姑の不和、反抗期の子どもを持つ親の悩み、子どもの交友関係でどう解決してよいかなど種々様々である。そして会員同

―― ずいそう ――

志で真身になつて解決策を話しあつている。

　それにしても新聞雑誌の女性の身の上相談の何と多いことよ。しかも殆んどが女性で占めているようだ。すると女性だけにこんなに悩みや苦しみが多いのだろうか。身の上相談は女性の専売特許なのだろうか。それとも女の弱さから来るのだろうか。もしそうであれば、一人一人では弱い女性が互いに協力しなければなるまい。そこに婦人会組織の意義もあると信ずる。

　　　×　　×　　×　　×

　今年度の地区別婦人幹部の宿泊研修も全部終えたが、最後の那覇地区婦人の研修会はたいへん効果があつた。名護青年の家で一泊二日、婦人会運営上の問題点の討議、家庭における子どものしつけの問題、家庭経済と消費生活の問題、物価対策をどうするかなど、山積みされた幾多の問題について熱心に討議がなされた。

　とくに最近台所をあずかつている婦人の関心事であるプロパンガスの値下げについては実態調査など資料をあげて検討されたが、浦添村の婦人会が業者の圧力に負けず全会員が団結してたたかつてついに１ドル70セントのプロパンガスを手に入れることができた結果報告には万場の拍手で賞讃した。

　弱いといわれる女性がその力を結集して一つの目標に向つて突進するときは前方の如何なる障害でも突破できる自信を得たとみんなが決意をあらたにした。

　一日の日程を終えて床につく前のわずかの時間をそれぞれ年の合つた者同志があつまつておしやべりをしている

　テレビ番組のホームドラマの話もあれば、子どもの入試の心配を語つている母親、婚期の娘と息子を持つ親同志の話、あるいは、更年期障害についての悩みなど男性には想像もつかないようなよもやま話に花が咲く。男性族は女三人集まれば〝姦ましい〟と軽べつするようだが、その雑談には夫にも話せないような語らいもあつて、お互いに自分の経験や考えを通して相手を慰め励ましあつている姿は実に美しい。男心は男でなければわかるものかという歌の文句は女にもあてはまるようだ。

　一宿一飯の義理ではないが、今晩一晩をともにしただけで友情が生れお互い交流しあい会活動の問題は勿論人生相談まで発展するようになる。

　婦人問題を自分たちの手で解決して婦人が幸福になるには話し合いの場が必要であり、婦人学級やサークル活動を推進すると共に地域社会の問題解決をして明るい社会を築くには地域の婦人が組織を持つことである。

　２日の日程を無事終えて青年の家に別れをつげ、荷物をかついで若葉かおる桜並木の山路を下りながら参加者一同、前晩のキャンドルサービスのあの炎のような熱い炎を胸に燃やしながら夫や子どもの待つている楽しい我が家へいそいそと帰るのだつた。

1967年3月31日印刷
1967年4月1日発行

文　教　時　報　（第106）
非　売　品

発行所　琉球政府文教局総務部調査計画課
印刷所　セントラル印刷　電話 099—2273

過去10カ年間の学校概況

学校基本調査

校種	学年度	学校数	児童生徒数 計	児童生徒数 女	学級数	教員数 計	教員数 女	職員数
小学校	1957	(9) 232	129,554	63,441	3,079	3,243	2,057	218
	1958	(9) 237	146,553	71,708	3,272	3,536	2,251	297
	1959	(9) 240	160,963	78,871	3,596	3,918	2,482	321
	1960	(9) 239	163,229	79,932	3,553	3,845	2,493	430
	1961	(9) 238	165,415	81,230	3,623	3,946	2,596	462
	1962	(11) 241	163,942	80,650	3,603	3,938	2,626	409
	1963	(11) 240	159,817	78,564	3,611	4,138	2,797	530
	1964	(10) 241	155,127	76,452	3,590	4,109	2,796	506
	1965	(12) 240	151,810	74,829	3,646	4,176	2,855	638
	1966	(12) 241	148,941	73,490	3,715	4,379	3,035	805
中学校	1957	169	47,431	22,960	1,154	1,700	465	143
	1958	166	41,465	20,076	984	1,511	377	251
	1959	165	38,359	18,650	939	1,471	347	259
	1960	164	48,387	23,758	1,100	1,654	409	277
	1961	166	61,272	29,989	1,360	2,050	521	303
	1962	(2) 165	73,938	36,223	1,607	2,371	604	322
	1963	(2) 158	78,329	38,370	1,686	2,674	691	326
	1964	(1) 156	82,205	40,207	1,758	2,794	737	305
	1965	(1) 155	82,422	40,955	4,789	2,865	766	324
	1966	(1) 155	81,446	39,886	1,828	3,036	828	394
高等学校	1957	26	23,210	9,645	…	872	130	107
	1958	27	26,298	11,321	…	1,110	168	187
	1959	27	27,473	12,087	…	1,181	173	227
	1960	27	27,562	12,223	…	1,234	184	245
	1961	27	25,168	11,291	…	1,231	181	270
	1962	28	24,518	11,232	…	1,270	177	284
	1963	29	30,168	14,256	…	1,380	196	282
	1964	30	36,165	17,490	836	1,574	213	318
	1965	32	42,294	20,772	933	1,798	238	360
	1966	34	45,744	22,909	994	1,950	269	419

注 1 澄井・稲沖の小中学校を含む。
　 2 学校数欄の（ ）内の数は分校で，内数である。

文教時報

107

07 琉球政府・文教局総務部調査計画課

 <9>

名　勝

城　山（タッチユウ）
<伊江村>

指定年月日　　1967年3月12日

　城山は俗に伊江タッチユーと称せられ、海抜172m，伊江島唯一の特立する赤色珪岩の団塊で，その周辺はすべて読谷石灰岩で囲繞され，これを遠望すると丁度クバ笠を伏せた形に見え一種の趣がある。此の地は古くは城として使用し，貿易も営んだと見え城跡系のフエンサ城式土器や須恵器、青磁類南蛮類の破片も多く出土する。伊江島唯一の高い岡であるので航海の目標ともなり，自然に神の宿る所として崇拝され，昔から旅へ出掛ける前には祈願して城山の土を持ち歩き，無事旅を終えて帰郷すれば御礼を言上してその土を再び御返しする習わしになつていた。

　城山には凡そ百種以上の植物が自生しその中にはイエジマチヤセンシダ・イガコウゾリナ・ヒメハマナデシコ等の珍種が含まれている。なかでもイエジマチヤセンシダはこの地独特の珍品で他に類を見ないものでこれだけでも天然記念物に指定さるべき条件をそなえている。城山の頂上は風光絶佳，遠く国頭の連山，伊平屋・伊是名の島々を見はるかし，金波銀波が朝日，夕日に照り映えてまことに天下の絶景である。

（多和田真淳）

巻頭言　校長の本土研修……………与那覇　修

学習指導の構造化
　　　　　……………嘉陽　正幸…1

1968年度日本政府の
　　沖縄教育援助の内容（予定）
　　　　　………………………37

＜研究指導主事記録＞1
　本土における
　　教育研修所と教員研修(1)
　　　　　……………栄野元康昌…9
　日本生物教育会
　　第21回全国大会から
　　　　　……………仲宗根　寛…15
＜校長本土研修報告＞…………翁長　朝義…21

＜各種研究団体紹介＞7
　沖縄高等学校理科教育研究会
　　　　　……………金城　順一…43

＜教育行財政資料＞
　学校基本調査結果表(2)………………49

＜教育関係法令用語＞2
　教育職員免許状の取得………祖慶　良得…41

＜沖縄文化財散歩＞9
　　　　城　山………多和田真淳…表紙裏

＜総計図表＞
　就職進学者、就職者のうち
　　沖縄外就職者の占める比率………裏表紙

＜表紙＞　石厨子　　首里高　佐久本嗣貞

文教時報

No. 107　67/6

校長の本土研修

　沖縄の児童生徒の学力は、これまで実施して来た全国学力テストの結果が本土より劣ることはご存知のことと思う。

　これは、沖縄が今次大戦の戦場となり、多くの犠牲者を出し、地上施設も壊滅校舎や備品がゼロから出発したことも大きな原因である。

　一方学力向上に大きな役割を持っている教師の面では、有資格者が多数戦死したため教員の不足をきたしたそれを補うために短期教員養成機関がもけられ、急きょ教員の養成がはかられた。このような点にも原因の一つがあると思われる。

　そこで教師の指導力の向上に資するため、1952年から研究教員制度による第1回研究教員50名を派遣してから現在までに786人（復帰前の大島を含む）を派遣し、大きな成果をあげている。また短期教員養成機関で養成された教員は22年を経た今日ではやがて教頭になる時期にきている。そこで学問としての実力をつけるために、日政援助による本土大学留学教員を65年度に10名（半か年）を第1回目として送り出している。66年度に同じく10名、今年は1か年の10名を去る4月から派遣して研修させている。

　教員の資質や指導力の向上は重大なことである。しかし何といつても校長の経営力は児童生徒の学力はもちろん、あらゆる面に大きな影響力がある。実力のある立派な校長が赴任していつた学校はたちまち校風が刷新し、立派な学校に育つていくものである。

　政府では校長の経営力の向上を図るために、1965年から小中高校の校長を、本土の当該学校に16名派遣して実地に研究に当つてもらつている。50日間の短期間ではあるが1・2回の本土で学校経営についてあらゆる面から研究されたことと思う。これらの研究成果が1校の学校経営のプラスにとどまることなく、より広く、沖縄の教育振興のため役立つことを期待するものである。

（与那覇修）

学習指導の構造化

教育研究課主事　嘉　陽　正　幸

1. 授業構造化研究の視点
2. 学習目標内容の構造化
3. 学習過程の構造化について
4. 指導方法の構造化について

はじめに

中城中学校における中部連合教育区指定社会科研究発表会に参加する機会をえた。

指導内容の構造化を中心として，一時間の指導の重点を明らかにする研究であつた。

「よい授業なくしてよい教育はあり得ない」という心情に徹し「質の高い授業」を追究してやまない各先生方に心から敬意を表するとともに，これまで以上に構造化をふまえた授業研究の重要性を意識したものである。

教育の現代化に関する提唱が教育研究の方向づけをなし，呼応して構造化の研究が台頭し，多くの研究報告書がその成果を実証しつつあるが，今後の研究の共通理解をうちたてる意味であえてまとめてみたいと考える。

1　授業構造化研究の視点

一般にいう「質の高いよい授業」とは，子どもたちが主体的に学習にとりくみひとりひとりの思考が深まり発展していく授業であり，これを教師の側からみれば子どものひとりひとりに教科のねらう本質的な力をつける授業といえる。

したがって教科のねらう本質的な学力をいかに理解するかは，質の高い授業を追求する者にとつて重要な事である。

ここでは学力についての究明は略省するが，世界史の流れから第二次産業革命と考えられている現在に立脚した学力観を具体的には握する事は意義がある。

広岡亮蔵著「授業改造」第二章高い学力，発展的な学力に詳述されている①高い科学的学力②生きた発展的学力という学力観は，最も親しみやすく理解しやすいように思う。

特に構造化学習を考える場合は是非一読しなければならないものと考えている。

というのは、知識や技術の量が膨大化し、社会変化や技術革新が日増しに進展する現代の様相を充分認識せずして「質の高い授業」を考えることはできないのであり、又こういう状態に創造的に対処しうる発展的な学力の形成をねらつた授業の構造化を構想しなければならないと考えるからである。

高い科学的学力は、技術革新、社会の要請する学力であることは、たんに自然科学方面だけにかたよることなく、自然、社会、人文にわたつての全人的な高い科学的学力のかたちでうけとめるならば、容易に理解し得るところであるが、これにこたえる指導方法は、これまでのところ系統学習＝提示教授以外にはない。

経験主義に立脚する問題解決学習はこれに十分な適格性をもたないことはいうまでもない。

更に、系統学習によつて教えられた知識が、学力のもつ第二の基本性格である生きた発展的な学力、いいかえればゆたかな転移力をもつ伸びのよい学力とはなりにくいという事に注意しなければならない。

これは実証された事実であり、われわれはこの認識の上に思考を進めねばなるまい。

この第二の要請にこたえるために原則として知識の再発見、再構成の認識過程を子どもたちの積極活動によつてたどらせる発見学習を考える必要がある。

実は構造化学習の必要性をここに認めるものである。

即ち発見学習において、何をいかなる認識過程を通つて発見させるか、という問題に直面せざるを得ず、前者の何に相当するのが即ち教材構造であり教材の本質である。

この本質を明確にすることを学習目標・内容の構造化といい更に、それを発見する過程の組織づけの研究を学習過程の構造化と考えるものである。

以上のことは、追つて詳述したいので視点をかえて授業の構造化を考えてみよう。

授業は内容条件（学習内容）と方法条件（学習過程）の二要素から成り立つているといわれる。

方法条件には、学習指導の過程即ちどんな順序でと、学習指導の方法即ちどんな手段でという二分野を認めることができる。

この視点から「質の高いよい授業」を追究するためには，何を（学習目標・内容），どんな順序で（学習過程）どんな手段で（指導の方法）という授業を構成している一連の分野の研究が必要であるということになる。

即ちこの三つの分野が，有機的に組みたてられ，関連と統一をもつことにより教材の働きと，児童生徒の働きと教師の働きとが一体となり，よい授業が実現されると考えのるである。

この一連の分野の有機的な組織づけの研究を授業の構造化だと考えている

要するに，転移する生きた発展的な高い科学的学力という基本性格をもつ現代に強く要請されている学力を形成する「質の高いよい授業」の研究は，必然的に構造化学習の研究にほかならないことを理解したいのである。

このためには，学習内容の本質構造を明確には握する（学習目標・内容の構造化）とともに，子どもの認識の深まる過程に立脚した再発見過程即ち学習過程の構造化と，それに即した指導方法の組織づけの研究をしなければならないということである。

2 学習目標・内容の構造化

普通われわれがよく使う教材研究という言葉がある。

計画した学習内容が適当であるかどうかを検討したり，又はその教材を指導するのに必要な知識や正しい実験の方法等をたしかめたりするのが一般的である。

指導要領や生徒の学習レディネスにてらして教材のわくぐみを研究するというよりも，教える自分のために調べるということに比重がかかっているのが普通であると考える。

そのため内容は豊富であるが，ややともすれば，児童生徒のレデイネスとかけはなれていたり，たんなる知識の羅列に終ってしまうことになりがちである。

「知識を獲得しても，それを相互に結合するだけの十分な構造をもたなければ，その知識は忘れられがちである。

事実をそれが意味づけられている原理や観念と結びつけて組織することは，人間のもつている記憶が失われていく急速な速度をゆるめるただ一つの方法である」註1

「記憶しているということは，頭の中のどこかに残つていてそれを必要な時に思いだしたらいいわけである。

必要なときにパツと自分の記憶をとりもどすことができるというのはたいせつな能力で，そのためには平生から

いろんな知識や事柄をうまく組識化しておかなければならない」註2

このような観点にたって今一度教材研究の方法を考えてみる必要があるのではないか。

学習目標・内容の構造化とは，端的にいって教材の本質構造を正しくは握することである。

一授業時間には，その教科の特質にもとづいて，是非修得定着せしめるべき目標がある。

換言すれば，構造化とは，学習内容が目標へ統合され組織化されることに根本的要件があるのであるから，その目標を設定することに第一の努力を傾注しなければならない。

さらに，その目標は教師の理解にとどまらず児童が理解しえるため，又は転移しえるため，より具体的なものにするための配慮が必要であるのは当然のことである。

これが即ち核であり，その教材の中心的価値である。

かかる観点により設定された核は，たんに目標を表示するのみでなく，学習の内容に連なるものであり，学習の展開を規制する意味で方法に連なる性格を有するものであり，構造化における最重要点である。

核との関連度において，又は核の視角のもとにおいて浮かびあがってくる学習内容の中に軽重の別がある。

核を達成するために構成されているもの換言すれば教材がなりたつのに欠くことのできない主柱即ち基本要素，その要素をささえている具体的事象等を児童生徒の発達段階に即して選定し要素間の関連や配列を考え，各種知識が関連をもち総合された構想をうちたてることを教材の構造化と考えるものである。

実際に構造化する手続には二つの立場が考えられる。

あらかじめ教材の中心的価値を明確にし，それに即して基本的要素をとらえ具体的事象を設定していく方法と，児童生徒の学習レディネスなどから具体的事象を準備し，これに即して基本要素をとらえ中心的価値に結びつけていくやり方である。註3

この二方法が融合され，学習内容の系統等から中心価値を設定し，児童のレディネス等から具体的事象を導き，それを関連づける意味で基本的要素を設定するという方法が一般的である。

要するに教材の根幹を洗いだすことであり，このためには教材体系の内部を比較し重点づける操作をなすことが

必要であるとともに，与えられた教材体系（教科書）そのものを新たな見地から吟味する努力を怠ることはできない。

これはたいへん困難で又危険をともなうことである。

今後の教育研究は，個人的な狭い研究であってはならないことを銘記すべきである。

「質の高いよい授業」とは，必然的に無駄のない効率の高い授業でもなければならない。

こまごまと，教科書にぎっしりつまっている知識が，より高度の立場で精選され，教材の本質構造として提示され，これを学習者が習得すれば，その学力は必然的に高い科学的学力となり広い適用力豊かな転移力となって現実化するものと思考するものである。

3 学習過程の構造化について

教材の構造化は，先に述べた如く，学習内容の本質構造をとりだすことであり，教材の静的な構図であるにすぎずそのままでは学習過程にはなり得ない。

つまり基本要素の系列又は具体的要素の配列は，原則として教材配当の順序を示すものではないということである。

児童生徒のひとりびとりには，一つの事象や一つの教材にたいする感じ方思い方，考え方いわゆる生活の論理が確立されており，これを科学的な論理へと高めることにこそ学習の目的があると考える。註4

換言すると教材のもつ論理と生活の論理が思考発展のすじ道にそって統一され，終局には教材構造が習得されるように学習の筋道をたてることが必要であり，これを学習過程の構造化と考えるもである。

先に提示した学力即ち高い科学的学力や転移する能力を養成するために，とりだした教材構造をいかなる学習過程に組みかえるかということは重要である。

いかなるすぐれた教材構造がとりだされたとしても，その構造を生徒に与えていくという学習過程をとったのでは従来の学習方式の弊害から抜け出ることはできない。

「教材構造は必然的に発見学習を必要とするし，又逆に発見学習は教材構造を前提とする」註5

「……推量と予測を育てていく態度，自分自身で問題を解決する可能性に向う態度……そのような態度を教育するためには，まだたくさんの研究を必要

とするが，発見をうながす興奮の感覚は重要な要素である。

　生徒が独力で発見する力がつくように学問の基本的構造を生徒に提示することは可能である」註6
「科学的思考と操作の能力は，どのような教材を用いてどのような知識をという教育内容よりも，指導のしかた，授業のしかた，子どもの側からいえば学習のしかたを通して身につけるのである」註7

　上述のことから，問題解決学習の過程，発見学習の過程等を充分研究してみる必要があるのではないかと考える。

　いづれにせよ児童生徒の認識の深まる筋道に即して構造化された教材をくみ替えて，児童生徒が主体的に学習を展開していく過程を考えなければならないのである。

　戦後の新教育を大きく方向づけたデューイの経験主義的，道具主義的・個人主義的な問題解決学習は，コア・カリキユラム連盟→生活教育連盟により徹底的に究明され，経験主義の克服がなされつつある。

　子どもたちに問題解決的思考の能力いいかえれば創造的探求的学力を育てることを意図して行なわれる問題解決学習における教師の指導の要点の一つは，「思考の材料として基礎的な正しい知識を系統的に教えこむこと，学びとらせること」であるとされ，「子どもたちが用いる思考の材料をたんに直接的な生活に限ることは誤りである」とさえいわれている。註8

　要するにプラグマテイズムの道具主義的認識論を脱脚した新しい問題解決的学習を考えているのであり，学習過程の構造化を考えようとするわれわれに大きな理論的基礎を提供してくれるのではないかと考えるのである。

　児童生徒各自のもつ生活の論理と教材のもつ論理とを統一させ，児童生徒の思考発展のすじ道に即して，絡局的には教材の構造を学びとらせるように学習過程の構造化を考えるべきだと先述したが，実践するにあたつて具体的にどうするかとなると難しい問題である，が

　「ある特定の子どもの主観的な問題意識を全員の共通な問題意識に広げていくには，個性的で特殊なものとみられている主観的な問題意識に潜んでいる問題発生の客観的な根拠を明らかにしなければならない」註9

　といわれていることに大きな示唆を受けるのでる。

これは教師自らの科学的認識にもとづく目的意識的な指導が必要であるということにほかならない。

以上の観点に立つて，学習過程の構造化の研究を今年度の課題としたい。

4　指導方法の構造化について

教材の本質構造を明らかにする立場から学習内容の構造化をを考え，生徒の思考発展のすじ道に即した学習過程を考えてきたが，ここではこれをふまえた指導方法について考えてみたいと思う。

指導方法を考える場合の要点は，いかにすれば学習展開を効果的に進め，生徒ひとりひとりの力を伸ばすことができるかということにある。

そのためには，子どもの思考をたかめつつ1時間の授業のねらいを達成する，構造的な板書のあり方，教師の発問と助言の方法，又は資料の精選と適切な時期と方法による提示等を考慮しなければならない。

更に教材や学習過程に適合する学習形態，例えばグループ学習や個別学習一斉指導や個別指導のあり方についても注意しなければならず，又これら学習形態に即して，シンクロフアツクスやTC反応表示器，プログラムブック等の教育機器の導入も考えられる。

要するに授業の流れをたすけ，われわれが先に設定した転移しうる高い科学的学力をめざした指導方法の組織づけを指導方法の構造化と考えるものである。

従来の一斉指導には多くの利点があるが，それだけに反省すべき点も少なくない。

その性格上つめこみやおしつけ的傾向が強く，子どもは受動的になりやすい。

そのため学習の主体性が失なわれがちで，子どもの思考のたかまりが期待できない。

いうまでもなく学習は，学習者の性格や能力に応じて指導の手だてや学習条件の整備をはかるべきである。

この視点に立つて，各種教育機器の導入による学習指導が試みられていることはよろこばしいことであるが，ただ無批判な導入は厳につつしまなければならない。

各種教育機器の機能や構造を充分研究し，教材の本質を明確にとらえ，構造化された学習過程に即して適格な教育機器を採用し，学習過程に位置づける研究即ち指導方法の構造化をはかることは当然教師に課された責務であると心得たい。

教育機器の無批判な導入は，一斉学習のもつおしつけ的な主体性のない受動的な欠陥を，形をかえて再現するという結果をもたらすものであり，転移しうる学力の形成という視点に立って反省しなければならないと思う。

　教育の現代化を指向する場合先づ着手すべきことは教育内容の現代化である。

　このことは換言すれば教材内容の構造化にほかならないのである。註10

　これなくして教育の現代化を考えることはできず，これにみ合う学習過程と指導方法の有機的組織づけの研究なくして現在最も強く要請されている学力の形成はのぞみえないと確信するものである。

註
1，教育の過程　　ブルーナー
2，未来からの挑戦と教育の現代化
　　　　　　　　教育改革研究大阪会議
3，学習指導の構造化　加納小学校
4，学習のつまづきと学力　東井義雄著
5，教材構造と発見学習　松本中学校
6，教育の過程　　ブルーナー
7，未来からの挑戦と教育の現代化
8，　　　　々々
9，現代教育方法論批判　大橋精夫著
10，学習指導の現代化　大手町小学校

参考図書
1，歴史学習の構造化と指導過程
　　　　　　　　　　結城陸郎著
2，授業改造　広岡亮蔵著
3，学習過程の構造　小川正　著

本土における教育研修所と
教員研修のすがた(1)

文教局指導課指導主事　栄野元　康昌
（研究配置先　静岡県立教育研修所）

はじめに

「指導主事は全琉の学校現場を廻つて，学校経営やそれぞれの教科を通して現場教師に対して指導をしているが，みんなのやつていることが本土の学校において通用するかどうか，今度，指導主事の研修制度ができるので，本土に行つて，本土の指導主事と同じように学校現場を廻つて実地研修をしてきてもらいたい。」というような趣旨のことを前局長が指導課で話されたことがある。第2回の派遣指導主事として，本土行きが決まつたとき最初に頭に浮んできたのがこの言葉であつた。

昨年の10月から約6ヶ月の研修を終えて帰任してきたが，本土においての研修は，学校現場を訪問しての実地研修・教育研修所においての研修が主であつたが，研修所の所員，委員会，教育事務所の指導主事とぢかに接しているので，教育研究のあり方，指導行政のあり方等，直接に学ぶことが多く，常日頃，指導主事にも研修の機会を与えてもらいたいと希望していたものの1人として，半年を過してきた今あらためて関係当局に感謝の意を表する次第である。

係からの依頼で〝研究教員の記録〟という題で本文をまとめてくれとのことであるので，6ヶ月間の私の見聞したことをとおして，本土の教育研修所，現場教育の一端を紹介してみたいと思う。

1　文部省へ行つて

10月の11・12・13日が文部省においてのオリエンテイション。2カ月の実務研修で派遣された校長先生方14名，指導主事10名揃つて文部省を訪れる。国際文化課，初中局の各課長が揃つてオリエンテイションが始められる。

とくに，財務課の北根氏は受け入れ事務を一手に引き受けて，3日の行事の諸準修，運営，各県教委，教育研究所との連絡，毎年支給が遅くれていたと云われていた旅費を事前に支給するための事務等のために東奔西走している姿には全員心暖まる思いをしたものである。当局の受入れ態勢もさることながら，夏の講師，秋の指導員で沖縄にお見えになつた厚沢先生，大照先生，林先生方がわざわざ時間を取つて吾々にお会いしてくださり，沖縄での思い出を語り，研修に対する助言，知人への紹介の労をとつてくださつたことには，大いに感激させられると共に，沖縄現地の教育事情を身をもつて経験なさつた方々の沖縄に対する愛情ともいうべきものが感じ取られた。

2 教育研修所にて

来て見ればさほどだになし富士の山云々／という言葉がある。しかし配属先の三島市の県立教育研修所の庭から朝夕眺める富士は，所内の銀杏の樹々と共に実にすばらしく，一人身の旅の心をなぐさめてくれた。

このことは県下各学校をつぶさに廻つて先生方の教育活動を見ても同じことで〃富士の裾野はやはり広かつた，広い裾野に支えられているんだ〃ということをつくづく感じさせられたものである。

教育研修所の組織の主なものは，研究調査部と研修部の2部で，研究調査部では，主として教育に関する研究調査を行なつて居り，第1室から第4室まである，私の配属された第2室では2班に分れて今年度のテーマとして，小中学校における理科学習指導改善のための研究を取り上げて研究を進めており，私にとつて又とないチャンスを提供してくれた。研修部は教職員の研修の企画，運営に当つて居り，小・中・高校の男女教員を対象に2週間の短期研修を行つている。

私たちが赴任する2日前に，高校男子教員の研修が終つた所でこれに参加出来なかつたのは残念だつたが，その後中学校・小学校の男教師に続いて中学校・小学校の女教師の研修があり，これらの研修に参加することが出来た。短研は男女を問わず全員入所してそれこそ寝食を共にして行なわれる。先づ，短研の受講者が決まると事前に各人にテーマが与えられ，各人は入所までにテーマについて研

究し，研究報告書を提出するので，入所の際には各テーマ毎に（1班1テーマで8班編成）部厚い事前報告書が出来上る。

研修は午前中講義（所員又は外部講師による）午後は各班毎にグループワークが毎日繰り返される。グループワークは事前研究をもとに，各種資料・図書を参考にして毎日行なわれるので，専門の所員の指導と相当つっ込んだ研究がなされる。それで研修の終りの各班の報告会では深みのあるまとまった報告がなされるが，出来上つたグループワークの報告書は資料として研修所の資料室に残される。

開講式を終つて，研修所の門を出たからといつて研修は終りにはならない。各学校に戻つた先生方は，2週間の研修の成果を実践に移し，教育活動をとおして事後研修を継続，ちようど満1年後に全県下から前と同じメンバーが事後研修報告書を携えて研修所に集つて来て，今度は3日間の事後研修が行なわれる。だから1教師について，事前報告からグループワークの報告書，事後報告書までを見ると，その教師の問題に対する認識の深まり，変容がよく分る。

研修部のある所員は「これだけのことをやれば普通の教師ならば相当の自信と意欲を持つて教育活動に積極的に取り組むようになる。むしろ彼等の活動が，他の教師から浮き上がりはしないかということが懸念される。何しろこちらで1年に研修できる教師の数は小・中・高校，合せて250人位だから」と自信をもつて語つていた。

次に，変つた所で中学校女教師のグループワーク報告書の概要を一部招介してみる。

主題　「学校運営」

I　機構　組織図例（略）

<話し合いの中から>

(1) ライン組織とスタッフ組織の明確化　(2)教師の専門職としての立場から研修部設置の傾向にある。　(3)学校事情によつては渉外の独立も考えられる。　(4)指導部は従来の四領域に生徒指導，進路指導，安全教育等が重点部門としての設置が

考えられる。 (5)分掌規定の明確化と確実な引き継ぎ。

人的配置(組織をよりよく生かすために)

(1)適材適所 (2)ある程度の交代制が必要………若い教師の養成，マンネリ化を防ぐ。 (3)一人一役制(仕事の責任制) (4)教育分掌と事務分掌の分担。

II 職員会議と運営委員会

A 職員会議

(1) 機能 ○行政機関の意志伝達の場 ○校長の諮問的機関の場 (事実上の学校運営の意志決定の場であるべき) ○建議機関としての場 ○研修の場 ○連絡調整の場

(2) 準備 ○議事の提案(学年部，分掌，その他個人) ○議事の精選…運営委員会 ○議題の予告(プリント配布等による)

(3) 運営 ○司会……教頭，グループ制，輪番制 ○場所…職員以外が望ましい。 ○時間の割りふり ○決議の方法

＜話し合いの中から＞

(1) 司会者が議題内容に通じていることが望ましい。

(2) 発言が一部の人に限らないことが望ましい。

B 運営委員会

(1) 性格・機能 ○職員会議原案作成機関 ○命令系統ではなく諮問機関として組織される。 ○職場の世論を集約する場。

＜話し合の中から＞

(1)責任者は単に個人的意見をのべるのではなく，学年分掌の代表としての意識を持つべきである。 (2)分掌内打ち合わせ (3)構成メンバーの問題

III 学校行事等

A 条件 ①学校が主体性をもち計画，実施するもの(生徒会，ＰＴＡは別個) ②直接生徒が対象となるもの ③全校，または同一学年の生徒が参加するもの ④正規の授業日に実施するもの(休暇中のものは準学校行事)

B 内容 ①儀式的なもの ②学芸的なもの ③保健体育的なもの ④遠足，

修学旅行　⑤その他
C　学校行事における問題点
①教科偏重による行事軽視の傾向(進学体制)→過度な精選　②形式のみの行事に終始するきらいあり　③思いつき、持ちこみ行事が多く、年間のバランスを欠く　④行事実施後の評価の不徹底　⑤学校行事に対する創意工夫の不足

Ⅳ　学校運営における女教師の占める位直
A　女教師の特質

長　所	短　所
①母性的やさしさ	①研究的態度、計画性が乏しい
②きめこまかな指導	②感情的、感覚的
③学校を明るくし、うるおいを与える	③大局的視野に乏しい
④几帳面、与えられた仕事を忠実にやる	④自已本位、協調性に欠ける
	⑤消極的

B　現場における実態
①庶務、会計、保健衛生等の事務分掌への配置が多い、男女の分業化
②運営の中核への参加率が低い(運営委員会に女教師の入つていない学校～40校中、22校)
③学級担任をはずされる傾向がある(学校長の方針として女教師に学級をもたせてない学校がある。(2校)　④女教師の職業意識のあり方
⑤職場における人間関係が希薄(男教師に比して)

C　対策
①運営への積極的参加　②男教師の偏見とそれに対する排除への努力　③自発的研修　④〃女性としてのよい特性〃を発揮する　⑤勤務条件の整備…日直、育児施設、育児休暇……

10月17日に研修所へ入所すると早速第2室の所員と共に研究協力校の訪問が始まつた。研修部では前もつて、現場に対して各種調査を行ない、これらの資料と

共に1年の研究テーマを設置し，研究目的，目標，仮設を具体的に立て，研究方法・計画が明確にされるとそれに従つて1年の研究活動が行なわれるという仕組になつている。

研究協力校は，小・中校各三校ずつ指定され，各校には実験学級，比較学級が設けられて，比較研究法によつて研究が進められていくのである。

比較研究の手つづきをまとめてみると，次のようになる。

○ 課題を検討するときに，このような学習指導法はよい成果をあげることができるであろうという仮設をたてる。

○ 仮設設定の段階では，とくに研究すべき問題をできるだけ具体的にして要因や成果を検討するための効率を高くする。

○ 実験学級と比較学級（統制学級）をつくり，結果の分折をとおして相互に比較できるようにする。

○ 事前に児童生徒の学習経験や学習量，学力などを調査する。

○ 仮設にもとずく実験学習過程を，できるだけ詳細に計画する。

○ 実験の段階において観察記録，テスト等の比較資料を求める。

○ 実験終了時の学習効果を測定する。

○ 終了後一定の日時を経過した後でさらに把持テストを行ない，学習効果をを測定し，実験学級の実験効果を比較検討する。

このような手順で最初の協力校における実験を終えると，仮設の妥当性が明らになつてくる。ただしこの場合，教師の実験の対象に対する働きかけや，効果の評定尺度の適否如何によつてはいろいろな予期しない現象が生じてくるので，実験の過程における条件は余程統制しなければいけないということになる。

最初の協力校の結果を検討し，仮設を練り直して，第2・第3の協力校へと移つて行く。このようなことをくり返していくうちに，より効果のあるより一般的な学習指導法というものを見つけだしていくのである。

（続く）

日本生物教育会
第21回 全国大会（福井大会）から

沖縄生物教育研究会会長
仲　宗　根　　寛

　日本生物教育会はまだ一般に充分ご承知でないので少しばかり，創立当初から現在までの概略活動を紹介し福井市で開かれた第21回全国大会のご報告をいたしたいと思う。

　この会は，嘉納治五郎（当時東京高師校長）福井玉夫，稲葉彦六，吉田貞雄，阿部余四男，小清水貞二等の諸先生によつて創立された全国中学校博物教育会を戦後，昭和21年継承したものである。

　第一回は昭和21年東京都で開催された。

　『御下賜金』本会は，昭和38年4月1日天皇陛下より生物教育振興の思召をもつて御下賜金を拝受している。

　それで，日本生物教育会は，御下賜金を基金として日本生物教育会員を全国理事会できめた。

　『賞』『参』日本生物教育会賞

　1，名称　日本生物教育会賞とする。

　2，目的　昭和38年4月1日，生物教育振興の思召による本会への御下賜金を基金とし，生物教育に関する優れた研究者に表彰状並びに，記念品を贈つて生物教育の振興をはかることを目的とする。

　3，対象　日本生物教育会の会員

　4，表彰の内容
　　　生物教育に関連した研究

　5，審査の方法
　　　日本生物教育大会に発表したもの，または日本生物教育会機関誌『生物研究』に発表したものの中から選ぶ。その選定は，審査委員会にかけ，会長が決定する。

　『国際会議へ』

　昭和38年本会会長，中路正義氏は全年7月21日より9月8日まで，欧米の生物教育の観察を行ない，8月22日より，アメリカに於いて催される生物教育国際会議に招かれて出席し，日本の生物教育につ

いて講演を行なつた。

『賞』昭和40年8月第20回東京大会において、御下賜金による日本生物教育会賞を六名が受賞している。

第21回福井大会　自8月8日～8月10日
会場　藤島高等学校

1　主催　日本生物教育会，福井県小中高校各教育研究会，理科部会，県教育委員会，市教育委員会
2　後援　文部省　福井県　福井市
3　日程

大会前日　8月7日(日)PM3.00
全国理事大会
内容①日本生物教育会会計報告
②会費増額の件　③次期大会場報告　④欧米視察研修の件
⑤その他

第一日目　総会　AM9.00～9.50
(1)受付　8.30～9.00　於藤島高等学校正門前
(2)開式の辞　大会委員長　竹中淳三氏

1，挨拶　日本生物教育会長　中路正義
　　　　福井県教育長　橋本大三
　　　　福井市教育長　野路清一
　　　　会場高校長(藤島高)西島銀蔵

1，祝辞
　　　　文部大臣　有田喜一
　　　　福井県知事　北　栄造
　　　　福井市長　島田博道

1，表彰(東京大会発表者)

金　賞

○　遺伝教材としてのルコウソウ属植物
　　　大分県立別府鶴見立高校　本多康人
○　奈良県の植物分布と生態について
　　　大阪清風高等学校　藤本敬治
○　ヌマ貝に真珠を養殖する研究
　　　福岡県立伝習館高校　岡　忠夫

銀　賞

○　渡名喜島のシダ
　　　沖縄那覇高校　玉木　拡
○　植物癌の研究
　　　大阪府立生野高校　西沢良一
○　暗黒の世界に棲む動物(洞窟動物)
　　　山口県立大嶺高校　岡藤五郎
○　キアトコチレ科被衰幼虫の発育
　　　徳島県立城南高校　豊岡磊造

1，閉式

(3)講演
『生物教育のあり方と今後の問題』
文部省初等中等教育局教科書調査官
理学博士
医学博士　蛯谷米司氏

全人的な教育活動の一環としの生物教育には，生物を対象にするという点での独自なものがあるし，また独自なものを教育として統一しようとするところに，教育としての機能が発揮される面が，計画的，具体的に用意されなければならない。この二つの面を小学校・中学校・高等学校といつた段階の中で，それぞれにおける児童，生徒の発達に即応した形で，無理なく，しかも未来を開拓していく力を育てるものとして，実践していくのにはどのような指導計画(具体的な目標・内容・方法)によるのが望ましいかなど明らかにされなければならない。

「追」尚第一回目の表彰を参考までに記載のておく(日本生物教育会第20回東京大会)

金　賞

○　中部日本海岸の後鰓類
　　　富山県高岡高等学校　安部武雄
○　メダカの第二次性徴に及ぼすホルモンの影響
　　　鹿児島県鹿児島大付属中学校
　　　　　　　　　　恒吉正巳

○ 教材としてのコオロギ
　　鹿児島県鹿児島市立玉江小学校
　　　　　　　　　　　幸師和子
　銀　賞
○ 循環器系理解のための幼魚の利用
　　奈良県奈良女子大付属高等学校
　　　　　　　　　　　森井　実
○ キイロショウジョウバエ自然集団の致死遺伝子
　　静岡県静岡高等学校　中村浩三
○ おしつぶし法を永久プレパラートにする方法
　　福井県敦賀高等学校　宮川茂夫
4　昼食
5　会員の研究発表　第5会場まで12.50〜16.30発表は今後の研究とも関係するので題目のみお報らせいたします。
第1会場
1，BSCST 酵母菌の透過性」を実習して
　　香川県立高松高校　谷本智昭
2，アメリカ，イギリスに於ける高校生物教育について
　　東京都立志村高校　岩田利久
3，海なし県でイソギンチャクを飼つて17年
　　前原市教育委員会　井田益雄
4，モンシロチョウを授業中に羽化させる方法とアゲハチョウ類での適用
　　千葉県教育センター　矢野幸夫
5，教育映画の製作と研究
　　共立女子高等学校　大野哲夫
　　　　　　　　　　　松村達夫
6，昆虫及び小動物をテーマとした継続観察の指導
　　徳島市内町小学校　古出俊子
第2会場
1，東南アジアのハマダラカ Anopheles の系統的分類について，
　　京都府立洛北高校　正垣幸男
2，大平山ヤクニホンザル（Macaca fwscata yakai）の昆虫食について調査研究
　　愛知県立犬山高等学校　鈴木基治
3，福井安居地区に於ける蝶類
　　福井市立安居小学校　進土千津子
4，小松島湾における Plnakton の季節変化
　　徳島県立城南高校　三木寿二
5，三方五湖の魚類相
　　福井県立武生高校　五十嵐　清
第三会場
1，タマネギの根端細胞における分裂状態と時間の関係
　　東京都立武蔵高校　関塚　正
2，ネオンカズラの葉緑素について
　　福岡県立福岡高校　梅埜国夫
3，オニユリの減数分裂における染色体の行動
　　福岡県立八幡中央高校　藤井　清
4，植物結晶体及び葉脈の葉面観察
　　熊本県尚絅高校　吉田喜久子
5，地域に即した植物生態分布の指導について
　　島根県立出雲農林高校　瀬尾正三
6　島根の植物〜とくにハマビワ群落の意義について
　　島根県立益田高校　宮本　巌
第4会場
1，ルミノール反応の生物学への応用とその教材性
　　新潟県立長岡高校　新井　力
2，クカエルの発生標本クゼラチン法の作り方について
　　福井県立敦賀高校　宮川茂夫
3，エゾサンショウウオの生態について

　　　　　北海道立余市高校　　　河上　貢
4，日本産ハムシ科(昆虫綱，鞘翅目)の習性からみた系統について
　　　　　法政大学第二高校　　　竹中英雄
5　こども生物研究指導(チョウの研究)
　　　　　富山市立柳町小学校　　増田正之
第五会場
1，同義遺伝子の研究
　　　　　東京都立北園高校　　　山浦　篤
2，生物教育の基礎とは何か
　　　　　東京都立白鴎高校　　　山口鉄治
3，タバコ疫病菌 Phyto Phthora Panasitica DASTUR Vanicatiana TVCKFRのカタラーゼの活性
　　　　　福岡市中村学園女子高校　加藤　彰
4，岐阜県の植物の分布調査活動について
　　　　　岐阜県立関高校　　　　長野　巖
5　水棲植物の適応に関する植物組織学的研究
　　　　　福井県森町立森田小学校　三沢　満
6，クラブ指導の実際
　　　　　県立千葉女子高校　　　深山尚男
6　福井市内見学　15.00
足羽山　福井市立博物館　歴史館等
① 公園内の植物という、殆んどが、学名入りの札が作られていることには頭が下がつた。沖縄にもずつと前に中城公園にあつたが今はどうなつていることやら……恐ろくない？
2，博物館
　　北陸の山岳帯だけに館内の鉱物標本は規模も大きく、児童生徒がすぐ判るように丁寧に説明されている点は素晴らしいと思つた。動物標本、百獣の王から小さい動物に至る系統的分類の仕方、保護色自然環境を織り込む標本室、小さい昆虫類にいたる標本、あまり見たことのないような鳥類標本の見事さ、ついでにカメラに二，三枚収める。鳥類の標本は好きなだけに特に眼の色変えて見る方ではあるが技術の良さにうつとりとする。植物標本も見事であつた。博物館を見ながら絶えず頭は沖縄の方へ浮ぶどう考えても〃淋しい沖縄〃「早く沖縄にも」

第2日目　8月9日
1　受　付　8.30〜9.00
2　公開授業　9.10〜10.00
小学校の部　於春山小学校
　1，夏の山　福井大付属・六年
　　　　　　指導者　全校教諭　山崎忠志
　2，海辺の生物　市立順化小・四年
　　　　　　指導者　全校教諭　佐藤富子
　3　根茎葉のはたらき　春山小・六年
　　　　　　指導者　全校教諭　小倉秀雄
中学校の部　於　藤島高校
　4，光合成　市立進明中学・一年
　●(教師実験を主として)
　　　　　　指導者　　全校　　春山道也
　5，光合成　大学付属中学・一年
　●(生徒の実験を主として)
　　　　　　指導者　全校　　　寺角　寛
高校の部
　6，光合成のしくみ　県立高志高校・一年
　●(講義形式を主として)
　　　　　　指導者　全校教諭　西島喜代治
　7，光合成のあらまし　県立藤島高校・一年
　●(教師実験を主として)
　　　　　　指導者　全校教諭　浅野光治
　8，光合成(光の強さと光合成速度との関係)県立羽水高校・一年
　●(生徒実験を主として)
　　　　　　指導者　全校教諭　宮本　久

公開授業は小学校,三会場で三校より参加中学校二会場で二校より　生徒の参加・高等学校三会場で三高校より　生徒の参加という極めて多様性をもち,然も内容も充実した授業であつた。
● 『テーマ』は,小・中・高校に亘つて関連をもつ
● 学習内容の指導はどうあるべきか というもの

　高校生物の学習内容が高度化に進むと共に一方，BSCSの影響を受けて立つ,高校生物の教育が大きく転換しようとしている処へ、中学校の所謂,生活理科から系統的指導を重視する方向に変つたものの現時点においての　小・中・高校での炭酸同化の取扱いについてである。従い本大会の大きな山ではなかつたろうか。32度の炎熱も何のそのと千人余の教師、学者の方々が取つくんでおられる。

　小学校は,夏の山・海辺の生物・根茎葉のはたらき,中学校では光合成の教師実験,生徒実験と高校では三形式をとる入念さ。

　高校においては小・中校での既習の上に更に発展させていかなければならない。光合成はCO_2とH_2Oとによって炭水化物が合成されることは既に中学で学んできている。高校においてはCO_2とH_2Oから,どのようにして合成されていくかという,しくみに入らねばならないし,光のエネルギーがどのようにして化学エネルギーに転換していくかという問題にもふれる必要がある。そこで高校ではこれらを通して　生命現象の本質について学ばせることが主眼となるべき。と,

生徒は化学的知識に乏しく、カルビン回路光燐酸化によるATPの形成という点,述壊されているが公開授業はどうかその一つの提示実験を含む。

I，目標
1　光合成は自給栄養の基礎的な物質交代であると理解させる。
2　光合成の概略を知らせる。
3　同化物質として単糖類→多糖類（デンプン）が出ることを知り,糖葉に於ける糖（環元糖）の検出並酸素の発生を簡単な提示実験により知り,現象の把握と理解をより現実的なものにすることをねらう

準備物
　材料　クロモ（カナグモ）ユリの葉
　実験器具　メスシリンダ（200cc）
　　　　駒込ピペット試験管
　　　　アルコールランプ光源
　薬品　インジゴカーミン溶液・オリーブ油・酸素の定性検出
　　　フエーリング溶液… （糖還元糖）の検出

II，指導上の留意点
　○　本単元に於ける基礎的概念の把握
　○　光合成は細胞の構造で履習した葉緑体内で行なわれていることを見失なわぬようにする。
　○　光のエネルギが化学的エネルギーに交代転換することに留意する。
　○　中学校との関連に於いて同化物質が糖の段階で終るもの、更に多糖類（デンプン）にまで作るものがあることに留意
　○　酸素発生が気泡以外の体表より

多く溶出していくことに留意
- ○ 学習内容が, 平面的にならぬ ように し, 提示実験により理解を 印象的なものにする。
- ○ 提示実験を通じて, (各質問) 科学的な物の見方, 考え方を養うよう努める。等の留意から実験が行われた。

　尚, 中学の部, 小学校の部が各会場で行なわれたが, 時間がなく見ることが出来なかつた, 否, どの参観者も, それぞれの研究授業に吸い込まれ移動する人が見られない 有様である。

尚
3, 研究協議会　10.30～12.00
4, 昼食
5, 全体会議　13.00～13.40
6, 講演　13.40～15.20 〃サルと人間〃と続き
7, 閉会式　第三日目は登山研修と あつたが紙面の都合上,　後日にゆずります。

おわりに

第21回全国大会に於いて, 色々と研究討議されましたが, 要望事項の中で最も注目すべき点は

① 研究授業を多くして欲しい。
② 研修地はどこまでも研修地にして貰い観光地にならぬようにして欲しいという要望がなされたことは
㈢ 中学校学習指導要録の改訂で, 所謂生活理科から系統的指導を重視する方向に変つた点
㈣ 高校教育課程の内容の改訂に伴ないBSCSの影響をうけて, 転換しようとして化学の基礎学習の上に立つ, 生物教育がどうあらねばならないか。
㈤ 中学校理科と高校生物の学習内 容の関連性からくる問題点等, 単純の一貫性の物の見方即ち 『知り度くて知り度くてしようがない』 段階から 『より高度もの』 へと進むカテゴリーと学習指導上の問題と実践への 志向がうかがえたような気がした。

『沖縄にも銀賞』なお, 本大会において, 御下賜金による銀賞を玉城拡先生が獲得したことは, 沖縄の名誉であり, 同時に沖縄の生物教育, ひいては沖縄の高校生物の教育を担当する教師が日頃から研修を常々怠らず, よく実践していることを証明しているようで, 感激を新たにした。

　然し第1回目の金賞を鹿児島市立玉江小学校寺師和子先生が獲得された。沖縄からも小中校より是非発表され金賞を獲得せられん事を祈る次第である。だが此の賞は一朝一夕の研究では無理であることを付記しておく。それは金賞の『ヌマガイに真珠の養殖研究』は研究動機『アコヤマガイ(1907年)イケチョウガイ(1928年)』を基にして昭和35年7月に研究着手されてのことであり,　本年度発表の『海なし県でイソギンチャク飼つて17年』前橋市教育委員会井田益雄氏と研究長期があり小中高校の教師から教育センター, 教育委員会と更に大学に続くお偉方と様相様々であることを忘れてはいけないと思います。なお

『閉会式の謝辞に沖縄から』

　全国46都道府県の津々浦々から御参加されたお偉方が居られるにも係らず, 全体を代表して謝辞を沖縄支部長の小生へ, いいつけられ再三断るも入れられず, とうとう代表の御礼を延べさせられ, 未だその感激が脳裡にひらめき, いかに本土会員の皆様が沖縄への深い思いやりが秘められているかが伺え1,日も早く教育権の早期復帰で, 自由な立場で研究が出来ることを望んでやまない次第である。

(久米島高等学校長)

校長本土実務研修報告

南風原小学校　翁　長　朝　義
（配属校長野県諏訪市立高島小学校）

1，研究主題
　望ましい小学校の経営はどのようになされねばならないか。

2，主題設定の理由
　第二回内地派遣沖縄研究教員（学校長）として文教局より派遣される機会を得て本土に於ける小学校経営の在り方について実務を通して研修しそれを今後の学校経営の上に生かして望ましい方向にすすめていくためこの主題をとる。

3 研究計画
　1，研究の方針
　　イ，学校長の立場として学校教育全般についてはもとよりその他あらゆる面についてあらゆる角度から研究をすすめる。
　　ロ，配属校の校長と同一の立場であらゆる機会をとらえて研修をすすめる。
　2　研究の計画
　　第一週・文部省のオリエンテイションに出席する。
　　第二週第三週・配属校の学校運営中心になるべく全般にわたつて研修する。
　　第四週第五週・他校参観を中心に主として長野県教育の全般的な面について研修する。
　　第六週はまとめの段階として今までの研修のまとめと今までに不充分な面の調査研究を行なう。
　　第七週・文部省への報告書の作成と文部省での報告会へ出席する。

3　研究の方法
　イ，配属校を中心として特色ある学校の視察研修につとめる。
　ロ，研修内容は滞在中の実際的な校務については勿論学校経営諸般のことについて実務をとおして研修する。
　ハ，配属校の職員校長と同様に出勤して研修に当る。

4　研修日程
10月8日(土)　沖縄発東京着
　　9日(日)　都内見学
　　10日(月)　体育の日(公休)オリンピック施設めぐり
　　11日(火)
　　12日(水)　文部省オリエンテイション
　　13日(木)
　　14日(金)　東京都渋谷区大向小学校参観
　　15日(土)　神奈川県川崎市宮前小学校参観
　　16日(日)　都内見学
　　17日(月)　長野着県教委挨拶と話し合い。
　　18日(火)　配属校へ出勤，学校内を参観し学校要覧について学校経営の大要説明及び質疑研究
　　19日(水)　市教委，市役所，教育会訪問挨拶及び話し合い，5時半

— 21 —

　　　　　　より職員会議参加
20日(木)　学校長の学校経営に対する
　　　　　基本的な考え方について，施
　　　　　設々備の参観
21日(金)　教育課程週案日案各教科の
　　　　　研究物について，教育目標の
　　　　　具体化について話し合い，学
　　　　　年会参加
22日(土)　生活指導について，
　　　　　学年主任会教科主任会の参観
　　　　　とその役割りについて。
23日(日)　南信州地区ＰＴＡ大会
24日(月)　児童会全校集会の在り方に
　　　　　ついて
　　　　　特活クラブ活動について
　　　　　教科研究委員会について
25日(火)　全学級の授業参観と教室経
　　　　　営について
26日(水)　職員会の持ち方と参加
　　　　　家庭科の事前研究会参加
27日(木)　道徳の研究授業及び校内研
　　　　　究会参加
28日(金)　家庭科の研究授業及び校内
　　　　　の研究会参加
29日(土)　長野県美術教育研究大会参
　　　　　加
30日(日)　仝上
31日(月)　児童会全校集会見学
　　　　　岡谷小学校参観
11月1日(火)　長野県教育センター北安曇
　　　　　郡松川小学校参観
　2日(水)　松本市源池小学校みどりの
　　　　　学園
　　　　　みどりの時間参観
　　　　　松本市開智小学校参観
　3日(木)　公休日市内見学
　4日(金)　学校行事等の持ち方校務分

　　　　　掌について，理科展示会の見
　　　　　学と持ち方について
　5日(土)　教育課程の管理について
　　　　　諏訪市季節大学講演会
　6日(日)　伊那，飯田，天竜下り見学
　7日(月)　城南小学校参観放送教育に
　　　　　ついて
　8日(火)　上田市清明小学校参観
　　　　　展示教育，図書館教育につい
　　　　　て
　9日(水)　信州大学付属小，中校参観
　　　　　信濃教育会参観，善光寺参り
10日(木)　人事管理について職員の待
　　　　　遇について
　　　　　学校管理規程その他諸規程に
　　　　　ついて
　　　　　校長の実務について
11日(金)　校内音楽発表会見学
　　　　　学校行事等の持ち方について
12日(土)　学校事務の能率化について
　　　　　諏訪地区理科教育研究会参加
13日(日)　長野県教育研究集会に参加
14日(月)　特殊学級授業参観特殊教育
　　　　　について
15日(火)　地域社会との連けいＰＴＡ
　　　　　について
　　　　　上諏訪中学校参観
16日(水)　職場における人間関係につ
　　　　　いて
　　　　　城北小学校参観
17日(木)　教育予算について，保健管
　　　　　理について
18日(金)　県教委へ挨拶，長野市南部
　　　　　中学校参観及び後町小学校参観
19日(土)　市教委，市役所へ挨拶，文
　　　　　部省へ報告書作成
20日(日)　市内見学，高島城趾，立石

　　　　公園見学
　　21日（月）　長野発東京着
　　22日（火）　文部省報告会及び報告書提出
　　23日（水）　公休日　都内見学
　　24日（木）　小田原市立芦子小学校参観
　　25日（金）　平塚市港小学校参観
　　26日（土）　都内見学
　　27日（日）　帰任準備
　　28日（月）　東京発沖縄着，文教局報告会
5　配属校の概況
　1，学校規模及職員等
　　児童数1053人　学級数26　特殊学級1
　　職員数32人（男30女2）　専科（音，家）
　　給食調理人4人　栄養士1人　用務員1人
　　学校医7人　歯科校医5人　薬剤士1人
　　職員の中2人は元指導主事3人は元付属小教官
　　校長は元県指導課の指導係長
　　女子の中1人は家庭科の専科で1人は養護教諭である。
　2　校舎及施設等
　　　鉄筋三階立コ字形校舎玄関と児童登降口が立派である。各階に水洗便所がある。
　　大小二つの講堂　プール
　　特別教室その他13（理2，音2，家1，調理1
　　作法室　集会場兼用1，図書室2
　　資料室2，図工1，工作1，保健1
6　研修内容
　1，学校経営について
　　(1)　学校経営について校長の基本的な考え方
○　教育というものは人間のもつている能力の可能性（せんざい的にもつているいろいろな能力）を見つけ出してそれを引伸し発達させ発展させるものである。
○　教育は結局は人であるよい教師が集らない限り教育はよくならない，もつと教育に人材誘致を考えるべきである。
○　日本は資源が少ない。学問が資源である。特に長野県は教育こそが資源である。
○　すぐれた見識をもち教師のためにきびしい指導力のある校長教頭でありたい。
○　校長以上の教師を多くつくりたい。唯校長の言うとおりにやる教師は伸びない又命令で動かすところは余りかんばしくない。
○　教師自らやつているところに立派な教育はできる。校長がかわると，かわるような学校ではいけない。
○　経営の近代化などといわれているが工場の仕事と，人間の教育とはどうしても違うところがある。
○　創造教育とは理解から記憶創造へと発展していくものである。
○　子供が自分で何かやらざるを得ないような教育をしたい。先生の問いに答えるような教育は創造性が育たない。
○　今の教育は今の大人以上の世界即ち21世紀に生きる人をつくることにある。唯親の言うことだけを守る子を育てる教育では親以上に伸ばすことはできない。
○　勤務時間外勤務は非科学的である。もつと教師は勉強し資料等も集めて時間内に処理すべきである。又勤務には教師も人間だから弾力性があるべきである。
○　職員が時間外まで仕事するのは校長の不勉強のため職員の指導が出来ない為であり誠にすまないことだと思つている。
○　女教師は家庭と職場との両立が中々難しい。
　　(2)　学校経営上教師に望むこと。

イ，歴史を大事にし，歴史をつくる教師たれ
ロ　宗教的なものの考え方のわかる教師たれ
ハ，学校を責任協同体であるということが解る教師たれ
ニ，人間というものの，在り方がよく解つて人間的な生の方をする教師たれ
ホ，教育作用というものの成立する機微が解りその根源を培う教師たれ

(3) 職員の態度

イ，三つのねがい。
　○　うそを教えるな…教科指導，道徳指導
　○　けがをさせるな…保健指導，安全指導
　○　火事をおこすな…職員勤務，学校管理
ロ，学んで教え教えて学ぶ…師弟同行
ハ，子供と共にある…子供のためをはかる。
ニ，平常に徹する…当り前のことが出来る教師たれ
ホ，互に協調して独りよがりをつつしむ…盲従や安易な妥協はやめ論ずべきは論じ，しかる後着手徹底する。
ヘ，日々新に…惰性と闘う
ト，情熱をもつ
　職員に以上のような態度で日々の教育に当ることを望んでいる。

(4) 校長の勤務の実際について

イ，校長，教頭，主任の立場がそれぞれ確立されている。
ロ，校長は管理者としてのきびしさをもっている。
ハ，校長は規律正しく職員と共に出勤し勤務に服している。
ニ，常に身を以て職員児童に範を示し清掃時も子どもと共に清掃に当っている。
ホ，職場における人間関係はうまくいっている。

(5) 校長の職員に対する指導について

イ，校内研修会，職員会における指導助言。

ロ，個人対個人の話し合いの場を多くつくるように努力している。
ハ，職員室，校長室以外の場所における話し合いの場をなるべく多くつくる。又家庭訪問をして話すと主客が逆になるので何でも気軽に話してくれる。
ニ，校長は職員の家庭事情を精しく知っている

(6) 学校経営における序秩の維持について

イ，秩序は上から与えられ強制される秩序より各自が自己の責任を考えその自覚の上に立って自然に出来上った秩序でなければならない。
ロ，秩序というものはどんなに人が変ろうが常に変ることのない秩序でなければならない上から与えられた秩序は人が変ると変ってしまう。

(7) 職員朝会の廃止について

イ，朝子どもの一人一人を教室で暖く迎えてやる
ロ，子どもに会って子どもの言葉のはしばしより或は又顔色より子どもの心情をよみとる。
ハ，子どもの声を聞いて共に喜び共にはげますことができ，又子どもと共に悲しみ，その心の痛手をいやしてやることのできる教師になるために努力する。
ニ，職員が集合するのは職員会と研究会とその他は特別な時だけであり日常の集りはほとんどない。
ホ　毎日の運営は行事板による伝達や注意を見ることによってなされている。

(8) 校長の研修について，

イ　定例校長研修会が毎月1回地区毎に開催
ロ，年1回県主催の校長研修会がもたれる
ハ，年1回小学校長研究協議会がもたれる
　上田大会協議題(39年度)

㈠ 教育界へ人材誘致の具体的方策如何
㈡ 改正標準法実施後の諸問題について
班別研究討議題
　一班　教職員研修の在り方について
　二班　現下における青少年教育の問題，特に児童の問題を中心として
　三班　特殊教育の諸問題
　四班　小規模学校の経営について

研究発表
○　道徳教育の振興ということ（道徳と実存）
○　学校経営における教師像
2，教育課程の管理について
(1) 教育目標について
　○　いつも自分の良心に従って責任のある行動のできるこども
　○　いつも明朗で住みよい社会の建設を心がけるこども
　○　勉強が好きで知性の高いこども
　○　親切で思いやりのあるこども
　○　清潔でからだを大切にするこども
　○　不平をいわないでいつも感謝の心をもつこども
　○　自主的でしんぼう強いこども
　○　質素でよく働くこども
教育目標は指導計画の中へ具体化されて位置づけられており児童一人一人にまで徹底して指導がなされていると思う。
(2) 本校教育の基本方針について
　90年の長い歴史と伝統の上に立つて現下の我が国の社会情勢と児童の現状並びに地域社会の実態とから考えてつくられている。
㈠ 教師，児童それぞれ相和し，各自その責任を重んじ建設的にして協力協調の態度育成につとめる。
㈡ 質実にして剛健な精神を練り持久的実践的な態度の育成につとめる。
㈢ 真実を貴び自主的にして創造的な態度の育成につとめる。
㈣ 情操を豊かにし，健康で安全な生活態度の育成につとめる。
(3) 本年度学校運営の方針について
イ，職員に対しては全職員による真の協力を強調している。
ロ，児童の指導に当つては
　○　こどもに対する真の教化力ということを強調している。それは単なる学識や指導技術ではなく教師の全人格からにじみ出る人間力だと思う。
　○　継続ということを教育の中で考える。
　○　評価問題の作成には目標が達成されたかどうか，たしかめる方法を研究する。
　○　こどもたちの日常の中で他の友だちの胸中を察して言動をとるような子どもにする。
ハ，高島教育の三本の柱
　○　わが歴史（歴史伝統を尊ぶ態度）
　○　わがめぐみ（めぐみに対し感謝できる態度，人にめぐむ態度）
　○　わが学び（学究的な態度，真理探究の態度，学問尊重の精神）
ニ，職員勤務について
　○　子どもにうそを教えるな。
　○　こどもにけがをさせるな。
　○　火事を出すな。
(4) 年間実施計画について
イ，全領域にわたつて細密な実施計画が立てられている。
ロ，年間実指導時数計画が立てられそのとおりに実施されているのには驚かされた。
ハ，実に細密な学校歴がつくられて運営される。
(5) 日課表について
職員朝礼の時間がなく日課の間に移動や準

備のための時間をとつてある。
  8時10分朝の清掃(10分)
  8時20分移動時間(5分)
  8時25分話し合い(10分)
  8 35分～9.20分　1時限
  9.30分～10.15分　2〃
  10.35分～11.20分　3〃
  11.30分～12.15分　4〃
  12.15分～12.45分給食準備(30分)
  12.45 ～ 1.00　放送(15分)
  1.00 ～ 1.20　休み(20)
  1.20 ～ 1.25　予鈴(5)
  1.25 ～ 2.10　5時限
  2.20 ～ 3.05　6〃
  3.05 ～ 3.10　準備(55)
  3.10 ～ 3.40　清掃(30)
  3.40 ～ 3.50　話し合い(10)
       4.30　下校
  (6) 教育課程実施計画としての週案日案について
イ，全教科とも精しい日案が作成されている
ロ，教師はそれをもとに教材研究をなし案を自分なりに修正して授業に臨み授業が生々として発展的に進められている。
ハ，様式の例
国語学習指導計画
  第一学年　単元一
1，趣旨
2，目標
3，構造
  (1) 単元の位置
  (2) 単元のしくみ(分節)
4，展開

日案番号	学習内容	教科書ページ	指導書関連ページ	準備その他
1				
2				

3
日案1
  1主眼　2指導の着眼点
  3本時指導の構造
  学習指導成立過程　指導場面
　　　　　　　　　　留意点準備　時間
  (7) 指導計画の改善について
イ，日々の授業を反省して絶えず計画案に朱筆が加えられていく。
ロ，これを学年会で検討し教科部会で更に検討されて計画案が修正されていく。
  (8) 年間授業時数について
イ，休業日数 115日
  日曜祝日59　長休55　その他(6月)1
ロ，登校日数 250日
ハ，終日行事数
  一年6日　二年6日　三年5日　四年6日
  五年8日　六年8日
ニ，終日行事
  運動会　始業式　卒業式　遠足2日
  その他一年二年四年は各1日五，六年3日
  (9) 評価について
1，各単元が終る毎に学年単位でテスト実施
ロ，市販のテストは使用していない。
3　指導について
  (1) 教科指導について
イ，一時間の授業を大切にし教師はこれに精魂を打込んでいる。
ロ，教材研究は教師の生命として真剣にこれに取組んでいる。
ハ，精しく研究されそ日案で生々とした指導がなされている。
ニ，こども中心の自発学習，自律学習が行なわれている。
ホ，分団学習，共同学習，個人学習がうまく取入れられている。
ヘ，問題学習をとり討議の形で進められてい

る指導がほとんどである。
ト，こどもの発言は実にすばらしく，ほとんど全員が発表している。
チ，児童はきびしさの中に楽しく学習している。
リ，指導(学習)中作業を言付けたら何分でやれと必ず時間を示している。
ヌ，自分の考えを必ずノートさせる，これが発表の材料になり，発表力のもとになっている。
ル，字を書く速度の速いことをしつけている
ヲ，板書は上級になるに従ってあまりやらない。
ワ，板書はこどもはほとんどうつさない。
カ，ドリル帳は別にもつている。
ヨ，下級はノートのかわりに印刷された用紙をくばり学習に使用している。

 (2) 生活指導について
イ，学校生活の重点指導目標
 ① 草木の世話をする(創造)
 ② 右側を正しく歩く(交通安全)
 ③ だれとも気持よく正しく挨拶ができる。(友愛と協力)
 ④ 掃除をしつかりやる(勤務)
 以上四つの重点目標は毎日の生活の重点として児童教師共に協力して目標の達成に努めている。
ロ，重点目標の指導については特に本当に子どもに徹底するまでは何年でも継続して指導しつづけ年度内においても年間を通じて児童や職員の意識の中に生きて働いているようにして一歩一歩高められ深められていくような努力が払われている。
ハ，生活指導はもつばら学習指導の中に一元化されている。
ニ，集団的なしつけも教室の中で基礎がつくられている。

ホ，教室内のしつけは整理整頓から起居動作すべてがきちんとしてきびしい。
ヘ，学校行事等におけるしつけはとてもきびしい。
ト，学校教育と家庭教育との責任の分担ははつきりしている。
チ，職員朝礼の廃止と朝の清掃
 清掃は生活指導のよい場所と機会である。清掃をはじめるときは班長の引率注意を与えてからはじめる。終りは同じく整列し反省を発表させてから終りますを言い班長の引率で各教室へもどる。清掃中は必ずきまつた服装をする。頭に手拭をかぶる。

 (3) 特別教育活動について
イ，学級会活動の内容
 ○ 話し合い活動(学校学級生活の諸問題)
 ○ 係りの活動(学級間の仕事分担処理)
 ○ 学級集会の活動（誕生会，リクリエーションなど）
ロ，学級会活動の時間
 毎週一時間と朝と帰りの相談の時間がこれにあてられる。
ハ，児童会活動について
 ○ 組織は学級会部落子供会で組織されている。
 ○ 児童委員会は実践活動の中核となる。
 ○ 各部会は各部活動を行なう。
 ○ 連絡会各部の連絡調整をなし児童会の円滑な運営をはかる。
 ○ 児童集会は月曜日の朝講堂で行なわれる集団訓練の場にもなつているとても静しゆくで規律ある集会がもたれている。週番の諸注意や連絡事項は各教室で行ない，ここでは一切やらない入退場はレコードに合わせて行なわれる。
 一週は校長の話し，二週は音楽集会
 三週は体育集会

○ 全校奉仕活動は年6回実施する。
○ 部落こども会，自主的によりよい校外生活をさせるようにする。
○ 児童会活動の時間は毎週金曜日の放課後を之にあてる。
ニ，クラブ活動について
　○ 組織，参加児童は六学年だけとなっているが五学年は発表会に参加する等の準備的活動を考える。
　一クラブは10人以上で構成されておりクラブ代表児童を決め，司会，先生との連絡等に当らせている。
　○ クラブ発足までの手順
　　四月中旬，特活係基本線の打合せ，職員会にかける。
　　五月上旬，希望調査，クラブ結成の傾向をみる
　　　　中旬，クラの種類決定
　　　　下旬　クラブの種類を児童に発表し，加入を調整し決定する。
　　　　研究問題を把握し，計画を考えさせる研究問題をクラブ担任と話し合い決定する。個人カード記入。
　　六月上旬　第一回クラブ活動開始
　○ クラブの種類と研究内容

クラブ名	研究内容の概略
ボール運動	ソフトボールなどのボール運動
器械運動	鉄棒，とび箱，マット運動
家庭科	いろいろな編物や料理実習
図工	風景静物写生や粘土ちようそ
音楽	合唱合奏
理科工作	電じしやくモーター歯車の組合せ
理科実験	石けんのつくり方，金ぞくのさびなど
生物	動植物の採集かんさつ
蝶	諏訪市の蝶の種類と分布
天体	星座，大陽宇宙について
社会科	諏訪や日本歴史，世界各国のようす
演劇	劇の演じ方
習字	毛筆練習
読書	本のよみ方や感想文の書き方

　○ クラブの発表会は11月下旬に行なう
　(4) 学校行事等について
イ，一般目標として次のものがあげられている。
　○ 児童の心身の健全な発達を図ること。
　○ 学校生活の充実発展に資すること
ロ，学校行事係は年間を通して計画する。
　個々の行事については関係各係が企画立案し全職員の協力によつて運営をしている。各係は極めて周到な計画の下に実施に移しているので実に見事な運営がなされているのである。
　(5) 集団訓練について
イ　ふだんの学習の中で集団的なしつけも基そができている。
ロ，毎週月曜日の児童集会が主として集団訓練の場となつている。
ハ，学校行事等においても予行演習を行ない，徹底したしつけを行なつている。
ニ，校内音楽発表会において全校児童が午前午後を通じて一人も席を離れるものがなく，またさわぐものもいないので一言の注意をされることなく最後まで静かで見事な態度であつたのにはつくづく感心させられた。
　(6) 賞罰について
　　学校においては年間を通して如何なる

ものでも賞品は一さいやらないとのことである。
4，学校経営における人事管理について
　(1) 校務分掌について
イ，分掌事務については内容を明確に示してあるので職員はまちがいなく自分の職責が果し得るようにできる。
ロ，事務の能率化簡素化がよくくふうされていて一切のむだが排除されて，教師は専ら指導に専念できるようになつている。
　(2) 事務の簡素化について
イ，金銭徴収事務はすべて書記の方で取扱われている。給食費は袋のまま児童より書記へ出す，PTA会費はPTA自体で集めている。
ロ，報告物も書記の方でやりほとんど教師の手をわずらわすことはない。
　(3) 各主任の位置について
　　主任として権限を委譲された以上それについては正しい自覚の上に立つて主任としての職務を遂行し，主任の立場がびじようにはつきりしている。どんなことでも主任をとおつて行なわれている。
　(4) 職員会議の実際について
イ，職員会議は教師の人間形成をする場であり自分を反省し姿勢を正す場であり校長が職員を指導する場である。
ロ，会議は雑件的な内容の協議はなるべくさけて，教科指導，行事等その他について研修する毎週水曜日に実施される。
ハ，時間は勤務時間をさかないように五時以後に実施される。
　(5) 校内研修について
イ，校内研究授業及研究会
　○ 毎年1回全教科実証授業を実施する。
　○ 必ず指導主事か又は大学の先生を招へいしてその指導を受けている。
ロ，職員会における研修
　○ 各教科道徳の事前研究やその他研究発表会を行ない，時には本の読み合せ会を行なう。
　　現在島木赤彦の読合せ実施中であつた。
ハ，購読会
　単行本雑誌等の購読会を行なつている，現在有志研究という名目でグループ毎に実施している。
ニ，講習会見学等の実施
ホ，講演会の実施年6回一流の大学教授を招へいして実施している。
ヘ，職員文集「たかしま」の発行をやつて意見発表や研究発表その他の活動をしている
ト，刊行物のあつせんの係をおいてあつせんしている。
　(6) 校外研修について
イ，長野県連合教科研究会
ロ，長野県教育研究集会
ハ，各地区研究集会
ニ，信濃教育会教育研究所における長期研修
ホ，長野県教育センターにおける研修(短期)
ヘ，県指定実験学校の発表会
　職員は以上のどれかに参加して研修を受ける。実質上校長が握つているためではなかろうか。
　(9) 教師の組合活動について
　極めて低調である 10.21ストの場合でも勤務時間を割かない方針で5時より6時まで集会をもちデモ行進には参加しなかつた。
　(10) 職員の厚生について
イ，校内互助会をつくり同僚の金融の便をはかつている。一口 100円で全員加入となつている一人で幾口ももつ，これは三月末には全部返すことになつている。
ロ，住宅対策

これは職員の住宅の確保とその改善がねらいである。教師が転勤の場合は全職員が移転に協力し助け合つている。
宿の世話もやり荷物もはこぶ。
ハ，職員旅行の実施
　月2000円の積立てをなす。
ニ，職員体育レクリエーションの実施
　バレー大会2回，野球，ソフトボール，いご，かるた。
ホ，生活物資の斡旋
ヘ，宿直室の整備，気持よく宿直ができるように
　　(7)　職場における人間関係について
イ，校長と職員との関係
　教員の人事は実際にはほとんど校長がきめる。教委はただぞれを調整するだけである。従つて校長は職員についてはその家庭事情までも精しく知つており，職員もまた校長を信頼しているので人間関係に問題はなくよくいつている。校長はきびしさの中にもまたよく職員のことを思い新任の職員の場合は校長は必ず赴任前に訪問し礼を厚くして迎えるという。教師もそれに答えるべく一生懸命である。
ロ，職員間について
　職員も各自自己の職責を自覚した上で互に尊敬し，信頼し合つて自然な美しい関係ができている。従つて校長は別にそんなことに気を配ることもなければあまり考えたこともないということであつた。
　　(8)　教員の勤務評定について
　勤務評定はやるが唯市教委に報告するだけで別に問題はないそうである。これも人事権を実質上校長が握つているためではなかろうか。
5　保健管理について
　　(1)　保健関係職員について

保健主事（教頭）養護教諭1，栄養士1，学校医（正式に辞令を発令されたもの）
内科3人，外科1人，眼科1人，
耳鼻科2人，歯科5人，薬剤士1人
　　(2)　身体検査に当つては一人一人を病人と見て厳密なる検査を行なうようである。結果は家庭と連絡し必ず処置させる。そのため異常のあるものほとんど見当らない。
　　(3)　健康相談，ツ反応BCG接種等行なう。
　　(4)　学校保健委員，会適宜に行つている
6　施設々備について
　　(1)　特別教室の数
理科室2　理科準備室1　音楽室2
家庭科1　調理室1　工作室1　保健室1
　　(2)　その他の特別室
校長室，事務室，職員室，放送室，昇降口玄関，図書館，資料室，集会室
　　(3)　便所，水洗式で各階に2ヶ所づつある。
　　(4)　給水場と足洗場
昇降口の両側に給水場及び足洗い場が設置されている。児童はいつでも自由に使用できるようになつている。
　　(5)　学校予算について
㈠　学校管理費　　875,000円
㈡　教育振興費　1,733,000円
　〇　その中，消耗品　538,000円
　　　燃料費　300,000円
　　　印刷製本費　38,000円
　　　医薬材料費　30,000円
　　　（プールの消毒用費が大きい）
　　　備品購入費　653,000円（教具が201,240円で一般校具が451,760円）
㈢　給食費
　〇　その中需要費　185,000円　備品購入費　50,000円

その他校長交際費　30,000円
　(6) 営繕について
　修繕を要するところは直ちに修理させている職員作業による校具の修繕も行なつている。
7, その他について
　(1) 長野県小学校予算について。
イ, 一学級当り337,000円　児童当り10,363円
　市町村費総額に対する%　5.4%
　市町村教育費に対する%　29%
ロ, 備品購入費
　一学級当り34,000円　児童一人当り1041円
　消耗品費児童一人当り750円
　(2) 特殊教育について
イ, 特殊学級1学級設置
　収容児童三年4人　五年3人　計7人
　一二年は入れない方針で四年六年は該当者なし。
　○ 特殊学級と公仕の育つ学校は民主化（人権尊重）されたよい学校である。
　○ とてもあいさつがよく、にこにこして誰とでもすぐに親しめる子供たちである。
　○ 教育方針が誰にでも好かれる人にすること。根性のある人（忍耐強く最後までやりとおす人）、健康であること。
　○ 特殊学級担当者は本俸の4%の特別手当がつく。
ロ, 身体虚弱児は養護学校へ収容する。
　(3) 視聴覚教育について
イ, 放送完備されている。
ロ, 備品はよく整つておりいつでも使用できるように整備されている。
ハ 校内放送はよく利用されている。
　登校時, 下校時, 清掃時, 昼休み時等一日も欠かさずに利用されている。
　昼食時の放送は教師輪番に世話が割り当てられている。
ニ, 視聴覚教材の利用はまだなされていない
　(4) 学校図書館について
イ, 予算　児童徴収金22万円
　　　　　PTAから　1万円
ロ, 一人当り図書冊数　9冊
　(5) 教室経営について
イ, 教室は真に楽しいところ、勉強するところとこどもたちに親しまれるように環境整備が実にうまく出来ている。
ロ, 子供たちの用具（カバン, カサ, カツパ等）がきちんとおさめられている。
ハ, 学習資料, 生活資料の掲示展がなされ絶えず取かえられている。
ニ, 窓ぎわには美しい植木が常におかれている。
　(6) 学校給食について
イ, 用人, 調理婦4人（日給717円）　栄養士1人と5人で炊事に当つている。栄養士の給料22,360円
ロ, 児童徴収金, 上級650円生下級生620円, これは全部食料品代に当てられる。
　(7) 諸規程について
○ 諏訪市立小中学校管理規則
○ 諏訪市立小中学校職員服務規程
○ 諏訪市立小中学校長職務規程
○ 諏訪市立学校々舎使用規則
○ 高島小学校当直規定
○ 高島小学校職員の勤務について（規約）
○ 職員慶弔規定内規
○ 公仕服務規定
以上の諸規程について質疑研修を行なう。
　(8) 教育諸団体について
○ 信濃教育会
○ 県教組
○ 各地区同好会研修会
　(6) 家庭との連絡について

イ，授業参観と懇談，毎月1回年12回実施する。低中高学年の三つに区別して授業参観日を設けて次の内容で懇談を行なう。
　4月　校長講話及び1年間の計画
　5月　父親参観日(全校一日で実施)
　6月　教科道徳特活行事等について
　7月　1学期の反省及夏休みの生活指導
　8月　夏休み作品展示(学級毎)及夏休み反省2学期の計画について
　9月　大運動会参加について
　10月　レクリエーションその他
　11月　教科，道徳，特活行事等について
　12月　2学期の反省及び冬休み生活指導について
　1月　冬休みの反省及生活指導，3学期の計画
　2月　教科，道徳，特活行事等について
　3月　1年間の反省
　○　実施上の留意事項
㈠　個別懇談の月は特に定めてないが年間にわたつて最低1人1回は持つように学年で打合せ工夫すること。
㈡　授業の打切りは年間計画に示された線を割らないようにすること。
㈢　参観日の実施内容については，事前に当日の日程懇談内容，方法等を教務に連絡する。
㈣　懇談会にお茶菓子を食べるのは年間一回20円とし，学年でよく打合せて行なう。

ロ，家庭訪問について
　○　期日期間，4月の終りから5月の始めにかけて6日間で実施する。
　○　訪問時間，午後1時より6時までの5時間とする。其の間授業は4時限で打切る。清掃，給食ともに中止して直ちに下校させる清掃は翌朝させる。
　○　留意事項

a．担任児童一人ももれなく訪問すること。
b．訪問順序，時刻を予定し，児童を通じて家庭に連絡しておき努めて予定どおり行なうこと。
c．在宅家族全員と話し合えるよう家庭に依頼しておくこと。
d．接待に時間の空費や負担を感じさせないこと。
e．両親共かせぎの家庭は訪問連絡や懇談に当つて特に注意する。
f．具体的な懇談内容については学年会で十分打合せておく。
g．年間にわたつて必要に応じて訪問する。

ハ，家庭との通信
a．毎学期通知票による通信
b．健康診断毎月の身体(体重)測定その他児童の身体のようすは「わたくしのからだ」へ教師，児童，父母の三者が記入して互に知り合う
c．学年の差は多少あるが，「学年だより」「学級だより」その他連絡帳メモ帳カード等により学校より事前に知らせる必要のある学習の目的，方法，準備品その他を家庭に通知しまた家より連絡を受ける。
d．長期休業中の生活指導についてはPTA，校外生活指導部と連絡をとり，生活指導の印刷物を家庭に配布し，なお部落毎に懇談会を開いて指導の万全を期する。
e．児童欠席の場合は保護者が学級担任にあらかじめ届出をなし理由を明確にする。

⑽　PTAについて
イ，会費，一戸当り月50円，年600円
　会費総額　610,600円

ロ，事業計画
　　(1) 校外生活指導
　○ 部落子供会指導
　○ 歩行指導と交通整理
　○ 長期休業の指導
　○ 街頭補導
　○ 部落子供会役員会及び会長会
　　② 学校施設
　○ 雨傘黄色いこうもりの購入（年次計画で全児童分を備える）
　○ ベルマークの収集
　○ 校庭の白砂入れ
　○ 通学路(本校の)整備
　○ 校門設置の時の手伝
　○ 運動場柵の補修
　　③ 給食
　○ 会員の研修，試食会，給食施設の視察
　○ 職員の研修，他施設給食状況の視察
　○ その他給食設備の改善消耗品補助
　　④ 体育厚生
　○ 校庭の整地及砂場へ砂入れ(春秋2回)
　○ 水泳の看護(夏休み中)
　○ スケートの看護(冬休み中)
　　⑤ 文化
　○ 講演会
　○ 演劇会
　○ 読書会
　　⑥ 新聞図書
　○ ＰＴＡ新聞の発行
　○ 母親文庫の運営
　○ 読書会の開催(文化部と共催)

7，まとめ
　(1) 研修について
イ，まことにあわただしい2カ月ではあつたが各方面にわたつて大体計画どおりの研修をすることができた。そして長野県の教育がどのようなものであるかが大体は解つたような気がする。
ロ，特に長野県の教師が本当に教師道に徹して教育そのものに生きる喜びを見出し自分の経済や家庭の時間も超越して日々の教壇実践に邁進している尊い姿に接し，また教育者としてまことに厳粛な感じに打たれ身の引しまる思いがした。
ハ，長野県の教育は全県民の教育にかける大きな希望があらゆる面ににじみ出た結果今日の教育県となつたものと思われる。
○長野県は教育には大きな金をかけているこれも教育に対する大きく盛上つた県民の熱意がそうさせたものと思う。
　(2) 今後の問題として
イ，短期間ではあつたがここに研究した多くのことがらを今後沖縄にどのように取入れ，どのように生かしていくかということがこれからうんと研究しなければならない大き問題となつている。
ロ，期間が短いためにまだまだ細部にわたる研究は不充分であるので今後も資料などによつて研究を続けて行かなければ多くの問題の解決はできないものと思う。

8 所感
　(1) 研修の時期はなるべく二学期の前半9月10月がよいと思う。そうすれば帰つてから二学期の後半は学校運営が落付いてできるし，気候的にもよい。
　(2) 研修の期間は七週でよかつたと思う。1週目は文部省のオリエンテイションで2，3週は配属校中心の研修とし4，5週は他校参観も加えて研修し，6週はまとめと報告書の準備，7週は帰任準備として丁度よかつた。
　(3) 今度の研修で琉球政府文教局及文部省の絶大なるご援助，お世話をいただき特に文部省では実に親切に暖い親心で受入れていただき配置県や配属校との緊密な連絡をとつて

いただくと共に研修旅費まで特別に考えて下さつて誠に有難く心から感謝を申し上げるものである。

(4) 受け入れ県及び市学校と，皆が本当に遠来の客として暖く迎えていただき特に配置校の校長職員には至れりつくせりの此の上もない親切さで接していただき短い期間に実に多くの研修をさせてもらつたことはまことに私にとつて生涯の感激であり深謝申し上げるものである。

(5) このようなすばらしい研修が今後とも続けられて多数の校長が本土の教育の真髄にふれることができるようにしたいものである。

8 要望事項

(1) 今度の研修がどんなにすばらしいものであるかは行つてみてはじめて解つた。こんなよい研修になるべく多くの校長先生方を参加させて貰いたい。

(2) そのためにはできるだけ年間に二回位派遣してほしい，期間は配属校には完全に1ヶ月おれば大体研修ができると思う。

(3) 今後は教頭もこの制度は参加させて下さればれ尚一層沖縄の教育の進展にプラスするものと思う。

(4) 校長の場合はいろいろな出費が大きい。それで文教局や文部省の補助を大巾に増額してほしい。

(5) 研修計画を行う前に立てる必要がある。そして基本的な線は文教局でも示してほしい。文部省でも，配属校でも研修計画については何の話もないので，唯自分の考えで研修してきた。

(6) 旅費補助は文教局も文部省のように前に出してほしい。

資　料

一，長野県教職員について

1 年数別男女別人員（小学校の場合）

勤務年数	5年未満	5年～10年	11年～15年	16年～20年	21年～25年	26年～30年	31年～35年
男	529	636	718	1,233	1,095	703	433
女	472	283	311	402	320	60	11

女子は結婚したらほとんどやめてしまう教職と家庭とが両立しないというているが経済的にも安定しているのではなかろうか。

2 女教師の一校平均数

小学校　3.15人（女教師　1,859人　学校数　590）

中学校　2.78人（女教師635人　学校数228）

3 養護教諭

学校数（本校だけ）452校（中学校219校）で養護教諭のおかれた学校

(小)　県費301校(66%)　市町村費91校(20%)　未設置65校(14%)

(中)　県費101(45%)　市町村費58(26%)　未設置65(29%)

4 事務職員

学校　452（中校219）

(小)　県費126校(28%)　市町村258校(56%)　未設置73(16%)

(中)　〃　111(50%)　〃　70(31%)　〃　43(19%)

5　教員住宅について
　本校の分で1,144戸，分校の分が102戸である。
　本年度建設予定が33戸となっている。
6　諏訪地区における小学校教職員について
○　県費支弁の職員
　校長29　男教師424人　女教師64　計　488
　養護18　事務職員男4　女6　会計547
○　県費支弁以外
　養護教諭10人（平均給26,780円）
　事務職員30人（〃20,247円）
　司書　5人（平均給16,027円）
　栄養士　10人（〃22,360円）
　公仕　36人（〃24,423円）
　給食専従者　50人（〃17,514円）
　　〃　（日給）49人（1日平均給717円）
　学校医　51人　学校歯科医　45人
　眼科　22人　耳鼻咽喉科　23人
　精神科医　1人　学校薬剤士　30人
7　長野県中学校教職員数について
○　県費支弁の職員
　校長194　教員男3,881　女473　計4,354人
　講師　男11　女3　計14人
　養護教諭83　助教諭18
　事務職員　男65　女46　計111
　以上の計が4,774人
○　県費支弁以外
　講師　　40人（月平均給21,170円）
　養護婦　60人（　〃　　26,182　）
　事務職員164人（　〃　　19,737　）
　司書　　79人（　〃　　15,004　）
　栄養士　39人（　〃　　19,901　）
　給仕　259人（　〃　　24,183　）
　給食婦（月給）43人（月平均給15,443　）
　　〃　（日給）47人（　〃　　　601　）
　学校医311人　歯科医277人　眼科97人

耳鼻咽喉科100人　精神医1人　薬剤師198人
二，長野県児童生徒数について
1　小学校児童数について
　(1)　昭和41年度小学校児童数
　　一年生29,455人　四年生31,504
　　二年生30,853　　五年生32,901
　　三年生29,662　　六年生33,564
2　一学級当り職員児童数
　　職員数　1.19人（小）　1.67人（中）
　　児童数　32.5人（小）　38.9人（中）
　　教員一人当り児童数　27人（小）
　　　　　　　　　　　　23.3人（中）
三，教育費について
1　長野県教育費
　市町村費総額（当初）35,856,982,000円
　市町村教育総額　　　6,704,925,000円
　小学校建設費　　　　1,047,459,000円
　小学校教育費　　　　1,946,597,000円
　　一学級当り　　　　　　　337,000円
　　児童一人当り　　　　　　 10,363円
　　市町村費総額に対する百分比　5.4%
　　市町村教育費に対する百分比　29 %
　備品購入費　　　　　　 214,248,000円
　　一学級当り　　　　　　　 37,000円
　　児童一人当り　　　　　　　1,141円
　消耗品費　　　　　　　 148,220円
　　児童一人当り　　　　　　　　789円
2　諏訪地区教育費
　小学校費　総額　　　　165,477,000円
　　一学級当り　　　　　　　378,000円
　　児童一人当り　　　　　　 10,716円
　　町村総額に対する%　　　　　4.9%
　　町村教育費に対する%　　　　25%
　備品購入費　　　　　　　14,105,000円
　　一学級当り　　　　　　　 32,000円
　　児童一人当り　　　　　　　　913円
　消耗品費　　　　　　　 10,131,000円

児童一人当り　　　　　　　　656円
　3　配属校の予算
　　備品購入費　　　　　　　703,000円
　　一学級当り　　　　　　　　25,000円
　　児童一人当り　　　　　　　　653円
　　消耗品費　　　　　　　　553,000円
　　児童一人当り　　　　　　　　514円
四　施設々備について
　1　体育施設
　　運動場の広さ，児童一人当り
　　本校20㎡　分校40㎡
　　体育館　本校　専用393　共用61
　　分校109　未設置24校　プール　本校355
　　分校23　未設置　分校100
　2　視聴覚施設
　　放送施設　　　本校　456　分校 70
　　テープレコーダー　 1,019　　118
　　暗　　室　　　　　 680　　 46
　　テレビ　　　　　 1,208　　129
　3　保健給食施設
　　保健室　　　　本校　395　分校 59
　　調理室　　　　　　　329　　 82
　　給食センター　　　　 44　　　5
　　完全給食　　　　　　448　　　1
　　補　　食　　　　　　　7　　 12
　4　図書館
　　図書館数　本校518　分校39(分校で未設置94)
　　本冊数　本数1,619,473冊　分校68,956冊
　　経費　　55,676,000円
　　児童徴収金年一人当　208円　分校213円
　　児童一人当り　図書9冊
　○　諏訪地区学校一人当り図書冊数について児童一人当り7冊2校　8冊2校
　　　9冊3校　10冊4校　11冊1校
　　　12冊1校　13冊1校　14冊3校
　　　15冊1校　16冊1校
五　特殊学級について
　1　諏訪地区特殊学級一学級平均児童数
　　川岸小9人　下諏小8人　高島小7人
　　城南小5人　永明小7人　玉川小6人
　　宮川小6人　原小　7人　本郷小7人
　2　県としては6人以下の場合は許可しない方針という。
六　中学校技術家庭科施設
　1　実習地92,560㎡　調理室203
　　被服室256　工作室139　木工室146
　　金工室135

1968年度日本政府の沖縄教育援助の内容（予定）

歳入としての面から1968年度の教育関係日政援助についてみると，琉大も含めて，1967年度は21項目に対して約808万ドルであるが，1968年度は26項目で383万ドル増の1,191万ドルとなつている。この大幅増の中には義務教育諸学校教職員給与費の293万ドル増或は新設項目として学校施設（災害復旧費）の34万ドル，教育研修センター建設費の10万ドル，青少年浜松会舘建設費の2万ドル等があげられる。

次に項目別に前年度と比較すると増額した項目11，前年度と同額5，減額した項目4，新設された項目6，廃止された項目1となつている。

これらの援助のうち，本土政府の支出の形や，その内訳についてみると次のとおりである。

項目	1967年度援助額	1968年度日本政府援助予定額	援助予定の主な内容	備考
① 義務教育諸学校教職員給与	ドル 5,288,153	ドル 8,218,667	公立小・中学校，政府立盲聾・養護学校（初等部・中等部）教職員給与（給料・期末手当・退職手当・公務災害・旅費・複式手当へき地手当）の1967年5月〜1968年6月）の14ヵ月の半額援助 教職員数（1967学年度） 小　学　校　4,454人 中　学　校　3,102人 盲・ろう学校　　76人 養護学校　　　　50人	琉球政府予算繰入

	項目			内容	備考
②	学校施設	1,264,911 ドル	1,241,428 ドル	公立学校施設費の80％援助 ① 小学校　　② 中学校 　普通教室80　　普通教室 40 　特別　〃 54　　特別　〃 36 　管理室　15　　管理室　15 　屋内運動場 1　屋内運動場 1 　教員住宅 7　　教員住宅 7 　プール　1　　プール　1 ③ 盲学校　　④ ろう学校 　普通教室 2　　普通教室 2 ⑤ 大平養護学校 　普通教室 3　特別　〃 1 ⑥ 鏡が丘養護学校 　普通教室 5	琉球政府予算繰入
③	学校備品	291,225	249,953	視聴覚備品－小・中・特殊 理科　　〃 －小・中・高・各 　　　　　　　　種・特殊 家庭科〃 －小・中校 の充実費の80％援助 　視聴覚　＄ 50,039 　理　科　　120,158 　家庭科　　 79,756	〃
④	学校図書館図書	65,728	65,728	小・中・高校・特殊学校図書充実の80％援助 　小学校　65,300冊　単価　80 　中　〃　29,400　　〃　80 　高　校　 5,000　　〃 1.00 　特　殊　　 700　　〃 2.00	〃
⑤	教科書無償給与	508,136	745,667	小学校－1967学年度前後期分 　〃　－1968　〃　前期分 中学校－1968　〃　前後期分 盲学校－1967学年度前後期分 　〃　－1968学年度前期分 教科書費の全額援助	〃
⑥	育英奨学事業	152,100	180,556	高校・大学特別奨学資金 (特奨)高校 750人　月＄8.33 　　　　大学 ｛自宅138 〃13.89 　　　　　　　 下宿322 〃22.22	〃
⑦	公民館図書	42,200	42,200	公民館図書　57,000冊の充実費金額援助 　　1冊単価　＄0.676	南援経由

		ドル	ドル		
⑧	学用品贈与	68,530	72,211	準要保護児童生徒(全生徒数の7％)に学用品支給費の全額援助 　　　（対象人員）　　（単価） 　小学校　10,225人　$3.80 　中　〃　5,607　　$5.91	南援経由
⑨	琉球大学施設		20,000	図書　$20.000(3,637冊)	琉球政府予算繰入
⑩	遺児育英事業	1,000	1,500	大学生遺児50人の年$30.00援助	南援経由
⑪	国費奨学計画	231,192	317,642	学部学生594人　月$37.50 大学院　　60　　　47.22 インターン　24　　41.67	日本政府直接支出
⑫	教育文化研修	49,922	65,161	（種別）　（員数）（旅費単価）（期間） 　　　　　人　回　$	
12-1	(教員本土研修)	(35,469)	(51,053)	教員　　35　の2　469.73　6ヵ月 学校長　16　の1　323.86　2　〃 指導主事10　の1　469.73　6　〃 大学留学10　の1　829.45　12　〃	〃
12-2	(琉球大学教員本土研修)	(11,600)	(11,256)	実験系　　5人　　907.20　12ヵ月 非実験系　5人 教官研究費 　実験系　1人年額　$333.33 　非実験系　〃　　$103.33	〃
12-3	(文化交流) 青年婦人本土研修	(2,853)	(2,852)	青年　11人　22日　$1,336 婦人　11人　22日　$1,516	琉球政府予算繰入
⑬	教育指導	69,028	69,383		
13-1	(教育指導員派けん)	(36,100)	(36,100)	24人の4ヵ月	日本政府直接支出
13-2	(現職教員再教育習会講師派けん)	(25,200)	(25,200)	33人の40日	〃
13-3	(琉球大学へ教授派けん)	(7,728)	(8,083)	11人の1ヵ月	〃
⑭	体育関係全国大会参加	5,556	5,556	全国高校体育大会　99人 国民体育大会　　116人 全国青年体育大会　30人 参加費の定額援助	琉政予算繰入

	項目			備考	
⑮	文化財技術授助	1,761	5,555	2人の6ヵ月（専門家派けん）	日本政府直接支出
⑯	農業教育近代化指導員	6,567	4,453	2人の3ヵ月（本土専門家派けん） 2人の12ヵ月（沖縄研修生受入れ）	〃
⑰	水泳プール建設	—	64,308	附属建物(198㎡) スタンド等	南援経由
⑱	教育研修センター建設	—	104,822	施設(3,375.58㎡単価 $84.36)及び設備費計 $314,464.73の 茸援助	球政予算繰入
⑲	沖縄学生文化センター建設	—	27,778	施設(463㎡)建築費等の $47,225のうち定額援助（残りは南援負担）	南援経由
⑳	琉球大学医学部設置調査	23,317	47,705		日本政府直接支出
㉑	学校施設（災害復旧）	—	340,703	台風災害復旧の校舎建築費の80%援助 ① 小学校　　　　② 中学校 　普通教室　23　　普通教室　20 　管理室　　 6　　特別　〃　 1 　図書室　　 2　　図書室 　給食準備室 2　　技術室　　 4 　校長住宅　 2　　給食準備室 1 　便所　　　13　　校長住宅　 1 　　　　　　　　　便所　　　 1 　　　　　　　　　宿舎　　　 1 ③ 盲学校　　　　④ 高校 　便所　　　 1　　普通教室　 4 　　　　　　　　　給食準備室 1 　　　　　　　　　便所　　　 2	琉球政府予算繰入
㉒	沖縄青少年浜松会館	—	21,281	施設（264㎡）	〃
	日本文化財展開催	14,725	—		
	合　　計	8,084,051	11,912,257		

<教育関係法令用語リシーズ>2

教育職員免許状の取得

総務課法規係長　祖　慶　良　得

1　序

　大学以外の学校の教員は、教育職員免許状を有しなければならない。沖縄の教育職員免許法（1958年立法第97号）は本土法と異なり、教育職員の定義中に、学校の教員でない文教局や地方教育区の一定の教育行政職や校長を含めている。ここにいう教育行政職は、教育長、教育次長、指導主事、社会教育主事及び管理主事である。免許法2条によれば、管理主事とは、中央教育委員会の定める部長、課長係長及びこれらに準ずる職とされているが、現在、何が管理主事であるのか明確ではない。

　本土法では、昭和29年以来教育長免許状、指導主事免許状及び校長免許状が廃止されたが、沖縄においては、なおこれらの免許状が残存されているのである。これら教育行政職関係免許状の制度については、問題もあることと思われるが、ここではふれない。

2　免許状の種類・効力等

　免許状には普通免許状と臨時免許状の別があり、普通免許状は、小学校、中学校、高等学校、養護学校、盲学校、聾学校及び幼稚園について、これら学校種別ごとの教諭免許状と校長、教育長、指導主事、社会教育主事及び養護教諭の免許状であつて、1級及び2級の級別がある。臨時免許状は、上記学校種別ごとの助教諭免許状である。中学校及び高等学校の教員免許状は、各教科ごとに授与される。免許状の種別には、序において述べた教育次長及び管理主事免許状というのはない、管理主事については教員免許状を有する者をもつて充てることができるが、教育次長については、その点不明確である。

　本土法では、普通免許状はすべての都道府県において効力を有するが、臨時免許状は、その免許状を授与したときから3年間授与を受けた都道府県においてのみ効力を有する。沖縄においても期間については、同様である。中学校及び高等学校の宗教の教科についての教員免許状は、政府立及び公立の学校の場合には効力を有しない、盲学校、聾学校及び養護学校の教員については、当該学校種別の教員免許状のほかに、盲学校、聾学校又は養護学校の各部に相当する学校の教員免許状を有しなければならない。ただし、これらの学校の高等部において、特殊教科の教授を担当する教員の免許状がある。現在免許法施行規則で定められているのは盲学校及び聾学校の場合だけであるが、これについては、高等学校を卒業しない者にも授与される。盲学校の理療及び音楽、聾学校の理容及び特殊技芸の教科がこれである。

　従来あつた仮免許状は、1965年6月2日の

― 41 ―

免許法一部改正により廃止されて，同年12月2日以後は授与されないことになつた（詳しくは文教時報95号参照）。

3　免許状の授与

免許状は，中央教育委員会が授与する。普通免許状は，欠格条項に該当しない者であつて，一定の基礎資格を有し，かつ，大学若しくは中教委の指定する養成機関において所定の単位を修得した者又は教育職員検定に合格した者に授与される（免許法5条）。臨時免許状は，普通免許状を有する者を採用することができない場合に限り，欠格条項に該当せず，かつ，教育職員検定に合格した者に授与される。

無試験検定は，1652年11月1日現在の現職者について行なわれたのが最後で，その翌年の4月30日をもつて締め切られた。

1965年の免許法一部改正で，臨時免許状中，高等学校助教諭免許状は，大学に2年以上在学せず，かつ，62単位以上を修得しない者又は高等専門学校を卒業しない者には授与しないことになつた。

校長，教育長，指導主事，社会教育主事等免許状については，授与のための基礎資格が教員の1級普通免許状授与の資格（校長，教育長の場合は学士の称号も）を有することと，所定の勤務経験年数を要件としている。

4　取得の手続

免許状の授与は必要な単位の取得方法については，免許法施行規則（1959年中教委規則第10号）に詳しい定めがある。免許状の授与を願い出る者は，大学の長又はその他の教育機関の長を経由して，教育職員免許に関する細則（1969年中教委規則第12号）所定の様式により，次の書類を提出することになつている。①教育職員免許状授与願②基礎資格の証明書③単位修得証明書，④身分証明書⑤健康診断書⑥履歴書⑦宜誓書。

教育職員検定の出願に必要な書類も大体同じである（細則4条参照）。琉球以外の地域において授与された教育職員免許特を有する者又は琉球地域以外の学校を卒業し，若しくは修了した者については，教職員検定により，各相当の免許状を授与できる。これらの者の出願に必要な書類については，重複する書類は省略され，卒業又は修了証明書が要求される。本土法によれば琉球地域は外国扱いとなるので，類似の規定により検定を受けることになる。

なお，免許状の授与のほか，失効，取上げ書換，再交付，罰則等については，免許法と同施行規則及び細則に詳して定められている。

さらに、旧布令、旧国民学校令，旧幼稚園令の規定によつて教育職員免許状を有する者は，大学で単位を修得したり，教育職員検定を経ないでも，各相当の免許状が交付される。これについては，従前の規定による学校卒業者に対する経過措置とともに，免許法施行法（1958年立法第98号）及び同施行規則（1959年中教委規則第11号）に規定されている。

<各種研究団体紹介> 7

沖縄高等学校理科教育研究会

会長 金 城 順 一
（理科教育センター所長）

一，会の沿革と今までのあゆみ

本会結成の動きは，6年前の1961年にさかのぼる。即ち，1961年の4月，アジヤ財団から「日本学生科学賞」への作品の出品依頼があり，作品の選定搬出を契機として研究会設立の気運が急速に高まってきた。

その後の状況とああゆみは次のとおりである。

○ 1961年4月～5月
科学展示会開催のための各地区準備委員を選出（本島）。

○ 1961年5月16日
沖縄学生科学展示会の開催準備委員会を那覇高校で開く。席上，日本学生科学賞への出品参加のための母胎となる研究設立の件を全員確認。参集者は各委員のほか，文教局から比嘉信光指導課長，金城順一指導主事，上原康正主事の3名。

○ 1961年7月21日
沖縄理科教育研究会の設立総会を那覇高校で開催，正式に発足する会長祖慶剛，副会長石嶺伝幸，川平恵正。事務局上原康正

○ 1961年9月23日～24日
第1回沖縄学生科学展を教育会館ホールで開催，出品点数27点

○ 1961年10月
第5回日本学生科学賞（東京）へ3点初出品し，「シダ植物の分類」那覇高2年山城美代子，「沖縄産蝶類の変態発生の比較と分布」石川高校3年伊波栄子，山城香代子がそれぞれ2等賞，3等賞に入賞

○ 1962年8月
九州高等学校理科教育研究会の理科研究ノート編集会議に会員を初めて派遣（瑞慶覧長方）

― 43 ―

初出品で2.3等賞授与された沖縄代表の表彰

○ 1962年9月8日
第2回総会（那覇）で会長 祖慶剛，副会長世嘉良栄，安里芳郎，事務局石嶺伝庸をそれぞれ決定。

○ 1962年9月23日〜24日
第2回沖縄学生科学展を教育会館で開催，出品点数91点

○ 1962年10月
第6回日本学生科学賞へ4点出品「アフリカマイマイのアミノ酸定性分析」知念高校2年渡名喜明，新垣孝允，外間章弘が2等賞に入賞

○ 1963年7月22日
第3回総会（首里高校）会長祖慶剛，副会長川平恵正，川崎幸明，事務局吉浜朝幸をそれぞれ選出

○ 1963年7月30日
九高理総会において，沖縄の正式参加が認められた。

○ 1963年8月
九高理研究ノート編集会議に正式初参加，会員4名

○ 1963年9月23日〜25日
第3回沖縄学生科学展を教育会館で開催，出品点数37点。

○ 1963年10月
第7回日本学生科学賞へ3点出品

○ 1963年12月16日〜18日
理学博士武谷琢美氏による研修会「防災化学，最近の化学教育」を理科教育センターで開く。

○ 1963年12月
琉球列島の地質図，地学実習用天気図を発行，各高校に配布。

○ 1964年6月27日
第4回総会（普天間高校）で，会長金城順一，副会長新井良隆，糸洲朝薫，事務局長具志清二を選出。参加会員163名

○ 1964年8月
九高理研究ノート編集会議に4名の会員を派遣（福岡）

○ 1964年8月
九高理理事会に会長金城順一初めて参加，九高理理事として正に承認。

○ 1964年9月21日〜23日
第4回沖縄学生科学展を教育会館で開催，出品点数41点

○ 1964年10月
　第8回日本学生科学賞へ3点出品
○ 1964年12月28日〜30日
　物理講習会「半導体について」(琉大助教授屋良朝夫氏)を琉大物理教室で開く。
○ 1965年7月10日
　第5回総会(沖縄工業高校)で会則の一部改正を行ない，物理，化学，地学の各部会(現在の各教科研究会)を設置，役員の改選を行なう。なお，役員の任期を2年と改める。会長金城順一(再)，副会長川崎幸明，東風平朝正，部会長具志仙吉(物理)，石嶺伝蔵(化学)，安里芳郎(地学)，事務局長具志清二，参加会員223名
○ 1965年7月
　地学講演会「海洋観測について」(長崎海洋気象台海洋係長山形忠和氏)を壺屋小学校で開く
○ 1965年8日
　九高理理事会並びに総会(宮崎県日南市)に会長金城順一，事務局長具志清二参加
○ 1965年8月
　九高理研究ノート編集会議に3名派遣
○ 1965年9月24日〜26日
　第5回沖縄学生科学展を琉球新報社ロビーで開く，出品点数48点
○ 1965年10月
　第9回日本学生科学賞へ3点出品「遠心力の測定」知念高校3年奥原昇外2名が1等賞に入賞

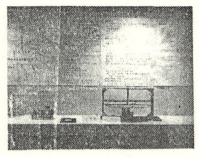

1等賞に入賞した知念高校作品
(東京国立科学技術館の会場で)

○ 1965年12月
　本土研修派遣者による報告研修会を化学部会の主催で開く(那覇高校)
　・CHEMS日本ゼミナーに参加して　理科教育センター
　　　　　　　　　　　　吉田一晴
　・理科教育指導者講習会報告
　　　　　沖縄工業高校　漢那用全
○ 1966年1月18日
　物理部会授業研究会(小緑高校)
○ 1966年1月20日
　化学部会授業研究会(小緑高校)

化学授業研究会（小禄高校）

○ 1966年5月21日
第6回総会（首里高校）で会則の一部改正，記念講演「高校理科教師像について」（琉大教授理学博士池原貞雄氏を行なう。参加会員232名）

○ 1966年8月
第5回九高理総会並びに理事会（長崎）に金城順一，長浜政喜参加

九高理長崎大会

○ 1966年9月24日～25日
第6回沖縄学生科学展を南部会館で開催，出品点数34点

○ 1966年10月
第10回日本学生科学展へ3点出品し，3点とも入賞，沖縄の実力を示す。

- 優秀賞（読売新聞社賞）「生態を主とした沖縄産真正クモ類の分類」コザ高校2年村山盛敏外7名

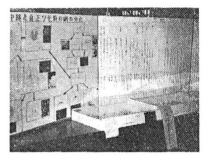
初の優秀賞に輝くコザ高校の出品作品

- 3等「太陽の日周運動による地球の自転及び観測地点の緯度の測定装置の研究」知念高校2年大城善治，仲里照義
- 3等賞「空気の粘性係数とgの測定」那覇高校3年玉城欣也外6名

○ 1967年3月28日～4月4日
第7回中華民国中小学科学展（台北）に作品2点を出品し，生徒2名，教師2名参加。
「遠心力と回転周期の直視装置の研究」知念高校2年儀間武治
「土壌の性質を化学的に考察する」読谷高校2年知花伸雄
上記2名の生徒と読谷高校教諭久高

興祐，会長金城順一が参加

沖縄の作品に群がる台湾の高校生
（台北）

○ 1967年3月27日～28日
地学教育研究会による「岩石から鉱物を分離する実習，野外調査その他」の地学研修会を沖縄工業高校で開催。講師は千葉大教授理学博士前田四郎氏。

○ 1967年3月29日
生徒の研究発表を中心とする化学研究発表会が首里高校で開かれた。

二，本会の事業

① 沖縄学生科学展示会の開催
毎年9月に開かれ，年々向上の一途をたどり，優秀作品は東京で行なわれる日本学生科学賞や台湾の中華民国学生科学展に出品され，多大の成果をあげている。

② 日本学生科学賞表彰式（東京）へ，生徒，教師の派遣。
アジヤ財団の援助を受け，毎年4名以上を派遣し，連続入賞の輝かしい成果をあげている。

③ 中華民国中小学科学展（台北）への招待参加並びに出品
昨年度からアジヤ財団の援助と中華民国教育部の好意により，招待出品と生徒，教師の参加が実施されている。

④ 研究ノートの編集発刊
本会も含めて九州各県の高校理科研究会の連合体である九高理本部（福岡市）で毎年編集会議がもたれ，物理，化学，地学，生物の各研究ノートが発刊され，九州全県の高校で使用されている。

⑤ 実験ノートの編集発刊
本会の単位組織である物理，化学地学の各教育研究会では，沖縄の地域性や生徒の実態に即した，独自の実験ノートを発刊し，学校における理科の実験指導に役立てている。

⑥ 各種研修会，授業研究会等の開催
会員相互の実力涵養，資質の向上を図る目的で，実験技術の研修，科学的施設の見学，物理，化学，地学等の授業研究会，生徒の研究発表会等，多彩な研修活動が行なわれている。

⑦ 本土の研修会への会員派遣

毎年相当額の予算を計上して，本土における文部省主催の各種研修会や大会等に会員を派遣し教師としての指導力の強化に役立てている。

⑧ 九高理総会並びに編集会議への会員派遣

三，組織

本会は全沖縄の高校理科教師並びに本会の趣旨に賛同する者で組織され，一県として，九州高等学校理科教育研究会（本部は福岡市）に属し，理科教育の充実発展に貢献し，あわせて会員相互の親睦を図ることを目的として組織されたものである。

1967年4月現在，会長1名（金城順一），副会長2名（東風平朝正，川崎幸明），各教育研究会長（具志仙吉物理，石嶺伝蔵化学，安里芳郎地学）同副会長）吉浜朝幸物理，漢那用全化学，石嶺伝庸地学），理事（物理，化学，地学から各2名）事務局長具志清二，監査3名等の役員を中心とした全会員の協力によって堅実に運営されている。

四，今後の課題

発足以来満5ケ年を経過した本会は逐年，歩一歩と堅実な歩みを続け，高校理科教育の進展にある程度の成果をあげてきたものと自負しているが，今後，高校理科教育の現代化を図るための努力と，会員相互の研修態勢の確立，生徒の学力の向上に一層の努力を払っていきたい。なお，生物担任教師全員の自主的発意による正式参加が表明され，名実ともに全沖縄高校の理科教師が一丸となって問題解決に当ることができれば幸である。これが私達理科教師の念願でもあろう。

学校基本調査結果表 (1966学年度) その2

1965学年度　新規採用者数

区分		総数 計	総数 男	総数 女	1965年3月卒 計 男	計 女	大学 男	大学 女	短期大学 男	短期大学 女	その他 男	その他 女	その他 計 男	計 女	大学 男	大学 女	短期大学 男	短期大学 女	その他 男	その他 女
小学校	全 琉	65	12	53	11	31	9	19	—	8	2	4	1	22	—	10	1	8	—	4
	公 立	65	12	53	11	31	9	19	—	8	2	4	1	22	—	10	1	8	—	4
	北 部	21	6	15	6	14	4	6	—	4	2	4	—	1	—	1	—	—	—	—
	中 部	12	3	9	3	2	3	2	—	—	—	—	—	7	—	2	—	1	—	4
	那 覇	10	—	10	—	4	—	4	—	—	—	—	—	6	—	6	—	—	—	—
	南 部	5	1	4	1	3	1	2	—	1	—	—	—	1	—	—	—	1	—	—
	宮 古	5	1	4	—	4	—	3	—	1	—	—	1	—	—	1	—	—	—	—
	八 重 山	12	1	11	1	4	1	2	—	2	—	—	—	7	—	1	—	6	—	—
	政 府 立	—	—	—	—	—	—	—	—	—	—	—	—	—	—	—	—	—	—	—
	私 立	—	—	—	—	—	—	—	—	—	—	—	—	—	—	—	—	—	—	—
中学校	全 琉	94	57	37	49	29	41	20	3	8	5	1	8	8	6	4	2	3	—	1
	公 立	94	57	37	49	29	41	20	3	8	5	1	8	8	6	4	2	3	—	1
	北 部	19	16	3	16	3	11	1	2	2	4	—	—	—	—	—	—	—	—	—
	中 部	20	14	6	11	6	11	5	—	1	—	—	3	—	2	—	1	—	—	—
	那 覇	20	10	10	7	7	6	—	—	—	1	—	3	4	3	3	—	—	—	1
	南 部	13	5	8	5	6	4	4	1	2	—	—	—	2	—	1	—	1	—	—
	宮 古	12	7	5	5	5	4	3	1	2	—	—	2	—	1	—	1	—	—	—
	八 重 山	10	5	5	5	3	4	1	1	2	—	—	—	2	—	—	—	2	—	—
	松 島	—	—	—	—	—	—	—	—	—	—	—	—	—	—	—	—	—	—	—
	政 府 立	—	—	—	—	—	—	—	—	—	—	—	—	—	—	—	—	—	—	—
	私 立	—	—	—	—	—	—	—	—	—	—	—	—	—	—	—	—	—	—	—
高等学校	全 琉 政府立 全日 政府立 全定時 私立 全日 私立 定時	85 66 14 5	76 60 11 5	9 6 3 —	53 43 7 3	6 6 — —	53 43 7 3	6 6 — —	— — — —	— — — —	— — — —	— — — —	23 17 4 2	3 3 — —	22 16 4 2	3 3 — —	— — — —	— — — —	1 1 — —	— — — —

1966学年度　新規採用者数

区分		総数			1966年3月卒								その他							
		計	男	女	計		大学		短期大学		その他		計		大学		短期大学		その他	
					男	女	男	女	男	女	男	女	男	女	男	女	男	女	男	女
小学校	全琉	167	37	130	34	75	31	55	3	19	—	3	3	55	2	32	—	10	1	13
	公立	166	37	129	34	74	31	54	3	19	—	3	3	55	2	32	—	10	1	13
	北部	31	6	25	6	21	3	14	3	5	—	2	—	4	—	1	—	2	—	1
	中部	42	11	31	9	11	9	11	—	—	—	—	2	20	1	14	—	2	1	4
	那覇	39	10	29	9	12	9	9	—	3	—	—	1	17	1	14	—	—	—	3
	南部	22	3	19	3	12	3	11	—	1	—	—	—	7	—	2	—	—	—	5
	宮古	18	5	13	5	9	5	3	—	5	—	1	—	4	—	—	—	4	—	—
	八重山	14	2	12	2	9	2	6	—	5	—	—	—	3	—	1	—	2	—	—
	政府立	—	—	—	—	—	—	—	—	—	—	—	—	—	—	—	—	—	—	—
	私立	1	—	1	—	1	—	1	—	—	—	—	—	—	—	—	—	—	—	—
中学校	全琉	211	129	82	97	61	90	40	7	17	—	4	32	21	25	8	3	8	4	5
	公立	210	128	82	96	61	89	40	7	17	—	4	32	21	25	8	3	8	4	5
	北部	33	21	12	18	9	17	8	1	—	—	1	3	3	3	1	—	1	—	1
	中部	52	40	12	33	8	29	6	4	2	—	—	7	4	4	2	2	—	1	2
	那覇	49	33	16	13	6	13	6	—	—	—	—	20	10	17	5	—	5	3	—
	南部	32	18	14	17	11	17	7	—	4	—	—	1	3	—	—	1	2	—	1
	宮古	20	12	8	11	8	9	5	2	3	—	—	1	—	1	—	—	—	—	—
	八重山	24	4	20	4	19	4	8	—	8	—	3	—	1	—	—	—	—	—	—
	松島	—	—	—	—	—	—	—	—	—	—	—	—	—	—	—	—	—	—	—
	政府立	—	—	—	—	—	—	—	—	—	—	—	—	—	—	—	—	—	—	—
	私立	1	1	—	1	—	1	—	—	—	—	—	—	—	—	—	—	—	—	—
高等学校	全琉	208	159	49	119	19	118	19	1	—	—	—	38	30	37	30	—	—	1	—
	政府立 全日	138	113	25	91	10	90	10	1	—	—	—	22	15	21	15	—	—	1	—
	政府立 定時	33	20	13	15	4	15	4	—	—	—	—	5	9	5	9	—	—	—	—
	私立 全日	35	24	11	13	5	13	5	—	—	—	—	11	6	11	6	—	—	—	—
	私立 定時	2	2	—	2	—	2	—	—	—	—	—	—	—	—	—	—	—	—	—

転退職教員数

区分		退職教員数								転入教員数							
		総数		勧奨退職者		転職者		その他		総数		小学校より		中学校より		高校より		教育委員会より	
		男	女	男	女	男	女	男	女	男	女	男	女	男	女	男	女	男	女
小学校	全琉	21	44	6	2	10	27	5	15	232	620	186	576	30	25	—	—	16	19
	公立	21	44	6	2	10	27	5	15	232	620	186	576	30	25	—	—	16	19
	北部	2	8	—	—	2	3	—	5	65	114	47	95	9	4			9	15
	中部	6	13	1	—	4	11	1	2	57	157	48	155	5	—			4	2
	那覇	5	10	1	1	2	2	2	7	45	173	42	169	3	4	—	—		
	南部	2	7	1	1	—	6	1	—	24	79	19	73	4	5	—	—	1	1
	宮古	3	4	2	—	1	3	—	1	24	61	18	55	5	5	—	—	1	1
	八重山	3	2	1	—	1	2	1	—	17	36	12	29	4	7	—	—	1	—
	政府立																		
	私立																		
中学校	全琉	25	16	5	—	10	5	10	11	310	85	25	6	266	76	6	2	13	1
	公立	25	16	5	—	10	5	10	11	310	85	25	6	266	76	6	2	13	1
	北部	7	2	2	—	1	—	4	2	73	15	5	1	68	13	—	1	—	—
	中部	10	4	—	—	8	—	2	4	63	11	7	—	55	10	1	1	—	—
	那覇	5	4	1	—	1	2	3	2	56	26	4	3	50	23	1	—	1	—
	南部	—	1						1	40	17	1	—	36	17	3	—		
	宮古	1	1	1	—	—	1	—	—	45	2	3	—	34	2	—	—	8	—
	八重山	2	4	1	—	—	2	1	2	33	14	5	2	23	11	1	—	4	1
	松島	—	—	—	—	—	—	—	—	—	—	—	—	—	—	—	—	—	—
	政府立																		
	私立																		
高等学校	全琉	77	13	2	—	56	7	19	6	154	28	—	1	22	1	126	24	6	2
	政府立 全日	53	7	2	—	33	4	18	3	129	23	—	—	17	—	106	21	6	2
	政府立 定時	5	2	—	—	4	—	1	2	21	3	—	1	3	—	18	2	—	—
	私立 全日	18	4	—	—	18	3	—	1	4	2	—	—	2	1	2	1	—	—
	私立 定時	1	—	—	—	1	—	—	—	—	—	—	—	—	—	—	—	—	—

本務教員のうち

区分		教育委員会職員	教育研究所職員	外国留学者 教員	外国留学者 補充	本土研修者 教員	本土研修者 補充	琉大研修者 教員	琉大研修者 補充	英語センター研修者 教員	英語センター研修者 補充	定時制主事	進路指導主事	産休教員 教員	産休教員 補充	結休教員 教員	結休教員 補充
小学校	全琉	8	4	1	1	6	6	—	—	—	—	—	—	33	33	13	13
	公立	8	4	1	1	6	6	—	—	—	—	—	—	33	33	13	13
	北部	—	—	—	—	2	2	—	—	—	—	—	—	4	4	5	5
	中部	1	—	1	1	2	2	—	—	—	—	—	—	12	12	2	2
	那覇	3	3	—	—	2	2	—	—	—	—	—	—	5	5	2	2
	南部	—	1	—	—	1	1	—	—	—	—	—	—	6	6	2	2
	宮古	1	—	—	—	1	1	—	—	—	—	—	—	3	3	1	1
	八重山	3	—	—	—	—	—	—	—	—	—	—	—	3	3	1	1
	政府立																
	私立																
中学校	全琉	5	2	18	13	13	13	—	—	9	7	—	38	11	9	14	13
	公立	5	2	18	13	13	13	—	—	9	7	—	38	11	9	14	13
	北部	—	—	1	1	2	2	—	—	3	2	—	7	1	1	2	2
	中部	2	—	2	2	2	2	—	—	2	2	—	10	1	1	4	3
	那覇	2	1	14	9	7	7	—	—	2	1	—	11	1	1	6	6
	南部	1	1	1	1	—	—	—	—	2	2	—	9	5	4	1	1
	宮古	—	—	—	—	2	2	—	—	—	—	—	1	2	2	—	—
	八重山	—	—	—	—	—	—	—	—	—	—	—	—	1	1	1	1
	松島																
	政府立																
	私立																
高等学校	全琉	—	—	8	4	13	6	1	1	—	—	17	—	4	3	6	5
	政府立 全日	—	—	7	3	13	6	1	1	—	—	—	—	3	3	6	5
	政府立 定時	—	—	1	1	—	—	—	—	—	—	16	—	—	—	—	—
	私立 全日	—	—	—	—	—	—	—	—	—	—	—	—	1	—	—	—
	私立 定時	—	—	—	—	—	—	—	—	—	—	1	—	—	—	—	—

1967年6月20日印刷
1967年6月25日発行

文　教　時　報　（第107号）
　　　　　　　　　　　非　売　品

　　　発行所　琉球政府文教局総務部調査計画課
　　　印刷所　セントラル印刷所　電話 099-2273

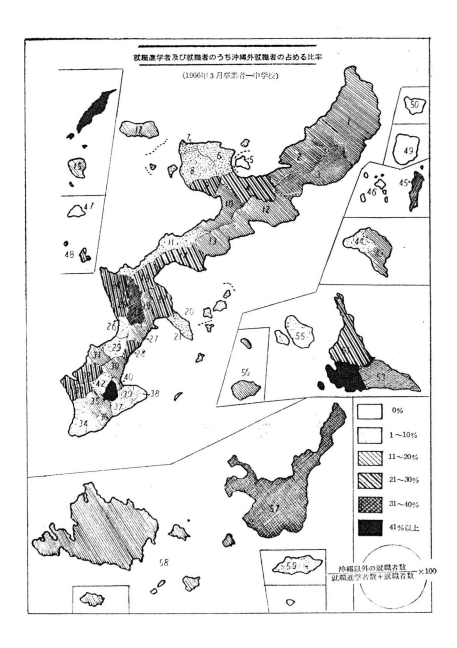

号外 12

『本土と沖縄の教育の一体化について』

沖縄問題懇談会答申書（全文）

琉球政府文教局

はじめに

　沖縄の祖国復帰は，沖縄全住民はもとより本土同胞の熱望であります。

　沖縄住民は常に　より早く❢　全面的な❢　祖国復帰を願って来ました。しかし，そこには沖縄住民の手のとどかない高度な段階における国際政治情勢の中で解決されねばならない幾多の問題があるようであります。

　しかし，いかなる状況にあっても沖縄全住民の願望をたち切ることはできないと思います。そのような情勢のなかで沖縄の復帰問題もようやく具体化の方策がうち出される段階になっております。

　ここに，昨年9月森前総理府総務長官から沖縄問題懇談会に対して，沖縄の教育権の返還が諮問され，それに対する答申として，「本土と沖縄の教育の一体化について」が公表されましたのでご紹介します。

　この答申は沖縄教育の返還問題を含めて沖縄教育の現状に対する診断書とでもいうべきものと解されます。

　祖国と切りはなされて22年わたしたちは日本国民としての子弟の教育をしてまいりました。この答申はもとより沖縄の教育を祖国へ復帰させることを前提としているものでありますが，この答申による沖縄教育に対する現状評価は，わたしたち教育にたずさわる者としてこれを十分に理解し，その上にたって今後の教育の方向を位置づけていくことが望ましいと思います。

　このような観点からこの小冊子を発行することにしました。趣旨をご理解の上，ご活用されることを願ってやみません。

　　　　1967年8月15日

　　　　　　　　　　　　　　文教局長　赤　嶺　義　信

本土と沖縄の教育の一体化について
（答　申）

昭和42年7月

沖　縄　問　題　懇　談　会

沖縄問題懇談会答申の要旨

　沖縄問題懇談会は機能別分離返還の方法として、**教育権返還を**取りあげ、法律上の可能性及び可能である場合の行政上、財政上とるべき措置についての検討をするため発足したが、沖縄問題全般についての内外諸情勢の変化によつて教育権返還に限定せず、広く本土と沖縄の教育の一本化の方策に関する答申となつた。

○　沖縄教育の現状

沖縄教育の現状を本土との比較において次のとおりとらえている
　　1　教育委員は、中央、地方ともに公選制がとられている。
　　2　財政権をもつ市町村長と教育区（特に連合区）との連けいが弱い。
　　3　行政主席（及び文教局長）と中教委の権限の配分が明確でない。
　　4　公立義務教育諸学校の教職員の任命権が区教委にあり、中教委の所管でないため全琉的人事交流が困難。
　　5　教育区立学校教職員は公務員制度がなく、その身分保障及び服務等の取り扱いに本土と大きな相違がある。
　　6　施設・設備等の物の面、教員の学歴、経験年数等の人的面共に大きな格差がある。
　　7　児童・生徒の学力も本土より著しく低い。

○　日本政府の責任において沖縄の教育を実施する方法

上記の提案によつて教育権分離返還に対する考え方を述べている
　　1　教育権分離返還は法律上可能である。
　　　　米国が持つ施政権のうち、その一部である教育に関する立法及び行政上の権利を一定の時期から行使する意志を放棄する者の意志表示を行なえばよい。
　　2　教育権の範囲
　　　　「教育に関する行政」及び日本の法律が沖縄において適用されるという意味での「教育に関する立法」の範囲に限定する。
　　3　教育の範囲
　　　　差し当り「学校教育」に限定し、社会教育をはずす。
以上を前提として、日本の教育関係法規を沖縄に適用し、沖縄における教育関係制度を本土のそれに合わせるよう猶予期間をおいて可能なものから漸次改革していこうと構想している。

○　実質的に教育を一体化するための方法

沖縄の全面復帰（又は教育権返還）が実現して、本土と沖縄の教育の一体

化が行なわれるまで、実質的に教育を一体化する方法として次の点を指摘している。
1 沖縄の教育水準を本土並みにするための援助の内容と方向
 (1) 沖縄の教育水準は学校施設、備品、学級編制、教員の学歴、経験年数等の諸条件において本土と大きい差がある。また児童生徒の学力も本土より相当低位にあるが、その原因は主として教育財政の貧困にある。
 (2) 本土の府県は、国庫負担金、地方交付税、起債等で国から財源保障を受けているが、琉球政府は、日米の財政援助金も漸次増額されてはいるが、その財源のほとんどは自らの税収入に依存している。
 (3) 沖縄に対する教育関係財政援助は、年々充実をみつつあるが、なお一層の拡充の必要がある。
 (4) 沖縄では、税、財政制度や教育制度の相異から本土の府県に対すると同様な援助方式を採用するのは問題がある。
 (5) 財政援助の増額は、米国と共同して実施していくべきであるが、日本政府としては、沖縄住民の教育が日本国民としての教育であるから、教育援助の実施については格別の配慮が必要である。
2 沖縄の教育の諸制度を本土と同一にする方法
 (1) 本土の教育関係法規と同一内容の立法を琉球政府で制定すること。
 (2) 本土法の改定が行なわれた場合、沖縄でも本土の教育制度と同一になるよう法令の改正等について積極的配慮を行なうこと。
 (3) 教育行政組織について
  イ 教育区を廃止して、市町村委員会とする。
  ロ 連合区制度を廃止して、都道府県教育委員会事務局の出先機関に相当する機関を設置する。
  ハ 現在連合区の範囲で行なわれている人事異動を中央教育委員会の権限で沖縄全域の規模で実施し、教育の人事交流を促進する。
 (4) 教員の資格、身分、給与等について
  イ 沖縄の教員免許制度を本土と同様とする。
  ロ 本土の地方公務員法、教育公務員特例法に準ずる立法を行ない身分保障、服務規律等を本土と同様なものにする。
  ハ 給与、その他の待遇も本土と同様なものとする
  ニ 共済組合法も本土並み給付ができるようにし、本土の共済組合法との関連で相互給付、相互通算等の措置が望ましい。
 (5) 学級編成基準、施設設備、教員の素質能力等の諸条件も本土と同一になるようその引き上げ並びに研修の強化を計る。
 (6) 本土政府と琉球政府との関係は、本土の国と都道府県との関係と実質的に同様になるよう指導助言及び連絡調整を強化する。
 (7) 免許状制度の同一化とあいまつて本土との教員の人事異動人事交流に関する方途を検討することが必要。
 (8) 琉球政府の教育関係外かく団体（例えば琉球育英会、私立学校振興会、琉球学校安全会等）は本土の教育外かく団体の支部として事業を実施しうることについての検討が必要。

目　　次

- I　序 …………………………………………………………………… 1
- II　本土と沖縄の教育一体化の諸方式 …………………………… 2
  - 一　戦後の沖縄における教育の推移と現状 ………………… 2
    - 1.　推　移 ………………………………………………… 2
    - 2.　現　状 ………………………………………………… 3
      - (1)　制度上の比較 …………………………………… 3
      - (2)　水準上の比較 …………………………………… 4
  - 二　日本政府の責任において沖縄の教育を実施する方法 …………………………………………………………… 4
    - 1.　日本政府が責任をもつことの可能な理由 ………… 4
    - 2.　教育権の範囲 ………………………………………… 5
    - 3.　方　　法 ……………………………………………… 7
      - (1)　米国の意思表示 ………………………………… 7
      - (2)　教育関係法規の沖縄への適用 ………………… 8

(3)　沖縄における教育関係制度に対する措置………　9

　　　　　　イ　学校制度に対する措置………………………　9

　　　　　　ロ　教育行政機構に対する措置…………………10

　　　　(4)　財政上の措置………………………………………10

　　　　(5)　そ　の　他……………………………………………10

　三　実質的に教育を一体化するための方法…………11

　　1.　沖縄の教育水準を本土並みにするた

　　　め の 援 助 の 内 容 と 方 向………………………………11

　　2.　沖縄の教育の諸制度を本土と同様にする

　　　方　法……………………………………………………11

Ⅲ　　結　　　語………………………………………………17

I 序

　沖縄問題懇談会は、昨年9月森前総理府総務長官により沖縄の施政権のうち教育に関する権能、いわゆる教育権の返還問題が提唱された際設置され、この問題に関し諮問を受けたのである。

　沖縄の教育権の返還が提唱された経緯は次のとおりである。すなわち、沖縄の本土復帰に対する沖縄住民を含む日本国民の熱望を考慮する時一日も早い施政権の全面返還が望ましい。しかしながら、沖縄が日本を含む極東の安全と平和の維持に重要な役割を果たしていることも、卒直に認めざるを得ない。従つて、今ただちに、沖縄の施政権の全面返還を求めることは困難であるかもしれないが、日本国民の沖縄の本土復帰への熱望にそうよう段階的、具体的な解決策を考慮すべきであつて、このために、機能別の施政権の分離返還特に教育権の返還が適当であろうと考えられたのである。機能別の施政権の分離返還として教育権の返還が取り上げられたのは、沖縄の学校教育は、沖縄の教育基本法においても定められているとおり、日本国民としての教育を実施しており、日本政府の責任をもつて沖縄同胞に対し日本国民としての教育を実施することの意義が極めて大きいことのほか、教育行政分野はそれ自体体系的にまとまつており、実施上の困難は予想されるとしても、理論上は、他の一般行政分野から分離することが比較的容易であると判断され、また軍事基地と関連するところが少ないこと等によるものであつた。

　本懇談会はこのような経緯により設置されたのであるが、沖縄問題全般についての内外の諸情勢は常時変化しており、政府の本懇談会の審議に期待するところも必ずしも沖縄の教育権の返還に限定しないようになつた。従つて本懇談会は、この趣旨に応えて、広く本土と沖縄の教育の一体化の方策に関

し審議を行ない、昨年9月1日第1回の総会を開催して以来総会を10回、起草小委員会を4回開催し、論議をつくした結果この答申を行なうに至った次第である。

Ⅱ 本土と沖縄の教育一体化の諸方式

一 戦後の沖縄における教育の推移と現状

1. 推　　移

　　戦後の沖縄の教育の再建は、まったくの荒廃のなかに1946年の幼稚園（1年）、初等学校（8年）、高等学校（4年）の教育制度の創設から始まり、1948年3月には初等学校（6年）、中等学校（3年）、高等学校（3年）のいわゆる6－3－3制の教育制度が施行されるに至った。しかしながら、1952年（昭和27年）に「琉球教育法」が米国民政府の布令で施行されるまでは、義務教育9年を含む初等、中等教育（6.3.3制）の実施、教員養成機関の設置、教育委員会制度の発足などが事実上実施されたに過ぎなかった。1952年に教育基本、学校教育、教育行政の各般にわたって規定した「琉球教育法」が施行されたのに伴い、高等教育の発足を始めとし、教育制度全般にわたる整備がすすめられ、教育職員の免許制度の実施、教育委員会制度の改善、教育内容の充実等が行なわれた。

　　1958年（昭和33年）に、琉球政府立法による「教育基本法」、「教育委員会法」、「学校教育法」、「社会教育法」が制定され、学校教育、社会教育全般にわたって、日本国民の育成を理念とする今日の沖

縄教育の基礎が固められ、爾来教育行政組織を除いて本土とほぼ同じ教育制度がとられている。

しかしながら、沖縄の教育の過去20有余年の推移をみるとき、物的面においても、人的面においても、そして教育内容の面においても充実がはかられてきてはいるが、その実態においては、まだまだ本土との間にいちぢるしい格差がある。

2. 現　　状
(1) 制度上の比較

沖縄の学校制度は、学校教育法（1958年立法3号）により本土のそれとほとんど同一であり、そこで実施される教育内容（教育課程）も、そこで教える教員の資格（免許制度）も、本土に準ずるものとなっており、また、教科書は本土と同一のものが使用されている。

したがつて、沖縄において、あたかも、日本の教育が行なわれているようにみえる。

しかし、この学校教育法を支える教育行政制度及び教育公務員制度の面では、様相を異にする。教育行政制度については、教育委員会法（1958年立法2号）により教育委員会制度がとられているが、本土のそれと異なり、中央、地方教育委員会（区教育委員会とその連合体である連合区教育委員会とに分れる。）とも公選制がとられている。そして地方にあつては財政権を持つ長と教育区（特に連合教育区）の連けいが弱く、中央にあつては、文教局が琉球政府の一行政事務部局であると同時に中央教育委員会の事務局という二重性格をもつており、行政主席（及び文教局長）と中央教育委員会との権限配分が必ずしも明確でない。また公立義務教育学校の教職員の任命権は教育区教育委

員会にあり、中央教育委員会の所管となつていないために、全琉的人事交流が困難である。教育公務員制度については、政府立学校（高等学校等）教職員については、他の行政府職員と同じ公務員法の適用を受けているが、教育区立学校（小、中学校）教職員については、公務員制度はなく、その身分保障及び服務等の取扱いに本土と大きな相違がみられる。

(2) 水準上の比較

すでに推移の項でふれたとおり、沖縄の教育水準を本土と比較すると施設、設備等の物的面においても、また教員の学歴、経験年数等の人的面においても大きな格差がみられ、また、児童生徒の学力も、全国学力調査の結果によると本土よりいちじるしく低くなつている。

（参考資料1参照）

二 日本政府の責任において沖縄の教育を実施する方法

　本章では、本土と沖縄の教育を一体化するための諸方式のうち、まず日本政府の責任において沖縄の教育を実施することについて、その法律上の可能性及び法律上可能である場合の行政上、財政上とるべき措置等について、検討を進めてみたい。ただし、附言しておきたいことは、本章で述べる事柄に関しては理論上、実際上なお検討を要すべき点が残されていることである。これらの問題点に関しては、将来、なお引き続き、検討されることを期待したい。

1. 日本政府が責任をもつことの可能な理由

　日本政府の責任において沖縄の教育を実施するということは、沖縄における教育行政の分野に関しては、日本政府が施政の責任を負うことと

なることであり、この点現在米国が沖縄の施政全般について権限を有していることから、施政権の機能の一部を分離することが可能かどうかが問題となろう。

サンフランシスコ平和条約第3条によつて、米国は沖縄における行政、立法、司法上の権力の全部及び一部を行使する権利を有することとされ、これら権利を綜合して、普通に施政権とよばれている。

かかる施政権の一部を分離し、これを米国が日本のために放棄すれば、それによつて返還が実現するのであつて、法律上でこのような放棄をすることに妨げとなるものは何もない。

施政権を分離し、その一部ずつを分けもつことは、実際においてその例が少なくない。たとえば、二つの国家が保護関係に入るときは、普通に、保護を与える国が保護国の外交と防衛の権能を行使し、保護国がその内政を行なうのである。また、国家の一部が分立し、宗主関係に入るときは、宗主国が外交と防衛の権能を維持し、従属国がその内政を行なうのを通例とする。さらに、連邦制度の国にあつては、普通に、連邦政府が外交、軍事、通貨等の権限を有し、州がその公共事業、教育等に関する事項について権限を有する。これらの例に照しても、施政権の一部である教育権を分離し、これを米国が日本に返還することは、法律上ではなんら妨げなく、決して不可能ではない。

2. 教育権の範囲

つぎに、日本政府の責任において沖縄の教育を実施する場合の日本政府が責任をもつべき教育の範囲についてである。

「教育」について責任をもつという場合、理論的には教育に関する立法、行政及び司法の全般について責任をもつことにならねばならない。

しかしながら、日本政府が責任をもつべき教育の範囲は、「教育に関する行政」及び日本の国会において制定された法律が沖縄において適用されるという意味において、「教育に関する立法」の範囲に限定すべきであると考える。

すなわち、立法又は行政については、「教育に関する立法又は行政」は、比較的明確に他の分野と区分し、その範囲を限定することが可能であるが、「教育に関する司法」ということは、観念的には考え得るとしても、実際上他の分野の司法と区別して処理することが難しいこともあるので、教育に関する司法を一般の司法から分離することは適当でない。

したがつて、責任をもつべき教育の範囲から司法権を除くこともやむを得ないものと考える。

教育の範囲を「教育に関する立法及び行政」に限定した場合なお若干の問題がある。

「教育に関する立法」について責任をもつことの意義は、日本の国会で制定した教育関係の法律が沖縄においても適用になることであるが、この場合、既存の法律のみ適用されるのではなくして、日本政府が沖縄の教育に責任をもつに至つた以後に行なわれた既存法律の改正及び新規法律の適用を含めるべきであり、この点日米間で明らかにしておく必要があろう。

しかし、新規法律が自動的に沖縄に適用になる場合、教育関係法規であるか否かが問題となる場合が考えられる。ある法令が教育関係法規であるか否かの認定について、日米両者が見解を異にする場合には、後述する日米の調整機関等を通じて日米間の調整を必要とすることとなろう。

また、「教育に関する立法」について日本政府が責任を負う場合、立

法をする国会に沖縄の代表がでていないことが憲法上許されるかということが問題となろう。しかしながら、米国においてもワシントン特別市（デイストリクト・オブ・コロンビア）の住民は国会議員の選挙権を有していないという例もあり、施政権が完全な姿で返還されていない地域に関する暫定的な措置として、許されるというよりも、やむを得ないこととして認めざるを得ない。しかしながら、将来の問題としては、沖縄住民の意思が本土の国会審議に反映される方途を考慮すべきである。

先に述べたごとく「教育に関する司法」は日本政府が責任をもつべき「教育」の範囲から一応除外し、結局、沖縄現地の司法機関に教育に関する日本法令の適用審査を委ねることとなるが、この場合であつても、沖縄に適用されるわが国の法規の最終的な違憲審査等については、更に慎重に検討する必要がある。

つぎに日本政府が責任をもつ教育の範囲としては、さし当り、学校教育に限定することが適当と思われる。学校教育のほか、社会教育をも含めるべきであるとの意見もあるが、社会教育は、学校教育以上に他の行政分野との接触が多いので、責任をもつべき範囲が不明確になるおそれが強く、また教育に責任をもつという場合、学校教育に責任をもつことがもつとも重要な要素をなすものであり、それに限つても、目的の大半は達成されるものと考えられる。

3. 方　　法

今まで述べたところにより、日本政府の責任において沖縄の教育を実施することは法律上可能であるということになるが、これを実施するにはいかなる措置をとるべきかについて、次のように考える。

(1) 米国の意思表示

サンフランシスコ平和条約調印当事国により、米国の権利として認められた平和条約第3条の規定による沖縄の施政権は、平和条約発効後は米国の意思により放棄することが可能であると考える。従つて日本政府が沖縄の教育につき責任をもつことは米国の意思により可能である。

日本政府の責任により沖縄の教育を実施するためには、まず、一定の時期（例えば昭和44年度から）を期して、沖縄における学校教育について日本政府が直接その責任において実施することを可能ならしめる米国の意思表示（具体的には米国が教育に関する立法及び行政上の権利を行使する意思を放棄する意思表示）が行なわれる必要がある。

(2) 教育関係法規の沖縄への適用

日本政府は、上記(1)の米国の意思表示が得られる見込みがつき次第、沖縄の教育につき責任をもつこととなる時期までに主要な教育関係事項に関し、「本邦の教育関係法令の沖縄地域への適用に関する特例を定める法律」（仮称）のごとき特例法を制定し、この法律に列挙された法律について必要な読み替えを行ない、または経過措置ないし特別措置を定めた上で沖縄地域に適用することとする。

主要教育関係事項としては、別紙のごときものが考えられるが、これらの事項に関する日本法規の適用については、現行のもののみならず、今後の改廃及び主要な教育関係事項に関し新法を制定した場合にもただちに適用があることを念のため明らかにしておくことが望ましい。

この実施に当つては、沖縄における現行関係法規の改廃を必要とするほか、米側の施政権との接触面について慎重な検討と調整を必要と

することとなろう。

(3) 沖縄における教育関係制度に対する措置

　上記により教育関係法令を適用する場合、現行の沖縄の教育関係諸制度はそのまま存置し、特例法の読替規定により沖縄の教育関係制度を本土のそれと同一とみなして本土法令の適用を行なうかあるいは沖縄の教育諸制度を全面的に本土の制度に合わせるよう改革を行なうか各種の案が考えられる。日本政府が沖縄の教育につき責任をもつのであるから、原則的には沖縄の教育諸制度を本土のそれに合わすべきであるが、猶予期間をおき、可能なものから漸次合わせて行くことが必要であろう。

　沖縄の教育諸制度に改革を加える場合はつぎのような措置が考えられ、これらの措置を実施する場合には、日米間に周到な協議を要することはいうまでもない。

イ　学校制度に対する措置

　a　琉球大学は国立大学とし、同大学の教職員は日本政府の国家公務員とする。この場合大学の管理運営は本土の国立大学と同様とする。

　b　教育区立小中学校は市町村立とする。

　　この場合において、本土の教育関係法規の適用については沖縄地域を一の都道府県とみなし、琉球政府は、その都道府県の機関とみなす。また沖縄の市町村は本土の市町村と同一のものとみなす。日本政府と琉球政府及び琉球政府立学校又は日本政府と市町村及び市町村立学校との関係は、本土における国と都道府県及び都道府県立学校又は国と市町村及び市町村立学校との関係と同等

の取扱いとする必要がある。例えば、琉球政府立高等学校の教職員の身分は琉球政府公務員であるが、教育関係法規の適用に関しては、都道府県に勤務する地方公務員とみなす。また市町村立義務教育諸学校の教職員は、本土の例にならい身分は当該市町村に勤務する地方公務員であるが、その任免は後に述べるところの琉球政府教育委員会（本邦からみれば県教育委員会）が行ない、その給与は琉球政府（本邦からみれば県）が支給し、その半額以上を日本政府が負担することとする。

 ロ 教育行政機構に対する措置

  a 現行の沖縄の教育行政機構は、その性質上本土において都道府県条例をもって設けることのできるものを除いては、すべてこれを廃止する。これには、現行の教育区制度の廃止も含まれる。

  b 琉球政府に教育委員会を置く。これは本邦の教育関係法規の適用上は都道府県教育委員会とみなされ、現在の琉球政府文教局は右教育委員会の事務局とする。

(4) 財政上の措置

 (2)において述べたごとく、主要な教育関係事項に関し、日本法規の適用を行なうこととし、このため義務教育費国庫負担法等の国庫負担に関する法令の適用を行なうので、国庫負担金に関して、その範囲においては沖縄においても本土の都道府県又は市町村と同様となるが、琉球政府及び沖縄の市町村には本土の都道府県及び市町村と同様の一般財源の保障が行なわれないので、本土の都道府県及び市町村に比較した場合、財源保障の面では不充分となる。この点を是正するとともに、終戦以来今日までに累積された教育水準の格差を解消するため本土よりも高率な国庫負担を行なう必要がある。

(5) そ　の　他

 イ 日本政府の責任において沖縄の教育を実施するためには、琉球政府の指導及び連絡のため、日本政府の教育関係出先機関の設置又は南方連絡事務所の機能を拡大して教育関係部門を強化する必要がある。

 ロ 日本政府の責任において沖縄の教育を実施する場合、米国の施政権との関連において、日本政府の責任をもつべき範囲を確定して実施したとしても、教育がその他の一般施政分野と全く無関係でない以上、日米両者間において調整を要する問題が生ずることが当然予想される。このような調整を行なうため、日米間において調整委員会のごときものを設置することが適当であると考える。

三、実質的に教育を一体化するための方法

　上記二に述べた措置を講ずることとすれば、沖縄の教育について日本政府が責任をもって実施することとなり、教育権は日本政府に返還されることとなる。しかしながら、以上は主として理論上からみて教育権返還が可能であること及びそれに伴なう実施上の措置の概要を述べたものであつて、これを現実の問題として、その具体的実施をするためには、なお検討すべき問題のあることはいうまでもない。本懇談会としては、このような形で本土と沖縄の教育の一体化が行なわれるまでの間、実質的に教育を一体化するための方法として次の二点について指摘したい。

1. 沖縄の教育水準を本土並みにするための援助の内容と方向

　沖縄の教育水準の現状については、Ⅱの一の2において述べたとおりであつて、沖縄においては学校の施設及び備品の整備、学級編制、教員の学歴及び経験年数等の教育諸条件において本土と比較した場合、大きな格差がみられる状況であり、昭和41年度の学力調査の結果によると、児童、生徒の学力は本土より相当低位におかれている。

　このような現状に対処し、沖縄の教育水準を本土並みに高めるための措置を講ずることがもつとも緊要であると思われる。

　沖縄の教育水準が本土と大きな格差を生じている原因として、沖縄における教育財政が本土と比較した場合かなり貧困である点が挙げられる。すなわち沖縄における公教育費の状況は、参考資料1.にみられるごとく、児童、生徒1人当り公教育費の支出において小学校は本土の54.8％、中学校は本土の75.1％、高等学校は本土の65.2％であるというごとく本土の水準に比べかなりの格差がある。そしてこのような沖縄の教育財政の現況をもたらしているものは、琉球政府における財政力の貧困で

あるといえよう。

　琉球政府の財政力が貧困であるのは、本土の府県が国庫負担金、地方交付税、起債等により国から財源保障を受けているのに対し、琉球政府の場合は、日米の財政援助金は漸次増額されてきているものの、その財源のほとんどを自らの税収入に依存せざるをえないためである。

　本土の府県及び市町村の場合は、義務教育費国庫負担法による教職員給与費に対する国庫負担、義務教育諸学校施設費国庫負担法による学校施設の建設等に対する国庫負担のほか、その他各種の国庫補助制度が整備されているとともに、国庫負担金及び補助金によつて財源賦与されるもののほか、教育に関する財政需要全般に対し地方交付税によつて一般財源の保障がなされている。また学校の建設等に要する経費に対しては、前記国庫負担金、補助金のほか、国の財政資金による起債制度が整備され、学校建設等に係る臨時的経費に対する財政措置が講ぜられることとなつている。

　なお各府県にある国立大学に要する経費は、全額国庫の負担であることはいうまでもない。

　沖縄に対しては、本土におけるこれらの財源賦与の制度は適用にならず、日本政府は従来沖縄に対し各種の教育関係財政援助を実施して来たのであるが、その状況は参考資料2.にみられるごとく、昭和40年度までは主として教員の研修、育英奨学金、学校備品等に対し、本土の府県に比べれば極めて少額の援助を実施したにすぎなかつた。昭和41年度から義務教育教職員給与費に対する半額援助、公立小中学校普通教室等に対する援助、教科書無償交付のための全額援助等が実施され、教育関係援助金額は昭和40年度以前に比し大巾な増額をみたのである。

このように沖縄に対する教育関係財政援助は逐年充実をみつつあるが、沖縄の教育水準を本土並みに引き上げるためには教育関係財政援助を一層拡充する必要がある。

いうまでもなく、沖縄は本土の府県と比較して、税財政制度においてもまた教育制度そのものにおいても相違があるので、本土の府県に対すると同様な援助の方式を採用することことには問題があろう。また、これらの財政援助の増額は、沖縄の施政権者である米国と共同して実施して行くべきものともいえるであろう。しかしながら、日本政府としては沖縄住民の教育が本土国民と同様、日本国民としての教育であるという点に思いをいたし、これら教育関係の援助の実施については、格別の配慮を払うべきものと考える。

2. 沖縄の教育の諸制度を本土と同様にする方法

沖縄の本土復帰の日にそなえ、本土復帰の際の困難を少なくするとともに、本土と沖縄の教育に関する各般の交流を一層円滑にするためには、本土と沖縄双方における教育に関する諸制度に差異がないようにすることが望ましい。沖縄の教育制度を本土のそれと同一にするためには、実質的に本土の教育関係法律と同一内容の立法を琉球政府において制定する方式が考えられる。

ただし、この方式では本土法の改正が行なわれた場合、それがそのまま沖縄に適用されることにならないため、沖縄において法令の改正が行なわれるまで双方の教育制度は一時的に相違を生ずることになるが、沖縄において常に本土の教育制度と同一になるよう法令の改正等につき積極的な配慮を行なうことにより、この方式の目的が達せられるようにすることが望ましい。

現在教育制度に関する法令のうち、本土の教育基本法、学校教育法、社会教育法等により規定されている事項に関しては、内容的に本土法とほぼ同様な琉球政府の立法があり、従つて学校制度、教育内容等はほとんど同一である。
　従つて、沖縄の教育制度を本土と同一にするためには、主として教育行政組織、教員の身分等に関する次のような諸点が問題となる。
(1)　教育行政組織については、沖縄には教育委員会法があるが、その内容は本土法と異なる点が多い。従つて、特に、(イ)市町村とは別法人の地方教育区が置かれ、本土において市町村が担当している教育事務を地方教育区に担当せしめているが、これを廃止して市町村教育委員会に改組し、その権限等は本土における市町村教育委員会と同様とすること及び連合区教育委員会制度も廃止し、本土の都道府県と同様教育事務の実施のためには都道府県教育委員会事務局の出先機関に相当する機関を設置すること並びに、(ロ)現在連合教育区の範囲で行なわれている人事異動を中央教育委員会の権限で沖縄全域の規模で実施し、教員の人事交流を促進し、教育の格差解消を図ること等について検討する必要がある。
(2)　教員の資格、身分、給与等については、(イ)沖縄の教員免許制度を本土と同様のものとすること (ロ)教員の任用、身分保障、給与その他の待遇については、本土の公立学校教員に適用されている地方公務員法、教育公務員特例法に準ずる立法を行なうこととし、身分保障、服務規律等を本土と同様なものとし、また給与その他の待遇についても本土のそれと同一水準に高めることを考慮する必要がある。なお共済組合法も本土並みの給付ができるように配慮するとともに、本土の共済組

合法との関連において相互給付、相互通算等の措置を講ずることが望ましい。

(3) 沖縄の学校制度、教育内容等については、本土のそれと差異がないことは先に述べたとおりであるが、実際の教育水準は、一の2において述べたごとく、学校施設及び備品の整備、学級編制、教員の学歴、経験年数等教育諸条件がいずれも本土と比較して大きな格差があるために、本土よりも実質的に劣っているといえる。教育に関する諸制度を同一にすることは、学校制度や教育内容を同様にすることのみでなくして、学級編制基準、施設、設備、教員の素質能力等教育実施のための諸要件を同一にすることを含まなければならない。この点上記1に述べたとおり、財政援助を強化することによって、学級編制基準、学校施設、設備を本土と同程度に引き上げ、教員の研修を強化すること等によりその資質の向上に努める必要がある。

琉球大学については、本土の大学設置基準の見地からみると、施設、設備の整備状況、教員の充足状況について基準との間にかなりの懸隔がみられるので、実質上本土の大学設置基準に合致した規模、内容のものとするよう努力する必要がある。このためには、1に述べたように、財政援助によって施設設備の整備をはかり、また教員の本土派遣研修及び本土大学教授の派遣等を強化する必要がある。

(4) その他実質的に本土と沖縄の教育の一体化を図るためには、(イ)本土政府と琉球政府との関係は、本土における国と都道府県の関係と実質的に同様となるよう指導、助言及び連絡調整を強化すべきである。
(ロ)教員免許制度を同一にすることとあいまって、本土との教員の人事異動、人事交流に関する方途を検討する必要がある。(ハ)また琉球政府

の教育関係の外かく団体（例えば琉球育英会、私立学校振興会、琉球学校安全会）は本土政府の外かく団体（日本育英会、私立学校振興会、学校安全会）の支部として事業を実施せしめるなどの分野でも一体化をはかることを検討する必要がある。

Ⅲ　結　語

　以上、「本土と沖縄の教育の一体化について」本懇談会が審議した結果の概要を述べた。本懇談会は日本政府の責任において沖縄の教育を実施する方法すなわち、沖縄の教育権の返還問題についてその法理論からみた可能性の問題、返還される場合の教育権の範囲及び返還の方法等について検討を加えた結果、Ⅱの二に述べた如き結論をえた次第である。しかしながら、本問題について本懇談会は、主として、それが法律上可能かどうか、可能であるとすれば行政上、財政上の措置はどのようにすべきであるかについて検討を加えたのであつて、この問題が外交上、政治上からみて実現の可能性があるかどうか、またこれを実現する方法やそれに伴なう問題点について充分な検討を加えたわけではない。それらはあげて政府の判断と責任において行われるべきことであつて、本懇談会に対する諮問の範囲を越えるものであると思うからである。いいうることは、いわゆる機能別施政権の返還の方式をとる場合には、各種の機能の中で特に教育について日本政府が全責任をもつことすなわち教育権の返還をまず考慮すべきであるということである。それは、さきに述べた戦後の沖縄における教育の推移と現状にかんがみ、日本政府が責任をもつて沖縄同胞に対する日本人としての教育を行なうことの意義が極めて大きいからである。

　次に、沖縄の教育水準を実質的に本土並みにするための措置について若干申し述べておきたい。

　本土と沖縄の教育の一体化のためには、沖縄の教育をまつたく日本政府の責任において実施することが最も望ましいことはいうまでもないが、沖縄が現在おかれている特殊な地位にかんがみ、またその実施上の困難の故にその

実現がむずかしいというのであれば、日本政府としては、沖縄の教育水準を本土の教育水準に引き上げるためのあらゆる施策を講じ、沖縄が米国の施政権下にあつても、本土と沖縄の教育が実質的に一体化しうる施策を強力に推進すべきことはいうまでもない。一昨年8月佐藤総理大臣の沖縄訪問以来、沖縄の教育に対する日本政府の援助が充実強化され、沖縄現地の人々の協力とあいまつて、教育水準の向上をみてきていることは事実である。しかしながら、Ⅱでもふれたように、また参考資料によつても明かなごとく、沖縄と本土相当県の教育水準を比較するとき、両者の間には、今なお相当の格差があることは明かである。それは校舎、諸施設、備品、学力の水準、教員配置、教員の資質等教育全体についていいうることである。沖縄においては、その教育基本法の前文において日本国民としての教育の立場が明瞭にうたわれており、関係者によつて　　これが実践されて今日に至つている。日本政府は、沖縄の教育の充実向上のため一層の努力を払い、本土と沖縄との教育の一体化施策を促進すべきである。

　本懇談会が沖縄の教育権の返還問題について諮問をうけて以来約1年、この間、総会を10回、起草小委員会を4回開催して論議をつくしたのであるが、もちろん、この答申はその骨子について述べたものであつて、その委細をつくしているものではない。沖縄問題の解決は、沖縄が日本を含めた極東の安全と平和の維持に果している重要な役割と沖縄の施政権返還に対する日本国民の悲願とを如何に調整するかにかかつているといわれる。それだけに問題は複雑、困難ではあるが、日本政府としてその解決をゆるがせにできない重要な課題であると思うのである。本懇談会としては日本政府が沖縄の教育権の返還のみならず、沖縄問題全般について、高度の政治的判断を加えつつ、引き続き検討されることを強く期待するものである。

別　紙

主要な教育関係事項

1. 教育の基本に関する事項
   - 教育基本法（昭２２、法律２５）
2. 学校教育の基本に関する事項
   - 学校教育法（昭２２、法律２６）
   - その他関係法令
3. 公立学校の学級編制、教職員定数等の標準設定に関する事項
   - 公立義務教育諸学校の学級編制及び教職員定数の標準に関する法律（昭３３、法律116）
   - 公立高等学校の設置、適正配置及び教職員定数の標準等に関する法律（昭３６、法律１８８）
   - その他関係法令
4. 教育職員の免許に関する事項
   - 教育職員免許法（昭２４、法律１４７）
   - その他関係法令
5. 教育公務員の身分取扱いに関する事項
   - 教育公務員特例法（昭２４、法律１）
   - その他関係法令
6. 教職員の共済組合加入に関する事項
   - 私立学校教職員共済組合法（昭２８、法律２４５）
   - 国家公務員共済組合法（昭３３、法律１２８）
   - 地方公務員等共済組合法（昭３７、法律１５２）

- その他関係法令
7. 教科用図書に関する事項
    - 教科書の発行に関する臨時措置法（昭23、法律132）
    - 義務教育諸学校の教科用図書の無償に関する法律
    （昭37、法律60）
    - 義務教育諸学校の教科用図書の無償措置に関する法律
    （昭38、法律182）
    - その他関係法令
8. 教育に要する経費の負担に関する事項
    - 市町村立学校職員給与負担法（昭23、法律135）
    - 公立高等学校定時制過程職員費国庫補助法（昭23、法律134）
    - 義務教育諸学校施設費国庫負担法（昭33、法律81）
    - 公立学校施設災害復旧費国庫負担法（昭28、法律247）
    - 義務教育費国庫負担法（昭27、法律　303）
    - その他関係法令
9. 私立学校に関する事項
    - 私立学校法（昭24、法律270）
    - 私立大学の研究設備に対する国の補助に関する法律
    （昭32、法律18）
    - その他関係法令
10. 学校保健に関する事項
    - 学校保健法（昭33、法律56）
    - その他関係法令
11. 学校給食に関する事項

- 学校給食法（昭29、法律160）
- その他関係法令

12. 教育の振興に関する事項
    - 理科教育振興法（昭28、法律186）
    - 産業教育振興法（昭26、法律228）
    - その他関係法令

13. 教育に関する行政組織に関する事項
    - 文部省設置法（昭24、法律146）
    - 地方教育行政の組織及び運営に関する法律（昭31、法律162）
    - その他関係法令

教 育 水 準 比 較 （参考資料1）

(1) 1学級当り児童、生徒数

　小学校、中学校ともに本土にくらべて、1学級当りの生徒数が多い。とくに本土においては、昭和43年度までに1学級当りの人数は最高45人となる予定であり、したがつて46人以上の過大学級は昭和41年現在小学校の6.9％中学校の12.5％にすぎないのに対して沖縄では小学校の29.4％中学校の62.8％におよんでいる。

収容人員別学級数（構成比）

（小学校）　　　　　　　　　　　　（昭和41年5月1日現在）

区　分	40人以下	41人～45人	46人～50人	51人以上	平　均
沖　縄	35.9%	34.7%	26.6%	2.8%	40.1人
本　土	67.4	25.7	6.7	0.2	34.5

（中学校）　　　　　　　　　　　　（昭和41年5月1日現在）

区　分	40人以下	41人～45人	46人～50人	51人以上	平　均
沖　縄	17.9%	19.3%	51.7%	11.1%	44.6人
本　土	37.8	49.7	12.4	0.1	39.9

(2) 教員1人当り児童、生徒数

　小学校、中学校とも教員1人当りの児童、生徒数は、年々減少しつつあるが、本土とくらべるとまだまだ多くなつている。

　高等学校については、本土とほぼ同じである

教員1人当り児童、生徒数

(昭和41年5月1日現在)

区　分	小学校	中学校	高等学校
沖　縄	34.0人	26.9人	23.0人
本　土	27.6	23.8	23.1

(3) 本土と沖縄における教員の勤務年別構成比

　沖縄においては、小、中学校の教員を本土と比較すると経験年数の浅いものの比率が多く、特に小学校においては、勤務年数4年未満の者が41.3％にも達している。一方中堅となるべき勤務年数10～24年の教員は、小学校では、本土が59.7％に対し沖縄が55.7％、中学校においては本土の51.7％に対し27.6％と半分程度の比率を占めるに過ぎない。

(昭和40年6月1日現在)

			4年未満	5～9年	10～14年	15～19年	20～24年	25年29年	30年以上
小学校	本　土	100	11.4%	11.4%	15.5%	27.6%	16.6%	7.6%	9.9%
	沖　縄	100	17.6	12.1	20.5	23.9	11.4	5.5	9.0
中学校	本　土	100	20.0	16.9	20.8	23.1	7.8	4.8	6.6
	沖　縄	100	41.3	22.1	9.4	11.4	6.8	3.3	5.7

(4) 教員男、女別構成

　小学校については、女子教員の比率が本土にくらべ非常に高く、中学校についてはほぼ同程度、高等学校については、本土より低くなつている。

（昭和41年5月1日現在）

区　　分	男		女	
	沖　　縄	本　　　土	沖　　縄	本　　　土
小　学　校	30.7%	51.4%	69.3%	48.6%
中　学　校	72.7	74.7	27.3	25.3
高　等　学　校	86.2	82.8	13.8	17.2

(5) 児童、生徒1人当り公教育費

　　小学校、中学校、高等学校とも本土との格差が大きく、小学校は本土の54.8%、中学校は本土の75.1%、高等学校は本土の65.2%にすぎない。

児童、生徒1人当り公教育費

1965会計年度（沖縄）
昭和　39　年度（本土）

区　分	小　学　校	中　学　校	高　等　学　校
沖　　縄	19,058円	26,820円	42,422円
本　　土	34,786	35,712	65,048

(6) 児童、生徒1人当り校舎面積

　　校舎保有面積が本土にくらべ著しく低いため、児童、生徒1人当り保有面積に大きな格差がある。

　　校舎基準達成率は、小学校69%、中学校51%、高等学校57%となっている。

児童、生徒1人当り校舎面積

(昭和40年5月現在)

区　分	小 学 校	中 学 校	高 等 学 校
沖　縄	2.40㎡	2.43㎡	3.43㎡
本　土	4.88	4.78	5.74

(7) 理科備品保有状況

本土にくらべて整備がおくれており、基準達成率が非常に低い。

理科備品保有状況

(昭和40年3月現在)

区　分	小 学 校	中 学 校	高 等 学 校
沖　縄	31%	30%	37%
本　土	68	67	57

(8) 学校図書館図書の児童、生徒1人当り保有状況

本土にくらべ学校図書館図書の保有数が低く、児童、生徒1人当りの冊数は小学校1.6冊、中学校1.7冊、高等学校3.8冊となつている。

（沖縄　昭和41年5月現在）
（本土　昭和36年4月現在）

	児童、生徒1人当り冊数	
	沖　縄	本　土
小 学 校	1.6冊	3.1冊
中 学 校	1.7	3.5
高 等 学 校	3.8	7.8

(9) 教育人口および義務教育人口の全人口に対する比率

全人口の中に占める教育人口は、本土の23.1%に対し、沖縄は31.3％と高く、特に義務教育人口は、本土に比べ9.3％も高くなっている。

	本　　土	沖　　縄	備　　考
教　育　人　口	23.1％	31.3％	教育人口＝（幼、小、中、高、大）昭和41年度
義務教育人口	15.4	24.7	全人口＝（国勢調査）昭和40年10月

(10) 琉球大学

琉球大学は、沖縄における唯一の政府立大学であるが、全国国立大学平均の教官1人当り学生数ならびに学生1人当り校舎面積を比べてみると次のとおりである。

	教官1人当り学生数 昭和41年度	学生1人当り校舎面積 昭和40年5月
全　　国	6.9人	22.4㎡
琉球大学	16.8	8.5

(11) 体育施設（公立学校）

沖縄における水泳プール、屋内運動場の保有率は、本土と比べ格差の最も大きい分野であり、皆無に近い保有状況である。

（本土 昭和４０年５月現在）
（沖縄 昭和４１年５月現在）

	水泳プール						屋内運動場					
	小学校		中学校		高校		小学校		中学校		高校	
	本土	沖縄	本土	沖縄	本土	沖縄	本土	沖縄	本土	沖縄	本土	沖縄
保有率%	20.4	0.4	13.7	0.7	15.0	0	64.6	0.4	64.9	2.0	…	3.3
学校数	25,745	237	11,384	151	3,657	30	25,745	237	11,384	151	3,657	30
個数	5,261	1	1,559	1	550	0	16,638	1	7,390	3	…	1

(12) 昭和４１年度全国学力調査結果

　上記のような人的、物的悪条件から全国学力調査結果から判断される沖縄の学力水準は全国平均と比較していちじるしく低く、時事通信調査による教科別得点の最低県と比較しても、技術家庭科を除き、各教科とも４〜７点近く低くなつている。

（本土との比較）

区分	学年	教科	本土（平均点）	沖縄（平均点）	差	本土（最低県）	差
小学校	5	国語	54.8	43.2	15.2	49.6	6.4
		算数	39.5	23.5	16.2	31.0	7.5
		音楽	55.8	40.9	14.9	45.7	4.8
中学校	1	国語	67.2	52.6	14.8	59.0	6.4
		数学	44.5	30.5	14.0	38.0	7.5
	3	国語	45.6	35.2	10.4	39.5	4.3
		数学	43.2	24.4	18.8	31.6	7.2
		技術（男）	62.5	39.0	23.5	37.8	-1.2
		家庭（女）	58.2	38.0	20.2	38.3	-0.3

文 教 時 報	号外 第12号

1967年8月15日

編集兼発行
　　琉 球 政 府 文 教 局
印 刷 所
　　文 進 印 刷 社

1968年度

号外 13

教育関係予算の解説

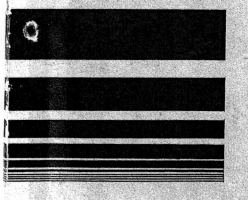

'68

文 教 局

1968年度

教育関係予算の解説

文 教 局

文教時報号外（第3号）

はじめに

　この小冊子は、1968会計年度の教育関係予算について解説したものであります。
　文教予算の編成にあたつては中央教育委員会によつて樹立された9大方針があり、これらを中心に毎年充実発展させるべく努力しているのであります。　それらの中で、特に本年度特筆すべきものをあげますと、
1. 日米両政府の援助による教育関係予算総額の拡充
2. 学校建設費の増額
3. 本土並み水準を目標とする学級編制と教職員定数計画
   （1966～1968）の最終年次として予算措置されている。
4. 私立学校及び幼稚園教育の振興費が大幅に延びている。
5. その他、教職員の福祉の増進、後期中等教育の拡充整備地方教育区の財政強化等の努力がなされている。

以上の点は68年度教育関係予算の特徴といえると思いますが、沖縄における教育諸条件の整備及び本土並み水準到達のためにはなお長期にわたつての日米援助と教育予算の拡充に努力する必要があります。
　沖縄教育の向上は、ひとり行政当局だけでなしうるものでなく、広く教育関係者はもとより全住民が文教施策および諸制度の趣旨を理解され、ご協力くだされることが最も必要なことだと考えます。
　この小冊子のご利用により文教施策について、より深い認識とご協力を得たいと念願しております。

　　1967年8月

　　　　　　　　　　　文教局長　赤嶺義信

もくじ

- 第1章 1968年度教育関係予算の全容 1
- 第2章 文教施設（校舎等）及び設備備品の充実 7
  1. 1968年度の校舎建築 7
  2. 文教施設用地の確保 12
  3. 設備・備品の充実 13
- 第3章 学級規模の改善と教職員の資質並びに福祉の向上 .. 16
  1. 教職員の定数の確保と学級規模の適正化 16
  2. 教職員給与の改善 17
  3. 教職員の資質の向上 20
  4. 教育研修センターの建設 26
  5. 各種教育団体助成 27
  6. 教職員の福祉の向上 28
- 第4章 地方教育区の財政強化と指導援助の拡充 29
  1. 地方教育費の財源強化 29
  2. 単位費用の改善 30
  3. 地方教育区行政職員等の資質の向上 31
- 第5章 教育の機会均等 36
  1. 義務教育諸学校教科書の無償給与 36
  2. 幼稚園の育成強化 37
  3. へき地教育の振興 38
  4. 特殊教育の振興 39

第6章 後期中等教育の拡充整備 ………… 41
1. 後期中等教育の拡充整備 ………… 41
2. 教員数の確保と教員養成 ………… 41
3. 備品の充実及び研修の強化 ………… 42
4. 産業教育の振興 ………… 42

第7章 学力向上と生活指導の強化 ………… 44
1. 教育指導者の養成と指導力の強化 ………… 44
2. 理科教育の振興 ………… 46
3. 生活指導の強化 ………… 47
4. 教育調査研究の拡充 ………… 48
5. 視聴覚教育の拡充 ………… 49

第8章 保健体育の振興 ………… 52
1. 保健体育指導の強化 ………… 52
2. 学校保健の強化 ………… 53
3. 学校給食の普及及充実 ………… 53
4. 学校安全の強化 ………… 54
5. 学校体育諸団体の育成 ………… 54
6. 社会体育の振興 ………… 55

第9章 社会教育の振興と青少年の健全育成 … 57
1. 青少年教育 ………… 58
2. 成人教育 ………… 60
3. 公民館 ………… 61
4. 視聴覚教育 ………… 61
5. レクリエーション ………… 62
6. 新生活運動 ………… 62

    7. 社会教育主事研修 62
    8. 社会教育施設設備の充実と運営の強化 63
    9. 社会教育関係団体の助成 64

第10章 育英事業の拡充 65

第11章 文化財保護事業 67

第12章 県史編さん 69

第13章 琉球大学の充実 71
    1. 予算編成の基本方針及び重点施策 71
    2. 1968年度琉球大学の歳出予算 71

第14章 私立学校教育の振興 76
    1. 私立学校振興会出資金 76
    2. 施設設備助成 77

＜参考資料＞
    1. 1968年度教育関係歳出予算の款項別一覧表 .. 79
    2. 1968年度文教局予算中の地方
       教育区への各種補助金・その他 81
    3. 地方の教育予算 90
    4. 教育関係日米援助 94

第1章　1968年度教育予算の全容

　1968年度琉球政府予算は諸般の事情により、1ヵ月の暫定予算で発足したが、本予算は7月31日の立法院本会議で可決され、8月1日に行政主席の立法第53号としての署名公布により正式に成立した。

1　教育予算の総額

　1968年度琉球政府一般会計歳入歳出予算総額は119,751,600ドルで、このうち教育関係予算額は37,316,465ドルで総予算に占める比率は31.2％となつている。

　今年度の教育予算を前年度のそれと比較すると、前年度の当初予算額30,402,308ドルに対して6,914,157ドルの増で、伸長率は22.7％（政府総予算の伸長率は35.7％）となつている。また、前年度の補正後の最終予算額32,643,310ドルに対しては、4,673,155ドルの増、比率で14.3％の増（政府総予算額の前年度最終予算に対する増加率は28.0％）となつている。

　教育予算を事項別に分けて、その構成比ならびに政府総予算に対する比率を示すと次のとおりである。

事　項	予算額	構成比	政府総予算に対する比率
	ドル	％	％
総　額	37,316,465	100.0	31.2
文　教　局	34,759,402	93.1	29.0
文化財保護委員会	78,489	0.2	0.1
琉　球　大　学	2,478,574	6.7	2.1

― 第1章 1968年度教育予算の全容 ―

琉球大学費及び文化財保護委員会関係予算を除いた文教局歳出予算額34,759,402ドルを支出項目別に前年度と比較して示すと次のとおりである。

支出項目別内訳

(単位 ドル)

事 項	1968年度予算額	1967年度予算額 当初	1967年度予算額 最終	比較増△減 当初	比較増△減 最終
総 額	34,759,402	27,992,903	30,202,876	6,766,499	4,556,526
A 消費的支出	26,713,129	21,337,843	23,547,816	5,375,286	3,165,313
1 教職員の給与	22,233,519	17,682,978	19,655,510	4,550,541	2,578,009
2 そ の 他	4,479,610	3,654,865	3,892,306	824,745	587,304
B 資本的支出	8,046,273	6,655,060	6,655,060	1,391,213	1,391,213
1 学校建設費	5,355,746	4,626,834	4,626,834	728,912	728,912
2 そ の 他	2,690,527	2,028,226	2,028,226	662,301	662,301

なお、上の支出項目別内訳の構成比を図示すれば、下図のとおりとなる。

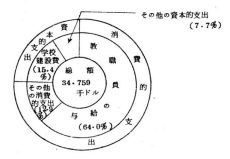

この図にみるとおり、文化財・琉球大学関係を除く教育予算額の64%は学校教職員の給与費で、これに学校建設費の15%を加えた約80%が、いわゆる義務経費に支出されている。

次に文化財・琉球大学経費を除く教育予算額を教育分野別に分類して、その構成比を示すと次の表のとおりである。

教育分野別の予算額と構成比

分野別	予算額 (ドル)	構成比 (%)
総　　額	34,759,402	100.0
学校教育費	32,337,283	93.0
幼稚園	250,543	0.7
小学校	13,716,309	39.5
中学校	9,431,951	27.1
特殊学校	507,946	1.5
高等学校	7,230,556	20.8
各種学校	1,199,978	3.4
社会教育費	415,728	1.2
教育行政費	1,671,565	4.8
育英事業費	334,826	1.0

本年度の教育予算も前年度同様に、義務教育諸学校教職員給与費をはじめとする日米両政府の教育援助が大幅に組み入れられているが、これらの状況を前年度と比較してみると下表のとおりとなる。

教育関係予算中の日米両政府の援助状況

区分	財源		1968年度 金額 (ドル)	構成比 (%)	1967年度 金額 (ドル)	構成比 (%)	比較増△減 金額 (ドル)
全教育予算	援助	琉政	17,073,711	45.8	14,413,646	47.4	2,660,065
		日政	10,047,754	26.9	7,578,662	24.9	2,469,092
		米政	10,195,000	29.3	8,410,000	27.7	1,785,000
	計		37,316,465	100.0	30,402,308	100.0	6,914,157
文教局 (含文化財)	援助	琉政	14,965,137	43.0	12,563,724	44.8	2,401,413
		日政	10,027,754	28.8	7,578,662	27.0	2,449,092
		米政	9,845,000	28.2	7,910,000	28.2	1,935,000
	計		34,837,891	100.0	28,052,386	100.0	6,785,505
琉球大学	援助	琉政	2,108,574	85.1	1,849,922	78.7	258,652
		日政	20,000	0.8	-		20,000
		米政	350,000	14.1	500,000	21.3	△150,000
	計		2,478,574	100.0	2,349,922	100.0	128,652

日米両政府の教育援助の事業内容については、それぞれの章において詳説されることになるが、琉球政府予算に繰り入れられない事項を含めた日米両政府の教育援助額の一覧表については、参考資料〔四〕にまとめて掲示してある。

これまでに述べた教育関係予算は、他の部局に繰り入れられているものは除かれているが、このほかに政府全体として一括計上されているものに土地購入費、借地料、用度費（印刷費、庁用消耗品・備品費など）がある。これらのなかの教育関係予算額を示せば次のとおりである。

```
政府立学校土地購入費    280,348ドル
政府立学校借地料         21,445ドル
文教局用度費            62,864ドル
琉球大学土地購入費      556,000ドル
  計                   920,657ドル
```

以上の経費はすべて総務局の予算に計上されている。さらに、このほかに、市町村交付税をとおして、教育区の予算に実質的に繰入れられていく教育財源があるが、今年度の政府一般会計より市町村交付税特別会計への繰入額は10,747,625ドルで、このうち市町村の「教育費負担金」を通じて間接的に政府より教育区へ支出されるとみられる額を基準財政需要額の割合いから単純推計すると約3,095,000ドルとなってくる。

このような局外計上の教育費分を含めると、教育関係予算額は実質的には約4,133万ドルとなり、政府一般会計総予算額の約34.5％を占めていることとなる。

2 文教局予算編成の方針とその経過

1968年度文教局予算の編成に当つては、教育条件の本土との格差是正を目標として、日米両政府の大幅な教育費関係財政援助を得て、本土並みの財政規模を確保することにより、義務教育諸学校の学級編制・教職員定数基準の改善、校舎建築の

推進をはじめとするいくたの主要施策を中核として、教育条件の飛躍的向上をはかるべくその作業がすすめられた。

すなわち11月21日に中央教育委員会で協議された「1968年度教育主要施策」を基とし、それらの施策が予算上に反映されるよう、各主管部課において、けんめいな努力がはらわれてきた。

中央教育委員会で定められた主要施策は次のとおりである。

1968年度教育主要施策

重点施策	具体的施策
1.文教施設(校舎等)及び設備・備品の充実	●普通教室の充足　●特別教室の充足　●老朽校舎の解消　●管理関係諸室の充足　●屋内体育室及びプールの建設　●特殊教育施設の充実　●文教施設用地の確保　●設備・備品の充実
2.学級規模の改善と教職員の資質並びに福祉の向上	●教職員定数の確保　●教職員の資質の向上　●教育研修センターの建設　●各種研究団体の助成　●教職員の福祉の向上
3.地方教育区の財政強化と指導援助の拡充	●交付税(教育費分)の財源確保と単位費用の拡充　●地方教育区行政職員等の資質向上
4.教育の機会均等	●義務教育教科書無償の実施　●幼稚園の育成強化　●へき地教育の振興　●特殊教育の振興　●就学奨励の拡充
5.後期中等教育の整備拡充	●高校教職員定数の確保　●教員養成の拡充　●産業教育の振興
6.学力向上と生活指導の強化	●教育指導者の養成と指導力の強化　●理科教育の振興　●生活指導の強化　●教育調査研究測定の拡充　●視聴覚教育の拡充

7.保健体育の振興	●学校体育指導及び学校保健の強化　●学校給食の拡充　●指導者の資質向上と体育団体の育成　●総合競技場の拡充と運営の強化　●体育施設の拡充
8.社会教育の振興と青少年の健全育成	●青少年の健全育成と家庭教育の振興　●青年学級及び家庭教育学級の振興　●社会教育における職業技術教育の振興　●社会教育指導者の養成　●図書館、博物館、青年の家その他社会教育施設の運営強化
9.育英事業の拡充	●国費・自費制度及び特別奨学制度の拡充　●一般奨学制度の新設

　この主要施策に基づく教育費の需要額を約5,100万ドルと見込み、予算担当局と長期に亘る折衝が行なわれた後、他の行政分野との均衡における教育予算の最終査定がなされ政府参考案が作成された。この参考案は去る4月に立法院に送付され、立法院で審議の結果、若干の修正増減が行なわれ、教育予算は前記のとおり37,316,465ドルに修正可決となり主席の署名公布により正式に成立した。

　新年度予算の具体的内容については主要施策に基づき第2章以下で概説されている。

第2章 文教施設（校舎等）及び設備備品の充実

　1968年度も文教行政の重点施策のトップに「文教施設及び設備備品の充実」がかかげられている。政府は本土の教育水準を目標として可能な限り短期間で現状の整備改善につとめている。とくに前年度の校舎建設費465万ドルという大幅な増額によって普通教室の一応の（97％）充足はみた。また、設備備品の中にも相当の充足率を示しているのもある。しかし、校舎面積の基準達成率は1967年6月末現在で、小学校66.7％、中学校63.5％、高校62.9％となっていて、目標にはかなり遠いことも事実である。

　本年度も政府の最重点施策の一つとして、教育環境を整え、教育の効果を一層高めるために次のような計画を強力に推進していきたい。

1　1968年度の校舎建築

(1) 学校建設費の概要

　○学校建設に要する予算は528万2,198ドルで、前年度予算額465万186ドルに比べて63万2,012ドル（13.6％）の増となっている。
　○増加の要因は、台風災害復旧費（42万5,883ドルで内34万703ドルが日政援助）と単価の改善によるものである。
　○事業量は前年に比べて大差はない。

第2章 文教施設及び設備備品の充実

	1968年度予算	1967年度予算	増△減
学校建設費	$ 5,282,198	$ 4,650,186	$ 632,012
内 施設費	2,341,205	1,764,502	576,703
施設補助金	2,881,891	2,862,332	19,559
運営費	18,919	12,312	6,607
訳 修繕補助金	10,440	10,440	0
測量設計量	29,743	600	29,143

注 施設費とは、政府立学校の校舎等の建築に要する経費であり、施設補助金とは、公立学校の校舎等の建築に要する経費である。

○これを資金別にみると、次の3つに分けられる。

 日本政府援助資金   1,582,131ドル (30%)
 米国政府援助資金   2,000,000 (38%)
 琉球政府資金   1,700,067 (32%)

○単価の改善は次の通り。

年度 施設	1967年	1968年
あたり教室 普通教室	5,100ドル	5,625ドル
特別教室	5,500ドル	6,150ドル

前年度と比較すると、普通教室が10.3%、特別教室が11.8%増額している。

(2) 学校建設費の明細

 A 政府立学校施設の建設 (施設費)

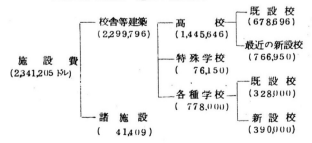

イ 前年度に比べて、57万6,703ドルの増（32.6％）。その主な原因は産業技術学校2校の新設と各種学校の充実及び図書館の拡充。

ロ 高校の144万5,646ドルのうち、67万ドル余が既設30高校の普通教室54，理科教室10，家庭科教室4，産業関係諸室5，図書館8．便所2，体育館1，寄宿舎3，給食準備室1を建築する予定。

ハ 残りの76万6,950ドルで、最近の新設高校（浦添中部商業・豊見城・真和志・本部・八重山商工の6校）のそれぞれの年次計画に基づく校舎の増築が予定されている。

ニ 特殊学校では、盲学校の普通教室2，聾学校の普通教室2と便所1，大平養護学校の普通教室3と特別教室1，鏡丘養護学校の普通教室5が日本政府援助資金で建築される。

ホ 時代の要請によって、中部地区と宮古に産業技術学校が来春誕生する。開校に間に合わせて校舎を建築するが、費用は米国政府の援助金で39万ドル。残りの38万8,000ドルが、既設の産業技術学校の本館の増築、実習工場、寄宿舎と商業実務専門学校の寄宿舎の建築に使用される予定である。

ヘ その他諸施設に要する経費41,409ドルは、政府立学校の校舎施設以外の校地の整備、塀、電気、水道等の工事に使われる。

ト 67年4月の普通教室は105も不足しているが、これらの工事がすめば実際の不足は53教室となり、充足率は93％となる。

チ 特別教室は64教室つくるので、竣工後の充足度は37％となる。

10 ── 第2章 文教施設及び設備備品の充実

政府立の教室種別建築予定一覧

種別			既設校			最近新設校							合計
			一般	(災)	計	浦添	中商	豊見城	真和志	本部	八重山	計	
高校	普通教室		50	4	54	11	6	12	20	4	2	55	109
	特別	理科	10		10			10	15			25	35
		家庭	4		4				6	3		9	13
		音・美				3						3	3
		保・モデル				3						3	3
		産業	5		5						5	5	10
	図書館室		8		8								8
	管理室						6				6	6	6
	便所			2	2	5	3		3	4		15	17
	体育舘		1		1								1
	寄宿舎		3		3								3
	給食室			1	1								1
特殊	普通教室		12		12								12
	特別〃室		1		1								1
	便所			1	1								1
各種学校	一般教室		1棟			1棟	1棟						3
	実習工場		341坪			480坪	240坪						1061坪
	寄宿舎		627坪										627坪

B 公立学校施設の建設（施設補助金）

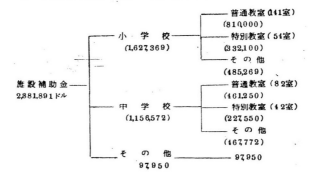

イ 施設補助金は前年度予算額286万2,332ドルと大差はない。

その事業量は次のとおりである。

種別		小校		中校		合 計		
		一般	災害	一般	災害	一般	災害	計
教室関係	普通教室	121	21	62	20	183	43	226
	特別教室	54	—	36	6	90	6	96
	管理室	16	6	16	—	32	6	38
	技術教室	—	—	3	2	3	2	5
	改築	10	—	6	—	16	—	16
	図書室	—	2	—	1	—	3	3
	小 計	201	29	123	29	324	58	382
非教室関係	屋内運動場	1	—	1	—	2	—	2
	水泳プール	1	—	1	—	2	—	2
	図書館	16	—	16	—	32	—	32
	給食準備室	5	—	4	—	9	—	9
	便所	4	13	3	8	7	21	28
	校長住宅	—	2	—	1	—	3	3
	へき地教員住宅	7	—	7	—	14	—	14
	小 計	34	15	32	9	66	24	90
	合 計	235	44	155	38	390	82	472
	給水施設	15	—	15	—	30	—	30

ロ 普通教室はもちろん、特別教室及び管理室は普通教室不足の学校に優先割当して建築する。また、現有の管理室が著しく狭隘で、日常の業務に相当支障をきたしている学校に管理室を建築する計画である。

ハ 台風災害復旧費42万ドルのうち、39万8,300ドルが台風による被災地域の公立関係の施設の復旧のために使われる。

ニ 今年度の新しい事業として水泳プールが2基建設される。日本政府援助80％琉政負担20％の資金で小中校各々1基

ず つ割当てる。

ホ　給食準備室は前年度に引き続き米国政府援助で9棟つくるが、給食センターを計画している教育区を考慮して建築される。

ヘ　67年6月末現在における普通教室の不足数は小学校67教室、中学校が16教室で計83教室。68年3月末までには小学校が141教室、中学校が82教室合わせて226教室建てるので、不足教室をじゅうぶん補うことができるが、68年4月の学級増のために41教室が不足する予想。この不足教室の解消は69年度にもちこされる。

ト　校舎の質の改善は今年度も、昨年度同様に行なった上、更に次の改善を計画している。

○　教室の有効面積を広げる。
○　特別教室は将来天井が張れるように軒高を改める。
○　窓枠をアルミサッシュにする。（ただし、8教室以上新築する場合。）

2　文教施設用地の確保

日米両政府の援助額の増大によって施設等の建築量が著しくなってきたが、ここで大きな障害となっているのが用地の確保である。前年度においても、用地の確保が予定のとおりいかず、予算化された施設が建築できなかったり、工事の着手が遅れて種々の問題を惹起したりした例が若干ある。

とくに公立学校の場合は、教育委員会の責任において、各学校の将来計画を考慮し、必要にして充分なる敷地を確保することが今なすべきことである。

政府立学校関係の敷地購入費は、68年度予算に28万348ドル計上されているが、これは校地拡張を必要とする既設の

高校の分である。

3 設備備品の充実

(1) 一般教科備品

　理科、図書、視聴覚、職業を除いた一般教科備品の充足率は学校備品に対する日本政府援助の初年度である1966年を契機として急速に伸びている。

　援助方式は援助対象品目を限定して、例えば昨年度の中学校の体育備品及びピアノ等の音楽備品の如く重点的に整備するようになつている。

　1968年度はミシンの購入費として小学校45,900ドル、中学校54,000ドル合計99,900ドルが予算措置されている。(99,900ドルの内20％に相当する20,144ドルが琉球政府の対応費である。)

　また、そのほかに例年の如く一般教科備品補助金として64,000ドルが予算計上されている。

　なお一般教科備品は1969年度を初年度として5ヶ年間で整備基準額の70％相当まで充実するよう長期備品整備計画をたてそれにもとづいて整備していく予定である。

(2) 視聴覚備品

　各校種別視聴覚備品の本年度の整備充実は次のとおりである。

第2章　文教施設及び設備備品の充実

対象	品目	数量	単価	金額
小学校	テレビ	100台	150ドル	15,000ドル
〃　〃	シート式録音機	15組	1,120	16,800
中学校	テレビ	200	150	30,000
高校	テレビ	100	150	15,000
特殊学校	テレビ	5	150	750
計				77,550

　テレビは、沖縄本島およびその周辺の小学校へ配布したのに準じて宮古・八重山の小学校の全学級数の⅓相当数量のテレビを配布し、本年末に放送開始予定の先島テレビ放送の受信利用に備えるものである。中学校のテレビは昨年度に102台配布したが、本年9月開始の中学校向けテレビ学校放送の利用を円滑にするために保有数量の増加をはかり、現在実施中の教師向け研修番組の利用による指導力の向上をはかるものである。高校へのテレビ配布は、高校教師の指導技術の改善向上をめざし、教育の近代化への意欲関心を促進し、次年度開始予定の高校向けテレビ学校放送の受入れ態勢づくりに資したい。

　シート式録音機は、これまですすめてきた個別学習指導の研究を一層効果的にすすめていくための有効な機材として、公立学校に16校、同中学校に5校補助設備させたものであり、本年は公立小12校政府立3校計15校に対し配布する予定である。

　各学校長は、公費によって年々整備充実される視聴覚備品が、「宝のもちぐされ」にならないよう、その活用について充分意を注いでほしい。

3）校用備品（机、腰掛等）

　小中学校児童生徒用机、腰掛は1963年度以来米国政府援

助により充実されつつあり、1968年度で100％充実する予定である。

その実績を示すと次のとおりである。（1967年5月1日の在籍を基準）

会計年度	1967	1968 （予定）
金　　額	496,984	448,900
配付数	77,600	67,000
達成率	70.05％	100％

その他理科実験台が小中共17教室分配付される予定である。高等学校については、生徒用机腰掛のほかに理科実験台、備品棚、教師用机、椅子、家庭科用各種台及び机等の購入費が現年度の予算に計上されている。

(4) 学校図書館図書及び設備

本年度は、学校図書館充実費として93,447ドルが計上されている。その内訳は、図書費84,980ドル（日政 65,728ドル、琉政 27,719ドル）、設備費 8,467ドル（琉政）である。今年より設備費が新たに追加されている。学校種別の図書及び設備の充足予定は、次の表のとおりである。

	図書		書架		カードケース	
	金額	充足冊数	数量	金額	数量	金額
	$	冊	個	$	個	$
小学校	52,260	43,516	100	3,989	―	―
中学校	26,220	21,850	63	2,513	―	―
高等学校	5,100	3,333	46	1,835	26	130
特殊学校	1,400	700	―	―	―	―
合計	84,980	69,500	209	8,337	26	130

第3章 学級規模の改善と教職員の資質並びに福祉の向上

義務教育諸学校の学級編成及び教職員定数の基準に関する立法」は本学年度で、本土の率に到達することになつた。学級規模の適正化については、教育界の多年の懸案であつただけに、教師の負担、指導の効果をあげるという点から大きく前進したわけである。

教育効果をあげるためには、学級規模の適正化とともに、児童生徒に直接指導の責任をもつ教職員の資質をたかめるべき方策も充分考慮されなければならない。また、教職員が新しい労働感覚と、教育にたずさわる教師としての使命感とを調和して、その職責を果すように、教職員の福祉の向上についても考慮されなければならない。

以上のことについて、本学年度は、凡そ、つぎのような計画が進められている。

1 教職員定数の確保と学級規模の適正化

本土各都道府県並みの学級規模に改善された状況について、前年と比較してみると、小学校においては、児童数3,514人の減少に対して、普通学級数は、72の増となり、教職員数は、131人の増加になつている。中学校においては、生徒数2,232人の減に対して、普通学級は40の増、教員数は137人の増員になつている。

その他、特殊学級は例年増加して209学級になつている。養護教諭は、前年度に比べて50人を増員している。

また、定数を上廻つて、40人以下の学級規模について調査してみると、北部36％ 中部9％ 那覇8％ 南部30％ 宮古51％ 八重山39％をしめし、中部、那覇以外の地域においては、40人以下の理想的学級が割合いに高い率をしめしている。全琉の割合は21.4％である。

	区　　　分	1967	1968
小学校	児　童　数	145,394人	141,880人
	普　通　学　級	3,643人	3,715人
	特　殊　学　級	166人	176人
	教　職　員　数	4,487人	4,854人
	補充教員その他	259人	277人
	（計）	4,746人	5,131人

40人以下の小学校の学級は、中学校よりも率はたかい。北部70％、中部50％、那覇33.4％、南部54％、宮古56.6％、八重山44％、全琉では51.2％となつている。

	区　　　分	1967	1968
中学校	生　徒　数	79,175人	76,943人
	普　通　学　級	1,851人	1,891人
	特　殊　学　級	28人	33人
	教　職　員　数	3,154人	3,270人
	補　充　そ　の　他	258人	276人
	（計）	3,412人	3,546人

2　教職員給与の改善

1968年度の教職員の給与費は次のとおりである。

給　料　補　助　金　　　12,686,573

期末手当補助金	3,960,825
複式手当補助金	3,216
宿日直手当補助金	114,787
退職給与補助金	292,259
公務災害補償補助金	3,207
旅費補助金	82,360
へき地手当補助金	160,866
住宅料補助金	18,664
保険料補助金	1,055,760

前年度と比較して改善された点についてあげると次のとおりである。

(1) 教職員給料及期末手当

　給料表の改正により、給料の改善が行われてきたが1967年度（4月分）の平均給＄111.80に対し1968年度4月は＄126.07に引上げられている。又期末手当の支給率は$\frac{382}{100}$に改正された。その内夏季手当は$\frac{155}{100}$である。

(2) へき地手当

　級地指定の変更を行ない旧指定より大巾な改善を加えた。なお手当の月額は従前と相違はない。級地の引上げ改善については「へき地教育の項」を参照のこと。

(3) 住宅料補助金

　前年度まで1人当り月額2.50ドル支給されていたが本年度より3ドルに増額された。但し2人以上が同一世帯に属する場合の支給額は一人月額1ドル70から2ドルに増額支給される。

その他については従前と変わらないが、例外として前年度まで正当旅費が支給されていた管外旅行特別補助の算定の方法が本年度から政府公務員の旅費法の運用上次のように改められた。
　たゞしこの運用方針が適用されるのは教育職関係給料表（二）の2等級を含むそれ以下の教職員に適用される。
　　イ、講習又は研修のため管外に旅行し公用の宿泊施設その他これに準ずる宿泊施設に宿泊する場合は日額2ドル50セント
　　ロ、下宿その他これに準ずる宿泊施設に宿泊するときは日額3ドル
　　ハ、旅館に宿泊するとき
　　　　15日未満は日額　　　4ドル
　　　　15日以上30日未満　3ドル50セント
　　　　30日以上は　　　　　3ドル
としイからハまでの合計額に往復の正規の船汽車賃、日当及び宿泊料が支給されることになつた。但し用務地に到着する日と同地を出発する日は正規の旅費が支給される。
　なお本年度の教職員一人当り旅費補助額は平均10ドルとなつている。
　退職給与補助金については、小中校で普通退職者55人を推定し年休買上額を含めた一人当り退職金の額は829ドル又、勧奨退職者22人を推定し一人当りの額は11,212ドルが予算計上されている。
　これに対して前年度はそれぞれ887ドル（103人実績）10,031ドル（実績24人）となつている。

3 教職員の資質の向上

　教育の内容を充実し、教育目標を達成する上で、教職員の資質の向上は、施設、設備の充実とともに最も重要なことである。特に流動する社会の中にあって、教育内容が拡大し、科学技術がめざましい進歩発展をとげている今日においてはなおさらのことである。

　教育が人間と人間の人格的なふれ合いの場においてなされることから、教師の高い見識と人格性が要求されることはもとより、教具教材の取扱いの問題、指導技術の問題等いずれも教師のたゆまざる努力と研修によって、たえず改善されなければならない。これまで地理的な条件、予算上の問題、その他で教職員の研修の機会が得がたい等曲折もあったが「教職員の資質の向上」については文教行政の重要な施策として継続的にとりあげてきたところである。幸いに、本土政府の大幅な援助も加わって、年々教職員の研修の機会は拡充されつつあるが、教育課程の改訂とも相まって、今後ますます充実強化して教職員の資質の向上をはかり、いっそうの教育効果を期待したい。

　教職員の資質向上に関する事業内容は別表1（管外）別表2（管内）のとおりである。

別表1　教職員の資質向上のための研修会一覧表（管外）

研修会（講座、大会）名	時期	会期	範囲	参加者	人員	会場	備考
校長、教頭等研修講座	6月12日～24日	12日	全沖縄	校長、教頭	2人	東京	
道徳教育指導者講座	6月14日～16日	3〃	〃	教諭、指導主事	2〃	広島	
進路指導講座	6月19日～24日	5〃	〃	〃	2〃	広島大学	
九州へき地教育研究大会	7月6日～8日	3〃	〃	〃	6〃	奄美大島	
幼稚園教育課程研究協議会	9月5日～6日	2〃	〃	園長、教諭	1〃	熊本	
幼稚園教育課程研究発表大会	11月27日～29日	2〃	〃	園長、教諭	4〃	東京	

── 第3章　学級規模の改善と教職員の資質並びに福祉の向上 ── 21

研修会(講座、大会)名	時　期	会期	範囲	参加者	人員	会場	備考
小学校 〃	11月20日～22日	3日	全沖縄	校長、教諭、指導主事	10人	〃	各教科各領域別
中学校 〃	11月15日～18日	3〃	〃	〃	13〃	〃	
へき地教育指導者講座	12月5日～6日	2〃	〃	〃	2〃	三重	
全国へき地教育研究大会	10月11日～13日	3〃	〃	〃	3〃	宮城	
学校図書館研究協議会	12月13日～14日	2〃	〃	教諭	2〃	東京	
特殊教育、教育課程研究発表大会	11月9日～11日	3〃	〃	教諭	1〃	〃	
特殊教育講座	8月17日～24日	2〃	〃	教諭	2〃	佐賀	
全国造形教育研究大会	10月5日～7日	3〃	〃	教諭、校長	2〃	新潟	
青少年進路指導講座、および職場視察指導	8月21日～24日	3〃	〃	教諭、指導主事	6〃	東京	
全国数学研究大会	7月31日～8月2日	3〃	〃	教諭	2〃	新潟	
国語教育研究協議会	8月5日～6日	2〃	〃	教諭、指導主事	4〃	東京	
全国音楽教育研究大会	10月20日～21日	2〃	〃	教諭、指導主事	3〃	滋賀	
全国小学校社会科研究大会	11月1日～2日	2〃	〃	教諭、校長	2〃	鳥取	
学校保健講習会	9月21日～23日	3〃	〃	校長、養護教諭、保健主事	2〃	広島	
第17回全国学校保健研究大会	11月25日～27日	3〃	〃	学校保健関係者	2〃	愛媛	
社会科教育全県協議会	8月2日～4日	3〃	〃	教諭、校長	2〃	千葉	
産業教育指導者養成講座技術家庭(男子向き)	7月17日～22日	6〃	〃	中学校教諭、指導主事	2〃	東京	
〃　(女子向き)	7月24日～29日	6〃	〃	〃	2〃	〃	

— 第3章 学級規模の改善と教職員の資質並びに福祉の向上 —

研修会(講座、大会)名	時期	会期	範囲	参加者	人員	会場	備考
全国特別教育活動研究協議会	8月7日～8日	2日	全沖縄	教諭	2人	東京	
公立学校事務職員研修会	10月25日～27日	3〃	〃	事務職員	1〃	〃	
全国公立学校教頭大会	8月10日～12日	3〃	〃	教頭	5〃	岐阜	
全国連合小学校長会	10月	3〃	〃	校長	4〃	岡山	
全日本中学校長会	10月	3〃	〃	〃	4〃	東京	
交通安全管理研究協議会	10月3日～4日	2〃	〃	校長、教諭	2〃	〃	
学校給食研究協議会	10月18日～20日	3〃	〃	給食主任校長、教頭	1〃	茨城	
学校給食研究集会(西日本)	10月15日～17日	3〃	〃	校長、教諭	1〃	京都	
九州数学教育研究会	7月24日～25日	2〃	〃	教諭	5〃	鹿児島	
第4回放送教育特別研究会	8月3日～5日	3〃	〃	教諭	2〃	鳥取	
理科教育全国大会	10月13日～15日	3〃	〃	教諭	1〃	千葉	
第7回学校図書館指導者研修会	8月3日～5日	3〃	〃	教諭	2〃	東京	
全国英語指導主事協議会	11月	3〃	〃	兼任指導主事	2〃	〃	
視聴覚教育合同全国大会	10月19日～21日	3〃	〃	教諭、指導主事	2〃	千葉	
全国学校体育研究大会	11月	2〃	〃	教諭	2〃	大阪	
全日本書写道教育研究大会	8月1日～3日	3〃	〃	教諭	1〃	北海道	
第14回全国中学校理科教育研究会	8月1日～4日	3〃	〃	教諭、指導主事	1〃		
日本理化学教育大会	8月23日～25日	3〃	〃	教諭	1〃	茨城	
九州地区公立小中学校教頭大会	11月	3〃	〃	教頭	3〃	佐賀	
研究教員	4月～3月	半年または1年	〃	小中高校教諭	延65人	本土小中高校	日政援助
校長本土実務研修	10月～11月	2ケ月	〃	小中高校長	16〃	国立教員養成大学	
本土大学留学教員	4月～3月	1ケ年	〃	小中高校教諭	10〃		
指導主事研修	10月～3月	6ケ月	〃	指導主事	10〃	県教委	

別表2　教職員の資質向上のための研修会一覧表2（管内）

各種研修会名称		時期	会期	範囲	参加者	参加人員	会場	備考
全沖縄小中学校長研究大会		5月11～13日	3日	全沖縄	全沖縄小中学校長その他関係者	400人	那覇	年1回
青少年健全育成関係研修会	訪問教師研修会	毎月	1日	〃	訪問教師その他関係者	延200人	各連合区輪番	
	生徒指導主任研修会	学期2回	1〃	連合区単位	各学校主任	延350人	連合区ホール	
	カウンセラー研修会	9月～3月	1〃	〃	各学校カウンセラー	〃	〃	
	進路指導研修会	年1回	1〃	〃	各学校進路指導主任	延150人	〃	
	特別教育活動研修会	9月～3月	1〃	〃	各学校主任その他	延350人	〃	年1回
	道徳主任研修会	9月～3月	1〃	〃	〃	〃	〃	
学校経営講座	小中校教員中央講座	6月7～10日	4〃	全沖縄	各連合区6人	36人	真喜屋センター	
	女教員中央講座	8月2～5日	4〃	〃	5人	30人	嘉芸公務員保養所	
	新任校長中央講座	10月23～28	6〃	〃	小中校新任校長	25人	青年の家	
	小中校教頭中央講座	11月13～18	6〃	〃	小中校教頭	30人	〃	
教科指導技術研修会	各教科主任研修会 国語、社会、理科、数学、音楽、図工、美術、保体、家庭、英語等	学期1回	各1日	連合区別	小中校教諭	延3450人	連合区指定による	
	校内授業研究会	毎月（8月を除く）	各1日	全沖縄	小中高校	延8400人	各学校	教材研究と授業研究を併せて行なう
	教育区授業研究会	5月～10月	各2日	教育区別	小中校教諭	延900人	美里小校外	
	社会科授業研究会	5月～2月	各1日	連合区別	〃	〃	連合区ごとに指導	

― 第3章 学級規模の改善と教職員の資質並びに福祉の向上 ―

各種研修会名称	時期	会期	範囲	参加者	参加人員	会場	備考
学校総合指導	毎　月	各1日	各学校単位	対象校職員及び文教局長、部、課長、指導主事等			各課合同で実施
教育課程講習	3　月	各1日	全琉6ブロック	高校の対象教科の全教員	延180人	各対象校	年14校
幼稚園教育課程説明講習	12月～2月	各1日	連合区別	幼稚園教諭		各連合区	
長期英語教員講習会	自1967.4.1～1968.3.30	1年	全沖縄	中高校英語担当教諭	40人	英語センター	
英語教育講習会	8　月	1ヶ月	〃	〃	50人	〃	
数学教員講習会	12月～3月	各4日	各連合区別	中学校数学担当教員	延180人		
長期研修	9月～12月	4ヶ月	全沖縄	小中校、教諭	2人	文教局	年1回
教育長研修	毎月1回臨時（1日）	1日	各連合区	教育長	15人	連合区もちまわり	
教育委員研修	10月～6月	1日	全沖縄	教育委員会事務局職員	300人	連合区別	
会計及び事務職員研修	9　月	2日		小中校事務職員	200人	中部連合区事務局ホール	
教育法令研修	10月～6月	1日		校長、教頭その他関係職員	700人	連合区別	
特殊教育研修	毎　月	1日		小中校特殊教育担任教諭	149人	〃	
地方教育現場との話し合い	10月～6月	各1日	〃	学校職員	500人	各学校	
進路指導主事研修会	12月	7日		中学校進路指導主事	20人	那覇	
水上安全研修会	5月～6月	1日	各連合区	小中高校職員	400人	各連合区単位	
集団行動研修会	7月～9月	1日			500人	〃	
給食研修会	8　月	1日	全沖縄	小中高校教諭、栄養士、調理士、給食関係職員	400人	北部中部南部那覇	高校は定時制

— 第3章 学級規模の改善と教職員の資質並びに福祉の向上 — 25

各種研修会名称	時　期	会期	範囲	参加者	参加人員	会場	備考
体育実技研修会	9月	1日	各連合区	小学校女教師	300人	各連合区単位	
養護教諭研修会	12月	3日	全沖縄	養護教諭	107人	那覇	
学校保健研修会	1月	1日	各連合区	小中高、保健主事、保健担当教師	400人	各連合区単位	
全沖縄高等学校長研修会	5月	3日	全沖縄	高等学校校長、政府立各種学校校長、盲ろう学校長	50人	那覇	
全沖縄高等学校教頭研修会	6月	3日	全沖縄	高等学校教頭、政府立各種学校教頭、盲ろう学校教頭	50人	青年の家	
全沖縄高等学校定時制主事研修会	10月	3日	全沖縄	高等学校定時制主事	20人	青年の家	
全沖縄校事務職員研修会	9月	3日	全沖縄	高等学校事務職員、政府立各種学校事務職員	100人	那覇	
中等学校技術家庭科（女子）技術講習	7月24日～29日	6日	全沖縄	技家（女子）職員	26人	琉大	
中学校技術家庭家（男子）技術講習	8月6日～15日	10日	全沖縄	技家（男子）職員	32人	琉大	
高等学校家庭科講習会	7月24日～29日	6日	全沖縄	家庭科教員	32人	那覇高校	
工業実習教員認定講習	7月21日～30日	10日	全沖縄	工業科教員	16人	琉大	
高等学校商業科技術講習会	8月22日～26日	5日	全沖縄	商業科教員	50人	那覇商業	
視聴覚教材活用講習会	4月～6月	各4日	連合区別	小、中校長、視聴覚主任	642人	連合区教委ホール	
視聴覚教育研修会	4月～6月	各1日	〃	高校の校長及び視聴覚主任	70人	各高校	
テレビ学校放送研修会	11月13日～15日	各1日	宮古・八重山	小中校々長放送主任	150人	宮古八重山連合区教委	

各種研修会名称	時期	会期	範囲	参加者	参加人員	会場	備考
教育指導委員による講習	9月～12月	4ケ月	全沖縄	小中高校教諭	延	各連合区	
夏季認定講習	8月	前後期別2週間	〃	〃	延		

4 教育研修センターの建設

　教育の効率を高めるには教員の資質向上によることはいうまでもない。教員の資質向上の効率的な方法として、現職教員再教育のための研修が行なわれ　現に多くの実績をあげている。ことに社会の急速な進展に即応していくために、「教育の近代化」を果すべき責務を負わされている教師は最新の実験実習の器材を駆使し、適格にして新しい知識技術を習得するための機会が数多く与えられなければならない。したがつて、現職教員の再教育を適切に行ないうる場所をもつて、組織的に総合的な研修を実施していくことは文教行政上からもその必要を痛感し、その解決策として教育研修センターの建設に努力をしてきた。また、教育界においても「教育研修センターの建設」は数年来の切なる要望でもあつたのである。

　さいわいにして、1968年度政府予算において、日本政府の財政援助もえて「教育研修センター建設費」が計上され教育界多年の懸案がいよいよ実現される運びとなつている。

　多くの離島をかかえ、特殊条件下にあつて、教員研修の適切な場所と機会に恵まれなかつた沖縄教育界にとつて教育研修センターの果す役割は大いに期待されるものがあろう。

　教育研修センター建設の概要は次のとおりとなつている。
　○建設の場所・・・那覇市首里当蔵町（旧博物館所在地・・・
　　元沖縄師範学校校庭跡）
　○建物の規模・・・鉄筋コンクリート3階建　2,682.48㎡
　　（約813坪）・・・将来5階建に拡充の予定
　○建物の内容

- 管理部門・・・所長室・事務室・印刷室・用務員室・宿直室・守衛室・倉庫・シャワー・WC
- 研修研究部門・・・理科実験室(4)・理科準備研究室(4)一般研究室(2)・講師室・薬品室・天秤室・暗室・図書資料室等

- 教育相談部門・・・教育相談・進路指導室
- その他・・・駐車場・玄関ホール・ロビー廊下・地階(発電機械ボイラー室)等
○ 建 設 費・・・327,204ドル

教育センター建設費

科　　目	予算額	内　　　　訳	
		琉　政	日　政
施　設　費	$ 280,419	$ 187,466	$ 92,953
事業用備品費	35,605	23,736	11,869
測量及設計費	11,154	11,154	0
管　内　旅　費	25	25	0
計	327,204	211,202	104,822

5　各種教育団体助成

　教育研究団体の育成のために、今年度はざつと分けて35団体を対象に補助する経費である。特に教育研究会という広範囲にわたる任意教育団体を主軸として、その他の教育分野の教育振興をめざすとともに教育団体を育成する目的で支出されるものである。
　これまで大きな成果をおさめ、関係者から高く評価されている現況である。今年度の総予算額は37,935ドルにおよび、前年度よりも4,039ドルの増となつている。その対象団体名と、補助金予定額の内訳を示すと次のとおりである。

対象団体名	金額	対象団体名	金額
	ドル		ドル
生物教育研究会	200	農業クラブ研究会	729
気象教育研究会	170	小中高校校長会	2,000
造形教育研究会	200	小中高校教頭会	1,300
国語教育研究会	500	高校定時制主事協会	600
社会科教育研究会	150	家庭クラブ	600
小中理科教育研究会	150	職業及び科学技術研究会	400
英語技能検定	50	全国高校珠算競技大会派遣	100
算数数学教育研究会	150	幼稚園協会	300
高等学校弁論大会	1,200	特殊教育協会	300
生徒指導推進協議会	300	教育長協会	450
書道教育研究会	490	青年団体育成費	2,300
教育音楽協会	285	婦人団体	2,200
定時制体験発表会	100	ユネスコ協会	1,200
美化コンクール	233	PTA連合会	2,500
童話大会	50	子供を守る会	300
教育研究大会	6,000	服装学院協会	300
カウンセラー協会	200	編物学院協会	100
学校体育奨励	11,828	合計	37,935

6 教職員の福祉の向上

近代社会は社会的・経済的に一層複雑化してきている。それにともない教職員の福祉向上を図らなければならないことはいうまでもない。

1968年度の退職給与補助金は、普通退職・勧奨退職を含めて292,259ドルで1967年度より17,120ドルの増額となっている。保険料補助金は1055,760ドルで、その中には退職年金、追加費用、医療保険等が含まれている。

そのおのおのの予算額は次のとおりである。

○退職給与補助金　　　292,259ドル
○保険料補助金　　　1055,760ドル
○公務災害補償補助金　　3,207ドル

なお、公務災害補償補助金については従来政府補助金として80％、残り20％は区教育委員会の負担となつていたが本年度から全額補助に改め、療養補償、障害補償、遺族補償等の補償がある。

第4章 地方教育区の財政強化と指導援助の拡充

1 地方教育費の財源強化

　地方教育区における教育費の財源は、大きく二つに分けられる。一つは政府からの補助金や直接支出金で「特定財源」と呼ばれており、その使途が特定されている。いま一つは、地方教育区が独自に使用できる「一般財源」で、市町村負担金とその他の教育区収入とからなっている。1967年度から教育税が廃止されて市町村税に含められ教育区の財源が市町村に一本化されたので、教育区の需要は政府補助以外はすべて市町村からの教育費負担金でまかなわれる。市町村では市町村税、市町村交付税、およびその他の財源から教育費分を負担する。

　市町村交付税制度は、どの市町村でも標準的な行政水準が維持できるように、市町村交付税という財源を交付する制度であり、その使途が特定されていない点に大きな特色がある。
市町村交付税はその85％が普通交付税、残りの15％を特別交付税として配分している。普通交付税は各市町村ごとに基準財政需要額と基準財政収入額とを算出し、財源不足額を補てんするからして、財政力の弱い市町村に多く交付される。市町村交付税の総額は、政府6税（所得税・法人税・酒税・煙草消費税・葉たばこ輸入税及び酒類消費税）の収入額の一定割合（繰入率）とされているが、1968年度の繰入率は前年度の100分の22.6から100分の23.67に改められ、市町村交付税特別会計予算には10,747,831ドル計上されている。

2 単位費用の改善

教育費分の基準財政需要額は，小学校費，中学校費，その他の教育費に分けて，学校数・児童生徒数・（補正）人口を単位（測定単位）にして，それに単価（単位費用）を乗じて算出する。単位費用は次のとおり。

1968年度の教育費関係単位費用

経費の種類	測定単位	単位費用	
1 小学校費	児童数	1人につき	3.950ドル
	学級数	1学級につき	284.388
	学校数	1学校につき	1,290.500
2 中学校費	生徒数	1人につき	4.300
	学級数	1学級につき	303.132
	学校数	1学校につき	1,322.700
3 その他の教育費	人口	1人につき	0.971

上記の単位費用によって全琉の教育費にかかる基準財政需要額を試算すると，およそ401万6千ドルで前年度の305万8千ドルに比べて31％の大幅増となっている。単位費用積算においては，全般にわたって改定が行なわれたが，特に給与，需用費，幼稚園の設備費等が引上げ又は新たに積算された。

市町村交付税は総務局の所管にあり，その交付は市町村に対して行なわれる。特別交付税の交付も，教育区にかかる資料は市町村長を通じて提出しなければならない。交付税が市町村へ交付される関係で，そのうちのいくらが教育費分であるかとよく

聞かれるが，教育区の一般財源が市町村に一本化された今日，教育費分と一般行政費分とを区分する考え方は正しい方法とはいえない。

3 地方教育区行政職員等の資質の向上

教育の進歩，教育需要の拡大は，その行政の内容を複雑多様化する傾向にあり，それに伴なつて地方の教育行政事務もますます増大し，新しい制度の理解，事務の処理方法など研究を必要とする事項が次から次と生じてくる。地方教育財政のおよそ80％は政府支出金によつてまかなわれており，政府補助金の適正な執行も担当職員の研さんにまつところが極めて大きい。したがつて今後は教員の研修とともに行政職員研修の充実を図らねばならない。地方教育行政関係の研修費は次のとおり。

　　教育長研修　　　　　　　184 ドル
　　教育委員研修　　　　　　414
　　会計係及び事務職員研修　238
　　教育法令研修　　　　　　174
　　予算決算事務研修　　　　199

単位費用の積算基礎

区分		小学	
		1968年度	1967年度
学校経費	給 与 費	852.00	705.00
	報 酬	100.00	100.00
	通 信 運 搬 費	120.00	120.00
	備 品 費	134.00	90.00
	投資的経費の10％相当	84.50	60.60
	計	1,290.50	1,075.60
学級児童生徒経費	給 与 費	3,490.00	2,705.00
	庁 費	1,711.00	1,553.00
	需 用 費	1,123.00	807.00
	原 材 料 費	160.00	69.00
	備 品 費	650.00	500.00
	負担金補助及び交付金	429.00	507.00
	衛 生 費	—	90.00
	賃 金	306.00	—
	旅 費	460.00	460.00
	小 計 (ア)	8,329.00	6,691.00
	(歳入)政府補助その他(イ)	558.00	482.00
	差引一般財源充当額(ア-イ)	7,771.00	6,209.00
	投資的経費の90％相当	760.50	545.40
	計	8,531.50	6,754.40
単位費用	（ 測 定 単 位 ）		
	学 校 当 た り	1,290.50	1,075.60
	学 級 当 た り	8,531.50×0.6 ÷18＝284.33	6,750.40×0.6 ÷18＝222.15
	児 童 生 徒 当 た り	8,531.50×0.4 864＝3.95	6,754.40×0.4 ÷900＝3.00

（対前年度比較）

校 増　減	中　学　校 1968年度	1967年度	増　減
147.00	852.00	705.00	147.00
0	100.00	100.00	0
0	120.00	100.00	20.00
44.00	152.00	90.00	62.00
23.90	98.70	70.30	28.40
214.90	1,322.70	1,065.30	257.40
785.00	1,787.00	1,393.00	394.00
158.00	1,985.00	1,806.00	179.00
316.00	1,106.00	682.00	424.00
91.00	530.00	300.00	230.00
150.00	950.00	600.00	350.00
△ 78.00	454.00	422.00	32.00
△ 90.00	—	75.00	△ 75.00
306.00	—		—
0	500.00	500.00	0
1,638.00	7,312.00	5,778.00	1,534.00
76.00	622.00	460.00	162.00
1,562.00	6,690.00	5,318.00	1,372.00
215.10	888.30	632.70	255.60
1,777.10	7,578.30	5,950.70	1,627.60
214.90	1,322.70	1,065.30	257.40
62.233	7,578.30×0.6 ÷15=303.132	5,950.70×0.6 ÷15=238.08	65.102
0.95	7,578.30×0.4 ÷705=4.30	5,950.70×0.4 ÷750=3.17	1.13

その他の教育費

区　分		1968年度	1967年度	増　減
教育委員会費	給　与　費	ドル 6,742	ドル 4,611	ドル 2,131
	人　当　庁　費	60	60	0
	旅　費	330	295	35
	報　償　費	100	100	0
	賃　金	38	20	18
	需　用　費	410	285	125
	通　信　運　搬　費	120	60	60
	借　料　及　び　損　料	60	48	12
	備　品　購　入　費	35	35	0
	原　材　料　費	275	98	177
	負担金補助及び交付金	3,200	2,300	900
	計	11,370	7,912	3,458
社会教育費	旅　費	90	150	△ 60
	報　償　費	120	60	60
	賃　金	51	30	21
	需　用　費	439	375	64
	通　信　運　搬　費	36	12	24
	借　料　及　び　損　料	120	94	26
	備　品　購　入　費	24	24	0
	負担金補助及び交付金	210	210	0
	公　民　館　施　設　費	400	300	100
	計	1,490	1,255	235

区　　　　　分	1968年度	1967年度	増　減
幼稚園費	給　与　費	ドル 4,968	ドル 4,036	ドル 932
	建物修繕費	265	133	132
	報　　　酬	50	50	0
	旅　　　費	80	80	0
	需　用　費	192	164	28
	通信運搬費	24	24	0
	原材料費	16	13	3
	備品購入費	100	40	60
	設　備　費	153	—	153
	小　計 (a)	5,848	4,540	1,308
（歳入）政府補助金 その他 (b)		4,143	3,459	684
差引一般財源充当額 ウニ（a－b）		1,705	1,081	624
単位費用	（測定単位） 人　口	11,370+1,490 +1,705=14,565 14,565÷15,000 =0.971	7,912+1,255 +1,081=10,248 10,248÷15,000 =0.68	2,291

単位費用の前年度比較

経費の種類	測定単位	単位費用の比較			
		1968年度	1967年度	増加額	増加率
小学校費	学校数	ドル 1,290.50	ドル 1,075.60	ドル 214.90	% 20.0
	学級数	284.383	225.15	59.233	26.3
	児童数	3.95	3.00	0.95	31.7
中学校費	学校数	1,322.70	1,065.30	257.40	24.2
	学級数	303.132	238.03	65.102	27.4
	生徒数	4.30	3.17	1.13	35.6
その他の教育費	人　口	セント 97.1	セント 68.0	セント 29.1	% 42.8

第5章 教育の機会均等

住民がその能力に応じて、ひとしく教育を受ける権利を有することは教育基本法第3条に明示するところである。

この趣旨に基づいて文教局では、身体、精神などの障害のあるもののために特殊教育の推進を図り、あるいは経済的理由によって就学困難なものに対しては就学を援助する措置を講じ、また交通、文化的条件に恵まれないへき地に対しては、へき地教育振興法に基づく財政的援助を行なうなど教育の機会均等の推進をめざして年々力をそそいできた。

1968年度における教育の機会均等の推進のための事業は概ね次のとおりである。

1 義務教育諸学校教科書の無償給与

義務教育無償の趣旨に沿うて1963年度から教科書無償給与が本土政府の援助により実施され、1968年度は小学校、中学校、（特殊学校の小学部、中学部を含む）の全児童生徒分が計上されている。教科書無償給与の具体的な方法としては、政府が経費の全額を負担して必要な教科書を一括購入し、これを義務教育諸学校の設置者に無償で給付し、給付を受けた設置者が学校長を通じてこれを児童生徒に給与する。

(1) 対象

政府立、公立、私立の義務教育諸学校の全児童生徒が給与の対象になる。

※ 在籍者全員が対象で長欠児に対しては自宅学習のために給与することはさしつかえない。

※ 在学するものは国籍のいかんを問わず給与の対象としてさしつかえない。
※ 教師用は対象にならない。

教科書無償給与費

会計年度	1966	1967	1968
予算額	562,205 $	558,936 $	551,415 $

2 幼稚園の育成強化

幼稚園教育は，人間形成の基盤を培うもので学校教育の一環として極めて重要な位置を占めている。

1966年7月現在の全琉の幼稚園数は公立66園，私立12園，計78園で園児数は11,507人である。

文教局としては，幼児教育の重要性にかんがみ，より多くの幼児が，適切な環境のもとで幼児教育が受けられるよう1965年から幼稚園の充実をはかってきたが，1967年5月に幼稚園教育振興法を立法制定し文教局の策定した幼稚園振興計画が実現するよう努力したい。1968年以降の幼稚園振興計画による増設計画は次表のとおりである。

年度	1967	1968	1969	1970	1971
園数	78	91	116	146	176

1968年度の幼稚園関係予算は次のとおりである。

幼稚園振興補助金	250,343 $
給料補助金	104,939
施設補助金	132,650
備品補助金	12,500
旅費補助金	254

※ 給料は1967年度の40％補助を1968年度は50％

補助に引き上げ，新しく施設補助として５０教室分（政府補助 $\frac{1}{2}$ ）を計上した。

3 へき地教育の振興

へき地教育振興法の精神に基づいてへき地にある学校の教育的諸条件の改善を図ることに努力してきた。

１９６８年度のへき地教育関係の予算額は次のとおりである。

ｏ へき地手当補助金	160,860 ドル
ｏ へき地住宅料　〃	18,664 ドル
ｏ へき地文化備品〃	30,000 ドル
ｏ へき地教員養成費	9,600 ドル

(1) へき地手当補助金

へき地教育振興法施行規則（１９５９年中央教育委員会規則第４号）の一部を改正し，へき地の級地を引き上げ１９６７年７月１日から適用した。新基準による級地別の学校数は次のとおりである。

級　地	旧	新
準　級　地	8 校	0 校
1　〃	24	20
2　〃	22	21
3　〃	13	14
4　〃	3	20
5　〃	5	8
計	75	83

(2) へき地住宅料補助金

へき地住宅料は，従来２ドル５０セントであつたが，これを３ドルに改め，１９６７年７月１日から適用した。

3 へき地文化備品補助金

へき地学校の教材，教具等を整備し，学習指導の強化を図るため1960年度から補助を行なっている。

4 へき地教員養成

へき地教員の養成については，教員志望奨学生規程の定めるところにより，へき地学校に勤務すべき教員の養成のため，琉球大学在学生中より募集し，1966年4月以降は月額20ドルに増額して奨学金を支給し，へき地学校教員の養成に努めている。

また本年度は「小学校教員養成特設講習」を開設し，中学校教諭普通免許状を所持する者から受講を許可し，主としてへき地学校に勤務する教員を養成している。

4 特殊教育の振興

教育の機会均等の趣旨から，心身に何らかの障害をもつ子どもたちも，健康なる子どもたちと同じ社会の一員として，障害の種類や程度に応じた専門の教育が施されなければならない。

沖縄の特殊教育も年々充実発展の一途をたどりつつあるが，このことを予算の上からみると次表のとおりである。

特殊教育に関する予算の推移

（　　）内は特別補助金

区分＼年度	1963	1964	1965	1966	1967	1968
政府立特殊学校費	86,705	101,160	120,289	191,040	321,736	441,922
特殊教育補助金	(3,800)	(4,800)	(6,200)	(1,650) 5,000	19,900	19.00

1967年度予算による施設々備

盲学校　　図書館

　　　　　　理療科備品等（62点）　　　11,569ドル
聾学校　　体育館兼講堂
　　　　　　職業教育備品等（28点）　　　8,770ドル
大　平　　寄宿舎（一部）
　　　　　　職業教育備品等（16点）　　　9,400ドル
鏡が丘　　寄宿舎（一部）機能訓練室
　　　　　　体育館用備品等（14点）　　　4,144ドル
　　　　　　スクールバス　1台　　　　　9,220ドル

　なお、1968年度予算では、26,394ドル分の備品購入が予定されている。

特殊学級の種類と学級数
（1967年7月1日現在）

種別＼学年度	58	59	60	61	62	63	64	65	66	67	備考
精神薄弱者学級	1	1	1	7	17	17	29	87	120	149	促進学級は六十八年度以降廃止予定九学級
促進学級				1	15	21	21	14	14	13	
病弱者学級							1	2	4	4	
計	1	1	1	8	32	38	51	103	138	166	

第6章　後期中等教育の拡充整備

　近年とくに後期中等教育の拡充整備について，その必要性が強く叫ばれるようになつてきたが，今会計年度においてそれに対処するように，学校の新設，課程の新増設，校舎建築の推進，教員数の確保，学校運営の強化等大幅の予算措置を行なつている。施設面はすでに第2章で述べたので省略して，こゝではそれ以外の予算措置の概要について述べる。

1　後期中等教育の拡充整備

　高校生徒の急増期にはいつてからすでに高等学校8校を新設するとともに，政府立各種学校2校を新設してきたが，1968年度には後期中等教育拡充の線に沿つて，産業技術学校の新設高等学校定時制課程の拡充整備，高等学校通信制課程の新設，産業技術学校夜間課程の新設，商業実務専門学校の研究科及び夜間課程の新設を行う計画である。これにより政府立高等学校70学級増で生徒数3,282人の増，産業技術学校に17学級増で生徒数395人の増，商業実務専門学校に6学級増で生徒数225人の増をはかる計画である。そしてこれらの学校の運営に要する経費については政府立高等学校費として 4,835,690ドル，政府立各種学校費として195,489ドルが計上されている。

2　教員数の確保と教員養成

　1968学年度は教員数が135人の増となるが，その必要数の教員確保については，国費・自費学生制度の枠での教員養

成及び、さきに立法された「高等学校急増に伴なう教員の確保等に関する臨時措置法」による待遇改善（工業科教員に対する初任給調整手当）、理工系卒業生の教職員免許状取得条件の緩和等により、教員の確保が大きく改善されるようになつた。

さらに教員確保の一環として、高等学校教員志望学生の奨学生は今会計年度は17名が奨学金を受けており、卒業後高等学校の教員として勤務することを条件とし、もつて理工系教員の養成とその数の確保をはかつていきたい。

3 備品の充実及び研修の強化

備品の充足率は年々前進しているが本年度においてもさらに備品の充実をはかるため下記の経費を予算化している。

備品費内訳（除産振費）

学校図書館充実費	7,065ドル
学校備品充実費	279,698ドル
政府立高等学校費	85,364ドル
政府立各種学校費	10,600ドル
計	382,727ドル

さらに教職員の資質の向上をはかるため、高等学校長研修、教頭研修、定時制主事研修、事務職員研修、工業化教員本土研修、産業教育技術研修を計画し、それに必要な経費として5,490ドルを計上している。

4 産業教育の振興

高校における産業教育備品の充実については、高校生徒急増対策のため、学校の新設や学科の増設等の関係で目標の達成率は飛躍的には伸びないが、1967年度は220,000ドルを投じ目標の24.64％に達した。1968年度は235,900ドル

を投じ目標の28.18％に引きあげる計画である。また別途に商業科のLL備品費として60,000ドル、衛生看護科備品費として2,500ドル、実習船費として1,110ドル、商業実務専門学校備品費として、22,500ドル、農業教育近代化備品費として44,031ドル、産業技術学校備品費として127,200ドル中学校の技術家庭科備品費として、108,900ドル等を投じそれぞれの産業教育備品を拡充することにしている。次に産業教育担当教員の資質向上のため各種の講習会を開催するとともに、産業技術教員を10名本土に派遣し、また別途に農業教育近代化研修教員として2名本土に派遣、その他AID援助により台湾、ハワイ等の外地における研修計画がある。

特に産業教育が沖縄の産業経済及び国民生活の基礎であるにかんがみ産業教育の振興に関する総合的振興策樹立のため産業教育振興法を立法公布し、産業教育の総合計画の樹立、教育内容及び指導法の改善、施設設備の拡充、現職教育または教員の養成計画等について画期的な振興をはかることになつている。

第7章 学力向上と生活指導の強化

　戦後の沖縄の教育は「よい校舎，よい施設，よい待遇」という三つの柱の充実を目標にしてすすんできた。日米援助の拡大と相まってこれらの物的条件は大幅に整備されつつある。今後の課題はこれらの諸条件を効率的に運営し，指導力を向上させることであろう。そのために，①指導力の強化，②学力水準の向上，③生徒指導の強化をはかることにしぼって諸種の施策が進められている。今年度は生徒指導の強化をはかるために新たに「生徒指導推進校に必要な経費」が計上されたことはこの方面の充実に一層の効果をあげるものと期待される。

1　教育指導者の養成と指導力の強化

　教員の資格や資質別の状況をみると臨時免許状並び仮免許状所持者が，小学校１５０人，中学校２８人，高等学校６２人，二級普通免許状所持者が，小学校で１，１５０人，中学校７９２人，高等学校１，０３６人を占めている。なお小学校では，女教師が全小学校教員数の７０．１％の比率を占め，それが逐年ふえている。

　このような現状においては，指導者としての経営者及び中堅教員の指導力と資質を高めることが緊急の施策であることが痛感されている。

(1)　学校経営者のための研修

イ　全沖縄小中高校長研究大会

　学校経営上の問題を研究し，とくに前年度は，東京教育大学教育学部の金子孫市教授の特別講演を得て，学校教育を経営学

的に考察することにより,経営者として広い視野からみた学校教育を思考し経営していくことを目指したが,今会計年度も引続き3日間の研究大会をもち,学校経営者としての資質を高めていきたい。

ロ.連合区別の校長研修会

例年2月に各連合区毎に実施しているが,今会計年度も2月に6連合で開催し,新学年度の学校教育の指導指針を明らかにして,その実践力の向上を図っている。

ハ.教頭中央講座

小中学校の教頭を各連合区5人宛て計30人を参加させ,11月に実施する。

5泊6日間の宿泊研修をして,校長の補佐役として,また将来の学校経営の責任者としての経営能力と資質の向上を図りたい。

(2) 教員の資質を高めるための研修

イ.中堅教員中央講座

小中学校の教員の中から各連合区6人宛て計36人参加させ5泊6日間の宿泊研修をもち,教育について,理論や管理面から研修させ,その面から研究していくための基礎力を態度を高めていきたい。

ロ.女子教員中央講座

今会計年度は,小学校の女教師から30人(各連合区5人)を参加させ,3泊4日間宿泊研修し,学校経営に積極的に参加する態度を養なつていきたい。

(3) 管外研修への派遣

留日研究教員制度によって,教員約80人(うち大学留学10人),校長16人,指導主事10人を派遣し,さらに文部省主催または,関係の各種講座や大会にも本年度から約130人の

教員を派遣する予定である。
　(4) 指導主事の研修
　年3回（毎学期1回）2日間の宿泊研修会をもち、経営及び指導の方針について検討し、それに基づいて総合訪問指導、計画や要請訪問指導を行ない各学校の直接指導の効率化を図っていく。

2 理科教育の振興

　理科教育を振興するためには、理科教育に従事する教員または指導者の資質を向上するとともに、理科教育に関する施設備品を充実することが急務である。
　理科教育振興法（1960年7月15日立法第62号）が立法されて満7年公立小・中学校ならびに政府立高校の理科備品も次第に充実してきた。
　本年度も昨年に引続き日政援助ならびに琉政負担による備品充実費として改訂設備基準総額の約10％の充足率にあたる150,198ドルが計上されている。その内訳は次のとおり。
　小・中学校115,566ドル、うち10％が理科教育地区モデル校への特別補助である。
　政府立高等学校30,168ドル政府立小・中学校（7校）及び各種学校が4,464ドルである。
　(1) 本年度理科教育センター研修
　〇小学校理科指導者研修会（5月）
　〇中学校理科指導者研修会（7月）
　〇高校化学研修会ならびに授業研修会（8月～9月）
　　（本土招へい講師）
　〇小・中理科長期研修教員（前期中学校、後期小学校）
　〇小学校女教師研修会（上学年12月、低学年3月）

── 第7章 学力向上と生活指導の強化── 47

　○へき地理科実験技術研修会（与覇国，北大東，伊平屋，伊是名，伊江）
　○小．中地区別実験研修会（全琉10会場）
　○全琉理科指導主事研究協議会（毎月1回）
　(2)　理科教育地区モデル校
　(ア)　目　的
　理科教育の振興をはかる目的をもつて，連合区内に理科教育地区モデル校を指定し，理科教育に必要な施設，備品を早急に充実させ理科の各種研修の中核として学習指導の充実改善をはかり当該地区における理科教育のモデルとなるよう育成する。
　(イ)　本年度の研究テーマ
　「効果的に理科の学習指導を進めるためには，どのようにすればよいか」
　小学校～天文教材を全学年にわたり系統的にとりあげる。
　1年ひなたとひかげ，2年太陽，月3年月，4年星，5年太陽と月と地球，6年太陽のうごき，季節と太陽
　中学校～物理領域
　1年ものの重さと体積，水と空気，2年力と仕事，3年力と運動
　(ウ)　中央大会11月24，25，26の3日間。場所北部連合区

3　生活指導の強化

　生徒指導は学校における教育活動の全般を通して，児童，生徒個人の可能性を最大限に発揮させるために教師が援助するはたらきをさしていう。
　そのためには生徒指導の担当者である全教師の資質のより一層の向上と生徒指導体制の強化が要求される。かかる点から，

児童，生徒の健全育成指導，矯正指導という面から専門的理論の修得と実践への習熟をはかるため，現職教師の研修会（道徳特別教育活動，生徒指導主任，進路指導主事，カウンセラー，訪問教師等の研修会）を開催し，また生徒指導に関する手びき（5部冊）を発刊することを予定し，更に本年度より中学校に6校，高校に5校の生徒指導研究推進校を設置することにより，なお一層生徒指導の強化を現場の全教師と一体となり推進したい。

なお，1967年度健全育成に関する予算額は1,508ドルであり，生徒指導推進校の予算額は5,181ドルである。

4 教育調査研究の拡充

教育の成果をあげるためには，多種多様な調査研究が必要である。それは現状を診断したり，将来を予測するのに，最もたいせつな基礎資料を得るためである。つまり，客観的科学的な資料によってこそ，現状の正しい把握と学習指導や生徒指導の方法，施策の改善が望まれるからである。このような観点から教育調査研究の重要性を再認識するとともにその充実強化をはかっていく必要がある。

教育調査研究費の総額は17,012ドルで，その事業は次のとおりである。

(1) 知能に関する実態調査
(2) 学習指導近代化の研究
(3) 相談面接過程変容の研究
(4) 教育研究資料の充実
(5) 問題行動児童生徒の指導研究
(6) 教育課程構成
(7) 高校入学者選抜

(8) 学校保健体育調査
(9) 父兄負担教育費調査
(10) 職場における学歴構成調査
(11) 学校基本調査
(12) 教育財政調査

5 視聴覚教育の拡充

沖縄における学校視聴覚教育のねらいは、(1)日本国民としての一体感を学校放送利用をとおしてもり上げる。 (2)教科書中心の学習指導を是正し、学習教材の多様化をはかる。 (3)児童生徒の学力向上をはかり、豊かな人間づくりをめざす。 (4)電波メデイアによる教材の提供。視聴覚ライブラリーを通しての映写教材・録音教材の提供による教育の機会均等の実現 (5)青少年の情操教育を強調し、その健全育成に資す。 (6)教師の資質向上に役立つ～広い視野にたつて教育をすすめる教師、進みいく時代に即した教育，すぐれた指導技術を身につけていく教師。 (7)正しいマスコミ教育の推進をはかる。

以上がそのねらいの主なるものであるが、本年度の重点実践事項としては

(1) 学校教育放送の拡充

放送	対象	番組数	内訳										
			国	音	社	道	学活	英	HR	理	情教	家庭	教師
ラジオ	小校	23本	6	6	4	4					3		
	中校	13	4	1	1		3	1	3				
	高校	6	1	1	2				1	1			
	教師	1											1
	計	43本	放送時間　10時間45分										
テレビ	小校	18	3	5	3					6	1		
	中校	※4			1					3			
	教師	※2											2
	家庭	1										1	
	計	25本	放送時間 8時間　家庭の時間をのぞく										

※は本年度の拡大番組（中・教師の1本は従来どおり放送）
以上の放送に必要な直接的経費は＄53,550である。

(2) 視聴覚備品の整備充実をはかる

67年12月開局予定の先島テレビ放送にそなえて、宮古・八重山地域の小・中・高校に対するテレビの配布（小学校は学級数の$\frac{1}{3}$相当数）により、画期的な離島・へき地教育振興に多大の効果があがることが期待される。同時に、他地域中高校に対してもテレビを配布して生徒の放送教材の提供と、教師の研修資料に資するとともに、その効果的な利用を促進するための研修をすすめていく計画である。（この項については第2章の8　設備・備品の充実の項参照のこと。

(3) 文教局視聴覚センター・連合区視聴覚ライブラリーとの視聴覚教材貸出し利用に関する有機的な連絡協力関係を確立して、利用学校の便宜をはかるとともに、その整備充実をはかるようにすすめていきたい。連合区単独ライブラリーを設置し積極的に貸出しを行なつているのは、那覇連合区と南部連合区の2ケ所であるが、他の連合区もその設置充実の動きがあるので関係学校長は各学校の保有視聴覚教材の活用をはかるための、関連視聴覚教材～スライドフイルム・8ミリフイルム・録音教材・トランスペアレンジー・写真資料・自作教材など～の共同購入共同利用について、学校の実状を考慮して充分検討し、その実現に努めてほしい。

第8章　保健体育の振興

　青少年の健全育成と、体力の増強は目下の急務である。一応保健体育関係諸法規は整備されたので、今後はそれらの法規に基づいて施設、設備の充実と各種保健体育関係事業の強化により児童生徒並びに全住民の体位、体力の増強及び健康の保持増進を図りたい。

1　保健体育指導の強化

　保健体育の指導はその特質から実践を通しての理解や指導法の研究が必要である。体育については日本政府援助によつて、小学校119,900ドル、中学校117,000ドルの体育備品が整備されたのでその管理活用を強化するために、主として小学校女教師を対象に器械運動を中心とした実技研修を行ない一層の強化をはかる。また集団行動を徹底するために各連合区単位で実技研修を行ない集団行動の行動様式を示しその指導効果をあげる。保健安全については児童生徒の保健安全管理に重点をおいて各連合区単位で学校の要請によつて研修会を実施する。
　1968年度の保健体育の研修に関する予算額は375ドルである。なお本年度は高等学校体育備品を整備するために34,530ドルを計上しているので体育面の指導が一層強化されるものと思われる。

2 学校保健の強化

(1) 健康診断の強化

本土派遣医師団(30名)による北部連合区・八重山連合区内小中学校児童生徒45,000名の健康診断を各専門医師により実施し保健管理の強化を図りたい。計上予算6,590ドル。

(2) 養護教諭の増員と資質の向上

養護教諭を30名の増員並びに養護教諭の研修会を開催するとともに本土の研修会へも派遣したい。

(3) 沖繩学校保健大会の開催

沖繩学校保健会と共催で第4回沖繩学校保健大会を開催し学校職員及び地域社会の人々の学校保健に関する関心を高めていきたい。計上予算155ドル

(4) 医療費補助

要保護、準要保護児童生徒の学習に支障を生ずる疾病の治療費補助金として2,829ドル計上されている。

3 学校給食の普及充実

本年度における学校給食の普及充実を図るための事業は次のとおりである。

(1) 完全給食の設備備品の整備費補償 11,700ドル

完全給食を開設する教育区に対し補助を行なう。450ドルの26校分

(2) 準要保護児童生徒の給食費補助 35,340ドル

対象率 児童生徒の7%
補助率 給食費の$\frac{1}{2}$以内

(3) 学校給食関係職員の研修費 272ドル

— 第8章 保健体育の振興 —

① 学校長及び主任を対象に文部省派遣講師による指導者研修会を実施する。（10月上旬）
② 給食主任、栄養士、調理人を対象に日本講師による調理技術講習会を実施する。（8月下旬）
③ 給食用製パン工場の職員を対象に製パン技術講習会を実施する。（8月中旬）
(4) 給食審議会に要する経費　　　　202ドル

パン委託工場の認可およびパンの審査を行ない、パン品質、衛生管理の向上を図る。

(5) 学校給食会補助　　　　58,426ドル

給食用物資の輸送費、保管料、荷役料、へき地のパン輸送費補助ならびに運営費に要する経費に補助する。

4 学校安全の強化

1966年の児童生徒の水禍による死亡者は19名で水禍事故に対しては水上安全研修会を毎年行い、特殊法人沖縄学校安全会に対しては運営費を補助している。計上予算12,090ドル

5 学校体育諸団体の育成

学校体育の振興をはかるために、沖縄高体連、沖縄高野連、沖縄高校定時制主事会、沖縄中体連、沖縄女子体育連盟の自主的体育団体では各種のスポーツ大会を開催し、また本土における全国大会等にも多数の代表選手を派遣または招へいして青少年の心身の健全育成とスポーツの振興をはかつている。

次にこれらの学校体育諸団体の主なる事業と予算は次の通りである。（カッコ内は予算額）

高体連（9,678ドル）

夏季体育大会、各種選手権大会、陸上選手権大会、全国高校体育大会、秋季体育大会、冬季体育大会、九州各県対抗高校陸上競技大会、各種講習会及び各種強化訓練

　高野連　　（450ドル）

　本土大会派遣、南九州大会、春夏野球大会

　定時制　　（200ドル）

　定時制陸上競技大会

　中体連　　（1,210ドル）

　夏季体育大会、陸上競技選手権大会、全日本放送陸上大会、陸上教室派遣、水泳大会、九州並びに全国水泳大会派遣、秋季体育大会、冬季体育大会、各種講習会

　女体連　　（290ドル）

　体育実技（ダンス、リズム運動）研修会、授業研究会、創作研究発会

6　社会体育の振興

社会体育振興費は、107,445ドルで前年度より32,465ドルの増となっている。特に本年度は、スポーツ施設の充実に力が注がれている。

すなわち、奥武山水泳プール、奥武山陸上競技場の補助競技場、政府立羽地青少年野外活動センターの整備と用地購入および地方スポーツ施設（陸上競技場2、水泳プール2）を建設するために77,977ドルが計上されている。

沖縄体育大会をはじめ、体育祭の運営を容易にし、国民体育大会や全国青年大会の参加、九州バスケットボール大会の開催、それにスポーツ少年団育成を促進する経費として19,023ドル、また奥武山陸上競技場、同プール、羽地青少年野外活動センターの管理委託費8,791ドル等が計上されている。

社会体育振興費の内訳は下記のとおりである。(　　)内は前年度予算である。

項目	予算	(前年度)
社会体育研修会費	219	(225)
スポーツ大会運営費	1,000	(1,003)
選手団派遣招へい費	17,010	(1,259)
競技力向上強化費	578	(300)
体育祭費	220	(220)
施設費	41,977	(10,000)
地方体育振興費	37,440	(42,640)
スポーツ少年育成費	210	(0)
計	107,445	(74,980)

なお、ほかに、奥武山水泳プールの建設費として、日本政府から南方同胞援護会を通じ64,308ドルの援助がある。

第9章　社会教育の振興と青少年の健全育成

　社会教育予算は、(1) 地方の社会教育を振興するための各種補助金の交付、(2) 政府が行なう指導者の養成と資質向上のための各種指導者養成講習会と本土派遣研修、(3) 社会教育施設の建設運営に大別することができる。(1)については先ず社会教育の主要領域である成人教育の振興を意図した社会学級講師手当補助金（219学級）及び勤労青少年の教育の場である青年学級の充実を図る青年学級運営補助金（37学級）、さらに家庭教育振興のための家庭教育学級補助金（40学級）等を交付して地方教育区における社会教育の自主的運営活動を促進する。
　(2)については、青年、婦人、ＰＴＡ、レクリエーション、視聴覚、社会学級、新生活運動、公民館、青年学級等社会教育各領域の指導者の養成と資質向上のために、各連合区ごとに研修会を開催する。さらに各機関団体の幹部及び指導者を本土研修に派遣するための予算も計上されている。なお社会の要請と青少年の職業技術修得のために、職業技術講習会を各高等学校の施設を利用して開設することになつている。
　(3)については、先ず第一に中央図書館の2階、3階を増築し図書及びその他の資料の飛躍的充実を図つて、真に近代的な文化施設としての機能を十分に発揮するようにしたい。次に博物館、青年の家については、環境の整備、内部施設の充実に一そう力を入れたい。

1 青少年教育

(1) 青年学級

後期中等教育の一環としての青年学級は、勤労青少年を対象に、実際生活に必要な、職業又は家事に関する知識及び技能を習得させ、一般教養の向上を目的として行なわれる社会教育講座で、市民性高揚の場として重要な比重を占めているが、青年の都市集中化に伴い、その運営、組織の面や他の青少年団体との連携等で幾多の問題をかかえ困難な歩みをつづけている。それで昨年にひき続き研究学級の指定と青年学級指導者研修会を開催して、それらの問題点を究明し、打開策を講じて喜んで参加できる青年学級にしたい。またこれまで開設してきた一般青年学級の運営の強化と学習内容の検討を行なうとともに、企業内青年学級の増設をはかり、都市地域における青年学級の拡充に努めたい。今年度の予算は運営補助金3,400ドル、研究奨励費182ドル、指導者養成のための諸謝金120ドルとなつている。

(2) 職業技術教育

職業技術講習は学校開放講座の一環として地域の勤労青少年に対し職業技術講習を行ない、地域社会や産業界の需要に沿った技能者の養成をして、産業振興の中堅者となり得る青少年を育成するために、農業技術員養成、自動車整備工養成、熔接工養成、電気工養成、英文タイピスト養成の各講習会を各農林高校、各工業高校、産業技術学校、前原高校の8会場12クラスで行なう計画である。今年度の予算は諸謝金3,954ドル、事業用消耗品費192ドル、油脂燃料費106ドル、役務費80ドル、修繕費100ドルとなつている。

(3) 青少年団体活動

青少年団体の社会教育活動が、主体性を確立し、積極的に推進されるような指導、援助の方策を図ることは当面の重要な課題といえよう。しかしながら現況はいかんながら団体活動は不振だとするのが一般的な見方であろう。その原因をごく大づかみにすると、活動家を含めた幹部要員の減少、全員意識の低下財政の貧困等のほかに団体活動を積極的に育成するボランティアの開発、諸施設設備の拡充、有効適切な諸事業の立案計画等幅広く検討しなければならない。

今年はこれら諸問題をかかえて、まず幹部要員の養成を図るための諸研修会の開催及び日政援助、琉球負担による本土研修への派遣、団体の諸事業への助成、地域青年団(単位団)の研究指定、各種青年団体の求めに応ずる指導援助及び連絡協調を図っていきたい。

(4) 青少年健全育成モデル地区

青少年を健全に育成していくためには、学校、社会教育、家庭教育と総合的な地域ぐるみの運動として展開していく体制をつくることが最も必要であるので前年度に引き続き、モデル地区を北部、中部、南部、那覇、宮古の5ヶ所に設定し、その効果をあげていきたい事業の内容としては①青少年健全育成協議会の組織の強化②青少年問題の研究資料配布③家庭教育の振興④環境の浄化運動⑤健全レクリエーションの奨励⑥非行や事故からの防止⑦青少年団体の育成強化等があげられるこれらの事業を推進するために1ヶ所に180ドルの補助金を交付する予定である。

2 成人教育

(1) 社会学級

社会学級は成人に対して行なわれる組織的な社会教育活動である。本年度は219学級に6,300ドルを講師手当補助金として交付する予定である。なお指導者養成として本土研修に2名派遣し各連合区毎に講習会を開催する。また2学級を研究指定し、学級運営の諸問題や学習内容について発表する。

(2) 婦人団体活動

地域婦人団体活動の健全な発展を促進するため、次の事業を行なう。
○ 指導者の養成として、中央婦人指導者講習会を1回、(1泊2日の日程で単位団体の幹部130人を対象に)、また各連合区毎に1泊2日の日程で約70人を対象に、それぞれ研修を行なって婦人指導者の資質の向上を図る。
○ 婦人教育担当者及び婦人幹部を本土研修に派遣する。
(4人)
○ 婦人団体を研究指定し、(2ヵ所)婦人団体の現状と課題を検討し、その解決策を立案させて今後の婦人団体運動活動の指針にしたい。

(3) PTA

PTAでは単位PTAの指導者養成のための地区別研修会とPTA運営の健全化をめざしての実践研究をする指定PTAを一ヶ所設けている。その他に全国PTA研究大会へ指導者を派遣して中央との交流をはかっている。
予算は研究奨励費211ドル、諸謝金60ドル、雑費12ドル

計283ドル

(4) 家庭教育学級

　青少年の健全育成を図るための基盤をなすものは、家庭教育の振興である。その施策として去年度から家庭教育学級を設置してきたが、今年度は10学級ふえて40学級に研究奨励費（1,440ドル）を補助する。学習時間は年間20時間以上とし、両親等を対象にする。又家庭教育学級担当者及び学級幹部を本土研修に派遣する。（2人）

3　公民館

　公民館長の任期は全琉の9割程度が1年間であるため、従つて公民館の経営上一つの大きな問題になつている。その問題解決の対策として館長及び関係職員の資質の向上をはかるために各連合区教育委員会ごとに研修会を開催するとともに、第15回全国公民館大会への参加による研修を計画している。

　次に各地域社会の特色を生かした公民館経営についての運営技術を高めるため、4連合区に研究指定を実施する。なお研究指定公民館の事業を推進するため1館150ドルづゝの補助金を交付する予定である。

　三つ目に南方同胞援護会より42,000ドルの援助を受けて公民館における図書を充実させると共に、さらにその管理運営を強化するため司書の研修会を開催する予定である。

4　視聴覚教育

　視聴覚教育は、教育の効率を高めるために本土との格差是正をするために早急に教材の整備をする必要がある。本年度は16ミリ映画フイルム録音教材購入費として1,520ドル計上してある。なお学習の近代化を進め教育の機会均等のためにRO

K婦人学級が7月3日からスタートしているが、この放送を利用した学級活動、教育隣組活動の促進をはかりたい。また未点燈部落へ視聴覚教育用の燃料補助として624ドルを交付する。

5 レクリエーション

レクリエーションは漸次各種集会や学習活動に取り入れられ近年特に盛んになりつつあるが、これを生活化し職場や家庭に普及するには尚一層の啓蒙と指導が必要であり、その事業としてリーダー養成のための講習会を各連合区毎に開催する。また各連合区に補助金を交付して地域の特色あるレクリエーションを発表する機会をもたせ社会教育総合研修大会に各地区の優秀なものを発表して健全なレクリエーションのあり方を奨励する。

6 新生活運動

新生活運動の趣旨としては住民ひとりひとりの生活をよくし幸福にするため、明るく豊かな家庭と住みよい社会の建設をめざして全琉運動をはかつていきたい。本年度の重点目標に組織の強化をはかり親切運動、各種集会及び諸行事の簡素化、時間生活の実行、家庭生活合理化（生活学校設置促進）をかかげた事業内容は(1)新生活運動指導者講習会の実施（各連合区）諸謝金180ドル(2)指導者の本土研修派遣（2人）補助185ドル(3)研究指定（1ヵ所）補助90ドル(4)月間運動の実施(5)生活学校設置促進等である。

7 社会教育主事研修

現在各連合区委員会に配置されている社会教育主事（課長を含む）の定員は49人（北部13人、中部11人、那覇7人、南部9人、宮古5人、八重山4人）である。主事は、地方教育

区の社会教育計画の立案、専問的技術的な指導と助言及び社会教育活動を推進するための援助等が主たる任務であるが、その職務を円滑に遂行せしめるために年2回（8月と5月）定例主事研修会を開催している。また社会教育主事協会では自主的に隔月毎定例主事研修会を実施しているが、局はこれを全面的に支援したい。なお主事の資質の向上を図るための本土研修の機会もつくりたい。

8 社会教育施設設備の充実と運営の強化

(1) 図書館

今年度の予算で特記すべきことは多年懸案であつた本館の2階、3階の増築が認められ、建設費が11,736＄計上されている。これが完成すれば546坪のふさわしい近代的な文化施設としてその活動が期待されている。又職員も1人増になつているので内部の運営については 体制をさらに強化して、図書館業務を円滑に進めていくようにしたい。

さらに前年度と比較してとりあげられることは図書購入費が10,000＄（5,000＄増）認められ図書及びその他の資料の収集を充実強化して奉仕活動を一層高めていく考えである。

(2) 博物館

1966年10月に新館が落成し、移転後、館の運営も一応軌道に乗つたので、今年度は環境整備のための石垣工事、陳列品の充実及び博物館の普及活動のための、講堂の備品の整備に重点をおいて諸経費が計上されている。

石垣構築、排水溝、金網外棚等の施設費が24,392ドル、備品費として、陳列棚、陳列台、中幕、映写機、ピアノ、幻灯機等の購入費が6,808ドルである。

(3) 青年の家

　名護青年の家は、青年の集団が規律正しい共同生活をしながら、講義、研究討議ならびに体育やレクリエーション、野外教育活動、交歓などの研修を行ない、これらの生活を通じて友情を深め教養を高めて健全な青年、よりよい社会人となることを願って1966年12月15日に開所された施設である。この施設を利用できる人は5人以上のグループで24時間以上滞在して研究しようとする次のような団体である。①勤労青少年、②青年学級生、③学生、生徒、④青少年教育について研修しようとする成人指導者、⑤その他青年の家所長が適当であると認める者に限られている。

　さて開所以来の利用状況を見ると1967年7月31日現在で利用人員3039人、利用団体98に及んでおり、利用者は増加していく傾向にある。今年度は青年たちの要求に応じて主催事業5回の外に共催事業を歓迎したい。施設設備の面では年次計画によって整備拡充していく方針であるが、もつとも急を要する石垣及び道路工事等に14,400ドルの予算をつぎこむことになつている。

9. 社会教育関係団体の助成

(1) 青少年団体育成費	———	2,300 ドル
(2) 婦人　〃 〃	———	2,200 〃
(3) ユネスコ　〃	———	1,200 〃
(4) PTA連合会	———	2,500 〃
(5) 子供を守る会　〃	———	300 〃
(6) 服装学院協会　〃	———	300 〃
(7) 編物学院協会　〃	———	100 〃
計	———	8,900

第10章 育英事業の拡充

　琉球育英会法による育英事業の1968年度予算は総額401,148ドルである。資金内訳は琉球育英会基金への政府出資金10,000ドルを除き日政援助金180,556ドル（46.16％）、琉政補助金142,270ドル（36.88％）、南援補助金28,194ドル（7.21％）その他38,128ドル（9.75％）である。

　本年度予算は特別貸与奨学生が高校大学ともに増員となり日政援助の増額28,456ドルと沖縄学生文化センター建設資金56,634ドルが計上されていて、国費学生増員による諸経費増とともに予算増加の主な原因となつている。予算に計上された業務の内容は次のとおりである。

(1) 国費自費学生奨学費

(イ) 国費学生

　大学院学生60名、学部学生727名に文部省から支給される奨学金のほかに琉球育英会奨学金支給規程により一人当り前者は月平均3ドル後者は月平均7ドル47セントで年額67,329ドルの給費になつている。

(ロ) 自費学生

　自費学生補導費一人当り年7ドル23セントの552名分をそれぞれの大学に納付するために3,991ドルが計上されている。

(2) 特別貸与奨学費

　日本政府の援助によるもので、次のとおり180,556ドル

が貸与される。
　(イ)　大学特奨費１０５,５５６ドル
　　自宅外通学生月額２２,２２ドル　２８９人
　　自宅通学生　月額１３.８８ドル　１７１人
　(ロ)　高校特奨費　７５,０００ドル
　　高校生　月額８.３３ドル　７５０人
(3) **学生寮**

沖英寮（東京）、南灯寮（東京）、沖縄学生会館（千葉）、大阪寮、福岡寮、熊本寮、宮崎寮、鹿児島寮の８寮を在本土沖縄学生に低廉な宿泊費で提供するとともによい学習環境を与えるべく努力しておりその管理ならびに運営費補助と営繕のため９,６０６ドルが予算措置されている。

(4)　育英会貸与奨学

本土及び沖縄内の大学に在学する奨学生３０名に対して一人当り月額８ドル３３セント計３,０００ドルを貸与するものである。これは次の委託奨学生とともに上記1,2の奨学制度を補完するものとして予算化している育英事業である。

(5)　商社・団体等依託奨学

商社、団体等篤志家が育英事業に協賛して出資する財源により３５名に対し一人当り１０～２０ドルを給貸与するもので年額６,５３０ドルになる。

　上記の業務の運営費として、沖縄東京両事務所の人件費３８,６０１ドル、事務費９,９６２ドルなどが計上されている。

第11章　文化財保護事業の振興

　1968年度においては、指定文化財の修理復元の早期完成、管理の強化促進、保存のための記録の作成、伝承者の養成、公開等を重点に諸事業を推進する方針である。

　1968年度文化財保護行政関係の予算額は、文化財保護委員会費（運営費）23,671ドル、文化財保護費（事業費）43,885ドル計67,556ドルとなつており、前年度にくらべると前者は2,877ドル、後者は5,196ドルの増加となつている。

　事業費の主なるものは次のとおりである。
　施設費　　　6,635ドル

　　委員会直営で1963年度から施行されてきた特別史跡円覚寺跡の復旧工事で、1967年度において旧国宝放生橋勾欄を移築し、今年度は同総門を日政技術援助による技術専門家の現地指導のもとに建造する予定である。

　(1)　有形文化財補助　　　　　　　　13,280ドル

　特別重要文化財中城々跡、今帰仁城跡の両城壁の修理工事、重要文化財知念城跡、仲里間切蔵之跡の城壁及び石垣の修理工事、中村家の屋根葺替工事、宮良殿内の漆喰塗替工事、史跡西塘御嶽拝殿屋根葺替工事、安慶名城跡の城壁修理工事に対する補助金であるが、それぞれその所有者又は管理者が工事を施行する。中城々跡は1961年度から、今帰仁城壁は1962年度から始められた継続事業であり、他は今年度限りの事業である。

― 第11章 文化財保護事業の振興 ―

(2) 無形文化財補助　　　　　　　1,833ドル

重要無形文化財(組踊)の伝統的な芸能を保存することに必要な伝承者の養成と組踊及び民俗芸能の公開の事業に対する補助金である。

(3) 無形文化財記録作成　　　　　12,800ドル

委員会直営で1967年度は組踊執心鐘入、花売の縁の映画記録を作成したが、今年度は同二童敵討、女物狂の組踊二組の映画記録(16ミリカラー撮影は委託)を作成する事業である。

(4) 文化財管理補助　　　　　　　1,539ドル

指定文化財の管理はその所有者又は管理者が行うことになっており、その管理のために要する経費の補助金である。

今年度は、前年度に引続き管理強化を図るために建造物、天然記念物の害虫防除、環境整備等の保存措置、保護棚、保護網、樹枝の支柱、動物の食草場、境界標等の保存施設を設置する事業を行う予定である。

(5) 民俗資料調査　　　　　　　　2,590ドル

民俗資料は琉球住民の生活における衣食住、生業、信仰、年中行事等に関する風俗慣習及びこれに用いられる衣服、器具、家屋その他の物件で住民生活の推移の理解に欠くことのできないものである。

これら民俗資料の実態を把握するため全琉的に調査を実施しその結果は民俗資料の指定資料に供するとともに民俗学研究の資料として公表するために行う事業である。

以上のほか、辺土字佐浜貝塚の発掘、文化財保護強調週間行事等を計画している。

第12章 県史編さん

(1) 前年度の経過

前年度は、県史編集事業に着手してから3年目にあたる。明治13年から昭和15年までの80冊余の県統計書を約20分の1のボリュームにして1冊（1128ページ）にまとめ、明治31から同41年までの記事を精選して新聞集成政治経済1（1,037ページ）に収め、2冊の資料編を発行した。

(2) 今年度の計画

今年度は、旧慣調査史料（約1,050ページ）と、明治42年から大正7年までの記事を精選して新聞集成政治経済2（約950ページ）の資料編2冊を発刊する予定である。そのほか戦争記録編の執筆を依頼し、原稿を整理して1969年度の出版にそなえる。

(3) 県史編集を8カ年計画に修正

県史編集計画は、当初各巻500ページの21巻を予定していたが、実際に編集作業をすすめてみると、1巻1,000ページにしなければ1冊にまとまらない場合が多くなつた。そのために年間計画の絶対量が多すぎて、編集委員の不足をきたした。そこで政府の一大修史事業としては現在可能な編集陣容で、将来まで責任をとり得る仕事の量にするには、編集期間を延期することであるとして、県史編集審議会は、慎重に検討した結果昨年9月24日主席に対して「県史編集12カ年計画」を答申した。そのとき松岡主席からは、他府県並に編県員（7～8人

をととのえてでも、もう少し期間を短縮できないかとの意見があり、主席の意向を入れて再検討した。その結果、編県官4名の増員を前提として、今年2月22日県史編集8ヵ年計画全24巻を答申し、主席の認めるところとなつた。

(4) 事業の効果

すでに発行した8冊（平均900ページ）は、中央の研究者も引用し、歴史学界に大きく貢献し、政府の修史事業として後世に残す画期的な事業である。

(5) 予　算

  1967年度　　　　20,807ドル
  1968年度　　　　20,668ドル

第13章 琉球大学の充実

1 予算編成の基本方針及び重点施策

　琉球大学は1966年7月1日大学2法の施行により政府立大学とし発足し、今年度で2年目を迎えることになる。政府立を機会に1967年度予算においては、本土における同程度の国立大学の水準まで整備充実を期すため、各面の較差を是正することを基本方針とし、これに基づいて新敷地の購入をはじめ、職員定員、施設、設備備品等の整備を重点施策として遍成したのであるが、1968年度予算の編成にあたつては、前年度の基本方針及び重点施策を継続推進することを含めて、下記のとおり重点施策を確認し、編成されたものである。

1. 新敷地の設定に伴なう土地の購入
2. 施設の整備充実
3. 設備備品の整備充実
4. 学生増、施設増に伴う職員定員の増加
5. 教員の研究活動の充実強化
6. 与那演習林の開発
7. 教育及研究、大学管理運営の充実強化

2 1968年度琉球大学の歳出予算

(1) 総　括

　1968年度琉球大学予算総額は、2,478,574ドルであつて、前年度予算額2,352,829ドルに比べると、125,745ドル約5.3％の増加となつている。

(前年度予算額は医学部設置準備委員会費を含めた額である。)
(2) 重点施策
① 新敷地の設定に伴う土地購入費 琉球大学の施設は文部省施設最低基準に対し僅か43％程度の達成率であるが、敷地が狭隘のためこれ以上の施設は不可能な状況である。琉球大学の校地は学生数3,600人を基礎にした基準坪数に対し敷地34,300坪で凡そ16％、農場48,000坪で26％程度の保有率であるので、新たに新敷地を設定する必要があり、種々検討した結果凡そ430,000坪（村有地250,000坪、私有地180,000坪）を候補地に設定してこれの購入をすすめている。

1967年度予算においては220,000ドルを計上し32,252坪を購入したので1968年度予算においては、政府債務負担行為額を655,000ドルとし556,000ドルを総務局予算に計上、私有地を中心に購入する計画である。

② 施設の整備充実

琉球大学の施設は3学部26学科学生数2,800人を基礎として計画建設されたものであるが、その後教養部の新設、学部改編、さらに、短期大学部が新設され学生数も3,600人に増加している。近年高校生の急増等によって学生増がなされており、1972年度において学生数は5,120人（大学4,520人、短大600人）に増加する計画である。

1967年度末、琉球大学保有建物坪数は14,744坪で学生数3,600人を基礎にした場合文部省基準35,000坪に対し、凡そ43％の達成率となるが、1972年度における学生数4,520人を基礎に文部省施設最低基準

第13章 琉球大学の充実——73

の100％を目標に新敷地に建設するため教養教室1棟
900坪312,000ドル（米政援助300,000ドル）
を計上した。
③ 設備備品の整備充実
　イ　教員の研究用及び学生実験実習備品については本土
　　国立大学に比べ相当の較差がある文科、理科系につい
　　ては文部省基準が定められていないので、その較差を
　　明確に把握することはできないが、農学、工学系につ
　　いては文部省基準に対し26％程度の整備度であるの
　　で年次的に較差の是正を図るため、1968年度にお
　　いては教育及研究用備品に188,159ドルを計上し
　　た。
　ロ　図書については国立大学平均蔵書数の80％、35
　　0,000冊を目標にしているが、1967年度末現在
　　における蔵書数は133,000冊で達成率は凡そ38
　　％程度であるので不足冊数を年次的に整備するため、
　　1968年度に70,000ドル（20,000ドルは日
　　政援助を計上した。
　ハ　男子寮の完成に伴う学寮用備品、理系教室の新築及
　　び職員学生の増加に伴う初度調弁費に55,000ドル
　　（米政援助）その他一般庁用備品に12,696ドル計
　　上した。
④ 教員の研究活動の充実強化
　イ　教員の研究を助成するため学術研究助成費に前年度
　　より10,000ドル増額し、64,122ドル計上した。
　　1967年度においては個人研究共同研究を含めて1
　　63人135テーマの研究がなされているが、196
　　8年度は教員の増加も要因になつて180人163テ

ロ　本土における学会及び大学との学術交流を図るため、各種学会への出席旅費に前年度より2,377ドル増し16,839ドル計上した。

⑤　与那演習林の開発

与那演習林は1954年以降、造林試験、見本木林その他各種試験や学生実習場として利用されているが、同林は北部山岳地の代表的地形で2,054,617坪（684町歩）の面積を有し、水利に恵まれている。

近年北部地区で山地開墾が流行し、土砂流出による河川の荒廃が甚だしく治山治水上重大な問題を提起しつつある。

琉球大学は演習林を林業試験場だけでなく、果樹、パイン、牧場、山地開発試験等総合的試験地として活用すると同時に北部地区農山村の経済発展を助長させるため農学、畜産、林学、農業、工学、農芸化学の各専門分野の参画により、第一次産業の総合試験地として活用するため3年計画の初年度事業として、900mの車道新設費4,000ドル、700mの牧柵費210ドル、10haの耕地造成費1,000ドル計5,210ドルを計上した。

⑥　学生増、施設増に伴う職員定員の増加については教員13人事務系9人計22人の増加に留まつたのであるが。人件費を除き運営費に1,156ドルを計上、さらに教育及研究、大学管理等の一般運営の充実を図るため、文部省における国立大学運営費積算基準（予算単価）による積算を行ない、国立大学並の運営規模を維持するよう努力したのであるが、総額336,699ドル（研究助成費学会出席旅費、定員増経費を含む）で文部省基準の凡そ

75.5％程度に留まつた実情である。
以上1968年度琉球大学予算の総括及び重点施策に対する予算措置について述べたが1968年度予算を目的別及び運営費の事項別区分、施設整備費の科目別区分を示すと次のとおりである。

1. 目的別区分
   - 人件費　　1,465,280　ドル
   - 運営費　　　336,699　〃
   - 施設整備費　676,595　〃
   - 　計　　　2,478,574　〃

2. 運営費事項別区分
   - 大学管理費　150,100　ドル
   - 教育及研究費　134,104　〃
   - 厚生補導費　　28,752　〃
   - 特殊施設費　　18,947　〃
   - 普及事項費　　 4,796　〃
   - 　計　　　　336,699　〃

3. 施設整備費科目別区分
   - 庁用備品費　　67,696　ドル
   - 事業用備品費　270,159　〃
   - 施設費　　　 348,740　〃
   - 　計　　　　676,595　〃

4. 資金区分
   - 琉政　　　2,103,574　ドル
   - 日政援助　　20,000　〃
   - 米政援助　 355,000　〃
   - 　計　　　2,478,574　〃

第14章 私立学校教育の振興

　沖縄にも待望の私立学校法及び私立学校振興会法が制定され、いよいよ私学振興の法的根拠が大筋整備された。
　沖縄の私立学校（幼、小、中を除く高校4、短大4、大学2.）の学生数は高校で全琉の13％、短大87％、大学37％の在籍率を示しており、この量的事実だけでも私学が学校教育の上に占める地位と役割は大きく、その重要性は益々増大してきた。一方私学の経営はほとんど学校納付金と借入金に依存している現状で、教育条件の整備充実は父兄負担の増加、借入金の増大を招来することとなり沖縄の教育上切実な問題となつている。このような状況で私学経営（公共性をもつ　）の安定、教育条件の向上、父兄負担の軽減、高利借入金の減少を図るために特に政府の私学に対する振興助成策の拡充強化を望む声が高まつてきている。
　政府は、このような公教育の二本柱の片方とも言われる私学の重要性にかんがみ、従来実施してきた理科教育設備補助金のほか特に今年度は、待望の私立学校振興会の発足を計画しその設立準備並びに同会の資本金としての出資等を計上している。
　1. 私立学校振興会出資金
　　　私立学校振興会は私学の銀行とも言われ、その業務は学校法人が設置する私立学校の経営に必要な資金を貸付け、このほかに私立学校の職員の研修、福利厚生その他私立学校教育の振興上必要と認められる事業を行なう者に対しその施設、事業等について必要な資金の貸付、又は助成等であるが、今年度はこれらの事業を行なうための同会資本金

として150,000ドル出資することが決定され、いよいよ業務開始の陽の目を見ることになつている。
2. 施設設備助成
　政府は逐年私学の施設設備の充実整備費の一部を補助することを計画しその関係立法の制定も進めているが、今年は、理科教育設備補助として4高校分1,500ドルを計上している。

< 参 考 資 料 >

参考資料

(一) 1968年度教育関係歳出予算の款項別一覧表

部　款　項	1968年度 予算額(ドル)	1967年度 予算額(ドル)	比　較 増△減(ドル)
(文　教　局)	34,837,891	30,259,996	4,577,895
文　教　局　費	2,346,152	1,887,623	458,529
文　教　本　局　費	455,623	424,682	30,941
学　校　給　食　費	105,668	93,325	12,343
教　員　養　成　費	16,906	15,400	1,506
施　設　修　繕　費	80,840	78,628	2,212
実　験　学　校　指　導　費	1,226	1,225	1
各　種　奨　励　費	46,790	45,906	884
科　学　教　育　振　興　費	12,238	10,959	1,279
学　校　安　全　会　補　助	12,090	11,578	512
教員候補者選考試験費	1,508	1,446	62
学　校　教　育　放　送　費	54,830	48,904	5,926
学　校　図　書　館　充　実　費	93,447	82,160	11,287
学　校　備　品　充　実　費	1,127,258	1,063,891	63,367
理　科　教　育　セ　ン　タ　ー　費	10,524	9,519	1,005
教育研修センター建設費	327,204	0	327,204
中央教育委員会費	37,746	28,781	8,965
中　央　教　育　委　員　会　費	37,746	28,781	8,965
教育調査研究費	28,680	25,041	3,639
教　育　調　査　研　究　費	17,012	13,234	3,778
琉　球　歴　史　資　料　編　集　費	11,668	11,807	△　139
教育関係職員等研修費	50,119	42,273	7,846
教育関係職員等研修費	50,119	42,273	7,846
政府立学校費	5,548,878	4,762,437	786,441
政　府　立　高　等　学　校　費	4,835,690	4,271,440	564,250
政　府　立　特　殊　学　校　費	421,922	347,341	74,581
政　府　立　中　学　校　費	95,777	80,678	15,099
政　府　立　各　種　学　校　費	195,489	62,978	132,511
産業教育振興費	916,526	731,642	184,884
産　業　教　育　振　興　費	916,526	731,642	184,884
社　会　教　育　費	439,098	280,985	158,113
社　会　教　育　振　興　費	25,217	23,370	1,847
公　民　館　振　興　費	1,415	1,211	204
青　年　学　級　振　興　費	3,856	3,864	△　8
博　物　館　費	30,950	22,398	8,552
図　書　館　費	37,177	29,749	7,428
社　会　体　育　振　興　費	107,445	74,980	32,465
英　語　教　育　普　及　費	25,119	25,125	△　6

— 参考資料 —

部　款　項	1968年度 予算額（ドル）	1967年度 予算額（ドル）	比　較 増△減（ドル）
青 年 の 家 建 設 費	15,318	15,509	△　　191
博 物 館 建 設 費	31,490	21,268	10,222
青 年 の 家 運 営 費	14,085	3,511	10,574
少 年 会 館 運 営 補 助	10,000	60,000	△ 50,000
青少年浜松会館建設費	21,281	0	21,281
図 書 館 建 設 費	115,745	0	115,745
学 校 建 設 費	5,282,198	4,650,186	632,012
学 　校 　建 　設 　費	5,282,198	4,650,186	632,012
学校教育補助	18,716,863	16,627,577	2,089,286
学 　校 　教 　育 　補 　助	18,716,863	16,627,577	2,089,286
教 育 行 政 補 助	347,283	328,895	18,388
教 　育 　行 　政 　補 　助	347,283	328,895	18,388
教 科 書 無 償 給 与 費	551,415	558,936	△　7,521
教 科 書 無 償 給 与 費	551,415	558,936	△　7,521
育 英 事 業 費	334,826	268,765	66,061
育 　英 　事 　業 　費	334,826	268,765	66,061
文 化 財 保 護 費	78,489	60,427	18,062
文 化 財 保 護 委 員 会 費	23,671	21,738	1,933
文化財保護委員会庁舎建設費	10,933	0	10,933
文 化 財 保 護 費	43,885	38,689	5,196
私 大 委 員 会 費	7,438	4,928	2,510
私 　大 　委 　員 　会 　費	7,438	4,928	2,510
私 立 学 校 振 興 費	152,180	1,500	150,680
私 　立 　学 　校 　振 　興 　費	152,180	1,500	150,680
（琉 球 大 学）	2,478,574	2,352,829	125,745
琉 球 大 学 費	1,801,979	1,536,669	265,310
琉 　球 　大 　学 　費	1,801,979	1,536,669	265,310
施 設 整 備 費	676,595	816,160	△ 139,565
施 　設 　整 　備 　費	676,595	816,160	△ 139,565

(二) 1968年度、文教局予算中の地方教育区への各種
   補助金、直接支出金および政府立学校費

　A　地方教育区
　　1.　学校教育費
　　　　総　額　　23,302,786 ドル
　　　　内　訳 { 補　助　金　22,143,167 ドル
　　　　　　　　 直接支出金　 1,159,619 ドル

　　a　公立小・中学校
　　　　総　額　　23,452,243 ドル
　　　　内訳 {
　　　　　　補　助　金 { 小学校　13,093,316 ドル
　　　　　　　　　　　　 中学校　 8,799,308 ドル
　　　　　　　　　　　　 計　　 21,892,624 ドル
　　　　　　直接支出金 { 小学校　 622,993 ドル
　　　　　　　　　　　　 中学校　 536,626 ドル
　　　　　　　　　　　　 計　　 1,559,619 ドル

　　　生徒1人当り政府支出金(推計)
　　　　{ 小学校　 95.46 ドル(前年度 77.61 ドル)
　　　　 中学校　118.73 ドル(前年度 99.08 ドル)

(1) 補助金の明細

予算項目	科目	1968年度予算額（ドル）	1967年度予算額（ドル）
学校給食費	学校給食補助	47,040	44,536
各種奨励費	研究奨励補助	3,140	3,340
学校図書館充実費	備品補助	84,742	75,760
学校備品充実費	備品補助	341,266	374,441
教育関係職員等研修費	旅費補助	17,385	17,160
	研究奨励補助	1,700	0
産業教育振興費	備品補助	38,500	38,500
学校建設費	施設補助	2,881,891	2,862,332
	修繕補助	10,440	10,440
学校教育補助	給料補助	12,686,573	11,351,739
	期末手当補助	3,960,825	3,485,206
	複式手当補助	3,216	4,164
	宿日直手当補助	114,787	116,975
	退職給与補助	292,259	332,139
	公務災害補償費補助	3,207	5,284
	学校運営補助	38,103	21,675
	へき地教育振興補助	48,664	45,050
	特殊教育備品補助	19,900	19,900
	保険料補助	1,055,760	953,098
	へき地手当補助	160,866	125,889
	旅費補助	82,360	77,020
	単位給補助	0	1,200
合計		21,892,624	19,965,846

(2) 文教局直接支出金

予算項目	科目	1968年度予算額（ドル）	1967年度予算額（ドル）
学校備品充実費	事業用備品費	500,000	500,000
産業教育振興費	事業用備品費	108,900	60,000
教科書無償給与費	教科書購入費	550,719	556,168
合計		1,159,619	1,116,168

（注） 公立小・中学校児童生徒数　　　　小学校
　　　　1967年5月　　144,589
　　　　1968年5月　　140,940
　　　　（推計）

——参考資料—— 83

比較増△減 (ドル)	1968年度 分野（校種）別内訳		備考	
	小学校（ドル）	中学校（ドル）		
2,504	35,194	11,846	給食費補助	35,340ドル
△ 200	1,920	1,220	給食設備補助	11,700〃
8,982	56,189	28,553	実験、研究学校奨励	
△ 33,175	172,230	169,036	図書、書架	
225	9,605	7,780	┌小学校 ┌視聴覚 31,800	
1,700	0	1,700	│ │家 庭 45,900	
0	0	38,500	│ │理 科 58,530	
19,559	1,684,669	1,197,222	│ └一般教科 36,000	
0	6,645	3,795	└中学校 ┌視聴覚 30,000	
1,334,834	7,670,224	5,016,349	│家 庭 54,000	
475,619	2,392,644	1,568,181	│理 科 57,036	
△ 948	1,896	1,320	└一般教科 28,000	
△ 2,186	59,762	55,025		
△ 39,880	177,120	115,139	┌学校統合	16,365ドル
△ 2,077	1,964	1,243	│保健衛生	2,829
16,428	15,075	23,028	│防音装置	18,909
3,614	22,484	26,180	│へき地住宅料	18,664
0	10,000	9,900	└へき地文化備品	30,000
102,662	638,208	417,552		
34,977	89,377	71,489		
5,340	48,110	34,250		
△ 1,200	0	0		
1,926,778	13,093,316	8,799,308		

比較増△減 (ドル)	1968年度 分野（校種別）内訳		備考
	小学校（ドル）	中学校（ドル）	
0	320,216	179,784	机、腰掛
48,900	—	108,900	中学技術家庭科甲
△ 5,449	302,777	247,942	
43,451	622,993	536,626	

中学校　　計
79,177　223,766
76,994　217,943

b 公立幼稚園

　　総額　250,543 ドル
　　園児　1人当り政府支出金（推計）23.22ドル（前年度 8.21ドル）

補助金の明細

予算項目	科目	1968年度予算額(ドル)	1967年度予算額(ドル)	比較増△減	備考
各種奨励費	研究奨励補助	200	200	0	実験学校奨励補助1校
学校教育補助	幼稚園教育振興補助	250,343	88,240	162,103	給料104,939 備品12,650 旅費254 施設132,650
	計	250,343	88,400	162,103	

（注）公立幼稚園園児数　1967年5月　　　　　 10,092
　　　　　　　　　　　　 1968年5月（推計）12,886

2. 社会教育費

　　総額　64,787 ドル
　　人口 1人当り政府支出金（推計）　6.2セント（前年度 6.8セント）

補助金の明細

予算項目	科目	1968年度予算額(ドル)	1967年度予算額(ドル)	比較増△減	備考
社会教育振興費	燃料補助	624	713	△ 89	
〃	講師手当補助	6,300	6,300	0	
〃	研究奨励補助	7,182	6,511	671	
公民館振興費	研究奨励補助	868	868	0	
青年学級振興費	運営補助	3,400	3,400	0	37学級
〃	研究奨励	182	182	0	研究指定2学級
社会体育振興費	体育指導員設置補助	1,440	1,400	0	60人
〃	体育施設補助	36,000	41,200	5,200	
〃	管理委託費	1,881	3,000	△1,119	羽地青少年野外センター管理委託費
	計	57,877	63,614	5,737	

（注）人口　1965年10月1日現在　934,176人

3. 教育行政費

　　総　額　349,083 ドル

　　人口1人当り政府支出金（推計）37.4セント（前年度
　　　　　　　　　　　　　　　　　　　　35.7セント）
補助金の明細

予算項目	科目	1968年度予算額(ドル)	1967年度予算額(ドル)	比較増△減	備　考
教育測定調査費	委員手当補助	0	3,062	△3,062	廃　目
教育関係職員等研修費	旅費補助	1,800	1,800	0	指導主事等本土研修旅費補助
教育行政補助	行政補助	347,283	328,895	18,388	
	計	349,083	333,757	15,326	

（注）　人口　1965年10月1日現在　934,176人

4. 地方区教育区への文教局支出金合計

区分	1968年度	1967年度	比較増△減
補助金	22,550,127	20,451,657	2,098,470
直接支出金	1,159,619	1,116,168	43,451
合計	23,709,746	21,567,825	2,141,921

B 政府立学校
1. 高等学校

総額 7,230,556 ドル

生徒1人当り政府支出金（推計） { 全日制 171.14ドル（前年度160.05ドル） 定時制 90.09ドル（ 〃 87.48）

予算項目	科目	1968年度予算額	1967年度(最終)予算額	比較増△減	備考
施設修繕費	修繕費	72,170	74,692	△ 2,522	政府有面積に按分
実験学校指導費	事業用消耗品費	576	557	19	
学校図書館充実費	事業用備品費	7,065	5,000	2,065	
学校備品充実費	〃	261,698	182,736	78,962	
教育関係職員等研修費	管外旅費	1,525	840	685	本土研修
政府立高等学交費	職員俸給	3,144,479	2,788,916	355,563	2,276人
〃	非常勤職員給与	75,376	55,439	19,937	
〃	期末手当	1,001,014	857,046	143,968	
〃	その他の手当	126,659	105,195	21,464	
〃	管内旅費	22,965	22,774	191	
〃	事業用備品費	85,364	100,950	△ 15,586	
〃	保険料	267,385	239,763	27,622	
〃	その他の需要費	112,448	101,357	11,091	
産業教育振興費	管内旅費	590	18,472	△ 17,882	
〃	事業用備品費	329,991	267,305	62,686	
〃	その他の需要費	249,559	215,394	34,165	消耗品費ほか
学校建設費	施設費	1,471,692	1,495,512	△ 23,820	
英語教育普及費	事業用備品費	―	9,660	△ 9,660	
計		7,230,556	6,541,608	688,948	

（注） 政府立高等学校生徒数

	全日制	定時制	計
1967年度5月	38,668	5,488	44,156
1968年度5月（推計）	41,159	6,008	47,167

2. 中学校

総額 96,017千円

生徒1人5か月間支出金額(推計) 138.55 千円 (月平均 129.25円)

予算項目	1968年度(予算額)	1967年度(決算額)	増減 予算額(△印減)	備考
学校図書費用品費	240	400	△ 160	
学校備品消耗品費	—	2,169	△2,169	
公私立中学校備品費	56,059	46,892	9,167	34人
非常勤嘱員給与	2,132	1,205	927	
給料手当	17,846	14,435	3,411	
その他の手当	1,603	1,399	204	{前年 1,142 / 宿日直 461}
報酬費	287	275	12	
事業費用品費	8,000	8,000	0	
旅費諸料	4,755	3,939	816	
その他の諸経費(雑費ほか)	5,095	4,238	857	
計	96,017	82,952	13,065	

(注) 設備公立松島中学校生徒数

1967年5月 708人、1968年5月(推計) 647人

3. 特殊教育諸学校

総額 507,946千円
生徒1人当り教育費出額（推計）667.47千円
（前年度 664.94千円）

予算項目	科目	1968年度(案)	1967年度(案)	増△減（案）/予算額(案)
教職員費	給料費	2,118	2,981	△ 863 政府有額配置困難のため
	学校医学費学校薬剤師費配置費	1,400	1,000	400
	〃	4,294	4,545	△ 251
設備費	備品費	227,985	171,063	56,922 〔聾学校 94人 盲学校 77人 養護学校 6人〕
〃	非常勤講師謝金	2,859	1,698	1,161
〃	旅費	72,576	50,711	21,865
〃	〃その他	17,535	15,424	2,111 〔調査 2,631 休日直 14,860 〕光 44
〃	図書費	1,516	1,216	300
〃	備品購入費	26,394	35,887	△ 9,493
〃	消耗品費	19,266	12,224	7,042
〃	学校給食費	39,853	10,600	29,253
〃	その他（燃料品費ほか）	13,938	40,018	△ 26,080
	車輌費	—	8,500	△ 8,500
	需要費	77,516	146,080	△ 68,564
就学奨励費無償給与関係	給食費	96	2,768	△ 2,072 養護学校に公立学校 校舎に於上
計		507,946	504,715	3,231

（注）政府立特殊学校（各種含、航船）を含ぬ。
1967年5月 731人 1968年5月（推計）851人

4. 各種奉仕

総額 1,199,978 円

また1人当り政府支出額（推計）1,585.18円

予算項目	項目	1968年度予算額	1967年度予算額	増△減 比較増減	備考
馬援・補給費	授業料	3,506	-	3,506	政府有償物問題に係分
	学校用品等授業料未徴	20,000	-	20,000	
授業料等学校徴収金	学校納付金	115,452	33,055	82,397	103人
〃	非常勤職員貸与	3,929	1,305	2,624	
〃	教科書与	36,753	9,338	27,415	給額 2,060
〃	その他（手当）	4,590	2,272	2,318	特殊 299 皆日直 1,226 初任給 1,005
〃	校内授業	1,284	958	326	
〃	教材料	9,782	2,785	6,997	
〃	事業用備品	10,600	4,500	6,100	
〃	その他（備品）	13,099	8,765	4,334	消耗品等は分
産業教育復興費	事業用施設	163	119	44	
〃	事業用備品	165,250	100,000	63,250	
〃	備品	15,480	-	15,480	
〃	その他	9,093	6,852	2,241	
〃	普通旅費	791,997	121,910	670,087	
計		1,199,978	291,859	908,119	

（注）生徒数

1967年5月 561人

1968年5月（推計）1,345人

(三) 1968年度、教育区歳入歳出予算（当初）

(1) 歳　入

(単位弗)

教育区	歳入総額	第1款 市町村負担金	第2款 分担金及び負担金	第3款 政府支出金	第4款 使用料及び手数料	第5款 諸収入	第6款 繰越金	第7款 教育区債
国頭	422,740	67,259	6,325	349,070	3	84	2	
大宜味	277,625	3,940	3,657	216,345		12,169	600	
東	139,724	5,218	2,286	109,952	3	2,264	1	
羽地	282,222	44,030	5,322	232,798		70	1	
屋我地	131,650	21,478	1,905	108,251		15	1	
今帰仁	464,706	63,524	41,466	357,913	179	403	1,400	
上本部	180,978	28,707	3,162	148,785	30	144		
本部	533,821	82,957	10,989	438,751		1,092		
名護	152,536		2,552	149,295		103	1	
恩納	598,081	90,400	10,751	470,582		24,947		
金武	513,704	92,280	11,864	408,942	209	83	200	
宜野座	168,047	42,150	1,250	124,224	4	2,354	1,210	
久志	279,217	41,110	10,775	221,894	1,315	1,122		
伊野	281,114	49,285	5,017	224,942	4.62	51	450	65,000
伊平屋	135,190		2,163	104,224		230	1	
伊是名	139,673	2,720	5,016	125,034		3		
伊江	303,394	5,000	5,848	246,691		256	850	
具志川	466,328	22,851	9,610	384,341		3		
石川	579,583	93,674	18,354	463,537	1	1	2,000	
美里	376,786	70,024	7,808	281,117	1	380	2,000	
与那城	335,794	52,598	31,147	251,025		19,963	100	
勝連	345,025	51,256	40,543	240,637	1,172	254	1	10,000
具志頭	1,077,594	91,256	28,113	955,897	2,815			21,406
玉城	1,236,823	203,050	13,195	466,793	3,499	145	1,500	
知念	580,198	92,805	9,709	466,793	4,100	604	500	
大里	364,658	64,001		285,287	2,901		764	
与那原	282,736	47,967	8,703	215,124	2,143	205	2,156	
佐敷	179,598	35,001		132,621	1		85,937	
北谷・中城	285,500	4,648	6,461	236,513		6,385	2,000	2

(単位円)

教育区	歳入総額	第1款 市町村負担金	第2款 分担金及び負担金	第3款 政府支出金	第4款 使用料及び手数料	第5款 諸収入	第6款 繰越金	第7款 教育区債
宜野湾	914,861	138,242	1,855	752,473		571	3,650	
西 原	240,977	42,230	5,917	192,698		132		
浦 添	771,535	123,001	1,973	624,008		196	300	
那 覇	6,391,577	1,453,387	131,250	4,555,177	4,656	9,711	220,000	100,000
(以員玉川	195,018	31,828	3,503	158,597	12,052	100	1	
仲 里	387,667	52,392	60.70	329,028	990	177		
北大東	447.23					8		
南大東	8,90.28	9,600	1,042	53,685			1	
具志川	53,647	18,500	2,505	6,791.61		61	1	
勝 連	413,370	53,647	7,491.75	3,229,745	386	376	3,901	25,002
与那城	1,189,454	146,500	21,779	1,014,072		6,422	6,456	1
美 里	2,905.82	48,900	20,4585		4	4,23	1,20	
具志頭	249,813	35,900	22,654	190,698	4	557	1	3
東 風平	290,210	45,201	6,412	238,236	2	72	289	
玉 城	223,761	35,300	3,280	184,701		25	452	
知 念	260,886	37,632	5,353	217,236	4	2,143	1	
佐敷	238,280	41,395	2,055.53	178,457	2	458	1	300,000
大 里	347,637	88,833	2,1166	192,019	935	493	244	
南風原	80,476	15,034	6,467	64,692		72	289	
与那原	111,808.51	23,101	1,020	86,801		25	452	
豊 見 城	74,782	11,415	887	58,254	3	58	1	
東 風平	52,459	1,353	3,9690			57	1	
羽 地	1,081,530	166,200	1,200	889,639		54	1	
名 護	619,310	80,200	19,589	521,961	6,201	2,946	100	1
上 本 部	1,803,387	30,662	10,495	146,234	1,708	1,00	2,000	
下 地	161,050	26,520	3,435	131,620		4,5	1	
伊 良 部	343,916	51,738	2,815	285,691		100	50	
多 良 間	118,716	22,100	6,586	93,966	1,040	25	1	
石 垣	1,473,485	210,285	1,515	1,192,062	15,652	788	70	275,93
竹 富	536,203	83,000	2,7104	448,469		100	1	
与 那 国	170,905	32,292	4,726	134,119	1,562	25	1	
計	28,435,285	4,995,552	732,907	22,154,819	188,160	70,883	66,985	226,979

(2) 歳出 （単位千円）

教育区	歳出総額	第1款 教育総務費	第2款 学校教育費 小学校費	中学校費	幼稚園費	第3款 社会教育費	第4款 諸支出金	第5款 予備費
国頭	4,227,740	9,603	226,002	180,237		2,996	2,646	1,256
大宜味	2,776,625	6,529	162,467	101,210		1,706	4,758	955
東	1,369,724	10,182	62,840	63,597		1,870	2,553	253
羽地	2,822,222	7,366	103,884	103,397		1,785	2,286	262
屋我地	1,316,500	5,152	65,248	58,440		1,507	1,137	166
今帰仁	4,864,706	8,297	270,944	178,529		2,754	1,137	1,147
本部	1,809,781	2,106	101,994	67,355		1,262	3,035	593
上本部	535,821	11,209	245,487	26,704.1		3,527	5,352	1,205
名護	2,523,356	6,778	85,721	55,715	1,417	7,643	2,156	205
屋部	1,598,081	7,487	328,057	205,860		3,603	14,540	1,896
久志	313,704	1,408.92	12,631.5	17,545	100	7,643	2,688	467
宜野座	168,047	7,886	123,315	51,495		1,152	4,476	95
金武	277,217	5,986	1,571,360	101,058	26,044	1,815	1,907	145
伊平屋	281,114	6,778	156,721	83,148		2,579	2,156	1,205
伊是名	133,190	7,700	171,423	53,979	2	1,882	5,012	500
伊江	135,673	4,476	76,280	54,317		1,744	1,852	95
平良	303,594	5,242	143,040	141,069	10,940	3,234	5,066	381
美里	468,328	10,835	257,022	181,786	9,191	4,747	5,050	100
与那城	579,585	12,975	341,469	203,657		1,491	2,050	150
勝連	337,686	12,248	210,639	85,190		2,026	3,500	414
具志川	437,594	15,131	210,639	206,686		2,018	5,415	4,414
コザ	1,077,594	11,597	599,753	420,644	3,203	2,059	1,928	1,293
読谷	1,235,823	23,451	708,977	362,170	9,530	5,749	12,741	3,000
嘉手納	580,198	13,043	312,610	43,170	3,030.90	2,210	14,401	191
北谷	364,658	10,768	227,831	122,361	20,647	4,836	4,530	500
中城	282,736	10,833	212,610	120,324	13,158	1,161	1,434	350
北中城	179,598	7,155	96,534	79,304		1,758	1,629	150
中城	28,500	5,627	185,194	73,363	8,558	1,315	1,496	919

教育区	歳出総額	第1款 教育総務費	第2款 学校教育費 小学校費	中学校費	幼稚園費	第3款 社会教育費	第4款 諸支出金	第5款 予備費
宜野湾	914,861	16,189	606,264	278,566		3,121	4,786	5,835
西原	240,977	9,038	151,518	72,712		1,379	1,370	400
浦添	771,535	20,476	458,186	268,126	9,355	3,500	11,141	751
那覇	6,591,577	153,598	3,529,684	2,131,516	391,336	14,840	113,923	6,680
(以島尻)	195,018	5,544	106,684	57,108	4,776	1,256	5,330	300
仲里	387,667	7,484	185,041	185,897		1,931*	3,985	629
北大東	44,723	3,546	19,951	14,897		21	4,343	19
南大東	89,028	5,187	40,731	41,696	1,258	220	450	224
具志頭	133,370	9,862	44,728			2,268	4,771	250
東風平	1,183,454	14,474	218,210	178,009		2,860	11,314	1,021
玉城	290,582	5,092	137,275	42,101	1,509	1,657	4,771	250
知念	249,813	4,916	156,687	120,084	690	1,620	2,260	326
佐敷	249,210	5,440	156,012	84,928		1,652	1,979	415
与那原	223,570	6,203	174,559	105,439		4,097	2,260	1,400
大里	260,886	7,332	117,990	96,650		1,473	2,475	500
南風原	238,280	7,260	102,278	146,715		1,588	1,400	500
糸満	347,637	7,687	129,725	84,717	3,330	1,774	3,370	492
兼城	80,746	4,255	16,383	42,847		1,622	4,359	600
高嶺	110,851	4,710	43,813	57,348		21	4,343	100
豊見城	747,827	4,006	47,519	30,470		846	325,536	240
真壁	52,459	3,974	3,137	23,462		902	253	100
喜屋武		2,417	24,175			585	340	88
摩文仁						477	107	
米須								
国吉								
名嘉								
与座								
渡嘉敷	1,081,530	18,946	611,932	409,504	20,530	3,129	13,883	3,606
平良	611,931	9,951	341,167	257,793	3,342	3,046	6,011	3,600
城辺	180,387	7,927	91,167	57,585		1,500	1,207	1,000
下地	161,050	8,098	80,786	69,035		1,058	1,834	241
上野	343,916	9,377	183,837	139,629		1,981	5,055	537
伊良部	118,716	6,000	61,361	45,966	3,500	1,331	1,056	500
多良間	1,473,485	27,007	852,922	502,006	3,372	7,001	13,031	6,922
石垣	536,203	15,178	223,684	287,795	64,596	2,712	13,031	6,922
竹富	170,905	9,137	94,506	58,084		1,883	2,526	2,010
与那国								
計	28,436,286	706,335	15,753,955	10,705,668	667,944	142,701	402,109	56,553

(四) 教育関係

日本政府援助

項目	1968年度	1967年度	比較増△減
藤縫教育関係学校等の施設及び設備	8,218,667	5,288,153	2,930,514
学校施設	1,241,428	23,483	1,264,911?
設備品	249,953	291,225	△41,272
教科書等図書購与	65,728	65,728	0
教材備品等無償給与	745,667	508,136	257,531
学者派遣	180,556	152,100	28,456
各種開人士本邦招聘及派遣	2,852	2,853	△1
体育関係各国大会参加助	5,556	5,556	0
施設大学等センター建設	20,000	—	20,000
教育援助センター建設	104,822	—	104,822
学校建設（沖縄専任）	340,703	—	340,703
沖縄学生大学教授派遣	21,281	—	21,281
小　　計	11,197,213	7,578,662	3,618,551
職員並びに文化使節派遣人	4,453	6,567	△2,114
図書贈与	317,642	231,192	86,450
指導員派遣	51,053	35,469	15,584
技術員派遣	11,256	11,600	△344
教育者施設員招講	36,100	36,100	0
教育者講師員招講	25,200	25,200	0
教師講座へ教科書等寄贈	8,083	7,728	355
文化財保存	5,555	1,761	3,794
語学教師派遣関係経費	27,705	23,317	4,388
日本文化広報関係	—	14,725	△14,725
小　　計	487,047	358,659	98,388
交流留学手続案内	42,200	42,200	0
渡航日本留学生の使用に供する教養図書等の購入	72,211	68,550	3,681
留学生送迎会等	1,500	1,000	500
ル　ー　ム　代	64,308	—	64,308
海外帰化留学生センター建設	27,778	—	27,778
小　　計	207,997	111,730	96,267
合　　計	11,892,257	8,084,061	3,808,206

日米穀物

米国政府援助物（千トン）

項 目	1968	1967	比較増△減
穀 貫 給 与	6,600	5,000	1,600
学 校 援 護	2,000	1,800	200
一般贈与（乳、麺類）	700	655	45
難 民 救 済	520	380	140
災 害 援 及	25	50	△ 25
個 人 贈 与	0	25	△ 25
(穀物国援助計)	(9,845)	(7,910)	(1,935)
緊 急 援 護	300	395	△ 95
現地購買、輸送費	55	80	△ 25
合　計	10,200	8,385	1,815

※ 米国政府援助はそのほかに
米国民の生死援護、続春物資（殺物）が含む。

教育問題手引の解説

発行所　北海道庁文教局指導課
印刷所　大倉印刷所
　　　　札幌市大氏楽町1の2
　　　　電話　3-5707

1967年9月10日 印刷
1967年9月20日 発行

义务教育教科书（第13册）

文豪怪談
りゅうたん

監修 東 雅夫

第15巻
ISBN978-4-8350-8084-0
第5回配本（全4冊 分売不可）セットISBN978-4-8350-8081-9）

本間久雄・泉 鏡花 他

印刷所 三報社印刷

〒104-10
東京都中央区築地2-10-10
電話 03(5865)6704

発行所 ちくま学芸

発行者 井出三千男

編輯・解題者 藤瀬恒・沢瀬博一郎

（本体12,000円＋税）
初版発行 第1回配本
2019年9月25日
（第13巻〜第16巻）

文豪怪談
ぶんごうかいだん

第5回配本